"十四五"职业教育国家规划教材

Luji Lumian Shigong yu Yanghu Jishu

路基路面施工与养护技术

（第2版）

王景峰　主　编
陈州文　副主编

人民交通出版社股份有限公司
北　京

内 容 提 要

本书为“十四五”职业教育国家规划教材,以实际工作任务为载体,按照施工技术要求和施工过程安排内容,分成地基处理、路基施工、路基排水工程施工、路基防护与加固工程施工、路面施工等12个学习任务,并在最常见的典型任务中详细讲解施工程序、方法和质量控制要点,配有“一体化”训练项目,增强学生理论与实践的融会贯通能力。

本书是交通类职业院校公路养护与管理专业、道路与桥梁工程施工专业教学用书,也可供相关专业教学参考,或作为职业技能培训教材。

本书配套多媒体课件,教师可通过加入职教路桥教学研讨群(QQ:561416324)获取。

图书在版编目(CIP)数据

路基路面施工与养护技术 / 王景峰主编. — 2版. — 北京 : 人民交通出版社股份有限公司, 2019.9

ISBN 978-7-114-15745-5

Ⅰ. ①路… Ⅱ. ①王… Ⅲ. ①路基—道路施工—中等专业学校—教材②路面—道路施工—中等专业学校—教材③公路养护—中等专业学校—教材 Ⅳ. ①U416②U418

中国版本图书馆CIP数据核字(2019)第165294号

“十四五”职业教育国家规划教材

书　　名:**路基路面施工与养护技术**(第2版)
著 作 者:王景峰
责任编辑:刘　倩
责任校对:张　贺
责任印制:刘高彤
出版发行:人民交通出版社股份有限公司
地　　址:(100011)北京市朝阳区安定门外外馆斜街3号
网　　址:http://www.ccpcl.com.cn
销售电话:(010)59757973
总 经 销:人民交通出版社股份有限公司发行部
经　　销:各地新华书店
印　　刷:北京虎彩文化传播有限公司
开　　本:787×1092　1/16
印　　张:20.25
字　　数:483千
版　　次:2005年12月　第1版
　　　　　2019年9月　第2版
印　　次:2024年1月　第2版　第3次印刷　总第15次印刷
书　　号:ISBN 978-7-114-15745-5
定　　价:52.00元

第2版前言

为落实《国家中长期教育改革和发展规划纲要》的要求，以切实增强中等职业教育培养高素质劳动者和技能型人才的能力为根本，创新职业教育人才培养模式，以产业为引领、就业为导向、素质为基础、能力为本位，形成多途径多形式实现工学结合的教育理念，推进中等职业教育校企一体化办学为着力点，按照教育部中等职业教育课程改革的新思路及相关原则，作者对原有教材进行了修订。新版教材在原教材基础上进行模式改进，以便在教学中起到引导作用，并增加了部分新技术的内容。

路基路面施工与养护技术是道路与桥梁工程施工、公路养护与管理等专业的一门重要专业课，本教材讲解难度适宜，以突出工程施工过程中的新技术为出发点，着力体现先进性、实用性、科学性，力求图文并茂，简单明晰。以工作任务法引导开篇，并附有大量与工程实践密切相关的实训项目，为提高“一体化”教学水平，促进校企高度融合创造了理论条件。

本教材的特点是以实际工作任务为载体，按照施工技术要求和施工过程安排内容，并在最常见的典型任务中详细讲解施工程序、方法和质量控制要点，使学生能深入浅出、有的放矢地学习。每项任务后配有“一体化”训练项目，使能力培养和工作岗位需求紧密结合，做到知行合一，增强了理论与实践的融会贯通。

本书由陕西交通技师学院王景峰主编。任务一、任务二、任务四由王景峰编写,任务三由内蒙古交通职业技术学院牟春龙编写,任务五、任务十、任务十二由广东省交通运输技师学院陈州文编写,任务六、任务八由保利长大工程有限公司吴延凯编写,任务七由南京交通技师学院王继平编写,任务九由陕西交通技师学院董鹏编写,任务十一由陈州文与董鹏共同编写。全书由王景峰担任主编并统稿,陈州文担任副主编。

限于作者水平,书中难免存在错漏之处,敬请读者批评指正。

编者

2019 年 5 月

第1版前言

为了适应交通新的跨越式发展，积极推进一体化教学改革，进一步加快高级技工学校公路类专业教材建设，交通职业教育教学指导委员会公路类（技工）学科委员会和交通技工教育研究会公路专业委员会组织制定了高级技工学校公路施工与养护和公路工程机械使用与维修两个专业的教学计划与教学大纲，并依此确定了教学改革和教材改革的模式。2004年3月启动教材的编写工作，2005年7月交稿。

本套教材用于培养公路类专业高级技工和技师，具有以下特点：

1. 教材内容与高级工等级标准、考核标准相衔接，适应现代化施工与养护的基本要求，教材全部采用最新的标准和规范，符合先进性、科学性和实用性的要求。

2. 教材编写满足理实一体化和模块的教学方式，以操作技能为主，体现职业教育特色，使学生具备较高的实用技能。

3. 教材与作业、题库配套。各课程均编写了"习题集和答案"，汇成题库和题解，供学生做作业和练习，也可供命题参考。

本套教材由柯爱琴担任责任编委。

《路基路面施工与养护技术》是全国交通高级技工学校公路施工与养护专业通用教材之一，内容包括地基处理、路基施工、路基排水、路基防护与加固、路面基层施工、路面施工、路基路面养护技术等。

参加本书编写工作的有:陕西交通技术学院王景峰(编写单元二、四、五、九),山东公路高级技工学校刘治新(编写单元六、七),浙江公路机械技工学校刘有根(编写单元一、八),陕西交通技术学院周海平、河南交通技工学校翟站立(编写单元三)。全书由王景峰担任主编,北京市路政局技工学校杨振华担任主审。

本套教材在交通技工教育研究会理事长卢荣林的指导下进行,在编写过程中得到了全国16个省市的交通技工学校领导的大力支持和帮助,共有60余名公路类专业教师参与了教材的编审工作,在此表示感谢。

由于我们的业务水平和教学经验有限,书中有不妥之处,恳切希望使用本书的教师和读者批评指正。

交通职业教育教学指导委员会公路类(技工)学科委员会

交通技工教育研究会公路专业委员会

二〇〇五年八月

目　录

学习任务一 路基施工前的准备工作

任务总描述

在公路施工中，首先需进行路基施工，在施工前必须做好路基施工前的准备工作，主要包括组织准备、技术准备、物质准备和施工现场准备，其中，技术准备必须编制施工组织计划。公路施工需要进行路基放样，而路基放样通常需要进行中线测量放样、高程测量放样和横断面测量放样。

学习活动一 了解路基施工前准备工作的内容

学习目标

完成本学习任务后，你应当：

1. 能够叙述路基施工前准备工作的内容；
2. 能够根据设计图纸标定公路用地的基本范围；
3. 熟知临建设施需要进行排水的相关要求。

学习情境描述

当你参观某公路施工的建筑工地时，重点观摩工程部办公室墙面的各类布置图，你会看到工程进度图及工程建设指挥部的组织结构图，以及工程主要管理及技术人员表等，这些都是路基施工前准备工作的基本内容。

相关知识

路基施工前的准备工作包括组织准备、技术准备、物质准备和施工现场准备 4 个方面。

一、组织准备

组织准备工作包括建立健全的组织管理机构，制定施工管理制度，明确分工。落实责任，它是做好一切工作的前提。我国对工程项目管理推行项目管理制度，建立项目经理部，实行项目管理。

项目经理部一般分为 3 个层次：

(1)决策层。是由以项目经理为首，项目副经理、总工程师、总经济师、总会计师等组成的领导班子。

(2)管理层。是指在项目经理直接领导下的项目经理部中的各职能部门负责人。管理层是项目施工具体实施的直接指挥者，并对业务实施层进行监督管理。

(3)业务实施层。是由各职能部门负责人直接指挥的部门专业人员，是项目的底层管理者。

组织管理机构的设置原则是:层次适当、人员精干,做到精简、能效和节约三者的统一,从领导到每个员工应职责明确、奖罚分明。要制定行之有效的各种规章制度,如岗位责任制、安全操作规程和奖罚制度等。

二、技术准备

施工技术准备工作是工程开工前的一项重要工作,主要包括:现场踏勘和调查,熟悉设计文件并核对,技术交底,施工测量,编制施工组织计划。

(1)现场踏勘和调查主要包括:核实工程范围;确定沿线填土、挖土、借土的工程数量;摸清沿线附近可利用的排水沟渠、河道、管道及集水情况;核实沿线施工范围内的地下管线及地面设施;改建工程必须核实两侧原有建筑物进出口的高程及原有道路的结构类型等。

(2)熟悉设计文件主要包括:进行现场调查并核实设计计算是否符合实际情况;核对设计是否符合施工条件;核对有无特殊材料要求及能否解决;核对图样有无矛盾,规定是否明确;核对图样中各构造的主要尺寸、位置、高程有无错误;核对土建工程与设备安装有无矛盾,施工中有无交叉等。

(3)施工测量主要包括:导线复测;中线复测;水准点复测及加密;横断面复测和补测等。

(4)编制施工组织计划主要包括:确定设备、人员动员周期;设备、人员、材料运到施工现场的方法;主要工程项目的施工方案、施工方法;各分项工程的施工顺序;确保工程质量和工期的措施;冬季和雨季的施工安排;质量保证体系;安全保证体系;环境保护措施;文明施工措施及文物保护措施等。要编制施工进度计划、人员调配计划、施工机械供应计划及材料供应计划等。它是整个工程项目施工的指导性文件,也是其他各项工作的依据。

三、物质准备

物质准备工作可保证施工组织设计的顺利进行。首先保证“三通一平”工作,即通水、通电、通车、平整场地;然后进行工程房屋的修建和必需的生活福利设施等的建设,施工机械设备的购置、调配及相应耗材的准备,废方的处置和借方的场地准备,并准备相应材料。

四、施工现场准备

其目的是为顺利施工、方便职工生活、防洪防火等文明生产和文明施工创造良好的条件,主要包括场地准备和临时工程两个方面。

1. 场地准备

场地准备主要指场地清理。场地清理的范围包括公路用地范围及借土场地内施工场地的清理、拆除和挖掘,施工场地排水,以及必要的场地平整等。

(1)标定用地范围

新建公路路堤两侧排水沟外边缘(无排水沟时为路堤或护坡道坡脚)以外,或路堑坡顶截水沟外边缘(无截水沟时为坡顶)以外不小于1m的土地为公路用地范围;有条件的地段,高速公路、一级公路上述距离不小于3m,二级公路不小于2m的土地为公路用地范围。高填深挖路段,为保证路基的稳定,应根据计算确定用地范围。公路用地范围内不得修建非公路用房屋和埋设电杆等。

(2)清理场地原则

清理场地以保证施工便利、行车安全、路基稳定、清除工作量最小为原则。路基用地范围内的树木、灌木丛等均应在施工前砍伐或移植清理,砍伐的树木应移植于路基用地之外,对高速公路、一级公路和填方高度小于1m的其他公路,应将路基范围内的树根全部挖除,并将坑穴填平夯实。填方高度大于1m的公路允许保留树根,但根部露出地面不得超过20cm,取土坑范围内的树根也应全部挖除。路基用地范围内的原有房屋、道路、河沟、通信、电力设施、上下水道、坟墓及其他建筑物等,均应会同有关部门事先协商,妥善地拆迁或清除。因路基施工影响沿线附近建筑物的稳定时,应予以适当加固。在土方和借方地段的原地面应进行表面清理,清理深度应根据种植土厚度决定,清出的种植土应集中堆放。填方地段在清理地表土后,应整平压实至规定要求,方可进行填筑作业。

(3)场地排水

场地排水是指疏干、排除场地上所积地面水,以保证场地干燥,为施工提供条件。通常是设置纵、横排水沟,将水引入附近河渠或低洼处排除。

在受地面积水或地下水影响的土质不良的地段施工时,为了保证工程质量,减少土方挖掘、运送和夯实的困难,施工前也应切实做好场地排水工作。

2. 临时工程

包括为实施工程所必需的各项相关的临时工程与相关工作,如临时房屋、道路、桥涵的修建与维护;临时电力、电信线路的架设与维修;临时排水、排污系统的建设与维护等。

学习活动二　路基施工放样

学习目标

完成本学习任务后,你应当:

1. 掌握设计文件的核心内容;
2. 熟知编制施工组织计划的主要内容;
3. 能够按照设计图进行公路用地宽度的计算;
4. 能够描述公路外观各部分组成并说出名称。

学习情境描述

学校附近的某条公路,当你坐车在其上行驶时,透过窗户可以看到宽阔的路面和各种防护设施,还能感受到公路高低起伏的形态。如果仔细观察,还会发现许多形态各异的排水设施和公路两侧不同类别的花草树木,这都是公路建设单位的劳动者们辛勤工作的结晶。

相关知识

一、路基按横断面形式分类

按横断面形式,路基可分为路堤、路堑、半填半挖路基、零填零挖路基。

1. 路堤

高于原地面的填方路基称为路堤,如图1-2-1所示。

2. 路堑

低于原地面的挖方路基称为路堑,如图1-2-2所示。

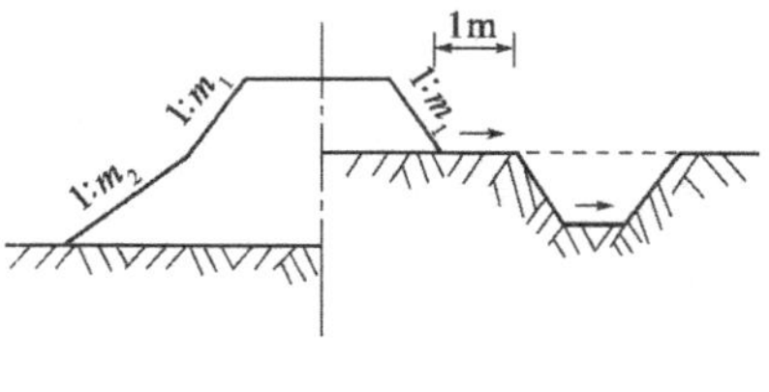

图1-2-1 路堤横断面图

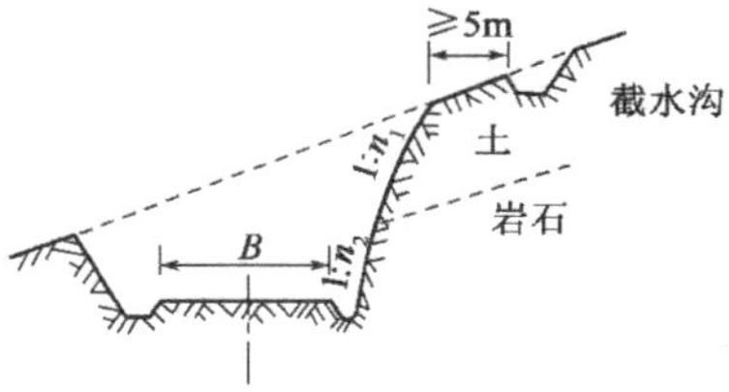

图1-2-2 路堑横断面图

3. 半填半挖路基

在一个横断面内,部分为填方、部分为挖方的路基称为半填半挖路基,如图1-2-3所示。

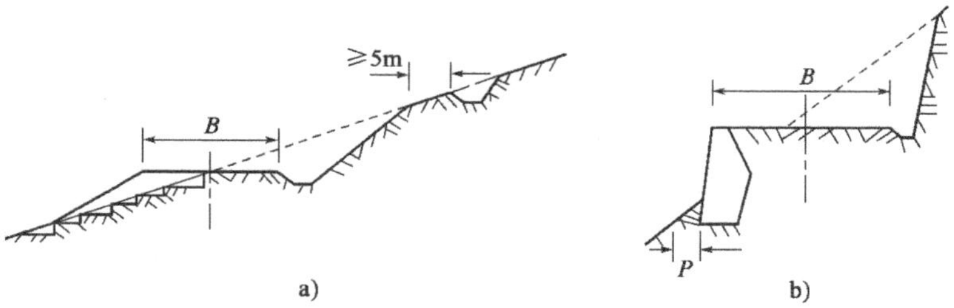

图1-2-3 半填半挖横断面图

4. 零填零挖路基

路基高程与原地面基本相同的路基称为零填零挖路基。

二、路基有关尺寸

只有正确理解设计意图,准确掌握路基有关尺寸,才能合理有效地组织路基施工工作,保证路基的施工质量。

1. 路基宽度

公路的路基宽度为车道宽度与路肩宽度之和。当设有中间带、加(减)速车道、爬坡车道、紧急停车带、错车道等时,应计入这些部分的宽度。

2. 路基填挖高度

路基填挖高度,也称路基的施工高度,是指路基设计高程与路中线原地面高程之差。“+”为填,“-”为挖。

新建公路设计高程:高速公路和一级公路采用中央分隔带的外侧边缘高程;二级公路、三级公路、四级公路宜采用路基边缘(路肩边缘)的高程;设置超高、加宽的路段,为设超高、加宽前该处边缘高程。城市道路和改建公路的路基设计高程,宜按新建公路的规定执行,也可视具体情况采用分隔带中心线或行车道中心线的高程。

3. 路基边坡

路基边坡为路肩外边缘与坡脚(路堑则为边沟外侧沟底与坡顶)所构成的坡面。路基边坡示意如图1-2-4所示。

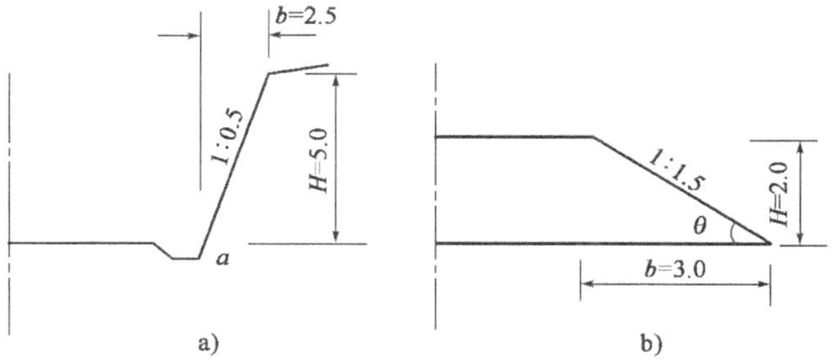

图 1-2-4 路基边坡示意(尺寸单位:m)

4. 路基的结构层

路面结构层底面以下 0.8m 范围内的路基部分称为路床。

路床分为:上路床,路基顶面以下 0 ~ 0.3m;

下路床,路基顶面以下 0.3 ~ 0.8m。

路堤分为:上路堤,路基顶面以下 0.8 ~ 1.5m;

下路堤,路基顶面以下 1.5m 以下。

5. 中间带

中间带是由中央分隔带及路线双向的两条左侧路缘带组成。中间带具有以下功能:

(1)分离不同方向交通流,减少车辆的对向干扰,以防止无序的交叉运行和转弯运行。

(2)在不妨碍公路限界的前提下,作为设置公路标牌的场地。

(3)在交叉路口为左转车辆提供避让区域。

(4)提供绿化带,以遮挡对向车灯的眩光(起防眩作用)。

(5)引导驾驶员的视线,同时为失控车辆提供救险区域。

(6)埋设管线等设施。

路缘带是路肩或中间带的组成部分,与行车道相连接,用不同的路面颜色表示或用行车道外侧标线标示,其主要作用是诱导驾驶员视线和分担侧向余宽以利行车安全。

6. 路肩

路肩是位于行车道外缘至路基边缘之间,具有一定宽度的带状结构部分。高速公路、一级公路设硬路肩和土路肩;二级公路、三级公路、四级公路一般只设土路肩。路肩具有保持行车功能和供临时停车使用,并作为路面的横向支撑。

三、路基施工放样的工作内容

路基开工前,应根据路线中桩表、路基横断面图或路基设计图表进行路基施工放样工作,其目的是在原有地面上标定出路线中桩、路基边缘、路堤坡脚及路堑坡顶、边沟以及各种附属设施的位置,定出路基边桩,画出作业界限,以便施工。在实际工作中路基施工放样常分为中线测量放样、高程测量放样、横断面测量放样 3 种。其主要工作内容有:

(1)在中桩处标定填、挖高度。

(2)测定各桩处路基横断面方向。

(3)根据恢复的路线中桩、设计图表、施工工艺和有关规定,定出路基用地界桩和路堤坡脚、路堑坡顶、边沟、取土坑、护坡道、弃土堆等的具体位置桩。

(4)边坡放样,按照设计的边坡坡度、高度,确定边坡位置。

(5)移桩移点,即将施工过程中难以保存的桩移设于施工范围以外。

四、路基施工放样的方法

1. 中线测量放样

中线测量是指根据公路控制桩或公路两旁布设的导线控制点将公路中线恢复,又称恢复中线。从公路的踏勘到开始施工这段时间内,常有部分桩点变位或丢失,为了保证公路中线位置准确,在公路施工测量中,首要任务是恢复公路中线,即复核原有中桩,把丢失损坏的中桩复原。恢复中线的测量方法与中线测量相同,根据公路控制桩恢复中线,即在控制桩上架设全站仪,用全站仪拨角度或定方向,用钢尺量距离。利用路线控制桩恢复中线通常采用的方法有偏角法和支距法两种。

在实际工作中,先用导线控制点放出公路主要控制桩,再在路线主要控制桩上进行其余中桩的加密,以实现测量仪器和测量手段的合理应用。经校正恢复的中桩,施工中很难保全,因此,应在施工前根据施工现场的条件,选择不受施工干扰、便于使用、易于保存桩位的地方,测设施工控制桩。其测设方法有平行线法、延长线法、交会法等,与工程测量中的方法相同,在此不再赘述。

2. 高程测量放样

恢复中线,只是完成了施工测量的第一步,接下来还要进行高程的测量与放样。公路经过勘测设计后,往往要经过一段时间才能施工,在这段时间内现场可能出现局部变化,为了核实土石方工程量,需要复测并加密纵、横断面。因此,施工前应对纵、横断面进行复测与加密。

高程测量放样的依据是勘测设计单位在沿线布设的水准点,这些水准点在使用前需复核。为便于施工和控制精度,在人工结构物附近、高填深挖地段、工程量集中及地形复杂地段需要增加一些水准点;随着路基的不断填筑和开挖,还需要调整水准点的位置,以便于施工放样。增设或调整水准点必须采用附合或闭合水准路线测量,才能满足精度要求。其测设方法与工程测量相同,在此不再复述。

3. 路基边桩放样

路基边桩放样的方法有图解法、解析法、坡度样板法、渐近法等。若原地面平坦,一般多采用解析法。傍山路基放样多采用图解法,但必须有准确的横断面图。

(1)图解法放样边桩

如图1-2-5所示,利用供施工用的路基横断面图,根据设计图中所示的尺寸,直接在地面上沿横断面方向量出中桩至边桩的距离,定出路基边桩。也可先计算出路基边桩的坐标值,利用全站仪进行边桩放样。

此法要求横断面图必须准确,因此,设计时的横断面往往难以满足要求,只有施工前复测过的横断面才能满足精度要求。

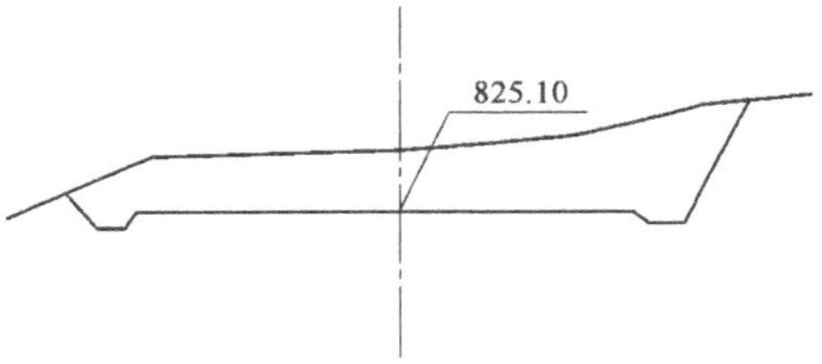

桩号:K7+220.000		
填挖(m)	填:0	挖:0.50
路基宽(m)	左:3.65	右:3.25
超高(m)	左:-0.06	右:-0.06
边坡	左:1∶1.5	右:1∶1.5
面积(m²)	填:0	挖:12.1

图 1-2-5　图解法放边桩

(2)解析法放样边桩

解析法又称计算法,它是根据路基填挖高度、路基宽度、边坡率和路基横断面方向的地形,先计算出路基中桩至边桩的水平距离,然后在实地用皮尺沿横断面方向量出边桩位置,并钉设木桩。下面就平地边桩放样方法进行介绍。

当原地面为平地时,路基的边桩放样如图 1-2-6 所示。

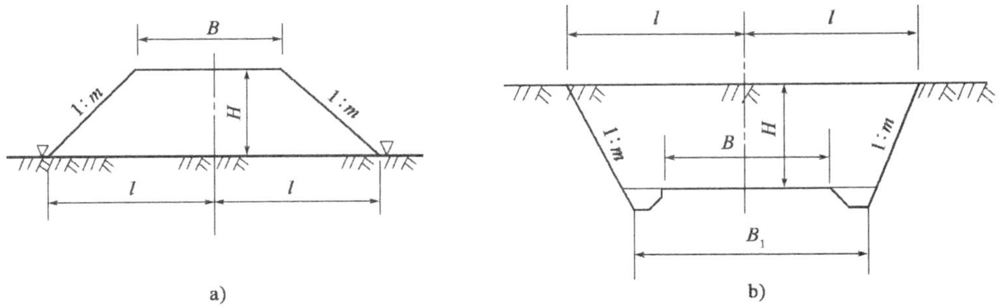

图 1-2-6　平坦地段放样边桩

路堤坡脚至中桩的水平距离:

$$l = \frac{B}{2} + mH \tag{1-2-1}$$

路堑坡顶至中桩的水平距离:

$$l = \frac{B_1}{2} + mH \tag{1-2-2}$$

式中:B——路基设计宽度(m);

B_1——路基与两侧边沟宽度之和(m);

m——路基边坡坡率;

H——路基中心设计填挖高度(m)。

附:“模块化”操作训练

一、实训项目

路基边桩放样。

二、实训目的及要求

掌握各种地形条件下路基边桩的放样方法,在地形条件起伏不大时用解析法放出路基边桩,对地形条件较为复杂的山坡,要求用渐近法在已给定路基宽度、边坡度的条件下放出路堤边桩。

三、实训准备工作

1. 场地布置

班级按4~5人分成小组,实训时尽量选择地面横坡起伏较大的坡地,先为每组定中桩,假设路基宽度 b、填挖高度 H、边坡度 $1:m$,并初测地面平均横坡度 $1:S$。

2. 实训所用器材

应配备:

(1)不配备全站仪时:水准仪1台,三脚架1个,塔尺1根,方向架1个(或经纬仪1台),皮尺1根,并准备计算器、记录本,每组1套。

(2)配备全站仪时:全站仪1台,三脚架1个,棱镜1台,皮尺1根,并准备计算器、记录本,每组1套。

四、需用材料

木桩或竹桩若干、油漆、毛笔。

五、实训操作程序,内容及操作方法(以路堤下坡脚为例)

(1)根据初测的地面平均横坡度 $1:S$,假定的路基宽度 b、边坡度 $1:m$、填挖高度 H,用公式 $L_1=\left(\frac{B}{2}+mH\right)\frac{S}{S-m}$ 计算中桩至下坡脚的水平距离。

(2)从中桩 O 点沿垂直于中线的方向往下量取 L_1 得 A 点,A 点即为所求点。

六、质量验收及评定

各组相互复核对方的放样点是否正确及放样精度:

(1)用经纬仪或全站仪检查边桩是否垂直于路中线,如果不垂直,测量其边桩与中桩的边线与路中线的夹角 α。

(2)测量中桩 O 点与边桩 A 点的水平距离 L。

(3)用水准仪测出中桩处 O 点与 A 点的高差 h。

(4)将 h 代入公式 $l=\frac{b}{2}+m(H+h)$ 计算出 l。

(5)评定放样误差。

七、实习报告

见附表 1-2-1。

路基放样记录表　　附表 1-2-1

项目＼次数	第 1 次	第 2 次	第 3 次	第 4 次	第 5 次	第 6 次
A_i 点与中桩 O 点的实际放样距离 L_i						
A_i 点与中桩 O 点的高差 h_i						
由公式计算所得的水平距离 l_i						
应该移动的水平距离						

八、实习总结

思　考　题

1. 路基施工准备工作有哪些内容?
2. 施工技术准备工作包括哪些方面?
3. 简述施工现场清理场地的原则。
4. 用地范围如何标定?
5. 路基施工放样工作包括哪些内容?
6. 如何进行中线测量放样?
7. 简述用解析法进行边桩放样的计算方法。

学习任务二 地 基 处 理

任务总描述

在公路施工前,必须先对公路施工范围进行测量,以确定公路的用地范围,然后按照设计图纸对路线沿线的原有天然地基进行实地踏勘,掌握现有地基是否存在软弱地带和不良地基,土质是否为良性土,有无其他病害存在等,如发现有不良情况,根据现场实际情况,需要采取各种针对性措施对一般地基及软弱地基予以及时处治或改善,以免造成路基在修建过程中出现翻浆、沉陷等病害。

学习活动一 地基处理概述

学习目标

完成本学习任务后,你应当:

1. 会区分天然地基与人工地基;
2. 能够懂得如何进行地基处理。

学习情境描述

某施工单位在中标项目后,先行委派技术人员进行施工现场踏勘,针对不同地基、不同情况的特点进行分段落、分类别的记录,为进一步实施不同地基处理提供第一手资料。

相关知识

路堤是在天然地基上人为构筑的土体,一般都是利用当地土石作填料、按一定施工方案在原地面上填筑而成。实践经验证明,为保证路堤的填筑质量,保证路堤具有足够的强度和稳定性,必须注意对基底的处理和填料的选择。地基根据自然分布状态及对路基危害性不同分为一般地基和特殊地基。针对地基的不同,在施工时应采取相应的措施进行处理。

公路地基所面临的主要问题有:承载力及稳定性、易压缩及不均匀沉降、地基渗漏、特殊土等。由于在这些因素的独立或综合影响下,地基会出现不同类型的变形破坏,因此采用不同方法进行地基处理就变得尤为重要。

一、人工地基适用条件

在公路工程建设中,当遇到工程地质条件不良的软弱土,地基不能满足公路施工要求时,需经人工加固处理,经加工处治后的地基,称为人工地基。

软弱地基是指主要由软黏性土、淤泥、淤泥质土、冲填土(泥砂经冲蚀形成的沉积土)、杂填土(如建筑垃圾、工业废料等)或其他高压缩性土构成的地基。工程上常将软黏性土、淤泥、淤泥质土统称为软土。

在实际工程中，地基处理方法分为置换、排水、挤密、加筋等物理方法，以及搅拌、灌浆等化学方法。另外，有时也可采用热加固方法处理，要根据地基条件合理选择。

二、地基处理的目的

1. 提高地基土的承载力

地基承载力不足的表现有：构造物的地基承载力不够，由于偏心荷载或侧向土压力的作用使结构失稳；由于填土或构造物荷载，使邻近地基产生隆起；土方开挖时边坡失稳，基坑开挖时坑底隆起。地基土的剪切破坏主要是因为地基土的抗剪强度不足，因此，为防止剪切破坏，就需要采取一定的措施提高地基土的抗剪强度。

2. 降低地基土的压缩性

地基土的压缩性高会导致其上构造物的沉降量大，而土的压缩性和土的弹性模量有关。因此，必须采取措施提高地基土的弹性模量，以减少地基的不均匀沉降。

3. 改善地基的透水特性

基坑开挖施工中，因土层内夹有薄层粉砂或粉土而产生管涌或流砂，这些都是因地下水在土中的运动而产生的问题，故必须采取措施使地基土降低透水性或减少其动水压力，减少地基渗漏或强化渗透时地基的稳定性。

4. 改善地基土的动力特性

饱和松散粉细砂在振动作用下会发生一定的流动性，在承受交通荷载和打桩时，会使附近地基产生振动下降，这些是土的动力特性的表现。地基处理的目的就是要改善土的动力特性，以提高土的抗振动性能。

5. 改善特殊土

改善特殊土地基的不良特性，是指对于湿陷性黄土和膨胀土等，消除或减少黄土的湿陷性或膨胀土的胀缩性，以满足工程设计要求。

学习活动二　一般地基处理

学习目标

完成本学习任务后，你应当：

1. 能够将地基所处情况进行不同的分类；
2. 会进行一般地基的处理；
3. 熟知一般地基处理时的技术要点。

学习情境描述

某施工单位在中标项目后，进行施工现场踏勘，发现工程施工范围内有许多树木、杂草、工业垃圾；地面横坡与纵坡较陡；地下土质湿润，含水率较大，估计有较多的地下排水和生活用水管网渗漏。针对这种地基情况，施工单位迅速组织人员进行方案协调，以便及时编制地基处理技术方案并上报。

相关知识

一、伐树、除根及表土处理

路堤填筑时如果不清除结合面上的草木残株等有害于路堤稳定的杂物,路堤成形后一旦杂物腐烂变质,地基将发生松软和不均匀沉陷等现象。为了预防这种情况,就必须在填土前做好伐树、除根和表土清理工作。路基用地范围内的树木、草丛等在施工前应进行砍伐或移植清理,并进行妥善处理。

(1)高速公路、一级公路和填方高度小于1m的其他公路应将路基范围内的树根全部挖除并将坑穴填平夯实;填方高度大于1m的其他公路允许保留树根,但根部露出地面不得超过20cm。这项工作可采用人工方法或机械方法完成。

(2)如基底的表层土系腐殖土,则须用挖掘机或人工将表层土清除换填,厚度一般以30cm为宜,清除的表土杂物堆弃于施工便道或对侧路基坡脚线与公路界碑之间。

(3)有些清除物如腐殖土,当路堤修筑后可作为护坡保护层使用,也可作为中央分隔带及绿化带的回填土,这时应注意堆弃位置要便于取回。

(4)路堤通过耕地时,填筑施工之前,必须预先清出种植土,清理深度根据种植土厚度确定;如地基土中有机质含量较大和其他杂质较多时,地基不易压实,必须进行清理;如原地面有坑、洞、墓穴等,应用原状土或砂性土回填,当填方地段清理完地表后,用平地机进行整平,用压路机对清表后的原地面进行碾压,压实度应符合设计及规范的要求,清表质量、压实度、清表后高程及工程数量需进行上报检验。打碎后的种填土,可用于路堤边坡表层,是良好的绿化土体。

二、坡面基底的处理

填土路基,如基底为坡面时,在荷载作用下,粒料极易失稳而沿坡面产生滑移,因此在施工前必须注意对坡面处理后方能填筑。经验表明,当坡度较小,在1:10~1:5之间时,只需清除坡面上的树木、杂草等,将翻松的表层压实即可保证坡面的稳定。当坡度在1:5~1:2之间时,针对土质地面,应采用如图2-2-1所示方法将坡面做成台阶形,一般台阶宽度不宜小于2m,高度最小为1m,而且台阶顶面应做成3%~5%向内倾斜的坡度。

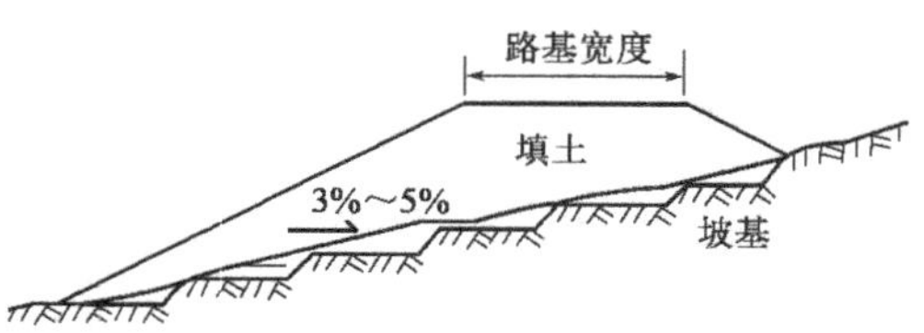

图2-2-1 台阶基底

针对石质地面,应将原地面凿毛,以增强抗滑力。如果基底坡面陡于1:2,则应采用修筑护墙、石砌护脚等措施进行处理,护墙及石砌护脚等还同时起着减少填方数量和压缩路基占地宽度的作用。

三、有地下水影响的地基处理

地下水包括上层滞水、潜水、层间水等,它们对路基的危害程度因条件不同而异。轻者使路基湿软,降低路基强度;重者会引起冻胀、翻浆等破坏。因此,路基施工前应消除路基基底土体内水的隐患,防止水分侵入路基,以保证路基工程施工质量。

地基土体中的水分，主要依靠毛细水的上升和移动侵入路基土中。毛细水的上升，使不同深度和不同类型的土具有不同的含水率。土的含水率随地下水位的升高而增大，靠近地下水位的土，几乎为水所饱和，因此必须采取相应措施以限制水分的侵蚀。

除常用的设置地下排水结构物外，可根据情况采用换填土层法、地基加固处理法、设置垫层法、反压护道法等。

1. 换填土层法

换填土层法即将基底下一定深度范围内的湿软土层挖去，换以强度较大、水稳性优良、不易风化的砂、砂砾、碎石材料或级配较好的砂砾土，或塑性指数满足规范要求的亚黏土，并予以压实。此方法在地基土质潮湿，但面积不大且深度不深时采用。

2. 地基加固处理法

如果更换路基填料受到限制，或者湿软地基深度较大，可在原地基材料中掺入一定量的固化剂处理地基病害。表层或浅层土的固化，只需将固化剂与土混合加压；对于深层土的固结，需采用特殊工艺将浆液注入土中使土体固结。通常采用无机结合料如生石灰、水泥等固化材料与地基表面一定深度的原状土进行拌和，使无机结合料与土体产生一系列物理与化学作用，以达到提高路基强度和防止水分侵蚀的作用。常用的有灰土垫层和水泥稳定土垫层等。

3. 设置垫层法

增设垫层的目的是防止地基中水分通过毛细水上升而对路基产生破坏作用，并排除地基中的孔隙水，以增强地基强度。一般当软土层厚度小于3m时可采用。

砂垫层是一种常用的方法，其主要作用是排水固结，还可提高地基承载力，减少沉降量，能起到防止冻胀的作用。砂垫层厚度一般在0.6～1.0m之间，太厚难施工，太薄效果差。垫层材料以洁净的中粗砂为宜，要求级配良好，颗粒均匀，含泥量不超过3%～5%。也可采用天然级配砂砾，最大粒径不宜大于5cm。垫层宽度为路堤底宽并在两侧各增加50～100cm。施工时应分层摊铺，分层洒水碾压，每层压实厚度宜为15～20cm。设置砂垫层后，毛细水的上升就会得到有效控制，如图2-2-2所示。

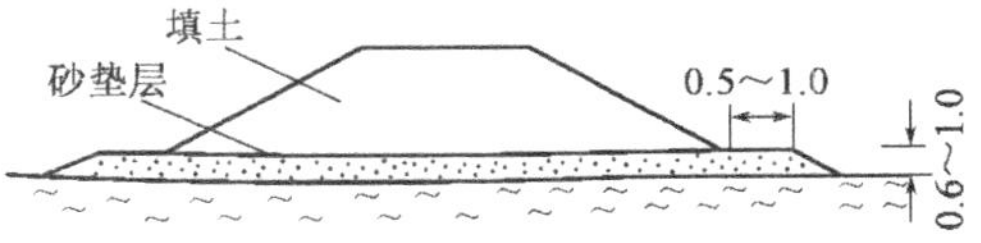

图2-2-2　砂垫层防水措施（尺寸单位：m）

4. 反压护道法

当路堤下沉，两侧或路堤下坡一侧隆起时，可采取在路堤两侧或一侧填筑适当高度与宽度的护道，在护道重力作用下，使路堤下的淤泥向两侧（或单侧）被挤出隆起的趋势得以平衡，保证路堤稳定。反压护道法加固地基的特点是不需要特殊的机具和材料，施工简易，但占地较多，用土量较大。一般适用于非耕地、取土方便的地区和路堤高度不大的路基中，沼泽地不宜采用，如图2-2-3所示。

反压护道法在施工时，一般按一定顺序进行，先填包括反压护道在内的砂垫层，再填筑主路堤。同时在填筑时避免过高堆填，应分层铺筑，充分压实，并有一定横坡度，以利于排水。两侧反压护道应与主路堤同时填筑，特别是反压护道的填筑速度不得低于主路堤。反压护道法在施工中常采用单级两侧填筑形式，高度一般为路堤高度的1/3～1/2。

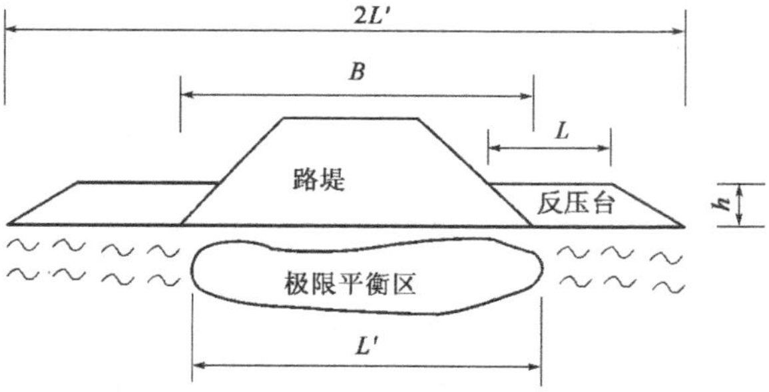

图2-2-3 反压护道法

四、填前压实

土方回填前应清除基底的垃圾、树根等杂物,抽除坑穴积水、淤泥,验收基底高程。清理地表后,用平地机整平,用压路机进行填前压实。如在耕植土或松土上填方,应在基底压实后再进行。进行压实可采用以下几种方式:

(1)清表后的原地面,表层土含水率合适的填方路段,可直接用重型振动压路机碾压,并达到要求的压实度。

(2)清表后的原地面,表层土含水率较大时,可就地翻松、打碎、晾晒,在最佳含水率条件下压实,并达到要求的压实度。

(3)如地基软弱,当采取相应措施处理后,应进行填前压实。

路堤基底是指路堤填料与原地面的接触部分。为使两者结合紧密,避免路堤沿基底发生滑动,防止因草皮、树根腐烂而引起路堤沉陷,需视基底的土质、水文、坡度和植被情况及填筑高度采取相应的处理措施。填方施工过程中应检查排水措施,每层填筑厚度、含水率控制、压实程度、压实遍数应根据土质、压实系数及所用机具确定。路堤表土清理压实工序如图2-2-4所示。

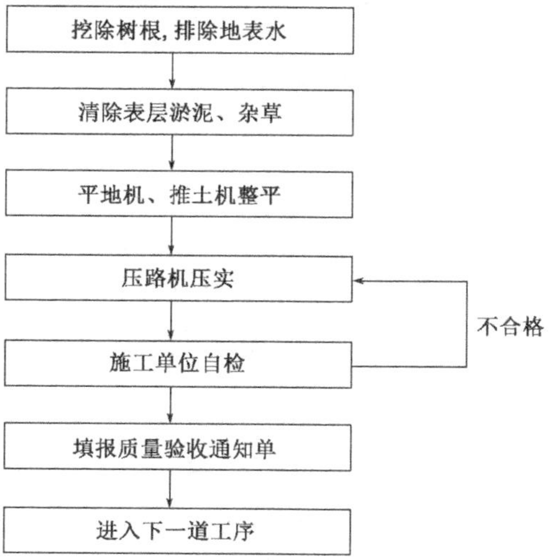

图2-2-4 路堤表土清理压实工序

学习活动三 软土地基处理

学习目标

完成本学习任务后,你应当:

1. 能够根据不同条件选择软土地基处理方法;
2. 会进行软土地基处治施工;
3. 熟知软土地基处理时的技术要点。

学习情境描述

某单位施工的一段路线,途经稻田和池塘,施工现场踏勘后发现工程施工范围内存在面积较大、深度超过5m的软土地基,由于原有地基含水率较大,无法直接进行填土路基施工。针对这种软土地基情况,施工单位如何才能开展正常施工呢?

相关知识

一、软弱地基的分类与性质

我国在内陆湖、塘、盆地、江、河、海岸和山间洼地分布有近代沉积的软土,在许多地区均存在沼泽,通常将软土与沼泽所处的地基统称为软弱地基。在软弱地基上修筑路基,若不加以处理,往往会发生路基失稳或过量沉陷,导致公路破坏或不能正常使用。

软弱地基按照土的类别划分为5种类型,即软黏性土、淤泥质土、淤泥、泥炭质土及泥岩。软弱地基的物理、力学性质主要有以下几方面:

1. 天然含水率高、孔隙比大

由于软土、沼泽中的黏粒及有机质含量大,吸水能力强,加之是常年积水的洼地,土层厚度大,多呈软塑或半流塑状态,天然含水率达30%~70%,孔隙比一般大于1。液限在35%~60%之间,塑性指数为10~30。

2. 透水性差

软弱土基亲水性强而透水性弱,由于大部分软土中都存在带砂夹层,所以其渗透大多向水平方向运行。由于黏粒及有机质含量大、液限高,其透水能力就差,在施工中压实困难,且不便于施工。

3. 压缩性高

软土由于孔隙比大,土粒间连接结构不稳定,具有高压缩性的特点,且随液限的增大而增强。

4. 抗剪强度低

软土地基抗剪强度低,并与加载速度及排水固结有密切关系,一般认为抗剪强度随固结程度增加而增大。

二、软土地基处理方法

对于浅层地基,常用的处理方法有换填土层法、砂垫层法、土工合成材料(土工布、土工格栅)垫层法。

对于含水率较大、埋藏较深的地基,常采用排水固结法进行处理。排水固结法可分为真空预压法、塑料排水板法、砂井法、堆载预压法、井点降水等方法。

对于土质较差,或土体松散,或含有一定含水率的地基,经过一定方法处理后将其改变为性能良好的复合地基。复合地基是指天然地基在地基处理过程中部分土体得到增强,或被置换,或在天然地基中设置加筋材料。加固区是由天然地基土体或被改良的地基土体和增强体两部分组成的人工地基。常用的方法有水泥搅拌桩法、高压喷射注浆法、夯实水泥土桩法、水泥粉煤灰碎石桩法、砂石桩法、灰土挤密桩法、粉喷桩法等。此外,还可根据实际情况采用强夯法、振冲法、柱锤冲击扩桩法、化学加固法等。

当路堤经稳定性验算或沉降计算不能满足要求时,必须对软土地基进行加固处理。地基加固的方法很多,此处就现行公路行业中常用的几种方法予以介绍。

1. 排水固结法

排水固结法又称预压法,其包括堆载预压法、超载预压法、真空预压法等多种方法。通过预压荷载作用,使软黏土地基土体中的孔隙水排出,土体发生固结,土中孔隙体积减小,土体强度提高,达到减少地基施工后沉降和提高地基承载力的目的。超载预压法常采用设置砂井的方法。

砂井法是在天然软土地基表层设置砂垫层等水平向排水体,在地基中设置砂井等竖向排水体,然后加载预压,使土体的孔隙水排出,逐渐固结,同时强度逐步提高的方法。砂井法具有节省土方、少占耕地、经济有效等特点,可用于加固软弱地基,特别适用于路堤高度大于极限高度或填料来源困难的情况,如软土中存在多个透水层时,排水效果更好。

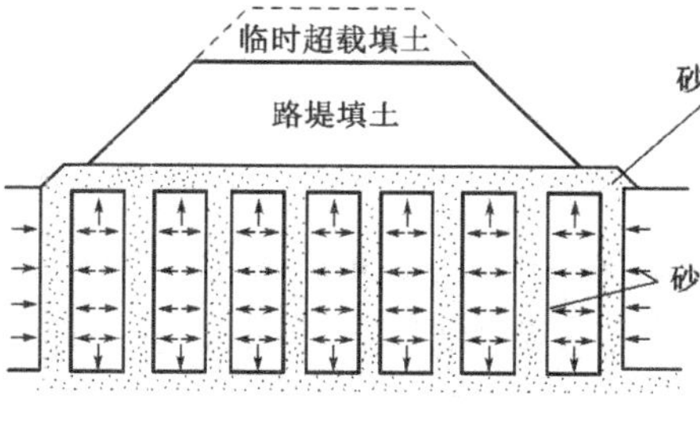

图 2-3-1 砂井排水示意图

砂井的布置及施工方法如下。

1)砂井的布置

采用钻孔机械在地基上钻取一定直径的孔眼,灌以粗、中砂,即为砂井。典型的砂井排水地基如图 2-3-1 所示。

砂井布置的主要内容是确定砂井的直径、间距、深度,并布置砂沟或砂垫层。砂井的直径一般不需要很大,但为了便于施工和保证质量也不宜过小,一般采用 20 ~ 50cm,视施工机具的具体情况而定。砂井的间距为相邻两砂井中心线间的距离。井距愈小,排水固结愈快。普通砂井井距一般为井径的 8 ~ 10 倍,常用范围为 2 ~ 4m。砂井在平面上可布置成梅花形或正方形,如图 2-3-2 所示。砂井的深度应视软土层的情况而定,当软土层较薄,且底层为透水层时,砂井应贯穿整个层厚。

2)砂井的施工

砂井施工工艺恰当与否,直接影响砂井排水效果的好坏。施工工艺的选择需综合考虑三个问题,即砂井的密实性、对外围环境的扰动、是否满足设计要求。其主要施工方法有套管法、水冲成孔法、爆破法等。

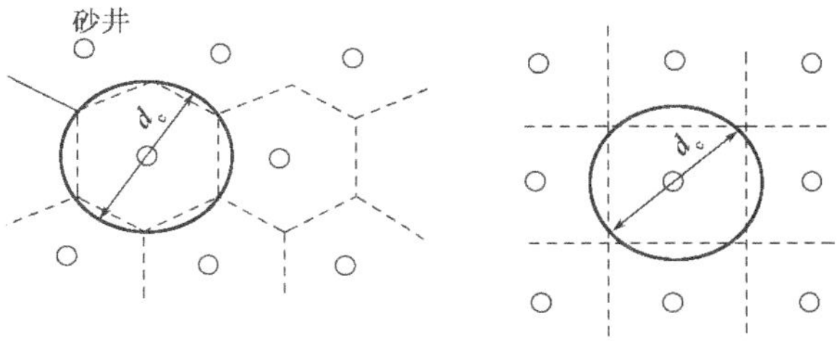

图 2-3-2 砂井的平面布置

(1)套管法:在起重机的吊臂上安装一个供穿心用的导向架,以锤击钢管,或用一个振动锤夹住钢管施加振动力,前者称为冲击式,后者称为振动式。钢管应比砂井长 0.5 ~1.0m,以利于拔管,管的底部应有活瓣桩尖。具体施工步骤如下:

①装上桩尖,将钢管定位。

②依靠打击或振动器振动使钢管下到要求的深度。

③钢管上拔 0.5 ~1.0m,消除桩底真空吸力,以便活瓣张开,然后提起重锤和桩帽,在钢管上放置漏斗,先灌入少许水,然后将砂、水交错灌入。

④以每分钟 4 ~6m 的速度拔管,并用大锤不断敲击钢管以加速砂子下落。

(2)水冲成孔法:通过专用喷头,在水压力作用下冲孔,成孔后经清孔,再向孔内灌砂成形。施工步骤如下:

①将套管安置在砂井位置上。

②将射水管放进套管内射水,套管慢慢下沉,如果遇到较坚实土层,可用锤轻轻敲击顶部,使套管下沉。

③套管达到要求深度后,上下移动射水管,使套管中的土充分流出(清孔);灌砂,拔起套管。

(3)爆破法:对于 10m 以内的浅砂井,用螺纹钻钻孔,在钻孔内放置条形药包,爆炸扩孔,孔内灌砂。施工步骤如下:

①用螺纹钻钻垂直孔,孔深比砂井深度大 0.5m,以便放置药包。

②用管子钳卡住铁管,用人力将药包压入孔内,压入深度比砂井深度大 0.2 ~0.3m,以防止孔底回淤。

③将传爆线一端连在雷管和导火索上,点爆。

④爆成井孔后就灌水,使孔壁不坍塌,经检查后,将砂、水交替灌入,灌满为止。

2. 塑料土工格栅加固法

塑料土工格栅是经过拉伸形成的具有方形或矩形的聚合物网材,按其制造时拉伸方向的不同可为单向拉伸和双向拉伸两种。它是在经挤压制出的聚合物板材上冲孔,然后在加热条件下施行定向拉伸。单向拉伸格栅只沿板材长度方向拉伸制成,而双向拉伸格栅则是继续将单向拉伸格栅再在与其长度垂直的方向拉伸制成。

单向拉伸塑料土工格栅(图2-3-3)是以聚丙烯(PP)为原料,经塑化挤出板材、冲孔、加热、拉伸而成。经拉伸后的土工格栅,具有相当高的抗拉强度和弹性模量。单向拉伸塑料土工格栅适用于修建公路、铁路、港口以及江河湖海岸边的加筋挡土墙、堤坝、桥面、陡坡等工程。

双向拉伸塑料土工格栅(图2-3-4)是用聚丙烯高分子聚合物通过塑化挤出板材、冲孔、加热后再纵向、横向拉伸而成。双向拉伸塑料土工格栅在纵向、横向上都具有很大的拉伸强度。在软土地基中可提供有效地承载力,并可使之成为整体的连锁系统。双向塑料土工格栅适用于大面积永久性承载的地基。

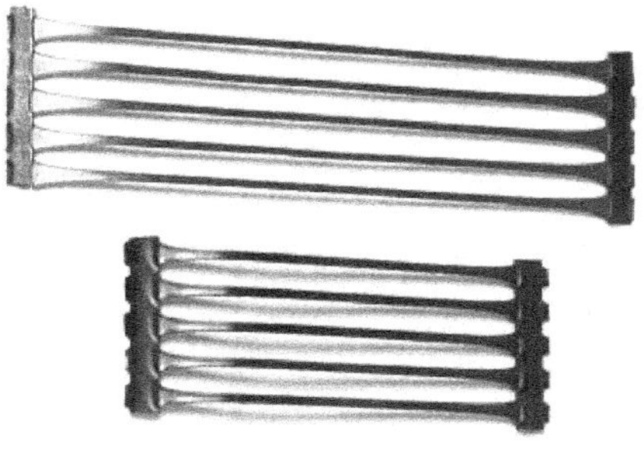

图2-3-3 单向拉伸塑料土工格栅

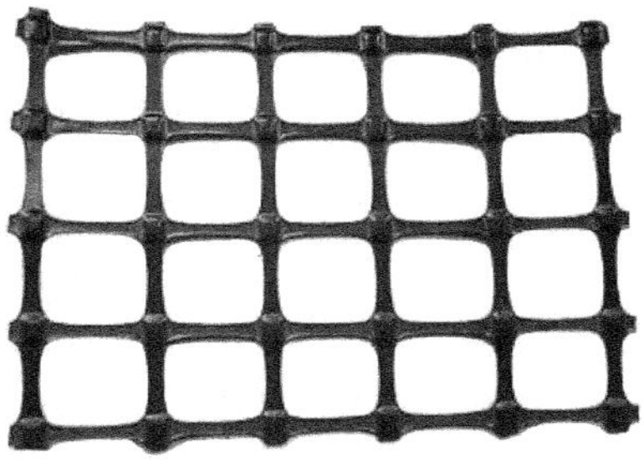

图2-3-4 双向拉伸塑料土工格栅

塑料土工格栅的施工方法如下:

(1)首先精确放出路基边坡线,并进行整平碾压,不平整的地方人工配合整平。

(2)铺垫0.3m厚的中(粗)砂,人工配合机械整平后,采用振动压路机静压两遍。

(3)铺设土工格栅。土工格栅铺设时底面应平整、密实,一般应平铺,拉直,不得重叠,不得卷曲、扭结。相邻的两幅土工格栅需搭接0.2m,并沿路基横向对土工格栅搭接部分每隔1m用8号铁丝进行穿插连接。在铺设的格栅上,每隔1.5~2m用U形钉将其固定于地面。

(4)第一层土工格栅铺好后,开始填设第二层0.2m厚的中(粗)砂,其方法是:用汽车运中(粗)砂到工地卸于路基一侧,而后用推土机向前赶推,在路基两侧2m范围内填筑0.1m后,把第一层土工格栅折翻上来再填筑0.1m的中(粗)砂。禁止两侧向中间填筑和推进,禁止各种机械在没有填筑中(粗)砂的土工格栅上通行作业,这样能保证土工格栅平整,不起鼓,不起皱。待第二层中(粗)砂平整后,用振动压路机静压两遍。

(5)第二层土工格栅施工方法同第一层方法,最后再填筑0.3m的中(粗)砂,填筑方法同第一层方法,用压路机静压两遍后,路基基底加固就处理完毕了。

(6)在第三层中(粗)砂碾压好后,沿线路纵向在边坡两侧各铺设土工格栅两幅,搭接0.16m,并用同样的方法连接好,然后开始土方施工作业。铺设土工格栅进行边坡防护,必须每层测量出铺设的边线,每侧要保证边坡整修后土工格栅埋于边坡内0.1m。

(7)边坡土工格栅每填筑两层土,即厚度为0.8m时就需要两侧同时铺设一层土工格栅,依次类推,直至铺到路肩表面土下。

3. 塑料排水板法

塑料排水板是带有孔道的板状物体。常用的塑料排水板是由聚苯乙烯(HIPS)或者是聚乙烯塑胶底板经过冲压制成圆锥突台(或中空圆柱形多孔)而成。圆锥突台的顶面胶接一层过滤土工布,以阻止泥土微粒通过,从而避免排水通道阻塞,使孔道排水顺畅。传统的排水方式使用砖石瓦块作为导滤层,使用较多的鹅卵石或碎石作为滤水层,将水排到指定地点。塑料排水板具有单孔过水断面大、排水畅通、质量轻、强度高、耐久性好等特点,是一种较理想的竖向排水体,目前在我国应用较为广泛。

1)排水板材料

排水板按其结构形式可分为多孔单一结构型(图 2-3-5)和复合型(图 2-3-6)两大类。

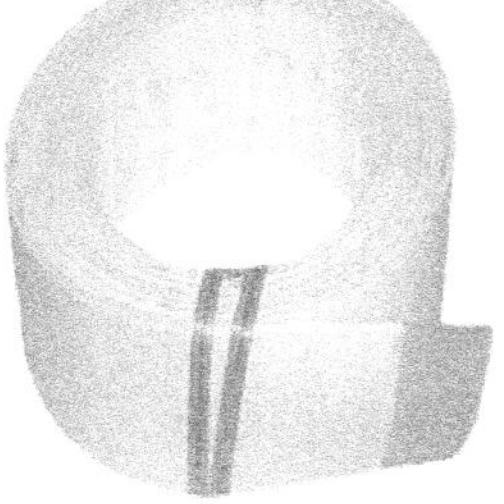

图 2-3-5 多孔单一结构型排水板

图 2-3-6 复合型排水板

(1)多孔单一结构型是一种经特殊加工的两块聚氯乙烯树脂透水板,在两板之间仅有若干个点以凸缘相接触,而其间留有许多孔隙,故透水性好。这塑料板具有耐酸碱、不膨胀、不变质等特点。在多孔单一结构型中,有使用纤维质无纺布和多孔质材料制成的,这种排水板在土压力作用下过水面积减少,排水效果较差。

(2)复合结构型是用聚氯乙烯或聚丙烯做成的芯板,外面套以用涤纶类或丙烯类合成纤维制成的滤膜。板宽一般为 100mm,厚 3 ~4mm,这种排水板在土压力作用下过水面积较大,排水效果较好。

塑料排水板应符合质量标准,因此,购进的产品要有出厂检验合格证,并在现场每 10 万 m 至少抽一个样品进行检验,合格后方可使用。目前我国已有许多厂家生产塑料排水板。表 2-3-1 为南京生产的 SPB-1 系列塑料排水板的技术性能。

塑料排水板的技术性能 表 2-3-1

性 能		单 位	型 号		备 注
			SPB-1	SPB1B	
材料			塑料排水板外包土工布滤膜		
断面尺寸	宽度	mm	100 ±2	100 ±2	
	厚度	mm	>3.5	>4.0	
纵向透水性		m^2/s	15×10^{-5}	25×10^{-5}	侧压力为 0.35MPa
抗拉强度		kN/10cm	>1.0	>1.3	延伸率为 10%
延伸率		%	<10	<10	拉力为 1kN/10cm
每卷长度		m	200	200	

2)塑料排水板施工

塑料排水板施工(图 2-3-7),通常是用专用插板机作业。插板机可分为套管式和无套管

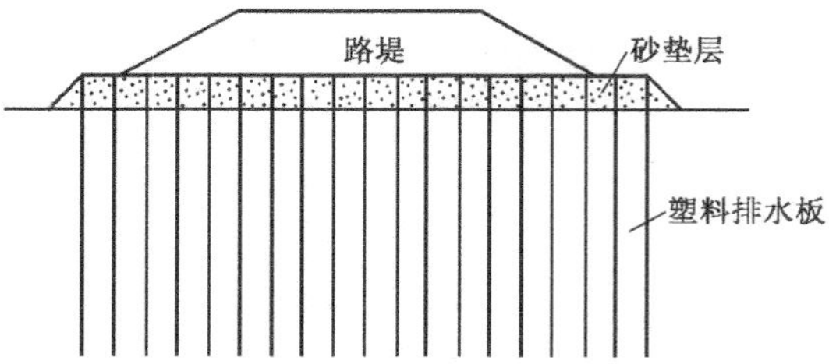

图 2-3-7 塑料排水板施工示意图

式两类。由于无套管插板机是用钻杆直接将塑料板压入土中，塑料板容易损伤或随钻杆拔起，所以宜选用套管式插板机。

(1)套管式插板机施工步骤

①卷筒通过井架上方的滑轮，插入套管内。

②将塑料排水板用排水板被套管的输送滚轴夹住，一起压入土中。

③达到预定深度后，输送滚轴反转松开排水板，上拔套管，塑料排水板便被留在土中。

④在地面以下20cm左右将排水板切断。

塑料排水板施工过程中应注意：塑料板滤水膜在插入过程中避免损坏，防止淤泥进入板芯堵塞输水孔，影响塑料板的排水效果；上拔套管时要避免将塑料板带出；严格控制间距和深度；塑料板被带上2m应补插；塑料板需接长时，应采用滤水膜内平搭接的连接方法，搭接长度应在20cm以上。

(2)塑料排水板施工工序

塑料排水板施工工序如图2-3-8所示。

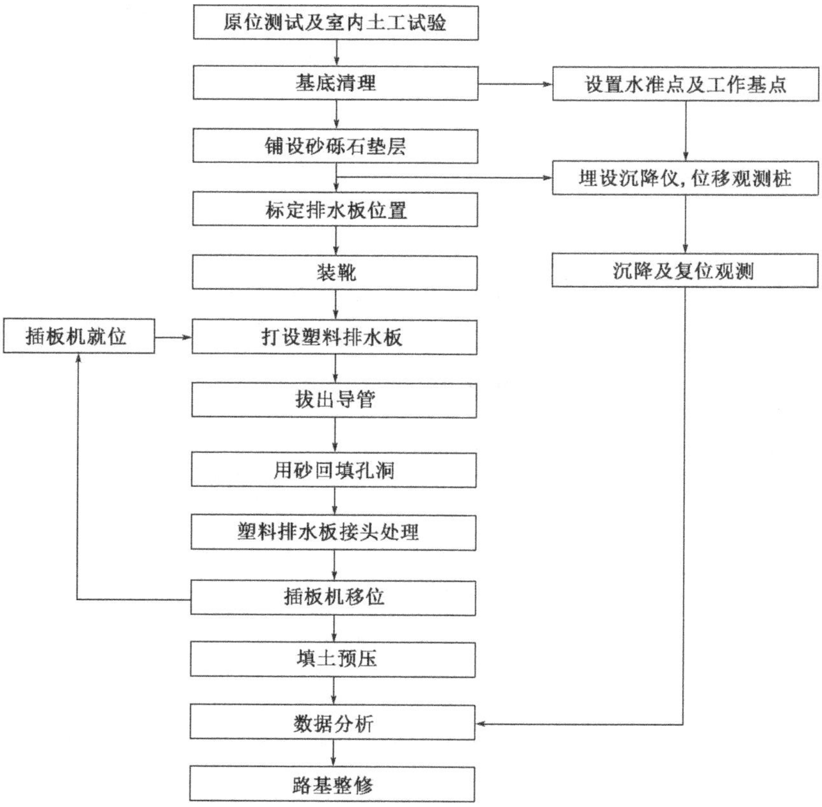

图 2-3-8 塑料排水板施工工序

4. 挤密法

挤密法施工示意如图 2-3-9 所示。利用振冲器在土基中钻孔,成孔后在孔中灌以砂、石、土、灰土或石灰等材料,捣实而成直径较大的桩体,利用横向挤紧作用,使地基土粒彼此靠紧,孔隙减少,而且孔隙被填满和压紧。桩体具有较高的承载能力,群桩的面积约占加固面积的 20%,桩和原土组成复合地基,达到加固的目的。在公路中常用的有砂(碎石)桩和石灰桩两种,如图 2-3-10 所示为成形的挤密桩。

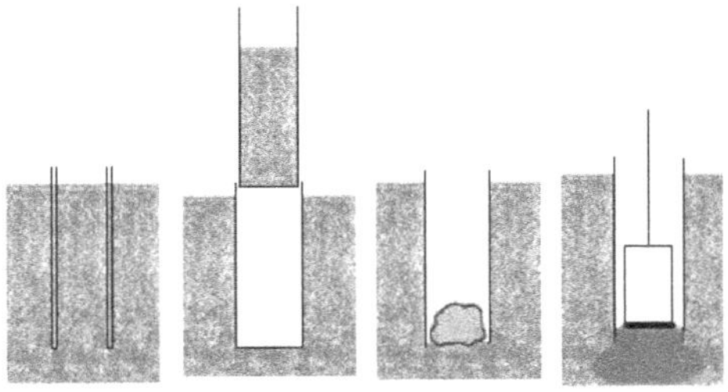

图 2-3-9　挤密法施工

图 2-3-10　成形挤密桩

(1)砂(碎石)桩

用冲击或振动的方法成孔,在孔中灌砂(碎石),形成砂(碎石)桩。与砂井相比,形式相仿,但作用不同。砂井的作用是排水固结,井径较小而间距较大;砂(碎石)桩的作用是将地基挤紧,井径较大(0.6 ~ 0.8m),而间距较小。

冲击法施工步骤为:套管就位→提起芯管、灌砂→锤击下沉至设计深度→提起芯管、灌砂→锤击套管和芯管→将砂挤出套管→提起套管和芯管→灌砂→锤击芯管,使砂密实。

砂桩也可用振动法施工,其施工步骤为:将装有垂直振动器的套管就位→振动下沉→将砂灌入套管中→边振动边使套管上下运动→套管逐步上提→最后形成密实的砂桩。

(2)石灰桩法

石灰桩是指采用机械或人工在地基中成孔,然后贯入生石灰或按一定比例加入粉煤灰、炉渣、火山灰等掺合料及少量外加剂进行振密或夯实而形成的密实桩体。为提高桩身强度,还可掺加石膏、水泥等外加剂。石灰桩与经过改良后的桩周土共同承担上部建筑物荷载,属复合地基中的低黏结强度的柔性桩。

石灰桩法适用于处理饱和黏性土、淤泥、淤泥质土、素填土和杂填土等地基;用于地下水位以上的土层时,宜增加掺合料的含水率并减少生石灰用量,或采取土层浸水等措施。石灰桩属可压缩的低黏结强度桩,能与桩间土共同作用形成复合地基。由于生石灰的吸水膨胀作用,它特别适用于新填土和淤泥的加固,生石灰吸水后还可使淤泥产生自重固结。形成强度后的密集的石灰桩身与经加固的桩间土结合为一体,使桩间土欠固结状态消失。石灰桩与灰土桩不同,可用于地下水位以下的土层;用于地下水位以上的土层时,若土中含水率过低,则生石灰水化反应不充分,桩身强度降低,甚至不能硬化。石灰桩在成孔后贯入生石灰便吸水膨胀,使桩间土受到强大的挤压力,这对地下水位以下软黏土的挤密起主导作用。

石灰桩成孔直径应根据设计要求及所选用的成孔方法确定,常用为300~400mm,可按等边三角形或矩形布桩,桩中心距可取2~3倍成孔直径。石灰桩可仅布置在基础底面下,当基底土的承载力特征值小于70kPa时,宜在基础以外布置1~2排围护桩。

5. 化学加固法

使用化学溶液或胶结剂,采用压力灌注或搅拌混合等措施,使土颗粒胶结起来,以达到对土基加固的目的,称为化学加固法。其施工工艺主要有高压喷射注浆法、深层搅拌法和灌浆法3种。

所谓高压喷射注浆法,就是利用钻机把带有喷嘴的注浆管钻进至土层的预定位置后,以高压设备使浆液或水成为20MPa左右的高压流从喷嘴中喷射出来,冲击破坏土体。当能量大、速度快和呈脉动状的喷射流压力超过土体结构强度时,土粒便从土体剥落下来。一部分细小的土粒随着浆液冒出水面,其余土粒在喷射流的冲击力、离心力和重力等作用下,与浆液搅拌混合,并按一定的浆土比例和质量大小有规律地重新排列。浆液凝固后,便在土中形成一个固结体。此法适用于处理淤泥、淤泥质土、黏性土、粉土、砂土、人工填土和碎石土地基。当地基中含有较多的大粒径块石、大量植物根茎或较高的有机质时,应根据现场试验结果确定其适用性。对地下水流速度过大、喷射浆液无法在注浆套管周围凝固等情况不宜采用。常采用旋喷注浆形式,高压旋喷桩的处理深度较大,除地基加固外,也可作为深基坑或大坝的止水帷幕,目前最大处理深度已超过30m。浆液以水泥为主,当土的渗透性较大或地下水流速过大时,为防止浆液流失,可在浆液中掺加三乙醇胺和氯化钙等速凝剂。

1)高压喷射注浆法的施工工艺流程

如图2-3-11所示。

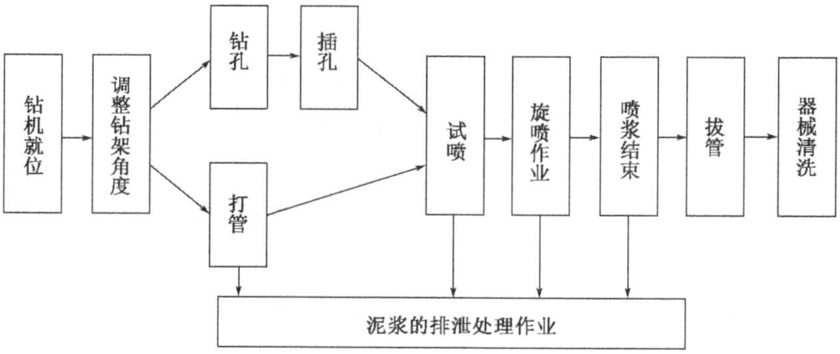

图2-3-11 注浆法施工流程

2)高压喷射注浆法施工方法

(1)钻机定位。旋喷注浆施工的第一道工序就是将使用的钻机安装在设计的孔位上,使钻杆头对准孔位的中心,并保证钻孔达到设计要求的垂直度。

(2)钻孔。钻孔的目的是将旋喷注浆插入预定的地层中。钻孔方法很多,主要视地层中地质情况、加固深度、机具设备等条件而定。可采用70型或76型旋转振动钻机,也可采用地质钻机钻孔。

(3)插管。插管是将旋喷注浆管插入地层预定的深度,使用70型或76型振动钻机钻孔时,插管与钻孔两道工序合二为一,钻孔完毕,插管作业即完成。使用地质钻机钻孔完毕,必须拔出岩芯,并换上旋喷管插入预定深度。在插管过程中,为防止泥砂堵塞喷嘴,可边射水、边插管,水压力一般不超过1MPa。如果压力过高,则易将孔壁射塌。

(4)旋喷作业。当喷管插入预定深度后,由下而上进行旋喷作业。旋喷操作要注意下列各点:

①旋喷前要检查高压设备和管路系统,其压力和流量必须满足设计要求。注浆管及喷嘴内不得有任何杂物,注浆管接头的密封圈必须良好。

②喷射过程中,要注意防止喷嘴被堵,水、气、浆的压力和流量必须符合设计值。使用双喷嘴时,若一个喷嘴被堵,则可采取复喷方法继续施工。

③喷射时,要做好压力、流量、冒浆量的量测工作,并按要求逐项记录。钻杆的旋转和提升必须连续。拆卸钻孔继续旋喷时,注意保持钻杆有0.1m的搭接长度,不得使喷射固结体脱节。

④深层旋喷时,应先喷浆后旋转和提升,以防注浆管扭断。搅拌水泥时,水灰比要符合设计规定,不得随意更改,在旋喷过程中应防止水泥浆沉淀,使浓度降低。禁止使用受潮或过期的水泥。

⑤冲洗。当喷射提升到设计高程后,旋喷即告结束。施工完毕应把注浆管等机具设备冲洗干净,管内、机内不得残存水泥浆。

⑥移动机具。反钻机等机具设备移到新孔位上。

6.强夯法

强夯法是指为提高软弱地基的承载力,用重锤自一定高度下落夯击土层使地基迅速固结的方法。一般采用连续夯击或分遍间歇夯击的方法,并根据工程需要通过现场试验以确定夯实次数和有效夯实深度。适用于处理碎石土、砂土、低饱和度的粉土与黏性土、湿陷性黄土、杂填土和素填土等地基。强夯置换法适用于高饱和度的粉土、软塑的黏性土等地基上对变形控制不严的工程,在设计前必须通过现场试验确定其适用性和处理效果。强夯法(图2-3-12)和强夯置换法主要用来提高土的强度,减少压缩性,改善土体抵抗振动液化能力和消除土的湿陷性。对饱和黏性土宜结合堆载预压法和垂直排水法使用。

图2-3-12 强夯法施工

强夯法施工方法如下:

(1)测量并清理、平整施工场地。

(2)起重机就位,夯锤置于夯点位置。

(3)将夯锤起吊到预定高度,开启脱钩装置,待夯锤脱钩自由下落后,放下吊钩,测量锤顶高程,若发现因坑底倾斜而造成夯锤歪斜,应及时将坑底整平;重复进行夯击,直至完成一个夯点的夯击工作。

(4)用推土机将夯坑填平,并测量场地高程。

(5)在规定的间隔时间后,按上述步骤逐次完成全部夯击遍数,最后用低能量满夯,将场地表层松土夯实,并测量夯后场地高程。

7. 加筋法

加筋法是通过在土层埋设强度较大的土工聚合物、拉筋、受力杆件等提高地基承载力,减小沉降,维持路基稳定。常用的方法有加筋土法、锚固法、树根桩法、低强度混凝土桩复合地基法、钢筋混凝土桩复合地基法等多种方法。

附:参观实习

一、实习项目

软弱地基处理。

二、实习目的及要求

通过实习使学生掌握一般软弱地基常见处理方法的选择、施工工艺要点,增强感性认识,使理论与实践有机结合。在实习时要求学生首先注意施工操作安全,通过仔细观察,结合所学理论知识,认真思考,总结经验,逐步提高认知能力和工程实践能力,并及时完成参观实习报告和实习心得。

三、实习所需工具

钢尺、皮尺、铝盒、检测尺、线绳若干、摄像机等。

四、实习操作内容

(1)对软弱土质现场取样并进行含水率测定。

(2)对施工工艺过程现场摄像,并认真分析学习。

(3)现场测定各施工层次铺筑厚度及软弱土层厚度。

(4)实习操作项目及质量标准见附表2-3-1～附表2-3-3。根据实习内容不同,选择不同实习表格。

五、结果整理及实习建议

主要根据实习现场观察及测定结果进行整理,评价正在施工或已完工的结构物质量状况,并对不合格项目进行原因分析并提出改正或补救措施。见附表2-3-4～附表2-3-6。

砂井实习操作检查项目　附表 2-3-1

检查项目	质量标准	检查方法	备注
井距(mm)	±150	尺量	
井长(mm)	不小于设计值	尺量	
井径(mm)	±10	尺量	
竖直度(%)	1.5	查施工记录	
灌砂量(%)	+5	查施工记录	

塑料排水板实习操作检查项目　附表 2-3-2

检查项目	质量标准	检查方法	备注
板距(mm)	±150	尺量	
板长(mm)	不小于设计值	查施工记录	
竖直度(%)	1.5	查施工记录	

碎石桩实习操作检查项目　附表 2-3-3

检查项目	质量标准	检查方法	备注
桩距(mm)	±150	尺量	
桩径(mm)	不小于设计值	尺量	
桩长(mm)	不小于设计值	查施工记录	
灌碎石量(m^3)	不小于设计值	查施工记录	

砂井实习操作检查表　附表 2-3-4

实测项目	实测值					结果
	1	2	3	4	5	
井距(mm)						
井长(mm)						
井径(mm)						
竖直度(%)						
灌砂量(%)						

塑料排水板实习操作检查表　附表 2-3-5

实测项目	实测值					结果
	1	2	3	4	5	
板距(mm)						
板长(mm)						
竖直度(%)						

碎石桩实习操作检查表 附表2-3-6

实测项目	实测值					结果
	1	2	3	4	5	
桩距(mm)						
桩径(mm)						
桩长(mm)						
灌碎石量(m^3)						

思考题

1. 简述人工地基与软弱地基概念。
2. 一般地基处理常用方法有哪些?
3. 有地下水影响的地基如何处理?
4. 试述表土清理压实工序。
5. 简述软土地基处理常用方法。
6. 简述砂井施工程序。
7. 简述塑料土工格栅施工方法。
8. 简述套管式插板机施工步骤。
9. 简述碎石桩冲击法施工步骤。
10. 简述高压喷射注浆法施工方法。
11. 简述强夯法施工方法。

学习任务三 路 基 施 工

任务总描述

路基是公路的基本结构物，是公路的主体和路面的基础。它一方面要保证车辆行驶的通畅与安全，另一方面要支持路面承受行车荷载的要求，与路面共同承担汽车荷载的作用。路基是按照路线的位置和一定的技术要求修筑的带状构造物。路面是铺筑于路基顶面的层状结构。路面靠路基来支承，没有路基的稳定就没有路面的稳定。路基施工时，除了要满足设计的断面尺寸及纵断面高程之外，还要满足强度、整体稳定性和水温稳定性等基本要求。

学习活动一 土质路堤填筑

学习目标

完成本学习任务后，你应当：

1. 掌握土质路基的填筑方法、步骤及施工要点；
2. 能够正确选取土质路堤填筑材料；
3. 能够科学搭配施工机械。

学习情景描述

A 城市与 B 城市间要修筑一条二级公路，经设计后定线，在人员及机械全部就位后开始施工，路基施工过程中 K1 +000 ~ K2 +000 段设计高程大于原地面高程，需要填筑。土质路基填筑是路基施工的重要组成部分，土质路堤填筑的施工程序、机械调配和机械组织的检查是施工单位必须高度重视的部分，也是决定公路能否高质量完成的重要因素之一。

相关知识

一、土质路基填筑施工的基本方法及流程

按其技术特点，路基施工的基本方法大致可分为以下几种：

1. 人工施工

本方法使用手工工具，工效低、进度慢，工程质量难以保证。只有在条件极其困难的三级公路、四级公路，方可采用人工施工，且路基必须采用压实机械压实。

2. 简易机械化施工

本方法以人工为主，配以机械或简易机械。与人工施工方法相比，能减轻劳动强度，加快施工进度，提高质量。

3. 机械化施工或综合机械化施工

本方法是使用配套机械,主机配以辅机,相互协调,共同形成主要工序的综合机械化作业方法。能极大地降低劳动强度,显著加快施工进度,提高工程质量和劳动生产率,降低工程造价,保证施工安全。

4. 水力机械化施工

本方法使用水泵、水枪等水力机械,喷射强力水流,冲散土层并流运至指定地点沉积。

二、土路堤填筑基本施工方法

(1)水平分层填筑法:按设计断面分成水平层次逐层向上填筑,每填一层,需经压实符合规定后,再填一层土。

(2)纵向分层填筑法:纵坡大于12%的路段应沿纵坡分层,逐层碾压密实。

(3)施工程序:取土→运输→推土机初平→平地机整平→压路机碾压。

(4)施工要领:控制每层填料、布料均匀,松铺厚度不超过30cm,在最佳含水率条件下碾压。

(5)挖台阶:地面横坡陡于1:5时,高速公路和一级公路横坡陡峻地段的半填半挖路基必须挖台阶,台阶宽度不应小于1m。

(6)混填。

上述施工方法的选择,应根据工程性质、地质条件、施工期限、现有条件等因素经过论证而定,应因地制宜并综合采用各种方法。

三、土质路堤填筑施工流程

土质路堤填筑施工流程如图3-1-1所示。

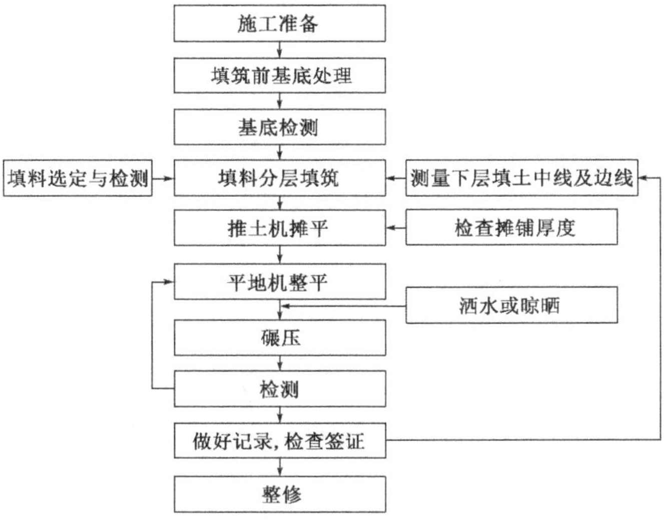

图3-1-1 土质路堤填筑施工流程图

四、路堤填筑的基本施工内容

路堤填筑的基本施工内容有：填料的选择，取土坑的使用，土方的运输，填筑方案，机械操作方法，填料压实，路堤的防护，路堤的加固和路堤的整形等。

五、路堤填料

路堤填料一般都是利用当地附近土石作填料修筑而成，而公路沿线土石的类别和性质不同，修筑路基后的稳定性也有很大的差异，应尽可能选择当地强度高、稳定性好并便于施工的土石作为路堤填料。

(1)在有水泥及软弱地带，碎石、卵石、砾石、粗砂等透水性良好的材料，不易被压缩，强度高且受水影响小，填筑路堤时可不受含水率限制，应分层填筑压实。

(2)土质路堤填筑时，需使填筑材料含水率接近最佳含水率再进行分层填筑压实。在土质选择中，要按照填筑路基的质量好坏依次选择砂性土、黏性土，粉性土必须经处治后才能使用。实践表明，亚砂土、亚黏土是较理想的筑路材料。

(3)路堤填料不得使用淤泥、沼泽土、冻土、有机土，含草皮、生活垃圾、树根和具有腐蚀特征的土。液限大于50%、塑性指数大于26的土以及含水率超过规定的土，不得直接作为路堤填料，需要使用时，必须处治，经检查合格后方可使用。

(4)满足要求(最小强度、最大粒径、有害物质含量等)或经过处理之后满足要求的煤渣、高炉矿渣、钢渣、电石渣等工业废渣可以用作路基填料，但在使用过程中应注意避免造成环境污染。

(5)路基填料应有一定的强度。高速公路、一级公路的路基填料，二级及二级以下公路的填料，应经野外取土试验符合要求后方可使用。最小强度和最大粒径应符合表3-1-1的要求。

路基填方材料技术要求 表3-1-1

路面底以下深度(cm)		填料最小强度(CBR,%)		填料最大粒径(cm)
		高速公路、一级公路	二级及二级以下公路	
路堤	上路床	8.0	6.0	10
	下路床	5.0	4.0	10
	上路堤	4.0	3.0	15
	下路堤	3.0	2.0	15
零填及路堑路床		8.0	6.0	10

注：1. 二级及二级以下公路作高级路面时，应按高速公路、一级公路的规定。
2. 黄土、膨胀土及盐渍土的填料强度，应按各自的要求处理。

(6)对含水率不符合要求及土性较差的土按以下办法进行处治。

①含水率的调节。如果含水率过高，应予以翻晒，最好利用松土机或圆盘耙耧翻，增大暴露面，加速蒸发，另外也可在取土场工作面下面挖沟，使地下水位降低，改变土料含水率。如果含水率过低，常在材料上洒水，并对土料进行翻拌，使其湿润均匀。

②掺外加剂改良。即利用石灰、水泥工业废料或其他材料作稳定剂(或凝固剂)对土的性质进行改良，达到填土要求。这种方法对含水率大、塑性高的土或强度不足的其他材料都有较好的效果。

采用外加剂改良土的施工方法，是将土和外加材料按一定比例混合、拌匀后铺平、压实，一般采用路拌式稳定土拌和机和平地机等进行作业,也可由设于专门场地的厂拌设备制备。

六、取土坑

取土坑又称借土坑,是指在设计的稳定路堤边坡及排水沟以外沿路线两侧或单侧附近挖取土方坑。路旁取土坑还可结合设计兼做排水沟之用,并作为借土计量的依据。

取土坑的使用应满足以下几点要求:

(1)路旁设置的取土坑要有正确的形状,以保证路基排水,要结合道路附近的地形、土质情况、施工方法,选用浅挖窄取或坡地取平等办法进行取土,力求少占农田和改地造田。在划定取土坑时,应考虑土方运输的经济合理性和利用路堑取土的可能性。

①取土坑一般设置在较高的一侧,在高填方的路堤用人工施工或平地机施工时,可设置在路堤的两侧。

②取土坑的宽度和深度的确定,视填土的数量、施工方法及保证排水而定。在平原区其深度一般约为1.0m。

③取土坑的边坡:一般内侧为1:1.5,外侧为1:1。

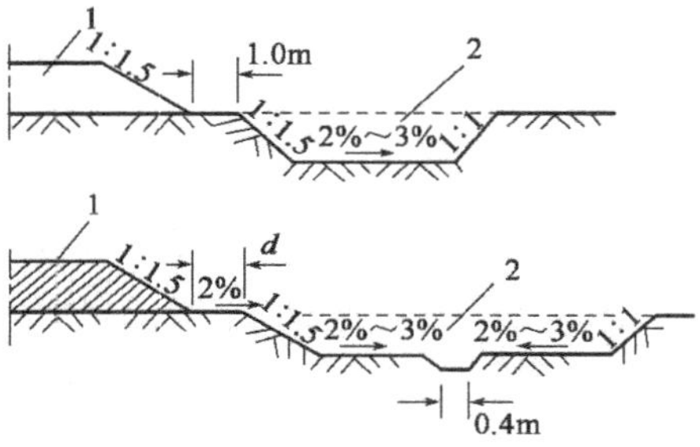

图3-1-2 路旁取土坑示意

1-路堤;2-取土坑

④取土坑的纵横坡:取土坑的坑底纵坡一般不小于0.2%,同向附近桥涵处的坑底纵坡可加大至0.2%~0.3%,沿河地段的坑底纵坡可减少至0.1%。

取土坑的底面,可做成向外的单向横坡,坡度为2%~3%。当取土坑的宽度大于6m时,可做成向中央倾斜的双向横坡,并在中央设置底宽为0.4m的纵向排水沟,如图3-1-2所示。但当坑底纵坡大于0.5%时,可不设排水沟。

⑤取土坑靠路基一侧的坡顶边缘应尽量与路堤坡脚平行。

(2)为排除取土坑的水,可沿取土外侧设置连通的排水沟,如取土坑的纵向挖成阶梯形,应设置高度一般为0.25m的跌水或加固的沟槽。

(3)在桥头两侧不宜设置取土坑。特殊情况下,可在下游一侧设置,但应留有宽度不小于4.0m的护坡道,河滩上取土坑的位置应与调治构造物的位置相适应,取土坑的排水不应影响调治物的稳定。

七、土方的运输

土方的运输主要是指运输车辆的配备,即根据运输车辆的组成、各种车辆的载重、运距、道路状况等情况,确定车辆的配备数量。

1. 土方调配计算

(1)平均运距

土方调配的运距,是从挖方体积的中心到填方体积的中心之间的距离。在路线工程中为简化计算起见,这个距离简单地按挖方断面间距中心至填方断面间距中心距离计算,称为平均运距。

(2)免费运距

土方作业包括挖、装、运、卸等工序,在某一特定距离内,只按土数量计价而不计运费,这一特定的距离称为免费运距。施工方法的不同,其免费运距也不同,如人工运输的免费运距为20m,铲运机运输的免费运距为100m。在纵向调配时,当其平均运距超过定额规定的免费运距,应按其超运运距计算土方运量。

(3)经济运距

填方用土来源,一是路上纵向调运,二是就近路外借土。一般情况下,用路堑挖方调去填筑距离较近的路堤还是比较经济的。但如果调运的距离过长,以致运价超过了在填方附近借土所需的费用,移挖作填就不如在路堤附近就地借土经济。因此,采用“借”还是“调”,有个限度距离问题,这个限度距离即所谓“经济运距”,其值按下式计算:

经济运距:
$$L_{经} = \frac{B}{T} + L_{免}$$

式中:B——借土单价(元/m^3);

T——远运运费单价[元/(m^3·km)];

$L_{免}$——免费运距(km)。

经济运距是确定借土或调运的界限,当调运距离小于经济运距时,采取纵向调运是经济的,反之,则可考虑就近借土。

2. 土方调配原则

(1)在半填半挖的断面中,应首先考虑在本路段内移挖作填进行横向平衡,多余的土方再作纵向调配,以减少总的运量。

(2)土方调配应考虑桥涵位置对施工运输的影响,一般大沟不作跨越运输,同时应注意施工的可能与方便,尽可能避免和减少上坡运土。

(3)为使调配合理,必须根据地形情况和施工条件,选用适当的运输方式,确定合理的经济运距,用以分析工程用土是调运还是外借。

(4)土方调配“移挖作填”固然要考虑经济运距问题,但这不是唯一的指标,还要综合考虑弃方和借方的占地、赔偿及对农业产生的影响等。

(5)不同的土方应根据工程需要分别进行调配,以保证路基稳定和人工构造物的材料供应。

(6)位于山坡的回头曲线路段,要优先考虑上下线的土方竖向调运。

八、路堤填筑方法

路堤填筑是把填料用一定方式运送至路堤进行铺平、碾压密实的过程。路堤填筑分为分层填筑法、竖向填筑法和混合填筑法3种方法。

1. 分层填筑法

分层填筑法是按照路堤设计横断面分成水平层次,自下而上逐层填筑。有规则地分层填筑和压实,易于获得必要的压实度和稳定性。路堤填筑必须考虑不同的土质,每层填土的厚度可按压实机具的有效压实深度和压实度确定。最大松铺厚度不得超过50cm,填筑至路床顶面最后一层的最小压实厚度不应小于10cm。如果原地面不平,应由最低处分层填起。每填一层经过压实后再填上一层。分层填筑法又可分为水平分层填筑(图3-1-3)和纵坡分层填筑(图3-1-4)两种。

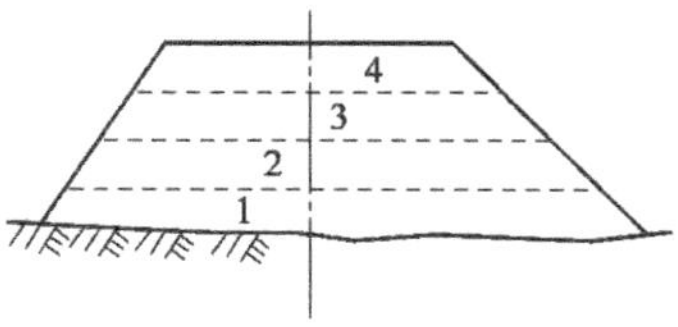

图3-1-3 水平分层填筑法

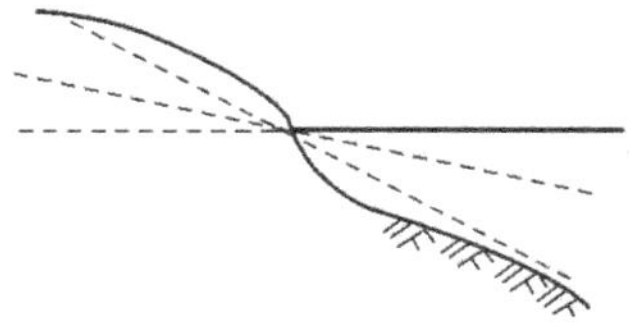

图3-1-4 纵坡分层填筑

2. 竖向填筑法

从路基一端或两端同时按横断面的全部高度,逐步向前深填。在深谷、陡坡、池塘、泥沼、半填半挖路基、填深大而填土面积小等机械难以进场作业的地段,可采用竖向填筑法,如图3-1-5所示。竖向填筑因填土过厚,不易压实,因此施工时需采取下列措施:

(1)选用高效能的振动式或夯击式压实机具。

(2)采用沉陷量较小的砂性土、砂砾、碎石、碎砖、炉渣等强度较大的粒料类混合料,并在路堤全宽范围内一次填筑。

(3)对于暂不修建较高级的路面,容许短期内自然沉降,并进行沉降量和稳定性测定。根据实践经验,一般月平均沉降量低于0.2cm,即可铺筑上部材料,通常暂不铺筑面层的路基,需沉降6个月。

3. 混合填筑法

因地形限制或堤身较高的深谷陡坡地段填筑路堤,不宜采用水平分层法或竖向填筑法自始至终进行填筑的情况,如图3-1-6所示,即在路堤下层竖向填筑,上层至少0.8m采用水平分层填筑,使上部填土经分层压实获得需要的压实度。注意:同一水平层路基的全宽应采用同一种填料,不得混合填筑。

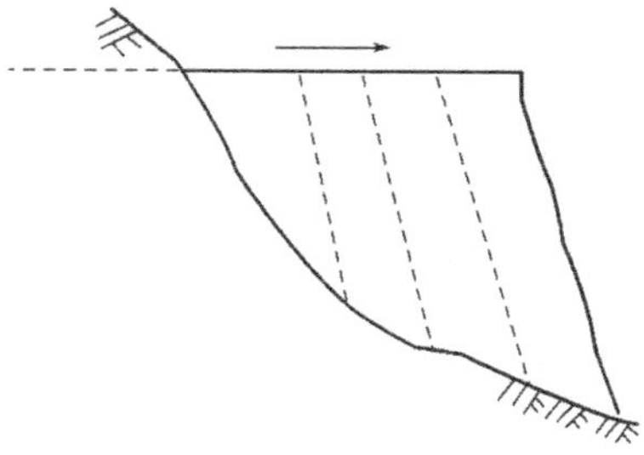

图3-1-5 竖向填筑法

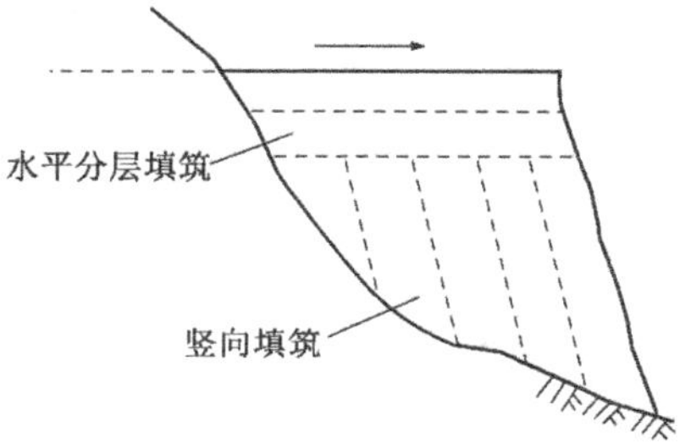

图3-1-6 混合填筑法

4. 路堤填筑中易出现的问题及处治方法要点

路堤施工中出现的问题较多,必须根据情况加以处治使其满足要求。在此,就一些施工中常见的主要问题进行叙述。路堤填筑施工方法错误,或者使用填料不当,特别是当沿线的土质经常发生变化时,将不同性质的土任意混填,从而造成路堤破坏。常见的正确与错误填筑方案如图3-1-7所示。

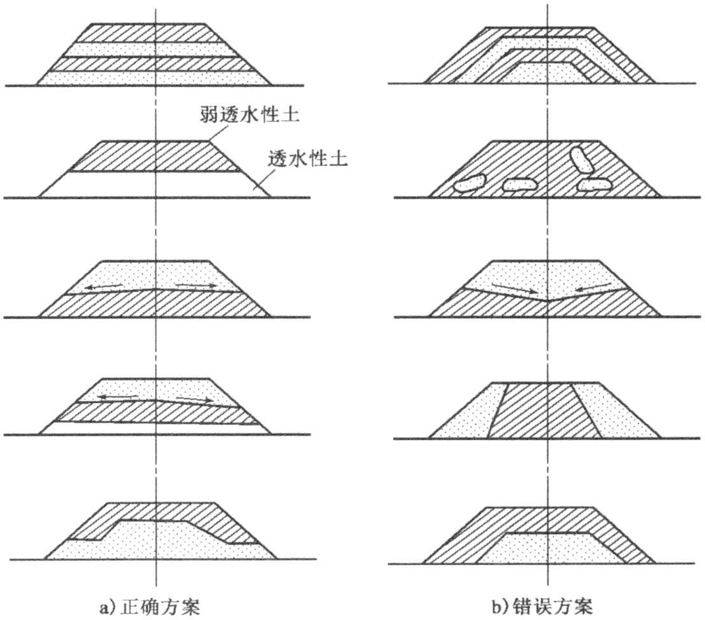

图 3-1-7 路堤分层填筑方案

(1)将不同土质混合填筑时,会造成路基病害,因此必须遵守下列规定:

①不同性质的土填筑路堤时,应分层填筑,层数应尽量减少,每种土质总厚度不小于 0.5m,不得混杂乱填,以免形成饱水区或滑动面。

②透水性较小的土填筑路堤下层时,其顶面应做成 2% ~4% 的双向横坡,以保证来自上层透水性较大的土中水分及时排出,并应控制土的含水率在最佳含水率 2% 左右。

③水温稳定性较好的优良土应填在上层,强度较小的土应填在下层。

④根据强度和稳定性的要求,合理安排不同土质的层位;不在同一时间填筑的地段,应按 1:1 坡度分层留台阶。

⑤为防止相邻两段用不同土质填筑的路堤在交接处发生不均匀变形,交接处应做成斜面搭接,其搭接长度不得小于 2m,并将透水性差的土填在斜面的下部。接头处理方法如图 3-1-8 所示。

(2)弹簧土的处治。

弹簧土是指因土的含水率高于达到规定压实度所需要的含水率而无法压实的黏性土体。当地基为黏性土且含水率较大,趋于饱和时,夯打后地基踩上去有一种颤动的感觉,故称弹簧土。

如果黏性土含水率过高,在施工中易产生“弹簧”松软现象。其处治方法的要点是:

①一般“弹簧”现象不太严重的路段,可采用挖土晒干,敲碎回填的方法。

②面积较大的,挖到弹簧土所处深度下 200mm 采用换填良性土法处理。

③采用“石灰坑法”,将“弹簧”处开挖成 40 ~50cm 的方形或圆形,深 1m 左右的浅坑,清除坑内渗水,放入 1/3 坑深的生石灰,即时回填碾压。其施工布置如图 3-1-9 所示。

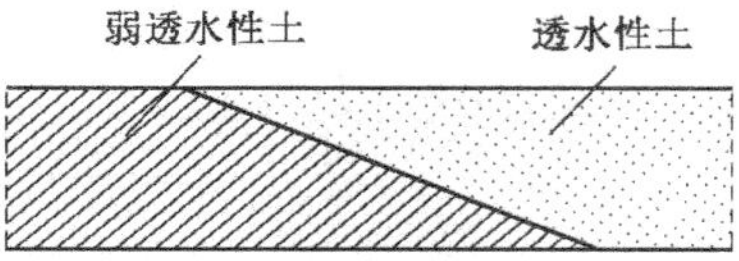

图3-1-8 不同土质接头处理

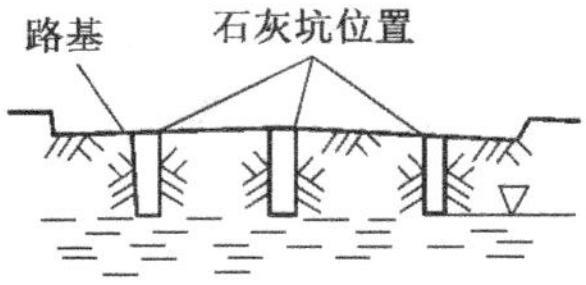

图3-1-9 石灰坑断面

九、土质路堤的机械化施工

1. 常用土方施工机械

土质路基的施工机械主要有推土机、铲运机、挖掘机、装载机、平地机、压路机(或其他压实机具)以及适当数量的运输车辆等。

根据以往工程实践经验的总结,几种常用的土方施工机械的选择和使用见表3-1-2。

常用土方施工机械适用范围 表3-1-2

机械名称	适用的作业项目		
	施工准备工作	基本土方作业	施工辅助作业
推土机	(1)修筑临时道路; (2)推倒树木,拔除树根; (3)铲草皮及建筑碎屑; (4)推缓陡坡地形,整平场地; (5)翻挖回填井、坑等	(1)高度3m以内的路堤和路堑土方; (2)运距100m以内土方的挖填与压实; (3)傍山坡挖填与路基填方	(1)路基缺土方的回填; (2)路基粗平,取弃土方的整平; (3)填土压实,斜坡上挖台阶; (4)配合挖掘机、铲运机运土
铲运机	(1)铲除草皮; (2)移运孤石	运距在60~700m以内的挖土、运土、铺平与压实	(1)路基精平; (2)取土坑与弃土堆整平
自动平地机	除草、除雪、松土	修筑0.75m以内路堤与0.6m以内路堑,以及挖填结合路基的挖、运填土	开挖排水沟,平整路基,整修边坡
松土机	翻松旧路面,清除树根及废层,翻松硬土		破碎0.5m以内的冻土层
挖掘机		半径7m以内的挖土与卸土;装土供汽车远运	挖沟槽与基坑;水下捞土

按施工条件选择土方施工机械时可参考表3-1-3。

选择土方施工机械的条件 表3-1-3

路堤形式及施工方法	填方高度(m)	土方移运水平直距(m)	主要施工机械名称	辅助机械	机械施工运距(m)	最小工作地段长度(m)
路侧取土	<0.75	<15	自动平地机			300~500
路侧取土	<3.00	<40	80马力推土机		10~40	—

续上表

路堤形式及施工方法	填方高度(m)	土方移运水平直距(m)	主要施工机械名称	辅助机械	机械施工运距(m)	最小工作地段长度(m)
路侧取土	<3.00	<60	100～140 马力推土机	80马力推土机	10～60	—
路侧取土	<6.00	20～100	$6m^3$ 拖式铲运机		80～250	50～80
路侧取土	>6.00	50～200	$6m^3$ 拖式铲运机		250～500	80～100
远运取土	不限	<500	$6m^3$ 拖式铲运机		<700	>50～80
远运取土	不限	500～700	9～$12m^3$ 拖式铲运机		<1000	>50～80
远运取土	不限	>500	$9m^3$ 自动铲运机		>500	>50～80
远运取土	不限	>500	自卸汽车运土		>500	($5000m^3$)

注:1 马力 =735.499W,下同。

2.常用机械的组合方法

(1)取土场取土的机械组合方法:挖掘机挖、装,运输车运;挖掘机集土,装载机装,运输车运土;推土机集土,装载机装,运输车运等。

(2)碾压机械的组合方法:推土机摊平填土,平地机找平,压路机碾压;推土机摊平填土,推土机找平,压路机碾压等。

3.土质路堤机械化施工的操作程序

土质路堤机械化施工的操作程序为:挖掘机挖取土→大型自卸汽车运土→推土机推土→平地机整平→压路机压实。

路堤填筑所需机械的配备要按具体情况确定。一般情况下高速公路可参考表 3-1-4。

路堤填筑所需机械配备参考表 表 3-1-4

机 械 种 类	数 量	说 明
挖掘机($1.5m^2$)	2 台	
自卸汽车(15～20t)	10 辆	5km 内
推土机(GH140)	2 台	
平地机(16G)	2 台	
羊角碾振动压路机(16t)	1 台	
振动压路机	2 台	

4.路堤填筑机械作业

路堤的填筑施工根据不同的施工条件,采用不同的施工机械作业,具体方法如下。

1)推土机作业

(1)推土机横向推填

这是一种水平分层填筑方法,推土机在路堤一侧或两侧取土场取土。

(2)推土机纵向推填路堤

用推土机进行挖移填土施工,如图 3-1-10 所示。多用在丘陵、山地的半填半挖路基。在作业

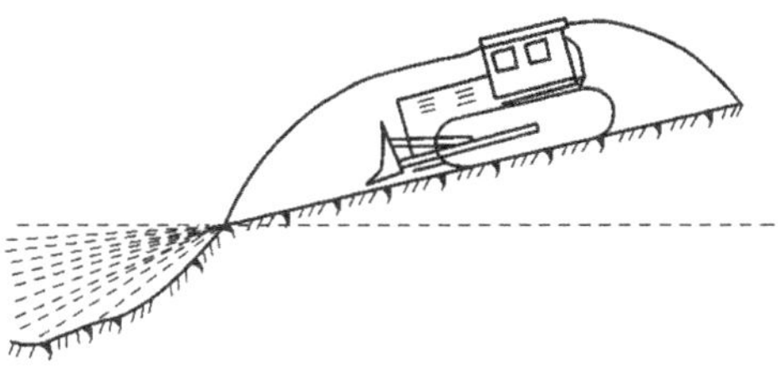

图 3-1-10 推土机移挖作填填筑路基

时应注意:

①挖方土壤应符合填土质量要求。

②开挖部分坡度以不陡于1:5为限。

③开挖中一方面应注意随时复核路基高程和宽度,避免超挖和欠挖;另一方面应注意选用多台并列推土机施工方法,以提高推土效率,缩短推土时间和减少土的失散。

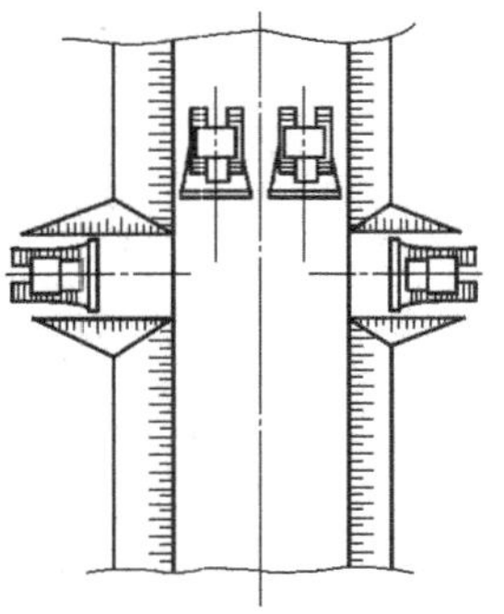

图3-1-11 推土机综合作业法填筑路基

(3)综合作业法

这是上述两种方法的综合,即在纵横方向联合作业,宜分段进行,每段50~80m。每段中部设有横向送土道,用横向作业方式将两侧土送上路堤,再由另外的推土机纵向推送铺平压实。如图3-1-11所示。

对于土质路基的填筑,可以单机作业,也可以多机作业,一般沿路线分段进行,每段距离以200~400m为宜,多在地势平坦的场合采用。

在路堤单侧取土时,每段推土机可采用穿梭法进行作业。作业时,推土机铲满土料,推送至路堤的坡脚,卸土后按原路返回到铲挖位置,如此往返在同一路线上。也常采用槽式作业法,取土坑可挖到0.7~0.8m深,然后作斜线倒退,向一侧移位,同样的方法可推送相邻土料。整个作业区段完成后,可以沿作业相反方向侧移,最后整平取土坑。

当推土机由路堤两侧取土场取土时,每侧作业方法与上述方法相同,所不同的是路堤用土由两侧运来,分别推至路基中心线即可。作业时,为使中心线两侧运土的结合处能充分压实,两侧运来土料均应推送超过中线。采用这种作业方法的区段,最好由两侧相同台数的推土机,面对面地同步进行,可使路堤均衡对称地形成。

用推土机作两侧取土填筑路堤,适于取土距离较短、路堤较低的场合。一般在1m以下,作业时要分层有序地进行,每层厚度视土质及压实特性而定,一般为30cm左右,并须随时分层压实。

2)铲运机作业

利用铲运机填筑路堤,其基本方法与推土机大致相类似,仅以作业现场条件不同而有所区别,最大特点是曲线作业散落料少,故有更灵活的作业路线,并适于较远距离取土,一般为100m以外,且填筑高度为2m以上为宜。其作业的运行路线,可根据地形条件,考虑施工效率,有以下几种基本方式,可在实际工作中灵活应用。

(1)椭圆形运行路线。此方法适用于填土高度在1.0~2.0m以内,且工作长度在150m以下的情况,主要缺点是重载上坡转向角大,转弯半径小,每一循环,铲运机需要转两次180°大弯,如图3-1-12所示。

(2)“8”字形运行路线。此方法实际上是上述椭圆形路线的组合,每一个作业循环,在同样两次180°大转弯的情况下,可完成两次铲装、运送、卸土的过程,如图3-1-13所示。而且此运行路线可以容纳多机作业,工效比单椭圆形作业路线有一定程度的提高,多用于工作段较长(一般300~500m)的填筑作业,要求取土场在路堤两侧。

作业区段较长时,可以多个“8”字工作面首尾相连,在整个区段内连续作业,适于群机作业，各机间隔适当，可使其互相不受干扰，并且每次填挖段与上次的错开，作业均衡，但一次循环的时间较长。

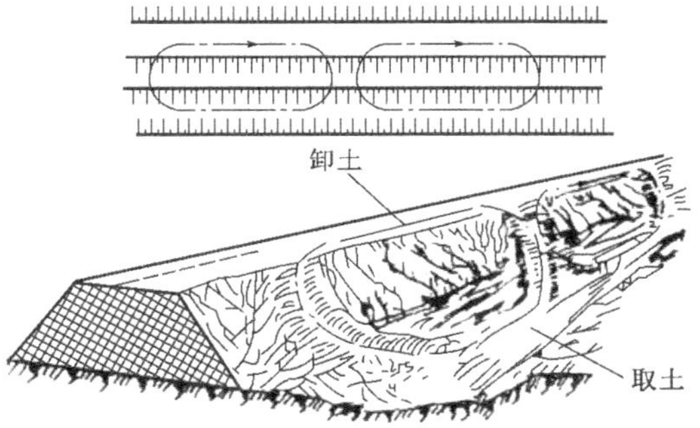

图 3-1-12 铲运机椭圆形运行路线

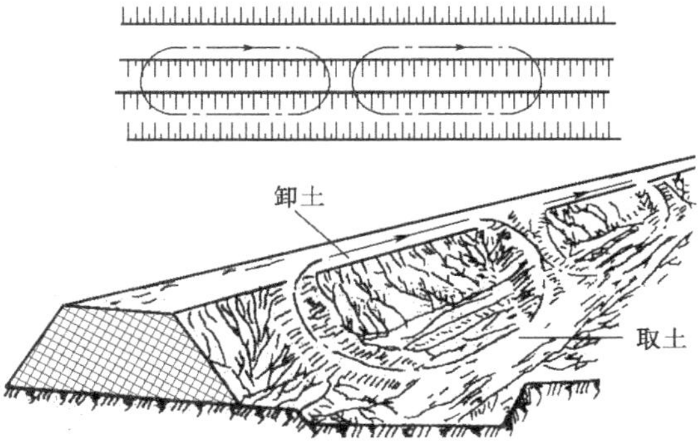

图 3-1-13 "8"字形运行路线

(3)全堤宽循环作业路线。上述两种方法均在路堤单侧取土(指一个循环内)，对于两侧取土场同时取土作业，可采取全堤宽循环作业方法，即铲运机连续相间地在路堤两侧取土场取土，在路堤全宽上均匀铺散，如图 3-1-14 所示。这种作业方法适于作业区段较长且宽度较大的路堤填筑。

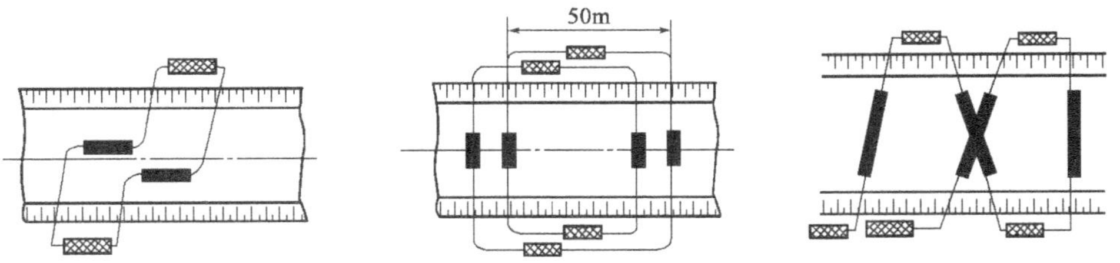

a)穿梭式 b)螺旋式 c)环回式

图 3-1-14 全堤宽循环作业路线

用铲运机填筑路堤，应注意必须从路基边缘向中线进行填筑，并始终保持两侧高于中间，可防止铲运机向外翻车，当两侧填至高程时，再填平中间并按要求修整成一定的拱形。

3)挖掘机(或装载机)与运输车辆配合作业

用正铲、反铲和抓斗挖掘机或装载机与运输车辆配合进行路堤填筑施工，适用于取土场较远或特殊地形的施工条件下作业。工作过程比较简单，挖掘机或装载机按其基本作业方法进行挖掘装载，由运输车辆将工料运至路堤，然后由推土机或平地机按规定厚度铺平并由压实机械压实。采用这种作业方法，影响工效的主要因素是一定装载能力的挖掘、装载机械配合运土的车辆数及运行路线。

与挖掘装载机械配合作业的车辆数，除与挖掘机、汽车性能有关外，同时还与运输距离、道路条件、驾驶员技术素质等因素有关，也受到平整和压实机械生产能力的影响。一般所需的车辆数，可通过估算初步确定，然后在实际运行中，进一步调整，逐步趋于合理。总的原则是使挖掘、装载、运输、铺平、压实的各机械均处于持续均衡的工作状态，不致出现停工待料、供料待工的情况，应尽可能使各种设备做到相互平衡、协调，才能使总的工效最佳。

十、路基边坡的机械化施工

1. 路基边坡施工的基本要求

路基边坡除应符合公路工程技术标准中的规定外,在施工中还应注意以下几点:

(1)放样。根据线路中桩和设计图表,通过放样,定出边坡的位置和坡度,确定路基轮廓,要求放样准确、可靠。

(2)按规定边坡值做好坡度样式。按照要求,首先在适当位置作出一段标准边坡样式,作为全面施工的参照。

(3)随时测量,对高路堤或深路堑,每做一段距离就要抄平放线一次,发现问题,及时纠正,变坡点处,更应注意测量检查。

(4)留有余量。路基修筑时,边坡部位填土要稍多一些,以便进一步修正,从而达到设计要求的标准,岩石边坡要尽量一次完成。

填土边坡面除了截面符合施工图外,还应重视边坡的压实。如果边坡面层和路堤主体相比不够密实,在遇到降雨天气时,很可能在雨水的冲刷下发生滑坡等破坏。为了防止发生这种情况,要对路堤边坡,尽可能采用机械压实的方法,达到密实度要求。

施工时,采取必要措施预防因遭雨水冲刷和水渗透而发生的边坡滑移。由于填土坡度面的施工程序和压实方法不当,路堤崩溃和路侧下沉的情形是经常发生的,路基边坡施工应选择尽量简单,又能有效保证路堤边坡安全的方法。

常用的方法是填土时适当加大宽度和高度,分层填土、压实,多余部分利用平地机或人工方法铲除修整即可。这种方法,作业面增大,需要有一定的施工回旋余地,但在没有条件进行坡面压实的情况下,往往可以取得满意的效果。

2. 路基边坡整形

路基经过填土、压实后,要进行整形作业,除路基顶面以外,施工作业较复杂的是边坡面的整形,可用平地机或推土机进行。

(1)平地机坡面整形作业

由于受平地机的性能和刮刀长度限制,当坡面坡度为1:1.5~1:5,高为1.8m左右时,可以用一台平地机在一个平面上行驶作业;如果坡面高为4m或坡度较缓,一台平地机在一个平面上无法完成全坡面整形,可采用两台平地机在上下两个平面上同时进行作业,或一台平地机分两次在上下两个平面内分别作业。对于平地机在上下两个平面上仍不能完成整形作业的大坡面,必须在分层填筑过程中,适时进行修整。

无论采用何种方式进行坡面整形,施工作业前,都必须在作业段两端做好标准坡面,以便在刮削时有所参照,或者随时用线绳连接两端标准坡面同一位点,指导、检查平地机作业情况,防止超刮及欠刮。对于有找平装置的平地机,也可以用拉线的方式,设置基准对照进行作业。

坡面一旦出现超刮,要用人工分层夯实的方法进行补救,超量回填后,再作刮削,使与原坡面构成一体。对于要求较高的过水坡面,上述回填应采取台阶接合。这个工作一般较为困难,而且不易保证工程质量,故要尽量避免发生超刮现象。

（2）推土机坡面整形作业

推土机边坡坡面整形，只适于坡度较小（缓于1:2.5）的坡面。一般先用人工做出标准坡面，然后推土机紧靠标准坡面，自下而上或自上而下进行刮削，为了保证推土机不至于远离标准而造成超刮现象，作业段内应有一定数量的标准坡面，以对推土机的作业加以控制，标准坡面布设间隔一般为10～15m。

推土机进行整形作业时，对操作人员的技术水平要求较高，可根据推土机行驶的坡度与铲刀切削坡度一致的程度，采用简易的环形测坡仪进行监测，以便控制。一般而言，推土机进行坡面整形作业的质量远不如平地机容易控制。

十一、土质路基检验标准

1. 一般规定

（1）土质路基实测项目的规定值或允许偏差按高速公路和一级公路、其他公路（二级及二级以下公路）两档确定，其中土质路基压实度应按高速公路和一级公路、二级公路、三级公路和四级公路三档确定。

（2）路基压实度应分层检测，上路床压实度应按规定标准进行评定，路基工程其他检验项目应在上路床进行检验评定。

（3）土质路基的路肩工程可作为路面工程的一个分项工程进行检验评定。

（4）收费广场及服务区道路、停车场的土方工程压实度标准可按土质路基要求进行检验。

2. 土质路基

（1）土质路基应符合以下基本要求：

①在路基用地和取土坑范围内，应清除地表植物、杂物、积水、淤泥和表土，处理坑塘，并按施工技术规范和设计要求对基底进行压实。表土应充分利用。

②填方路基应分层填筑压实，每层表面平整，路拱合适，排水良好，不得有明显的轮压痕迹，不得亏坡。

③应设置施工临时排水系统，避免冲刷边坡，路床顶面不得积水。

④在设定取土区内合理取土，不得滥开滥挖。完工后应按要求对取土坑和弃土场进行修整。

（2）土质路基实测项目应符合《公路工程质量检验评定标准 第一册 土建工程》（JTG F80/1—2017）的要求，如表3-1-5所示。

土质路基实测项目 表3-1-5

<table>
<tr><th rowspan="3">项次</th><th rowspan="3" colspan="4">检查项目</th><th colspan="3">规定值或允许偏差</th><th rowspan="3">检测方法和频率</th></tr>
<tr><th rowspan="2">高速公路、一级公路</th><th colspan="2">其他公路</th></tr>
<tr><th>二级公路</th><th>三级公路、四级公路</th></tr>
<tr><td rowspan="3">1</td><td rowspan="3">压实度（%）</td><td colspan="2">上路床</td><td>0～0.3m</td><td>≥96</td><td>≥95</td><td>≥94</td><td rowspan="3">按附录B检查；密度法：每200m² 每压实层测2处</td></tr>
<tr><td rowspan="2">下路床</td><td>轻、中及重交通荷载等级</td><td>0.3～0.8m</td><td>≥96</td><td>≥95</td><td>≥94</td></tr>
<tr><td>特重、极重交通荷载等级</td><td>0.3～1.2m</td><td>≥96</td><td>≥95</td><td>—</td></tr>
</table>

续上表

<table>
<tr><th rowspan="3">项次</th><th colspan="4" rowspan="3">检查项目</th><th colspan="3">规定值或允许偏差</th><th rowspan="3">检测方法和频率</th></tr>
<tr><th rowspan="2">高速公路、一级公路</th><th colspan="2">其他公路</th></tr>
<tr><th>二级公路</th><th>三级公路、四级公路</th></tr>
<tr><td rowspan="4">1</td><td rowspan="4">压实度(%)</td><td rowspan="2">上路堤</td><td>轻、中及重交通荷载等级</td><td>0.8～1.5m</td><td>≥94</td><td>≥94</td><td>≥93</td><td rowspan="4">按附录B检查;密度法:每200m² 每压实层测2处</td></tr>
<tr><td>特重、极重交通荷载等级</td><td>1.2～1.9m</td><td>≥94</td><td>≥94</td><td>—</td></tr>
<tr><td rowspan="2">下路堤</td><td>轻、中及重交通荷载等级</td><td>>1.5m</td><td rowspan="2">≥93</td><td rowspan="2">≥92</td><td rowspan="2">≥90</td></tr>
<tr><td>特重、极重交通荷载等级</td><td>>1.9m</td></tr>
<tr><td>2</td><td colspan="4">弯沉(0.01mm)</td><td colspan="3">不大于设计弯沉值</td><td>按附录J检查</td></tr>
<tr><td>3</td><td colspan="4">纵断高程(mm)</td><td>+10,-15</td><td colspan="2">+10,-20</td><td>水准仪:中线位置每200m测2点</td></tr>
<tr><td>4</td><td colspan="4">中线偏位(mm)</td><td>50</td><td colspan="2">100</td><td>全站仪:每200m测2点,弯道加HY、YH 2点</td></tr>
<tr><td>5</td><td colspan="4">宽度(mm)</td><td colspan="3">满足设计要求</td><td>尺量:每200m测4点</td></tr>
<tr><td>6</td><td colspan="4">平整度(mm)</td><td>≤15</td><td colspan="2">≤20</td><td>3m直尺:每200m测2处×5尺</td></tr>
<tr><td>7</td><td colspan="4">横坡(%)</td><td>±0.3</td><td colspan="2">±0.5</td><td>水准仪:每200测2个断面</td></tr>
<tr><td>8</td><td colspan="4">边坡</td><td colspan="3">满足设计要求</td><td>尺量:每200m测4点</td></tr>
</table>

注:表列压实度系列按现行《公路土工试验规程》(JTG E40)重型击实试验所得最大干密度求得的压实度。

附:操作实训

一、实训项目

参观土质路堤的施工过程。

二、安全教育

该实训项目为工程实际施工过程参观,实训环境复杂,施工机械较多,严禁到非指定区域走动。

三、实训目的及要求

通过参观实习，使学生了解土质路堤施工的基本内容；路基土填料的选择；掌握路堤填筑方法、步骤、合理的填筑方式及施工要点；了解施工机械的选择和调配及现代化施工的组织。

四、实训准备工作

（1）摄像机：拍摄路基施工过程。

（2）记录本：记录机械设备配套情况，作为以后分析的依据。

五、操作步骤

（1）土质路堤填筑的施工程序、机械调配和机械组织的检查。

带领学生了解路堤填筑常用的机械类型、台班数、机械配置。了解分层填筑的施工程序、竖向填筑的施工要点、混合填筑的施工程序等。

（2）路堤土填料的选择。

到现场参观取土厂，用眼观或手摸的方法，对土进行粗略分类，并对土质进行评价。然后，结合工地试验室提供的土的物理性质指标及黏稠性指标，对土进行正确分类，并对土的可用性进行评价。

六、注意事项

参观时多看、多问、多记录。

七、质量验收及评定或实习报告、实训总结

根据现场土样分析，路基施工程序、机械配置、机械操作进行观察，对工程提出指导性建议。

学习活动二　石质路堤填筑

学习目标

完成本学习任务后，你应当：

1. 掌握石质路基的填筑方法及施工要点；
2. 能够正确选取石质路堤填筑材料。

学习情景描述

A 城市与 B 城市间要修筑一条二级公路，经设计后定线，在人员及机械全部就位后开始施工，路基施工过程中 K1 +000 ~ K2 +000 段设计高程大于原地面高程，需要填筑。结合工程实际，设计要求此路堤填筑材料为石料。石质路基填筑是路基施工的重要组成部分，对石质填筑材料要求较高，石质路堤填筑的施工程序、机械调配和机械组织的检查是施工单位必须高度重视的部分，也是决定道路能否高质量完成的重要因素之一。

相关知识

一、对石料的要求

(1)石质路堤中的石料强度不应小于15MPa(用于护坡的不应低于20MPa),石料粒径不应大于50cm,且石料的最大粒径不宜超过层厚的2/3,不均匀系数宜为15~20。高速公路、一级公路填石路堤,路床顶面以下50cm范围内,填料最大粒径不得大于10cm,其他等级公路填石路堤,路床顶面以下30cm范围内,填料最大粒径不应大于15cm。

(2)路堤填筑用石料应符合《公路工程岩石试验规程》(JTG E41—2005)的要求,见表3-2-1。

公路工程石料技术要求 表3-2-1

岩石名称	主要岩石名称	石料等级	技术标准	
			饱水极限抗压强度(MPa)	磨耗率(洛杉矶法,%)
岩浆岩类	花岗岩	1	>120	<25
	玄武岩	2	100~120	25~30
	安山岩	3	80~100	30~45
	辉绿岩	4	—	45~60
石灰岩类	石灰岩	1	>100	<30
		2	80~100	30~35
	白云岩	1	60~80	35~50
		2	30~60	50~60
砂岩与片麻岩类	石英岩	1	>100	<30
	砂岩	2	80~100	30~35
	片麻岩	3	50~80	35~45
	石英片麻岩	4	30~50	45~60
砾岩	漂砾岩	1	100~120	<20
	大砾岩	2	80~100	20~30
	卵石	3	60~80	30~50
	细砾岩	4	50~60	50~60

二、石质路堤填筑方法

石质路堤的填筑施工方式有竖向填筑法(倾填法)、分层压实法(碾压法)、冲击压实法、强力夯实法4种。

(1)竖向填筑法(倾填法)主要用于等级为二级及二级以下且铺设低级路面的公路在陡峻山坡施工特别困难或大量爆破移挖作填路段,以及无法自下而上分层填筑的陡坡、断岩、泥沼地区和水中作业的填石路堤。该方法施工路基压实、稳定问题较多。

(2)分层压实法(碾压法)是普遍采用并能保证填石路堤质量的方法。该方法自下而上水平分层,逐层填筑,逐层压实。高速公路、一级公路和铺设高级路面的其他等级公路的填石路堤采用此方法。

填石路堤将填方路段划分为四级施工台阶、四个作业区段、八道工艺流程进行分层施工。四级施工台阶是:在路基面以下0.5m为第1级台阶,0.5~1.5m为第2级台阶,1.5~3.0m为第3级台阶,3.0m以下为第4级台阶。四个作业区段是:填石区段、平整区段、碾压区段、检验区段,如图3-2-1所示。

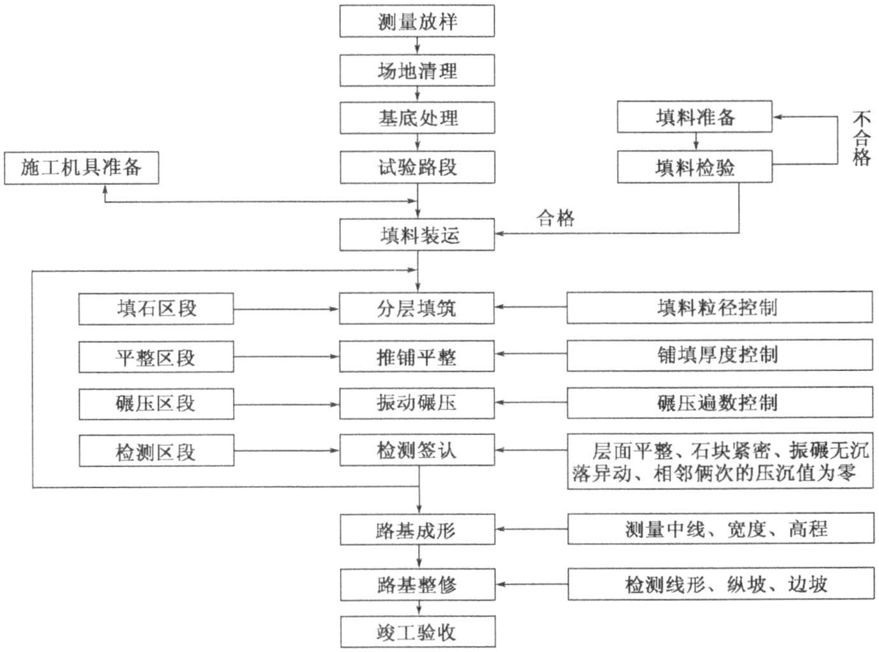

图3-2-1 填石路堤施工工艺流程图

施工中填方和挖方作业面形成台阶状,台阶间距视具体情况和适应机械化作业而定,一般长为100m左右。填石作业自最低处开始,逐层水平填筑,每一分层先是机械摊铺主骨料,平整作业铺撒嵌缝料,将填石空隙以小石或石屑填满铺平,采用重型振动压路机碾压,压至填筑层顶面石块稳定。石方填筑路堤8道工艺流程是:施工准备、填料装运、分层填筑、摊铺平整、振动碾压、检测签认、路基成形、路基整修。

采用分层填筑方式施工,又可分为机械作业和人工作业两种方法。机械施工分层填筑时,高速公路、一级公路分层松铺厚度一般为50cm,其他公路为100cm。施工中应注意:

①安排好石料运输路线,由专人指挥,按水平分层填筑,先低后高,先两侧后中央,卸料后用大型推土机摊平,个别不平处应配合人工用细石填充,石屑找平。

②当石料级配差,粒径较大,填层较厚,石块间空隙较大时,可在每层表面的空隙里扫入石渣、石屑、中粗砂,再用高压水冲击使其进入石块层下部,经过数次反复,使石块层空隙填满。

③当用人工铺填粒径在25cm以下的石料时,可直接分层碾压。当用人工铺填石料粒径大于25cm时,应先铺填大块石料,大面向下,小面向上,摆平放稳,再用小石块找平,用石屑填缝,最后压实。

石质路堤的填料如其岩性相差悬殊,则应将不同岩性的填料分层或分段填筑。水田或软土地区的石质路堤在处理完地基后,将石块铺填于路堤下层,先填大块石料,再用小石块或石渣嵌缝,找平后压实。

(3)冲击压实法是利用冲击压实机的冲击碾周期性大振幅低频率地对路基填料进行冲击,压密填方;强力夯实法是利用起重机吊起夯锤从高处自由落下,利用强大的动力冲击,迫使岩土颗粒位移,提高填筑层的密实度和地基强度。

(4)强力夯实法是对填石分层强夯施工,要求分层填筑与强夯交叉进行,各分层厚度的松铺系数,第一层可取1.2,以后各层根据第一层的实际情况调整。每一分层连续挤密式夯击,并形成夯坑,夯坑以同类型石质填料填补。其分层厚度规定为:高速公路、一级公路不宜超过0.5m,其他公路不宜超过1m。实际工作中,填筑作业常以堆填法施工,装运需大型装载机和自卸汽车配合作业,铺筑需大型履带式推土机摊铺和平整,夯坑回填也需推土机完成,每层夯实由起重机和夯锤实施,路基面层需振动压路机进行最后的压实平整作业。强夯施工一定要远离涵墙,以保证结构物安全;测量仪器架设在距离夯点30m远处;夯机操作室应安装牢固的安全防护网;夯锤下落时,机下施工人员应距夯点30m外或站在夯机后方,以确保人员安全。

三、示例

某高速公路上一段挖深超过30m的路堑工程,一侧为8m高的石质路基,该段路基就近利用垭口的挖方,由石方填筑而成。具体的施工及检测程序如下:

(1)在已验收合格的地基上填筑石方。石方为块石、碎石、片石、少量风化石粉及土的混合物。

(2)用大型推土机推平。因为石方坚硬并有大块存在,需使用大型推土机。在推平过程中,人工配合机械,按照《公路工程技术标准》(JTG B01—2014)规定,把直径大于0.5m的块石,推出路基边线以外,并经机械或人工轧制后采用。

(3)布测点。沿线纵向每隔20m设一断面,在每个断面由路中心开始,每隔10m设一测点,此点要在整齐而坚硬的块石上,防止破坏。各测点位置和上次测点位置相同,当路基宽度大于50m时,在一个横断面上设5个测点;当路基宽度小于50m时,在一个横断面上设3个测点,测点要红油漆明显标出。

(4)检查松铺厚度。用水准仪测出压实后测点的高程,此次测得高程读数与上次该位置处测得的高程读数之差,即为本层的松铺厚度。

(5)碾压。先轻后重,先用25t轮式振动碾或重型压路机碾压1~2遍,目的是让各测点稳定,便于测量,再用50t拖式振动碾振压。压路机的行驶速度在4.5km/h左右。在碾压过程中,要注意保护测点。

(6)测量和分析。测出各测点的高程,填入表格中,计算碾压这一段后的沉降量。除个别点变化较大(即沉降量值较大)外,沉降量一般在0~5mm之内变化时,密实度已满足要求。当该层的横坡、纵坡及外观质量全部符合要求时,进行上一层的填筑工作。

通过采用上述方法,能有效控制石方填筑路堤的密实度,保证施工质量。

四、填石路堤应注意事项

填石路堤应主要考虑石料性质、石块大小、填筑高度和边坡坡度,应逐层水平填筑,并夯压密实。

(1)用风化岩石填筑路堤时,石块应摆平、放稳,空隙用小石块或石屑填满铺平,边坡坡度同土质路堤。

(2)用不易风化的粒径在25cm以下的石块填筑路堤时,应分层铺填。当路堤高度不超过6m时,边坡要码砌1~2m厚,大面向下,小面向上,摆平靠紧,用小碎石填缝找平。

(3)用25cm以上的大石块填筑路堤时,可大致分层填铺,不必严格找平,尽量做到靠紧密实,边坡要码砌1~2m厚,如果边坡码砌成台阶形,上下层石块应错缝互相压住。

(4)土、石混合填筑路堤时,如果土石易于分清,易分开分段填筑;如果不易分清,应尽量按下述情况施工,不得乱抛乱填。

①当石块多于70%时,将石块大面向下,小面向上,摆平放稳,缝隙内填以土或石屑,每层厚不超过40cm,大致整平后仍需夯实。

②当石块含量在50%~70%之间时,石块应按上述方法摆平放稳,以便于夯实,每层厚不得超过30cm。

③当石块含量少于50%时,可在卸土后先摆石块而均匀铺土,平整至松铺厚度约30cm,再夯实,如果个别石块过大,可挖一洞穴埋入,以免妨碍夯实。

五、填石路基检验标准

(1)填石路基应符合下列基本要求:

①填石路基应分层填筑压实,每层表面平整,路拱合适,排水良好,上路床不得有轮压痕迹,不得亏坡。

②修筑填石路基时应进行地表清理,填筑层厚度应符合规范规定并满足设计要求,填石空隙用石渣、石屑嵌压稳定。

③填石路基应通过试验路确定沉降差控制标准。

(2)填石路基实测项目应符合《公路工程质量检验评定标准　第一册　土建工程》(JTG F80/1—2017)的要求,如表3-2-2所示。

填石路基实测项目　　表3-2-2

项次	检 查 项 目	规定值或允许偏差		检查方法和频率
		高速公路、一级公路	其他公路	
1	压实①	孔隙率满足设计要求		密度法:每200m每压实层测1处
		沉降差≤试验路确定的沉降差		精密水准仪:每50m测1个断面,每个断面测5点
2	弯沉(0.01mm)	不大于设计值		按附录J检查
3	纵断高程(mm)	+10,-20	+10,-30	水准仪:中线位置每200m测2点
4	中线偏位(mm)	≤50	≤100	全站仪每200m测2点,弯道加HY、YH 2点
5	宽度(mm)	满足设计要求		尺量:每200m测4点
6	平整度(mm)	≤20	≤30	3m直尺:每200m测2处×5尺

续上表

项次	检 查 项 目	规定值或允许偏差			检查方法和频率
		高速公路、一级公路		其他公路	
7	横坡(%)	±0.3		±0.5	水准仪:每200m测2个断面
8	边坡	坡度	满足设计要求		尺量:每200测4点
		平顺度	满足设计要求		

注:①上、下路床填土时压实度检验标准同土质路基。

填石路基外观质量应符合下列规定:

①路基边线与边坡不应出现单向累计长度超过50m的弯折。

②上边坡不得有危石。

附:操作实训

一、实训项目

参观石质路堤的施工与施工项目检测过程。

二、安全教育

该实训项目为工程实际施工过程参观,实训环境复杂,施工机械较多,严禁到非指定区域走动。

三、实训目的与要求

通过参观实习,使学生了解石质路堤的基本施工内容;路堤填筑步骤及施工要点;施工注意事项;掌握石质路堤正确的、合理的填筑方式;掌握施工及验收检测项目的内容、检测方法、检测步骤;掌握各检测项目的检测标准、结果计算等。

四、实训准备工作

(1)运输工具及其配套设施。

(2)全站仪(或电子经纬仪、自动安平水准仪)及其配套设施。

(3)平整度仪或3m直尺及其配套设施。

(4)钢尺:精度符合要求的钢尺。

五、操作步骤

(1)石质路堤的施工程序是:地基处理→用大型平地机整平→设置测点位置与测点数→填筑石料→检查松铺厚度→碾压→检测压实厚度、纵坡、横坡等→符合标准要求,进行下一层施工。

(2)石质路堤的检查项目:纵断高程、中线偏位、宽度、平整度、边坡、密实度等。

①纵断高程:路中线高程。

②中线偏位:相应路中线偏离对应中桩的距离。

③路堤宽度:垂直于路中线的断面水平宽度。量测相应两边桩的水平距离。

④平整度:以几何面为基准,测定路堤压实表面纵向的凹凸量。

⑤边坡:路堤边坡高度与边坡宽度的比值。

⑥密实度:主要检查压实厚度和压实遍数。

石质路基质量检验标准见附表 3-2-1。

石质路基质量检验标准 附表 3-2-1

检 查 项 目		规定值或允许误差	检查方法和频率
密实度		层厚及碾压遍数符合要求	沉降量一般在 0~5mm 之内
纵断高程(mm)		+10、-20	水准:每 200m 测 4 个断面
中线偏位(mm)		50	经纬仪:每 200m 测 4 个点,弯道增测 HY、YH 2 点
路基宽度(cm)		不小于设计要求	米尺:每 200m 测 4 处
平整度(mm)		20	3m 直尺:每 200m 测 4 处,连续测 3 尺
横坡(%)		0.5	水准仪:每 200m 测 4 个断面
边坡	坡度	不陡于设计值	每 200m 测 4 处
	平顺度	符合设计要求	

(3)各检查项目、实测结果填入附表 3-2-2 中。

实 习 检 查 项 目 附表 3-2-2

检 查 项 目		1	2	3	4	结 果
纵断高程(mm)						
中线偏位(mm)						
路基宽度(cm)						
平整度(mm)						
横坡(%)						
边坡	坡度					
	平顺度					

六、注意事项

参观时多看、多问、多记录。

七、质量验收及评定或实习报告、实训总结

根据现场测试结果及外观检查,对本工程出现的不合格或缺陷,提出修整意见,并写出实习心得。

学习活动三　土石路堤填筑

学习目标

完成本学习任务后,你应当:

1. 掌握土石路堤施工要求;
2. 能够对土石路堤施工过程进行技术指导。

学习情景描述

A城市与B城市间要修筑一条二级公路,经设计后定线,在人员及机械全部就位后开始施工,路基施工过程中K1+000~K2+000段设计高程大于原地面高程,需要填筑。土石路基填筑是路基施工的重要组成部分,也是决定道路能否高质量完成的重要因素之一。

相关知识

一、填筑方法

土石路堤是指利用砾石土、卵石土、块石土、天然土石混合材料填筑而成的路堤。当土石混合料中石料含量超过70%时,宜采用人工铺填;当土石混合料中石料含量小于70%时,可用推土机铺填,最大层厚40cm。土石路堤不得采用倾填方法,只能采用分层填筑,分层压实,接近路堤设计高程时,需改用土方填筑。

二、土石路堤施工要求

(1)压实机械宜选用自重不小于18t的振动压路机。

(2)施工前,应根据土石混合料的类别分别进行试验路段施工,确定能达到最大压实干密度的松铺厚度、压实机械型号及组合、压实速度及压实遍数、沉降差等参数。

(3)土石路堤不得倾填,应分层填筑压实。

(4)碾压前应使大粒径石料均匀分散在填料中,石料间孔隙应填充小粒径石料、土和石渣。

(5)压实后透水性差异大的土石混合材料,应分层或分段填筑,不宜纵向分幅填筑;如果确需纵向分幅填筑,应将压实后渗水良好的土石混合料填筑于路堤两侧。

(6)土石混合材料来自不同料场,其岩性或土石比例相差较大时,宜分层或分段填筑。

(7)填料由土石混合材料变化为其他填料时,土石混合料最后一层的压实厚度应小于300mm,该层填料最大粒径宜小于150mm,压实后,该层表面应无孔洞。

(8)中硬、硬质石料的土石路堤,应进行边坡码砌,码砌边坡的石料强度、尺寸及码砌厚度应符合设计要求。边坡码砌与路堤填筑宜基本同步进行。软质石料土石路堤的边坡按土质路堤边坡处理。

(9)中硬、硬质石料的土石路堤,施工过程中的每一压实层,可用试验路段确定的工艺流程和工艺参数,控制压实过程;用试验路段确定的沉降差指标,检测压实质量。其路基成形后质量应符合填石的规定。

(10)软质石料填筑的土石路堤,应符合土质路堤的相关规定。

学习活动四　土质路堑开挖

学习目标

完成本学习任务后,你应当:

1. 掌握土质路堑的施工方法、步骤及施工要点;
2. 能够在教师指导下完成项目机械施工组织;
3. 了解土质路堑的施工过程及施工检测项目。

学习情景描述

A城市与B城市间要修筑一条二级公路,经设计后定线,在人员及机械全部就位后开始施工,路基施工过程中K1+000~K2+000段设计高程小于原地面高程,需要开挖。土质路基开挖是路基施工的重要组成部分,土质路基开挖的施工程序、机械调配和机械组织的检查是施工单位必须高度重视的部分,也是决定道路能否高质量完成的重要因素之一。

相关知识

土质路堑的断面,一般是由路基、边沟、碎落台、边坡及截水沟组成。

一、土质路堑施工的主要内容

(1)土方开挖;
(2)开挖截水沟;
(3)开挖边沟;
(4)整修边坡;
(5)整修碎落台;
(6)修筑地面排水结构物;
(7)修筑地下排水结构物以及边坡防护与加固等。

二、路堑开挖中的有关问题

路堑的开挖经常受到地形、地质、水文、气候等许多因素的影响。施工作业难度大且发生的病害也较多,给施工和养护工作带来很多困难。因此,在施工前对开挖路堑地段水文地质情况,要进行详细的调查研究,再确定施工方案、选择施工方法。

根据施工经验,路堑开挖过程中应着重解决的问题有:

(1)如何采取有效措施扩大施工面,以便提高生产效率。
(2)如何做好排水设施的施工,以便保证路基及路堑边坡的稳定性。
(3)由于路堑开挖破坏了原有的土体平衡状态,如何进行防护与加固工程的施工。

三、土质路堑的开挖方式

按照不同的掘进方向、机械配备、开挖深度及长度、开挖方式等划分,土质路堑的开挖分为横向全宽开挖法、纵向开挖法和混合开挖法3种。

1. 横向全宽开挖法

横向全宽开挖法:对路堑整个横断面的宽度和深度,从路堑一端或两端在全宽范围逐渐向前开挖的方式称为横向全宽开挖法。图3-4-1a)所示的一层横向全宽挖掘法适用于开挖深度小且较短的路堑。图3-4-1b)所示的多层横向全宽挖掘法适用于开挖深且短的路堑,土方工程数量较大时,各层应纵向拉开,做到多层、多方向出土。可安排较多的施工机械,以加快施工速度。每层挖掘深度根据工程方便和施工安全而定。机械横向全宽开挖法施工时,每层台阶深度可加大到3~4m。横向全宽开挖法作业面较小,施工干扰较少,主要适用于机械化施工。

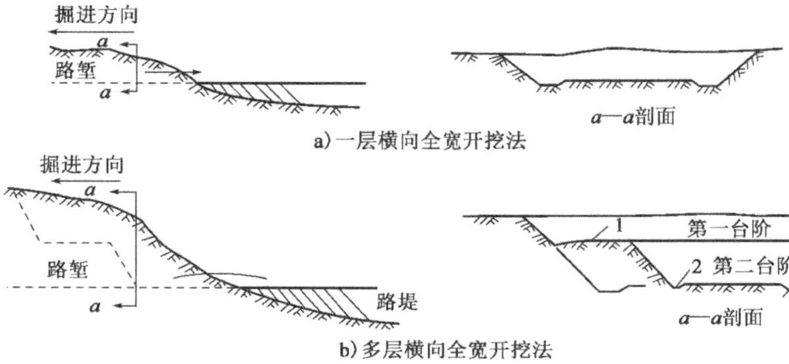

图3-4-1 横向全宽开挖法

1-第一台阶运土道;2-临时排水沟

2. 纵向开挖法

纵向开挖法以分为分层纵挖法、通道纵挖法和分段纵挖法3种。

(1)分层纵挖法:沿路堑全宽以深度不大的纵向分层挖掘前进的作业方式称为分层纵挖法[图3-4-2a)],适用于较长的路堑开挖。施工中当路堑长度较短(不超过100m),开挖深度不大于3m,地面较陡时,宜采用推土机作业。当地面横坡较平缓时,表面宜横向铲土,下层的土宜纵向推运。当路堑横向宽度较大时,宜采用两台或多台推土机横向联合作业。当路堑前傍陡峻山坡时,宜采用斜铲推土。挖掘的地表应保持倾斜,以利于排水。此方法适用于铲运机、推土机施工。

(2)通道纵挖法:沿路线纵向先挖掘一通道,然后在通道内向两侧拓宽[图3-4-2b)],上层通道拓宽至路堑边坡后,再开挖下层通道,按此方向直至开挖到挖方路基顶面高程,称为通道纵挖法。这是一种快速施工的有效方法,通道可以作为机械通行、运输土方车辆的道路,便于土方挖掘和外运的流水作业。

(3)分段纵挖法:沿路堑纵向选择一个或几个适宜处,将较薄一侧路堑横向挖穿,将路堑在纵方向上按桩号分成两段或数段,各段再纵向开挖称为分段纵挖法[图3-4-2c)]。此法适用于路堑过长、弃土运距过远的傍山路堑,或一侧堑壁不厚的路堑。

土质路堑纵向挖掘,多采用机械化施工。

3. 混合开挖法

混合开挖法是为扩大工作面,将横挖法和通道纵挖法混合使用。此方法是先沿路堑纵向挖出一条或多条通道，然后沿横向坡面挖掘，以增加开挖坡面；或沿横向挖出多条横向通道。每一开挖坡面的大小，应容下一个施工组或一台机械正常工作。此方法适用于路堑纵向长度和挖深都很大时，先将路堑纵向挖通后，然后沿横向坡面挖掘，以增加开挖坡面，如图 3-4-3 所示。每一个坡面应设一个机械施工班组进行作业，也可人工配合开挖施工。此方法施工作业面大，但施工干扰大。

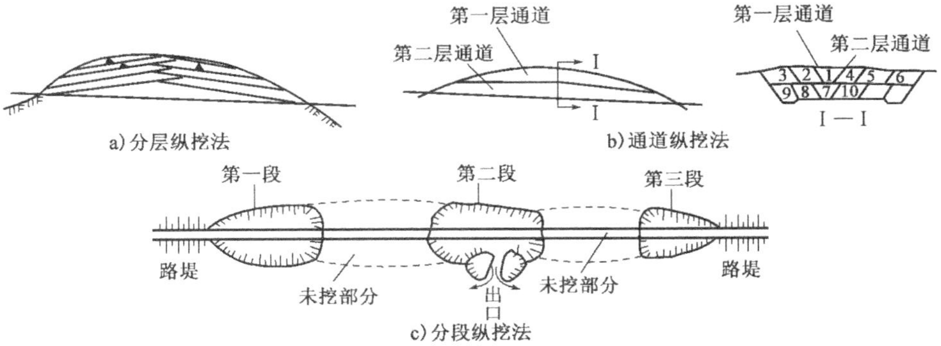

图 3-4-2　纵向开挖法

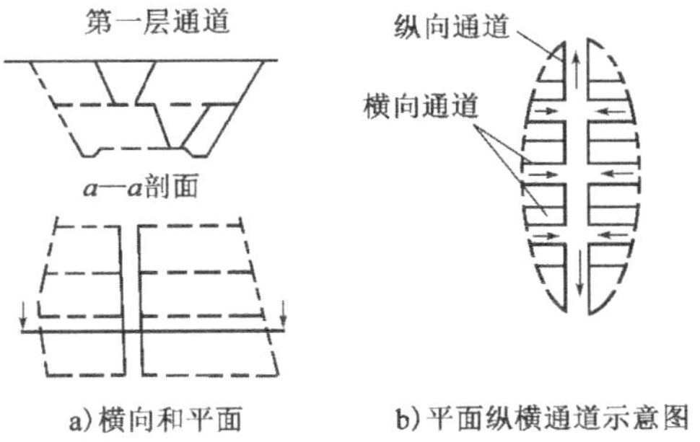

图 3-4-3　土质路堑混合开挖法

四、路堑开挖施工要点

（1）按施工要求，做好施工前的准备工作，包括复查施工组织设计、核实调整土方调运图表、清理施工现场、施工放样、设临时排水设施、准备施工机械等。

（2）开挖土方的技术要点：

①已开挖的适用于种植草皮和其他用途的表土，应存放于指定地点，以便使用。

②根据试验结果，对开挖出的适用于填筑的材料应用于路基填筑，且各种材料不应混杂。不适用的填筑材料应按相关规定处理。

③严禁掏洞取土。土方开挖不论开挖工程量和开挖深度大小，均应自上而下进行，不得乱挖、超挖。

④当分双层开挖时，上层在前、下层再后进行施工，并且下层必须留有上层运土及排水的通道，当上层施工结束后，下层再挖除运土及排水通道，以扩大下层作业面。

⑤路堑开挖如由一端开挖时,应由低处向高处方向进行开挖,如由两端开挖时要做好临时排水设施。

⑥路堑开挖后的土质边坡要削齐拍平,线形圆顺,不得有凹凸不平的情况。

五、边沟与截水沟的开挖

1. 施工要点

(1)边沟与截水沟及其他引、截、排水设施的位置、断面尺寸及有关要求,应严格按照设计图纸的规定执行。其出水口应能至桥涵、排水沟处。截水沟不应在地面坑凹处汇集,必须跨越时,应按路堤填筑要求将凹处填平压实,然后开挖,并防止不均匀沉陷和变形。

(2)平曲线外边沟沟底纵坡,应与曲线前后的沟底相接,曲线内侧不得有积水或汇水外溢现象。

(3)路堑和路堤交接处的边沟应缓缓引向路堤两侧的天然沟或排水沟,不得冲刷路堤,路基坡脚附近不得积水。

(4)所有排水沟应从下游出水口向上游开挖。

2. 边坡开挖

土质路堑边坡施工的基本要求,基本上与填土边坡类似,除了边坡坡度符合设计规范外,也应做好放样、布设标准边坡等工作。但是,路堤边坡由于是填土而成,其工程性质差异不大,而路堑边坡由自然状态土、石开挖形成,随线路经过地带地质不同而有较大的变化,工程性质有时差别很大,施工作业难易程度也就有一定的区别。

对于砂类土边坡,施工时,挖出的斜坡应留有足够的可供边坡整修的厚度,然后打桩、定线,进行坡面整修。具体做法是,先用机械开挖,留有20~30cm的余量,以后可人工修整或用平地机修整,也可用小型反铲挖掘机作业。如果采用挖掘机修整边地,对操作人员要求应有较高的技术水平,否则,很容易造成超挖或欠挖。

对于砾类土边坡,由于影响砾类土挖方边坡的因素主要是土体结合的紧密程度,故其坡度要结合土壤、地质水文等条件确定。

砾类土的潮湿程度及边坡高度,对边坡的稳定有较大影响,一般湿度大、边坡高时,宜采用较缓坡度;对密实度差的土体,应避免深挖。同时,要注意到若边坡平缓,则汇集雨水的面积增大,故不宜过缓,并根据具体情况采取边坡防护和加固措施,切实做好排水工作,以免影响边坡稳定。

对于地质不良拟设挡土墙等防护设施的路堑边坡,应采用分段挖掘,分段修筑防护设施的方法,以保证安全和边坡的稳定。

六、弃土

弃土路段在开挖之前,先要选择适当的施工方案。施工方案的主要内容包括开挖方法、弃土数量、调运方法、弃土位置、堆放形式、坡脚加固处理、排水系统的布置及有关的计划安排。

在施工过程中,弃土随便乱堆会影响现有公路和施工便道的车辆行驶,堵塞农田水利设施,造成水流污染、淤塞或挤压桥孔或涵管口,增加水流速度,改变水流方向,冲刷河岸,所有这些都是不允许的。所以要求在开挖路堑弃土地段前，提出弃土的施工方案报有关单位批准后实施，方案改变时，应上报批准单位复查。

弃土堆的边坡不应陡于1:1.5，顶面向外应设不小于2%的横坡，其高度不宜大于3m。路堑旁的弃土堆，其内侧坡脚与路堑顶之间的距离，对于干燥硬土，不应小于3m；对于软湿土，不应小于路堑深度加5m。在山坡上侧的弃土堆应连续而不中断，并在弃土堆前设截水沟；山坡下侧的弃土堆应每隔50～100m设不小于1m的排水口，弃土堆坡脚应进行防护加固。

七、基底的处理

开挖路堑应达到基底高程，如果发现基底土质较差，应根据实际情况采取相应的处理措施。一般情况下，多采用挖除不适宜材料，换填符合要求的材料。深度可根据实际情况而定。

八、挖方路基机械化施工

目前，我国高等级公路路基施工的特点，是将新建公路全线划分成若干个合同段，由多个承包单位组织施工。整体工程量虽然做了分解，但合同工期要求短，质量要求高，合同段内工程土方量相对较大，同时由于土方施工作业受季节影响，因此，必须很好地组织机械化施工。

1. 项目机械施工组织机构

项目机械化施工组织机构关系如图3-4-4所示。

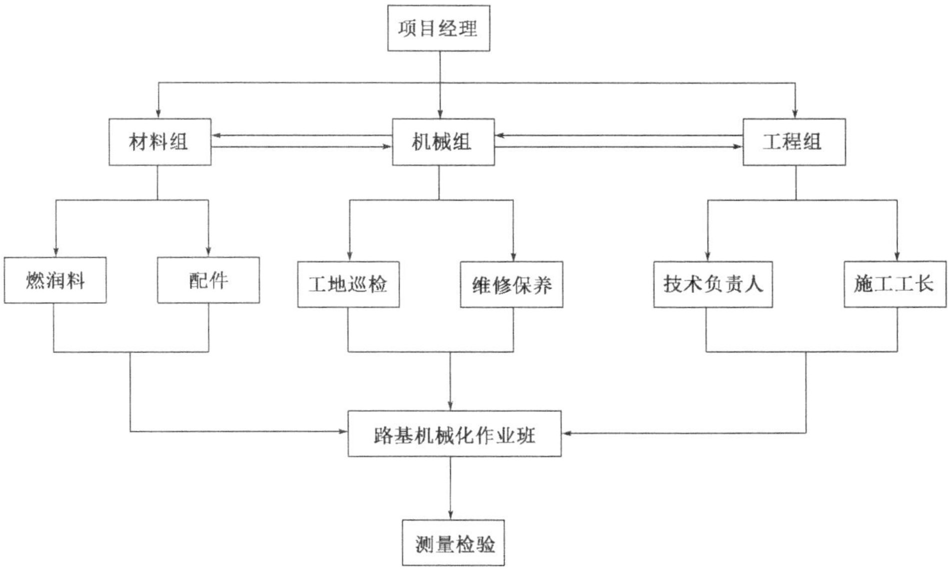

图3-4-4　项目机械化施工组织机构关系

2. 机械配套及选型

修建高等级公路，质量要求高、工期紧、任务重、填筑土方运距远，要真正做到合理的机械配套，除考虑到工程数量、施工方案、工期、技术标准要求、当地的水文地质情况、本单位的实际情况外，还要考虑到设备的适应性、先进性、经济性和可靠性。

3. 机械配置示例(土方机械施工)

不同车型机械配置示例见表3-4-1。

不同车型机械配置示例　　表3-4-1

名称	规格型号	数　量	用　途	产地	备　注
推土机	D8U	1台	推土	美国	D8U单机生产率$1634m^3/8h$；征山200单机生产率$876m^3/8h$，运距1000～2000m
	征山200	1台		中国	
装载机	GAT973	2台	单机生产率$870m^3/8h$	美国	
	GAT950	1台	单机生产率$710m^3/8h$	美国	
	GAT936	1台	单机生产率$590m^3/8h$	美国	
运土机	卡马斯5511	1台	载质量10t，运距1.5km以内	俄罗斯	
	红岩10t	2台	运距1km以内	中国	
	日野12t	2台	运距1km以内	日本	

注：所列的机械组合为移挖作填时挖、装、运机械配置，土质为黏砂土。

4. 路堑开挖机械化施工

挖方路基的施工根据不同的施工条件，应采用不同的施工机械作业。

1)推土机作业

推土机具有操作灵活、运转方便，既可开挖土方、又能短距离运输土料的特点，在路堑开挖作业中被广泛应用。采用推土机开挖路堑，通常有以下两种施工作业方法：

(1)横向开挖路堑

用推土机横向开挖路堑，其深度以在3m以内为宜。当开挖深度超过3m时，则需与其他机械配合作业。

在上述施工作业中，推土机也可采用环形作业法。推土时，推土机可按椭圆形或螺旋路线运行。

(2)纵向开挖山坡路堑

①开挖傍山半路堑。开挖傍山半路堑，一般多用斜铲推土机进行。开挖时首先由路堑边坡的上部开始，沿线路行驶，渐次由上而下，分段、分层将土推送至路堤填筑处。推土机的水平回转角根据土壤的性质来调整。

②开挖深路堑。开挖深路堑做运土、填土作业时，应首先做好准备工作，要在开挖路堑的原地面线顶端各点和填挖之间零点处，设置标记，同时挖平小丘，使推土机能顺利进入作业现场。如果推土机能沿斜坡驶至最高点，则由路堑所在坡面上顶点处开始，逐层开挖至路堤处，开挖时可用1～2台推土机沿路中线的平行线向前纵向推填，如图3-4-5a)所示。

当路堑挖到设计深度的一半位置时，用另外1～2台推土机，横向分层推削路堑斜坡，如图3-4-5b)所示。由斜坡上推削下来的土壤，仍由下面的推土机送至填土区段，直至路堑路堤全部完成为止。

深路堑的开挖顺序如图3-4-6所示。要求每层均按沟槽运土法开挖，并尽量利用地形做到下坡推土。

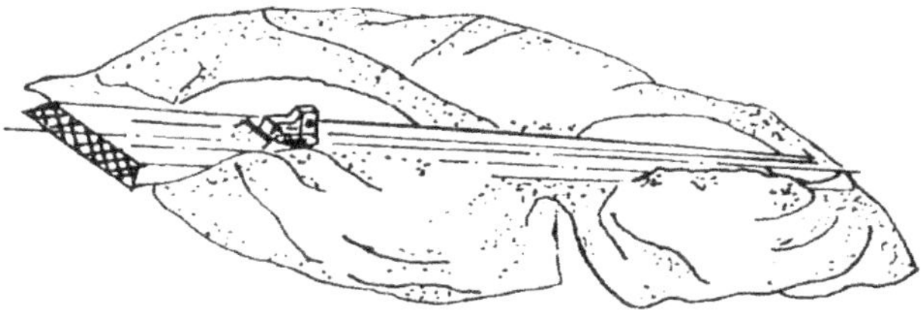

a)推土机纵向推填

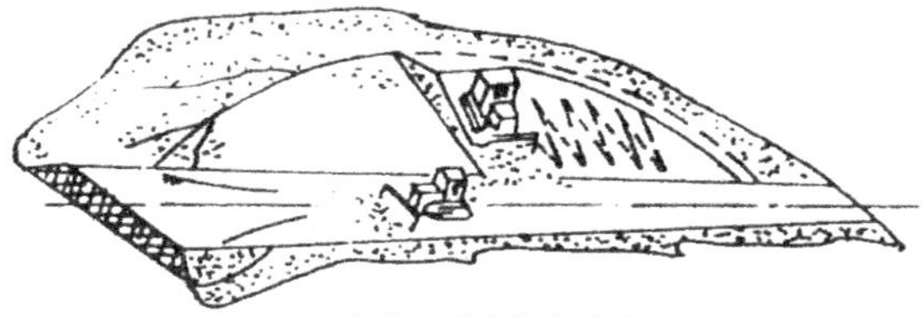

b)纵、横向协作推填

图 3-4-5 推土机深挖路堑作业

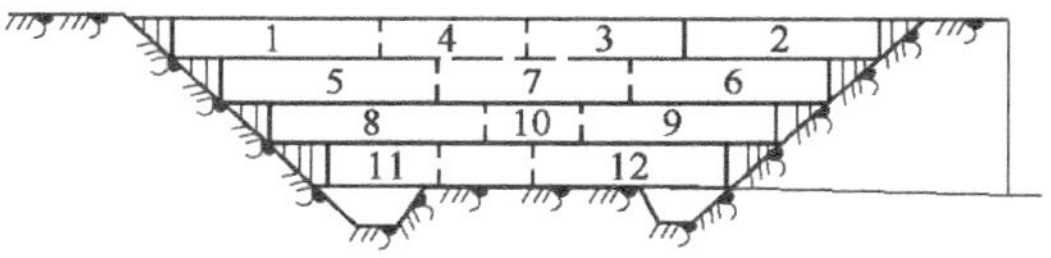

图 3-4-6 深路堑的开挖顺序(注:图中数字表示开挖顺序)

2)铲运机作业

铲运机开挖路堑也有两种作业方法:一种是横向弃土开挖,另一种是纵向移挖作填。路堑应分层开挖,并从两侧开始,每层厚 15 ~ 20cm,这样做既能控制边坡,又能使取土场保持平整,同时还应沿路堑两侧做出排水纵坡。

路堑在以下情形时,宜采用横向开挖:

(1)堑顶地面有显著横坡,而上游一侧须设置弃土堆,阻挡地面水流入路堑;

(2)路堑纵向运土距离太长,超过铲运机的经济运距,严重影响工效;

(3)不需要利用土方或利用有剩余时;

(4)长路堑由于施工条件的限制,机械只承担其中一段,两段又无法纵向送土时。

横向开挖路堑的施工运行线路与路堤横向取土填筑类似。

3)挖掘机作业

用挖掘机开挖路堑,一般与运输车辆配合作业,适宜于Ⅰ ~ Ⅲ类土的开挖。

(1)正铲挖掘机开挖路堑

用正铲挖掘机进行路堑开挖作业,可采用全断面开挖和分层开挖两种方法。当路堑深度在 5m 以下时,可采用全断面开挖法。挖掘机一次向前开挖路堑全宽至设计高程,运输车辆停在与挖掘机同一平面,且并列布置,或停在挖掘机后侧,如图 3-4-7 所示。这种方法施工简单,但挖掘机须横向移位,才能挖到设计高程。

当路堑深度为 5m 以上时,宜采用分层开挖,即挖掘机在纵向行程中,先把路堑开通一部分,运输车辆在挖掘机一侧布置,并与开挖路线平行,如此往返几个行程,直至将路堑全部开通,如图 3-4-8 所示。

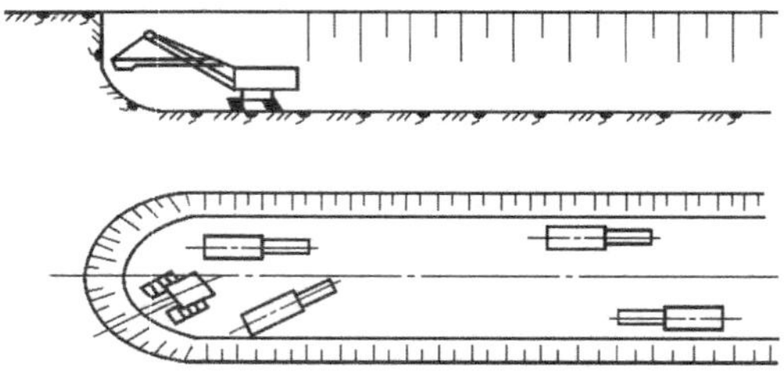

图3-4-7 正铲挖掘机全断面开挖路堑

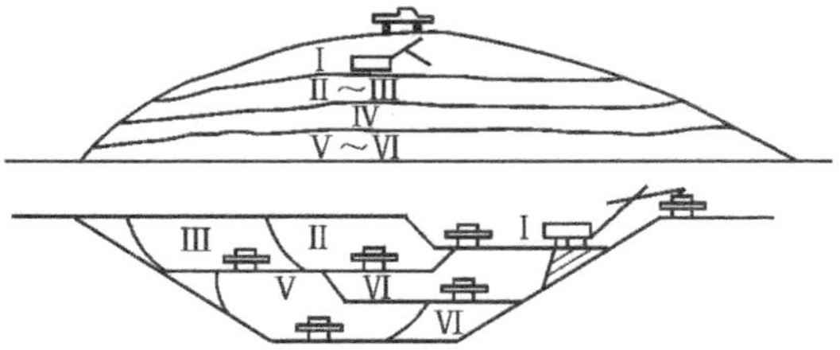

图3-4-8 正铲挖掘机分层开挖深路堑

(2)反铲挖掘机开挖路堑

由于反铲挖掘机只能挖掘停机面以下的土壤,因此做开挖路堑作业时,应停在路堑顶部两侧进行,一般只适用于挖掘深度在挖掘范围内的路堑。可视现场情况采用沟端、沟侧的作业方法。

(3)拉铲挖掘机开挖路堑

用拉铲挖掘机开挖路堑作业时,如果卸料半径能及至两侧弃土堆位置,则挖掘机可停在路堑中心线上,采取沟端挖掘方法进行,如图3-4-9a)所示;否则,必须采用如图3-4-9b)所示的双开挖道作业。

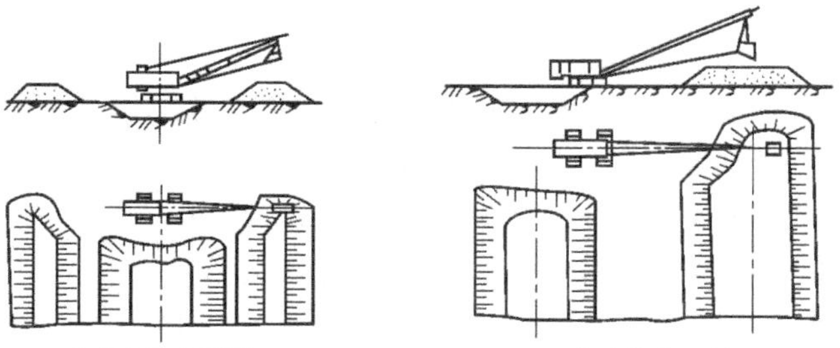

a)弃土堆在两侧　　b)弃土堆在一侧

图3-4-9 拉铲挖掘机沟端开挖路堑

4)推土机和铲运机联合作业

在组织大型土方机械开挖路堑作业时,往往投入作业的机型很多,各自又有不同的适用范围和作业效果,为多机联合作业提供了可能性,其中,不同功率的推土机和不同斗容量的铲运机联合作业最为常见。采用多机联合作业时,还应注意以下几点:

(1)在多种机械联合作业中,各种机型数量配备要保证前机的作业量能满足后机作业量的要求,最好同一机型的数量不少于两台。

(2)推土机推运松土时,采取纵向作业法效率较高,且故障少,也有利于边坡的控制及分层铲土。

(3)无论推土机还是铲运机,都应尽量坚持分段、分层铲土、运土,随时保持弃土堆的平整密实,为了均衡各机的作业量,在作业中可随时调整分段长度。

(4)要坚持由低地段向高地段开挖,各机流水作业,以挖成一段成形一段为原则,不宜打乱长堑、顺沟、纵向犁翻的有利条件,以利排除积水和便于继续作业。

实践证明,联合作业具有工程质量好、工效高、受降雨影响小、现场管理方便等优点,有条件的情况下,是值得推广的一种作业方式。

5. 机械化施工要点

(1)当采用机械按横挖法开挖路堑并且弃土运距较远时,宜用挖掘机配合自卸汽车作业,每层台阶可增加到 3 ~ 4m;也可用推土机开挖。

(2)机械开挖路堑后可用平地机或人工分层修刮平整边坡。

(3)采用机械按纵挖法开挖路堑时宜采用推土机作业。

(4)当采用分层纵挖法挖掘的路堑长度较长(超过 100m)时,宜采用铲运机作业。

(5)开挖边沟、修筑路拱、刷刮边坡、整平路基表面时,宜采用平地机配合其他土方机械作业。

九、季节性施工

1. 雨季施工技术

雨期开挖路堑要点如下:

(1)土质路堑开挖前,在路堑边坡坡顶 2m 以外开挖截水沟并接通出水口。

(2)开挖土质路堑宜分层开挖,每挖一层均应设置排水纵横坡。挖方边坡不宜一次挖到设计高程,应沿坡面留 30cm 厚,待雨期过后整修到设计坡度。以挖作填的挖方应随挖随运随填。

(3)土质路堑挖至设计高程以上 30 ~ 50cm 时应停止开挖,并在两侧挖排水沟。待雨期过后再挖到路床设计高程,然后压实。

(4)土的强度低于规定值时应按设计要求进行处理。

2. 冬季施工技术

冬季施工开挖路堑要点如下:

(1)当冻土层被开挖到未冻土后,应连续作业,分层开挖,当中间停顿时间较长时,应在表面覆雪保温,避免重复被冻。

(2)挖方边坡不应一次开挖到设计线,应预留 30cm 厚台阶,待到正常施工季节再削去预留台阶,整理达到边坡设计边坡。

(3)路堑挖至路床面以上 1m 时,挖好临时排水沟后,应停止开挖并在表面覆以雪或松土,待到正常施工时,再挖去其余部分。

(4)冬季开挖路堑必须从上向下开挖,严禁从下向上掏空开挖。

(5)每日开工时先挖向阳处,气温回升后再挖背阴处。如开挖时遇地下水源,应及时挖沟排水。

(6)冬季施工开挖路堑的弃土要远离路堑边坡坡顶堆放。弃土堆高度一般不应大于 3m,弃土堆坡脚到路堑边坡坡顶的距离一般不小于 3m,深路堑或松软地带应保持 5m 以上。弃土堆应摊开整平,严禁把弃土堆于路堑边坡坡顶上。

附:操作实训

一、实训项目

参观土质路堑的施工及施工项目检测过程。

二、安全教育

该实训项目为工程实际施工过程参观,实训环境复杂,施工机械较多,严禁到非指定区域走动。

三、实训目的及要求

通过参观实习,使学生了解土质路堑的基本施工内容和路堑开挖步骤及施工要点;了解施工机械的选择和调配及现代化施工的组织;掌握施工检测项目的内容、检测方法、检测步骤;掌握各检测项目的检测标准、结果计算等。

四、实训准备工作

运输工具及其附属设施。

(1)全站仪(或电子经纬仪、自动安平水准仪)及其附属设施。

(2)平整度定仪或3m直尺及其他附属设施。

(3)弯沉仪:宜采用长度为5.4m的贝克曼梁弯沉仪及其附属设施。

五、操作步骤

(1)编制土质路堑开挖程序、机械调配计划。根据路堑开挖方法选择机械种类和数量。

(2)进行平整度、弯沉以及边坡的检测。

(3)将各检测的项目、检测结果、检测标准填入规定表中。

六、注意事项

要求正确使用全站仪、平整度仪,参观过程多看、多问、多记录。

七、质量验收及评定或实习报告、实训总结

通过某工程的参观实习,根据现场测试结果及外观检查,对本工程出现的不合格或缺陷,提出修整意见,并写出实习心得。

学习活动五　石质路堑开挖

学习目标

完成本学习任务后,你应当:

1. 掌握石质路堑的开挖方法及施工特点；
2. 掌握爆破的基本方法；
3. 能够描述爆破作用的基本原理及爆破方法。

学习情景描述

A 城市与 B 城市间要修筑一条二级公路，经设计后定线，在人员及机械全部就位后开始施工，路基施工过程中 K1 +000 ~ K2 +000 段设计高程小于原地面高程，需要开挖。石方路堑开挖是路基施工的重要组成部分，石方路堑开挖的施工程序、机械调配和机械组织的检查是施工单位必须高度重视的部分，也是决定道路能否高质量完成的重要因素之一。

相关知识

石方开挖根据岩石类别、风化程度和节理发育程度，确定开挖方法。对于软石和强风化岩石能用机械开挖的采用机械开挖，不能用机械直接开挖的采用爆破作业开挖。

爆破施工的特点，首先能成倍地提高功效，缩短施工工期，节约劳力和材料，从而降低工程造价；其次在于爆破施工不受施工季节、施工地点和工程数量限制。爆破所需设备简单方便可灵活选择。但方法不当也会造成超爆、裂缝、边坡松动等危害。这些危害可能是潜伏的，给养护工作带来不利。为此，必须考虑各种爆破方法的特性，因地制宜地进行综合爆破设计。

一、爆破作业的基本原理

1. 药包在无限介质内的作用

为了爆破某一岩体，在其中或表面放置的一定数量的炸药，即为药包。药包在无限介质内爆炸时，炸药在瞬间通过化学反应转化为气体状态的爆炸产物，由于膨胀作用，体积增加百倍乃至数千倍，而产生不小于 15000MPa 的静压力，同时产生温度高达 1500 ~ 4500℃、速度高达每秒上千米的冲击波，自药包中心按球面等量向外扩散，传递给周围介质，使介质产生各种不同程度的破坏和振动现象。这种现象随距药包中心的距离增大而逐渐消失。介质按破坏程度的不同大致可分为 4 个爆破作用圈，如图 3-5-1 所示。

(1)压缩圈

图 3-5-1 中的 $R_{压}$ 表示压缩圈半径，在这个作用圈范围内，介质直接承受药包爆炸所产生的极其巨大的作用力。如果介质是可塑性的土，便会遭到压缩形成空腔；如果是坚硬的脆性岩石，便会被粉碎。所以把 $R_{压}$ 这个球形区称作压缩圈或破碎圈。

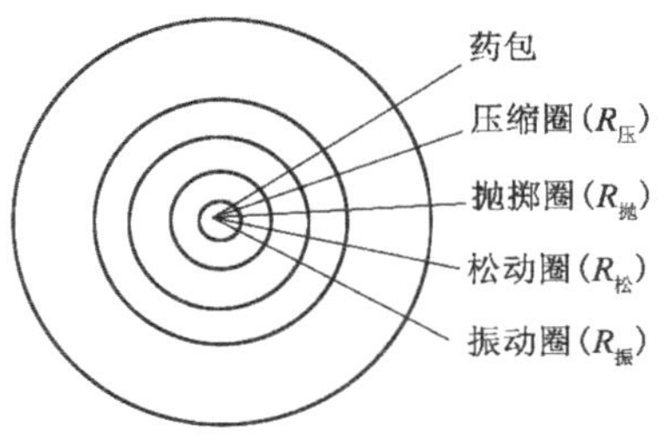

图 3-5-1　爆破作用圈示意图

(2)抛掷圈

在压缩圈范围以外至 $R_{压}$ 的区间，所受的爆破作用力虽较压缩圈内小，但介质原有的结构受到破坏，分裂成为不同尺寸和形状的碎块，而且爆炸力尚有余力，足以使这些碎块获得运动速度。如果在有限介质内，这个区间的某一部分处在临空的自由条件下，破坏了的介质碎块便会产生抛掷现象，因而称作抛掷圈。

(3)松动圈

在抛掷圈以外至 $R_{松}$ 的区间,爆炸力大大减弱,但仍能使介质结构受到不同程度的破坏,只是已无余力使破碎岩石产生抛掷运动,因而称作松动圈。

(4)振动圈

在松动圈以外至 $R_{振}$ 的区间,微弱的爆破作用力不能使介质产生破坏。这时介质只能在冲击波的传播下,发生振动现象,因而称作振动圈。振动圈以外爆破作用能量就完全消失。

2. 药包在有限介质内的爆破作用与爆破漏斗

药包在有限介质内爆炸时,在具有临空的表面上都会出现一个爆破坑,一部分炸碎的土石被抛至坑外,一部分仍落入坑底。由于爆破坑形状如漏斗,称为爆破漏斗。如图 3-5-2 所示。

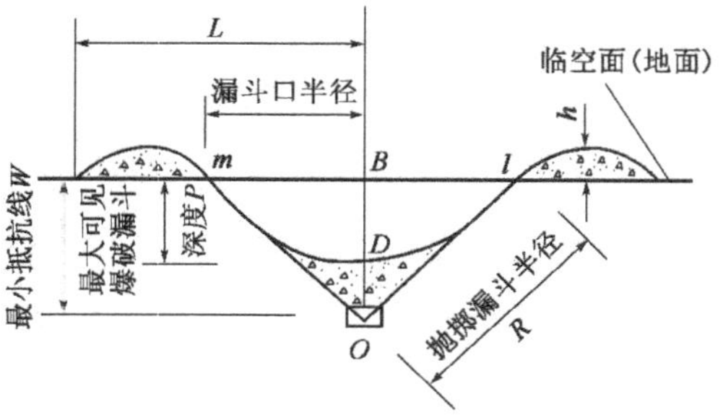

图 3-5-2 平坦地形爆破漏斗示意图

爆破漏斗的形状和大小,不但与药量大小、炸药性能、介质的性能等有关,同时还与临空面的数量和所处的边界条件有关。爆破漏斗一般用以下两个要素表示:

(1)最小抵抗线 W——药包中心至临空面的最短距离。药包爆破作用首先沿着最小抵抗线方向(阻力最小的地方)使岩土产生破坏、隆起鼓包或抛掷出去,这就是“最小抵抗线原理”。

(2)爆破漏斗口半径 r——最小抵抗线与临空面交点至漏斗口边缘的距离。

二、工程爆破的适用范围

1. 松动爆破

松动爆破通常用于将岩石破碎而不大量抛掷岩块。其爆破方法有药室法、钻孔(深孔、浅孔)法和药壶法等。

2. 抛掷爆破

(1)标准抛掷爆破

标准抛掷爆破通常用于药室大爆破,特别是山区斜坡地形开掘路堑、渠道等。其中最有利地形条件是 30°~70°的坡地。

(2)加强抛掷爆破

加强抛掷爆破多用于平坦地形中开挖基坑、路堑、沟渠等。既开挖岩土,又能将大部分碎块抛掷到一定距离与位置。

(3)定向爆破

在公路施工中,定向爆破多用于移挖作填或直接利用挖方填筑路堤、水堤等工程,是利用爆破能量将岩土集中抛掷到所要求的指定位置的爆破施工方法。

三、石方爆破的一般规定

(1)开挖石方应根据岩石的工程性质、风化程度和节理发育程度等确定开挖方式。对于软岩石和强风化岩石,凡能用机械直接开挖的均应用机械开挖。如这类石方数量不大,工期允许,也可用人工开挖。凡不能用人工或机械开挖的石方,则用爆破法开挖。

(2)爆破方案确定后,应视其对有影响的构造物的重要程度,分别报送当地公安部门、构造物主管部门及监理工程师审批。

(3)凡进行爆破作业,必须由经过专业培训,并取得爆破证书的专业人员施爆。石方爆破施工中,当工程量小、工期允许时,可采用人工打眼。当工程量较大时,应采用机械钻孔,钻孔机械可采用风钻或凿岩机。

(4)石方开挖应充分重视挖方边坡稳定,一般宜选用中小炮爆破法。对于风化较严重,节理发育或岩层产状对边坡稳定不利的石方开挖,宜用小排炮爆破法。小型排炮药室设计坡线的水平距离,应不小于炮眼间距的1/2。

(5)开挖边坡外有必须确保的重要建筑物,当采用减弱松动爆破都无法确保建筑物安全时,可采用人工开凿,化学爆破或控制爆破。

(6)在石方开挖区应注意施工排水,应在纵向和横向上形成坡面开挖面,其纵坡应满足排水要求,以确保爆破的石料不受积水浸泡。炮眼位置选择应注意以下几点:

①炮位设计应充分考虑岩石的形状、类别、节理发育程度,岩石溶蚀情况等因素,炮孔药室应避开大的溶洞和大的裂隙。

②应避免在两种岩石硬度相差很大的交界面处设置炮孔药室。

③单炮或数炮施爆,炮孔宜选在抵抗线最小,临空面多,且与各临空面距离较平均的位置,同时应为下次布孔创造更多的临空面。

④群炮炮间间距宜根据地形、岩石类别、炮型等确定,并根据炮眼间距、深度计算每个炮眼的装药量。对于群炮,宜分排或分段采用微差爆破。

⑤非群炮的单炮或数炮施爆,炮眼方向宜与岩石临空面大致平行,一般按岩石外形、节理、裂隙等发育情况分别选择正炮眼、平炮眼等方位。

(7)爆破法开挖石方应进行:施爆区管线调查、炮位设计与设计审批、配备专业施爆人员、用机械或人工清除施爆区覆盖层和强风化岩石、爆破器材检查与试验等前期准备工作。

四、炸药、起爆器材及起爆方法

1.炸药的性质

炸药是一种化学性质不稳定的物质,在冲击、摩擦等外力作用下,易发生爆炸。为了更好地掌握爆破技术,对炸药性能的了解是十分必要的。

(1)爆力:爆力是指炸药破坏一定量介质(岩体)的能力。

(2)猛度:猛度是指炸药爆炸时,将一定量的岩石粉碎成细块的能力。猛度越大,岩石被粉碎得越细。

一般用爆力和猛度作为炸药威力的衡量标准。

(3)敏感度:炸药的敏感度是指炸药在外能作用下,发生爆炸的难易程度。

(4)湿度:炸药内所含水分与炸药质量之比的百分数,称为炸药的湿度。湿度对含有硝酸铵的炸药影响较大。湿度大,爆速低;湿度过大甚至不爆炸(一般称为拒爆)。

(5)安定性:炸药在长期储存中,保持其原有物理、化学性质不变的能力,称为炸药的安定性。

2. 炸药的分类

(1)起爆炸药

起爆炸药是一种爆炸速度极高的烈性炸药,爆炸速度可达2000~8000m/s,用以制造雷管。起爆炸药又可分为正起炸药和副起炸药。正起炸药对热能和机械冲击均具有强烈的敏感性,如雷贡、黑索金、泰安等。副起炸药须由正起炸药起爆,其爆速甚高,可加强雷管的起爆能量,如三硝基甲硝铵、四硝化戊四醇等。

(2)主要炸药

用于对岩石或其他介质进行爆破的炸药称为主要炸药。主要炸药的敏感性较低,要在起爆炸药强力的冲击下才能爆炸。道路工程中常用的主要炸药的成分和性能如下:

①黑色炸药:它是由硝酸钾(或硝酸钠)、硫黄及木炭所组成的混合物,其配合比以75:10:15为最佳。好的黑色炸药为深灰色的均匀颗粒,不沾污手。对火星和碰击极敏感,易燃烧爆炸,怕潮湿,威力低,适用于开采石料。

②TNT(三硝基苯):它是淡黄色针状结晶体,呈褐色,敏感度低,安定性好,耐水性强,爆炸威力大,适用于爆破坚硬的岩石或水下爆破。但本身含氧不足,爆炸时产生有毒的一氧化碳,不宜用于地下作业。

③胶质炸药:它是由硝化甘油和硝酸铵(有时用硝酸钾或硝酸钠)的混合物,另加入一些木屑和稳定剂制成的,是淡黄色或琥珀色的半透明体。胶质炸药威力大,不吸湿,有较大密度和可塑性,适合于水下和坚石中使用。

④硝铵炸药:它是硝酸铵、梯恩梯和少量木粉的混合物。道路工程中常用的2号硝铵炸药,其配合比例为85:11:4,具有中等威力和一定的敏感性,在8号雷管作用下可以充分起爆,是安全的炸药。但它有吸湿性和结块性,受潮后敏感性和威力显著降低,同时产生毒气。

⑤铵油炸药:它是硝酸铵和柴油(或再加木粉)的混合物,通常两者的比例为94.5:5.5,当加木粉时,其比例为92:4:4。这是一种廉价、安全、制造简单,威力比硝铵炸药略低,敏感性低的炸药。其具有结块性和吸湿性,使用时不能直接以8号雷管起爆,须同时用10%的硝铵炸药作起爆体,才能充分起爆。目前在爆破中应用较多。

⑥浆状炸药:它是以硝酸铵,梯恩梯(或铝、镁粉)和水为主混合而成的一种糨糊状炸药。它的威力大,抗水性强,适用于深孔爆破,但需烈性炸药起爆。

3. 起爆器材与起爆方法

1)雷管

雷管是常用的起爆器材,黄色炸药和硝铵炸药一般用直接火花不会引爆,而用雷管来引爆。按照引爆方式可用火雷管和电雷管两种。

(1)火雷管:火雷管也叫普通雷管,是用导火索来引爆的。

(2)电雷管:电雷管是用电流点火引爆炸药的。

2)起爆方法

(1)导火索及火花起爆

导火索是点燃火雷管的配置材料,外形为圆形索线,索芯内装有黑火药,中间有纱导线,芯外紧缠着数层纱与防潮纸(或防潮剂)以防潮变质。

(2)电力起爆法

电雷管是用点火器通过电爆导线通电发热燃爆起爆的。点火器即为产生电流的电源,如干电池组、蓄电池、手摇起爆机(小型发电机)等。

(3)传爆线及传爆线起爆法

传爆线又称导爆线,其索芯用高级烈性炸药制成,内有双层棉织物,一层为防潮层,另一层为缠绕着的纱线。为了与导火索区别,表面涂成红色或红黄相间等色。

五、常用的爆破方法

1. 一般规定

开挖岩石路基所采用的爆破方法,要根据石方的集中程度、地质地形条件及路基断面形状具体情况而定,一般可分为中小型爆破和大型爆破两大类。

1)爆破作业的施工程序

(1)爆破人员进行技术学习和安全教育。

(2)爆破器材进行检查和试验。

(3)清除岩石表面的覆盖土及松散石层,确定炮型,选择炮位。

(4)钻眼或挖坑道、药室,装药及堵塞。

(5)敷设起爆网路。

(6)设置警戒。

(7)起爆。

(8)清理爆破现场(处理瞎炮、测定爆破效果等)。

2)中小型爆破

中小型爆破主要包括裸露药包法、炮眼法(钢钎炮)、药壶法(葫芦炮)和猫洞炮等。

(1)裸露药包法

裸露药包法是将药包置于被炸物体表面或经清理的岩缝中,对药包表面用草皮或稀泥覆盖,然后进行的爆破。主要用于破坏大孤石或进行大块岩石的二次爆破。

(2)炮眼法(钢钎炮)

在路基工程中,炮眼法是指炮眼直径和深度分别小于7cm和5cm的爆破方法。一般情况下,单独使用钢钎炮爆破石方是不经济的,这是因为:

①炮眼直径小,炮眼浅,装药量受限制,一般最多装药为眼深的1/3~1/2,每次爆破的石方量不大(通常不超过10m^3),所以工效低。

②不利于爆破能量的利用。常用于土石方数量小的工程以及整修边坡、开挖边沟、炸孤石等。

(3)药壶法(葫芦炮)

药壶法是指在深2.5m以上的炮眼底部用少量炸药经一次或多次烘膛,使炮眼底部扩大成葫芦形再集中埋置炸药,以提高爆破效果的一种炮型(图3-5-3)。它适用于结构均匀密实的硬土、次坚石、坚石。当炮眼深度

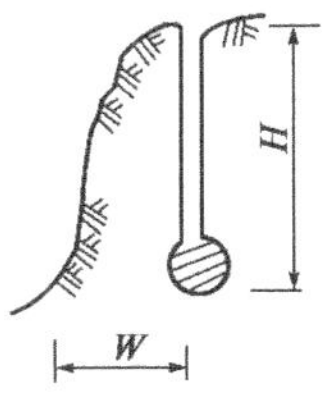

图3-5-3 药壶炮

小于2.5m或节理发达的软岩石,岩层很薄,渗水或雨季施时,不宜采用。

选择炮位应与阶梯高度相适应,遇高阶梯时,宜用分层分排的群炮。

葫芦炮炮眼深度一般为5~7m。为避免超爆,药壶距边坡应预留一定间隙,药室设计边坡线的水平距离不宜小于最小抵抗线。

(4)猫洞炮

猫洞炮是将集中药包直接放入直径为0.2~0.5m、眼深为2~6m的水平或略有倾斜的一种炮型,如图3-5-4所示。它适用于硬土,胶结良好的古河床,冰渍层、软岩石和节理比较发育的次坚石、坚石中,可利用裂缝修成洞。这种炮型对独岩包和特大孤石的爆破效果更佳。

3)大爆破

大爆破施工,是采用导洞和药室装药,用药量在1000kg以上的爆破(图3-5-5)。采用大爆破施工要慎重,必须在施工前做好技术设计,爆破后做出技术总结。

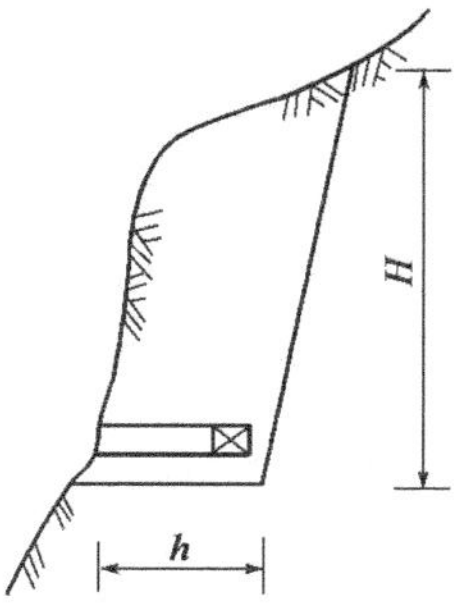

图3-5-4 猫洞炮

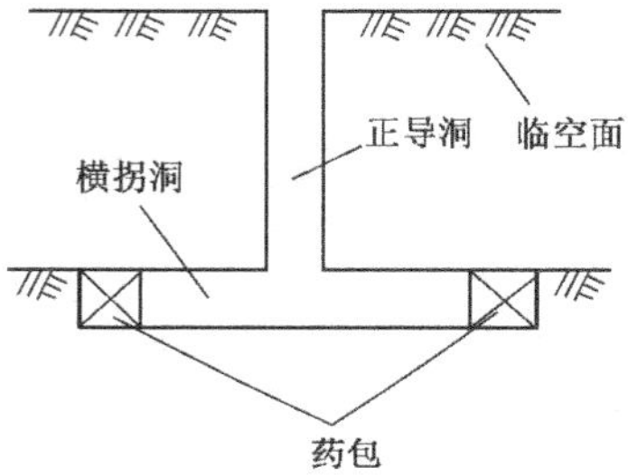

图3-5-5 导洞与药室示意图

导洞和药室的开挖,应在施工中合理组织人力,充分发挥机械效率,加快开挖进度。为使药包集中,药室应做成近似立方体,药室断面应按设计规范开挖。导洞和药室之间用横洞连接,两者保持垂直,药室中心与导洞中心一般不小于2.5m。

导洞分竖井和平洞两种,竖井深度不宜大于16m,如果超过或有地下水,最好采用平洞,平洞总长度以30m左右为宜。选用竖井或平洞时,除考虑施工进度外,还应考虑爆破效果。

大爆破主要用于石方大量集中、地势险要或工期紧迫的路段。

4)光面爆破与预裂爆破

光面爆破是指在开挖限界的周边,适当排列一定间隔的炮孔,在有侧向临空面的情况下,用控制抵抗线和药量的方法进行的爆破,可形成光滑平整的边坡。

预裂爆破是指在开挖限界处,按适当间隔排列成"一"字形炮孔,在没有侧向临空面和最小抵抗线的情况下,用控制药量的方法,预先炸出一条裂缝,使拟爆破体与山体分开,作为隔振减振带,起保护开挖限界以外山体或建筑物和减弱地震破坏的作用。

预裂爆破的起爆时间在主炮之前,光面炮在主炮之后,其时间间隔为25~50ms,同一排孔必须同时起爆,最好采用传爆式起爆,否则会影响爆破质量。

下面为预裂爆破的一个施工实例。

凿岩机钻孔,孔径100mm,胶质炸药,爆速>6500m/s的导爆索,8号火雷管作为起爆雷管爆破器材,预裂爆破的装药结构采用不耦合间隔形成药串式装药结构(图3-5-6)。

加工方法是将胶质炸药、直径32mm的药卷切成质量符合设计要求的药块(一般为75g、100g、150g三种规格),然后按设计的装药密度,均匀地绑扎在导爆索和竹皮上,以起固定药串作用。竹片一侧靠保留边坡一方,以减弱爆破对边坡影响。药装好后用草团填到药串上部位置,上面再用岩粉或黏土填塞,由于炮孔底部夹制性较大,通常将孔底一段(长0.5~1.0m)装药密度加大到原来的2~3倍。

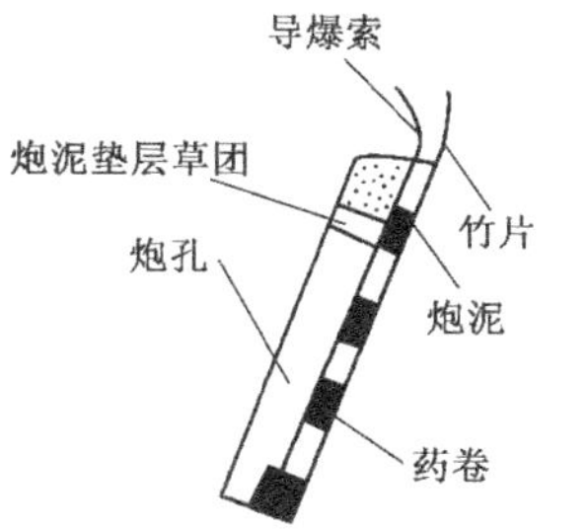

图3-5-6　预裂爆破装药结构

2. 爆炸药品的管理

(1)所有爆破器材、雷管、炸药要在指定地点分开存放,相距不得小于1km,距施工现场不小于3km,并不得露天存放,绝不允许个人保存。

(2)存放地点应有牢靠的固定仓库,库内通风良好,仓库四角应有正式的避雷设备,库址周围应有围墙和牢靠的门扉,并有排水沟道保证仓库干燥。

(3)仓库须有警卫人员日夜负责看守,并有良好的防火设备。

(4)存放炸药、雷管的仓库四周500m半径内,不得安置有发电机、变压器、高压线和电焊机等各类发电、导电、明火操作。

(5)爆破器材应由专业人员负责入库,发出炸药、雷管的领用手续要严格、健全,库房内只准使用绝缘平电。

(6)在雷雨、浓雾及黑夜天气不办理爆炸物品的收领工作。

3. 瞎炮处理及清渣撬石

点火后未爆炸的炮为瞎炮。瞎炮不但浪费炸药和材料,影响施工进度,而且严重影响安全生产。因此,必须采取一切有效的措施防止产生瞎炮。一旦出现瞎炮,应停止瞎炮附近所有其他工作,由原施工人员参加处理,采取措施安全排除。

其方法为:

(1)对大爆破,应找出线头按上电源重新起爆,或沿导洞小心掏取堵塞物取出起爆体,或用水灌浸药室使炸药失效后消除。

(2)对中小炮,可在距瞎炮的最近距离不小于0.6m处,另行打眼爆破。当炮眼或装药不深时,也可用裸露药包爆破。

清渣撬石工作,应严格按照操作规程进行。首先将松动、碎裂的岩石自上而下地撬落,以免坍塌伤人砸物。清渣工作可用人工或机械进行。若炸落的岩石体积很大,可进行二次爆破改小,二次爆破可用钢钎炮或裸露药包法进行。

思考题

1. 简述土质路堤填筑基本施工方法。
2. 简述路堤填筑的基本施工内容。
3. 什么是经济运距?
4. 将不同土质混合填筑时,必须遵守哪些规定?
5. 土质路基实测项目有哪些?

6. 简述石质路堤填筑方法。
7. 填石路堤施工时应注意的事项有哪些?
8. 土质路堑施工的主要内容包括哪些方面?
9. 土质路堑的开挖方式有哪些?
10. 简述路堑开挖施工要点。
11. 简述路堑开挖机械化施工要点。

学习任务四　路基排水工程施工

任务总描述

路基及沿线设施经常会受到水的侵袭，这不仅严重危害路基，甚至还会将其彻底冲毁。因此，对路基的排水必须给予充分重视。路基排水的任务就是将路基范围内的土基湿度降低到一定的范围内，保证路基常年处于干燥状态，确保路基路面具有足够的强度和稳定性。路基设计、施工时，必须考虑将影响路基稳定性的地面水，排除和拦截于路基用地范围以外，并防止地面水漫流、滞积或下渗。对于影响路基稳定性的地下水，则应予以隔断、疏干、降低，并引导到路基范围以外的适当地点。因此，在实际工程施工中，需根据路基水害的不同特点，采取相应的排水设施。

学习活动一　地面排水设施施工

学习目标

完成本学习任务后，你应当：

1. 能够熟知边沟、截水沟、排水沟、跌水与急流槽等排水设施的结构性能；
2. 会进行地面排水设施的施工；
3. 能够根据条件不同，选择合理的排水设施。

学习情境描述

某傍山公路工程项目，其沿线地面径流较大，植被覆盖率高，路线附近低洼处一侧有大量农用田地，设计单位经过认真勘测，在路线设置了许多管涵、倒虹吸、跌水与急流槽等，并用排水沟相连接，且考虑到山势较高，地面漫流强，设置了大量截水沟，在公路两侧设置了 $0.5m\times0.5m$ 的矩形浆砌片石边沟。施工单位需认真组织施工方案，以满足工程项目质量要求。

相关知识

一、地面排水设施的设置

地面排水设施主要有边沟、截水沟、排水沟、跌水与急流槽、蒸发池、拦水带等。

1. 边沟

设置在挖方路基的路肩外侧或低路堤的坡脚外侧，多于路中线平行，用以汇集和排除路基范围内和流向路基的小量地面水的沟槽称为边沟。边沟的断面形式一般有梯形、三角形、矩形和流线型，如图 4-1-1 所示。

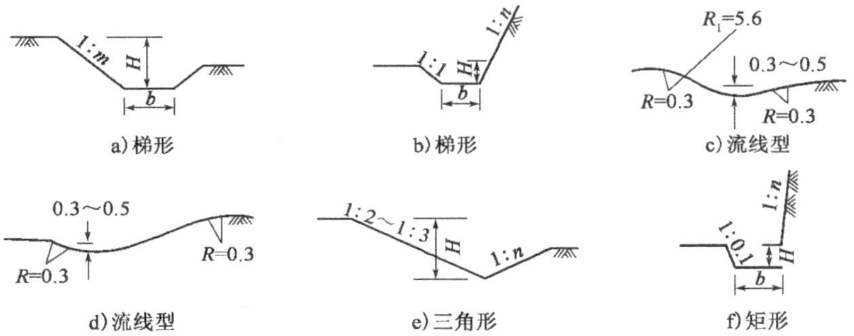

图4-1-1 边沟断面形式(尺寸单位:m)

通常土质地段边沟多采用梯形,梯形边坡靠路基一侧为1:1～1:1.5,另一侧与路堑边坡相同;有碎落台时,外侧也可采用1:1;机械化施工时,土质边沟多采用三角形,三角形边沟的边坡内侧一般为1:2～1:4,外侧为1:1～1:2;石方地段或铺砌式边沟多采用矩形;流线型边沟,是指将路堤的边角整修圆滑,可以防止路基旁侧积沙或积雪,适用于沙漠或积雪地区。

边沟的深度一般取0.4～0.6m,在水流较多的情况下,需适当加宽加深。一般情况下,边沟不宜与其他沟渠合并使用,边坡的沟底纵坡与路线纵坡大致相同,并不宜小于0.2%,以免水流阻滞淤塞边沟。若路线纵坡不能满足边沟纵坡要求,应采取加大边沟、增设涵洞或将填方路基提高等措施处理;当沟底纵坡大于3%时,应对边坡进行加固;当纵坡超过6%时,水流速度大而且冲刷严重,可采用跌水或急流槽的形式缓冲水流。边沟的出水口,必须进行处理。在路堑与路堤结合处,边沟沟底纵坡一般较陡。当边沟底与填土坡脚高差较大时,应结合地形与地质等具体条件采取以下两方面措施:

(1)设置排水沟,将路堑边沟水沿出口处的山坡引向路基范围以外,使之不致冲刷填方边坡。

(2)在自边沟与填方连接处设跌水或急流槽,将水流直接引到填方坡脚之外。

2. 截水沟

设置在挖方路基边坡坡顶以外或山坡路堤的上方,垂直于水流方向,用以拦截路基上方流向路基的地面径流的排水设施称为截水沟,如图4-1-2所示。截水沟可以防止地表径流冲刷和侵蚀挖方边坡和路堤坡脚,减轻边沟的流水负担。截水沟应设有合适的纵坡度,沟底纵坡不应小于0.3%,也不可大于3%,以免水流冲刷严重。对土质地段截水沟,还应适当加固。

截水沟的横断面形式一般为梯形。底宽 b 不小于0.5m,深度 h 应根据拦截水流量而确定,亦不宜小于0.5m,边坡坡度视土质而定,一般可取1:1～1:1.5。当山坡覆盖物较薄,厚度小于1.5m且不稳定时,截水沟沟底应设置在基岩上,如图4-1-3所示,以保证沟身稳定并能拦截覆盖层与基岩面之间的地下水。

截水沟也应设有可靠的出水口,与其他排水设施平顺衔接,必要时宜设跌水或急流槽,将水流排入截水沟所在山坡一侧的自然沟中,或直接引到桥涵进口处。应避免排入边坡,或者在山坡上任其自流,造成冲刷。

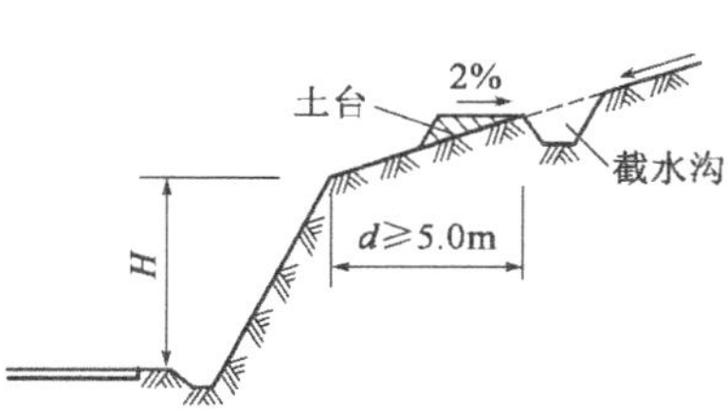

图 4-1-2　挖方路基边坡上方设截水沟

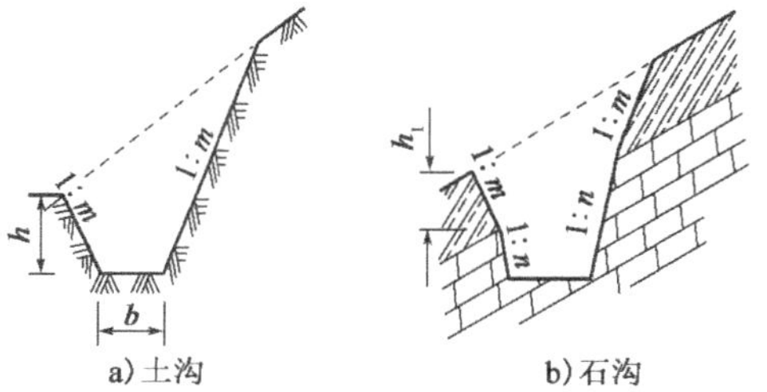

图 4-1-3　截水沟断面形式

3. 排水沟

与其他汇水设施相连接，将水流引离路基或引向桥涵的人工沟渠。排水沟一般为梯形断面，底宽不小于0.5m，边坡坡度一般取用为1:1～1:1.5。排水沟应尽量做成直线，如必须转换时，其半径不宜小于10～20m。排水长度按实际需要而定，通常不宜大于500m。当排水沟中的水流流入河道或沟渠时，应使原水道不产生冲刷或淤积，并采取适宜的连接方式。

4. 跌水与急流槽

设置于需要排水高差较大而距离较短或坡度陡峻地段的阶梯形构筑物，称为跌水。其主要作用是降低流速和消减水的能量。急流槽是具有很大坡度的水槽，但水流不离开槽底。其主要作用是在很短的距离内，水面落差很大的情况下进行排水。

跌水和急流槽设置的位置、类型和尺寸，要因地制宜，结合地形、地质、当地材料和施工条件，综合考虑。

(1)跌水

跌水的一般构造有单级和多级两种。涵洞进水口处多属单级跌水，如高差及地形变化较大，根据需要也可做成多级跌水。

从力学计算的特点出发，跌水包括进水口、消力池和出水口三部分。其中消力池部分由跌水墙、平台和消力槛所组成，如图 4-1-4 所示。

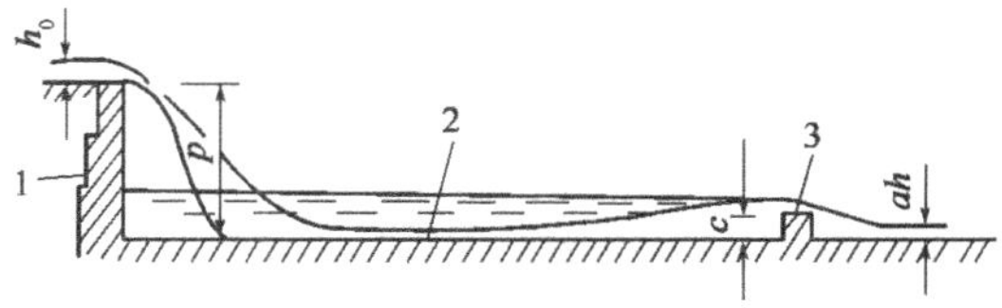

图 4-1-4　跌水水跃示意图
1-跌水墙；2-平台；3-消力槛

消能措施主要包括：

①加大渠底的粗糙度，以缩短水跃长度。

②设有消力槛，以减小水流冲击和流速。消力槛的顶宽不小于0.4m，并设有尺寸5cm×5cm～10cm×10cm的泄水孔，以便水中断时，排除消力池内的积水，避免池内积水冬季冻结破坏。

跌水可用砖或片（块）石浆砌，必要时用混凝土浇筑。沟槽槽身及消力池的边墙厚度为：浆砌片石0.25～0.40m，混凝土0.2m，高度应高出计算水位最少0.2m。槽身一般砌成矩形，如跌水高度不大，槽底纵坡较缓，亦可采用梯形。但应注意在台阶前0.5～1.0m和台阶后1.0～1.5m的范围内进行加固。槽底厚度为0.25～0.40m，出水口部分可设置等宽或变宽形式。跌水台阶的高度，可根据地形、地质等条件而定，一般不大于0.5～0.6m，通常是0.3～0.4m。其高度与长度之比,应与原地面坡度相适应。

(2)急流槽

急流槽可分进水口、槽身和出水口三部分,如图4-1-5所示。其断面多为矩形,底宽在全长范围内一般不变。当进水渠道或出水渠道的宽度较急流槽大或形状不同时,需设过渡段。急流槽的纵坡一般不宜超过1:2,可用片(块)石浆砌或混凝土浇筑。急流槽壁的厚度,砌石时为0.4m,混凝土时为0.3m,槽壁的高度至少应高出计算水深0.2m。急流槽的基础要稳固,每隔1.5~2.5m设置耳墙,以防止滑动,耳墙深入基础0.3~0.5m。进水槽和出水槽底部须用片石铺砌,长度一般应大于10m,特殊情况时,还应在下游设厚0.2~0.5m、长2.5m的防冲铺砌,其构造如图4-1-6所示。当急流槽很长时,应分段砌筑,每段长度为5~10m,接头处用防水材料填充。

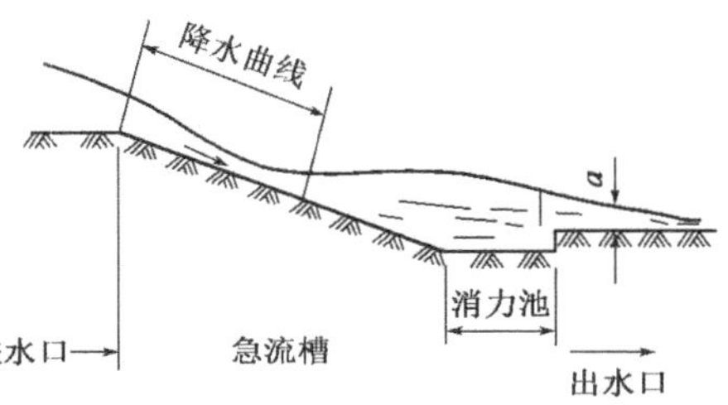

图4-1-5 急流槽水跃示意图

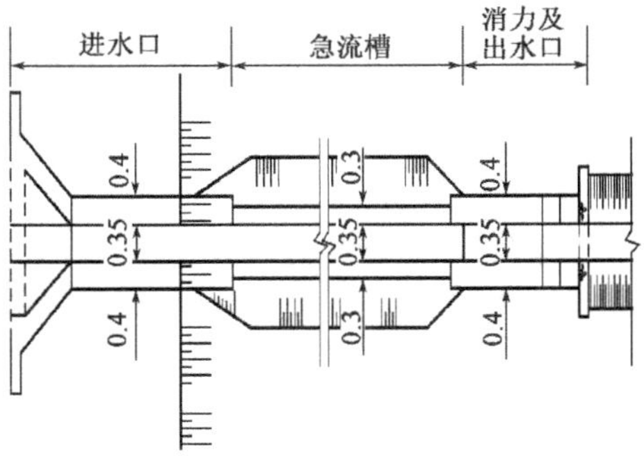

图4-1-6 急流槽构造(尺寸单位:m)

5. 蒸发池

在降雨量不大,多晴少雨,空气相对湿度小,多风易蒸发的空旷荒野地区,路线经过平坦地段,无法把地面水排走时,可设置积水池,引水入池,任其蒸发和下渗,如图4-1-7所示。积水池的一般沿路线方向筑成矩形,其容量大小根据当地降雨量而定,一般不超过200~300m^3,蓄水深度不大于2m。若用取土坑做积水池,与路基坡脚间的距离一般不应小于5~10m,面积较大的积水池至路堤坡脚的距离不应小于20m,坑内水面应低于路基边缘至少0.6m。

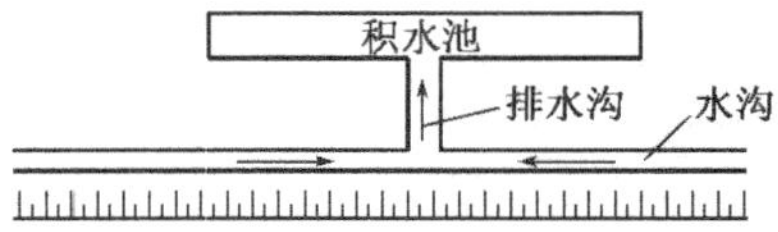

图4-1-7 积水池平面布置

二、地面排水沟渠的加固与施工

排水沟渠加固措施应结合当地地形、地质、纵坡和流速等条件,因地制宜,就地取材,简便易行,经济适用。目前常用的有以下几种类型。

1. 土沟表面夯实

一般适用于土质边沟和排水沟(不适用于堑顶截水沟或堑顶排水沟),沟内平均流速不大于0.8m/s。沟底纵坡不大于表4-1-1中的数值。参考图式如图4-1-8所示。

在施工时,其水沟沟底及沟壁部分应少挖5cm,并随挖随夯,将沟底、沟壁夯拍坚实,使土

的干密度不小于 $1.66 \times 10^3 mg/m^3$，以免土中水分消失，不易夯拍坚实。施工中如发现沟底、沟壁有鼠洞或蛇穴，应用原土补填夯实。

土沟沟底纵坡　表 4-1-1

边坡坡率	1:1		
断面 $B \times H$（m × m）	0.4 × 0.4	0.4 × 0.6	0.6 × 0.8
纵坡（%）	1.5	0.7	0.6

2. 三合土或四合土加固层

三合土是指水泥、砂及炉渣组成的混合料，其配合比一般可采用水泥: 砂: 炉渣 = 1:5:1.5（质量比）。在无炉渣地区，可采用石灰、黄土、碎石组成，其配合比一般可采用石灰: 黄土: 碎砾石 = 1:3.3:2.3（体积比）。

四合土是指水泥、石灰、砂、炉渣组成的混合料，配合比一般采用 1:3:6:24（质量比）。

三合土或四合土一般用于加固无冻害、无地下水、水流平均速度在 1.0 ~ 2.5m/s 地段的水沟。混合土厚度视沟内流速或沟底纵坡而定，一般取 0.1 ~ 0.25m；加固常流水的水沟表面时，如加厚 1cm 的 M7.5 水泥砂浆，效果更佳。如图 4-1-9 所示。

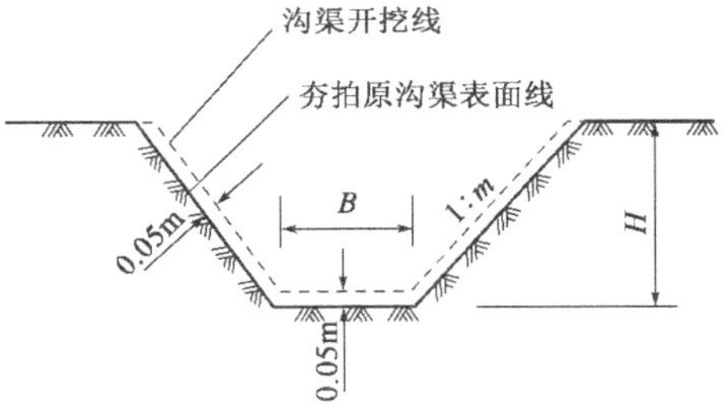

图 4-1-8　土沟表面夯实图

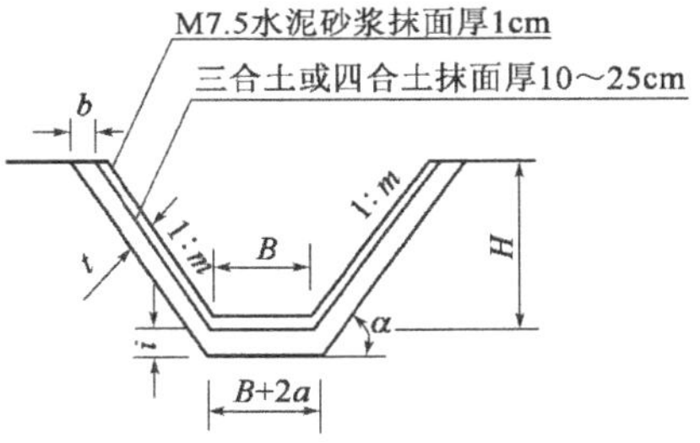

图 4-1-9　三合土或四合土加固层

三合土或四合土施工方法及要求：

(1) 施工前两周，将石灰水化，使用前 1 ~ 3d，将黄土或炉渣（炉渣经过高温烧化且含灰量不超过 5%，其粒径不超过 5mm）掺入拌匀，使用时将碎砾石或水泥及砂掺入，反复拌和均匀。

(2) 沟渠开挖后趁土质潮湿立即加固。如土质干燥，则宜洒水湿润后再行加固。

(3) 沟渠铺混合土前，应将沟底的沟壁表面夯实拍平，然后每隔 2m 左右安设模板，保证加固厚度的一致。

(4) 沟渠铺混合土后，应拍打排浆，然后再抹水泥砂浆护层，待稍干后，用大卵石将表面压紧磨光，最后用麻袋或草垫覆盖，洒水养护 3 ~ 5d。养护时如发现裂缝或表面剥落，应予以修补。

3. 单层干砌石加固

一般用于无防渗要求，土质沟渠沟底纵坡在 5% 以上，流速大于 2m/s，或砂土质沟渠沟底纵坡在 3% ~ 4% 以上的沟渠加固，如图 4-1-10 所示。当沟内平均流速在 2.0 ~ 3.5m/s 时，干砌片石尺寸可采用 0.15 ~ 0.25m；当流速大于 4.0m/s 时，应采用急流槽式跌水。

当沟壁沟底为细颗粒土时，应加设碎砾石垫层，其厚度在 0.10 ~ 0.15m 范围内选用，5 ~ 50mm 粒径的石料应占总质量的 90% 以上。片石间隙应用碎石填塞紧密，片石大面应砌向表面，以减少面部粗糙度。

4. 单层栽砌卵石加固

用于无严格防渗要求,且容许流速在 2.0 ~ 2.5m/s 以内的防冲刷沟渠加固地段,如图 4-1-11 所示。所用卵石尺寸与容许流速有关,若沟壁、沟底为细粒土,需加设砂、砾石垫层,其厚度视容许流速及土质情况而定。施工时,一般应先砌沟底,后砌沟壁。砌底选用较好的大卵石,坡脚两行应注意选料并砌筑牢固。砌筑可自下而上逐步选用较小的卵石,最上一层则用较长卵石平放并封顶压牢。所有卵石均应栽砌,大头朝下,相互靠紧,每行卵石须大小均匀,两排之间保持错缝。卵石下部及卵石之间的孔隙,均应用小石填塞紧密。

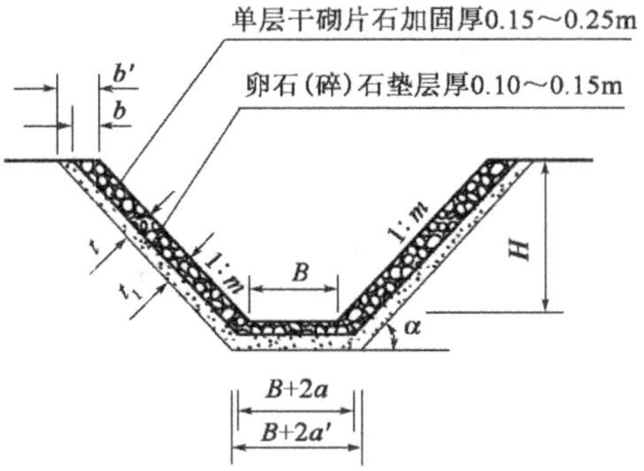

图 4-1-10 单层干砌石加固

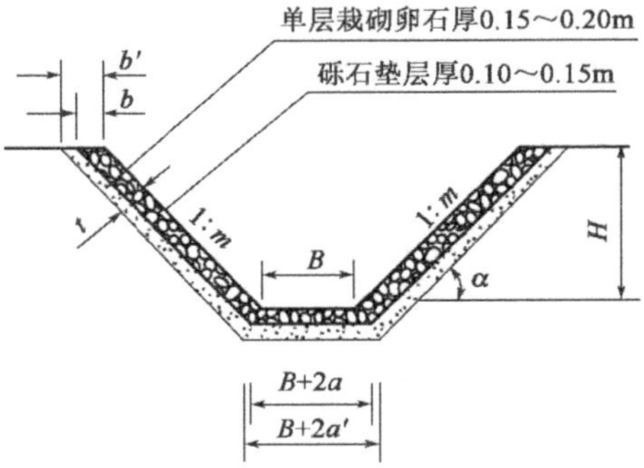

图 4-1-11 单层栽砌卵石加固

5. 浆砌片石加固

浆砌片石边沟有梯形与矩形两种,其参考图式如图 4-1-12、图 4-1-13 所示,一般用于沟内水流速度较大(平均流速大于4m/s)及防渗要求较高的地段。沟底纵坡一般不受限制,但在有地下水及冻害地段,沟壁、沟底外侧需加设反滤层或垫层,并在沟壁上预留泄水孔。

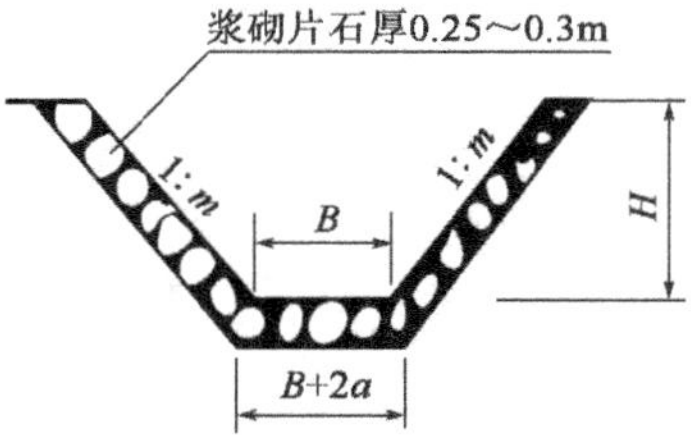

图 4-1-12 浆砌片石梯形排水加固

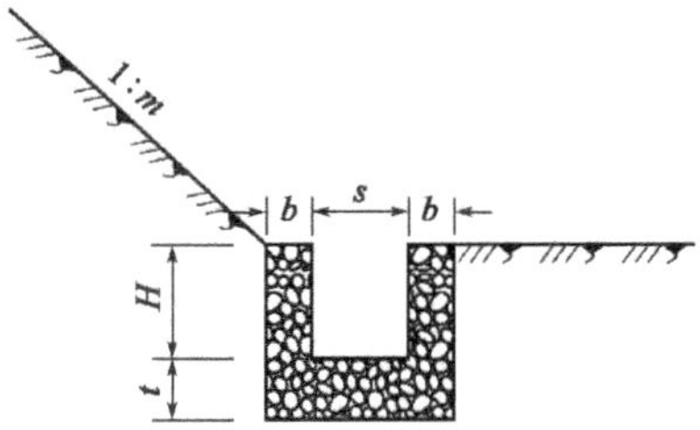

图 4-1-13 浆砌片石矩形排水加固

施工时应注意沟渠开挖后要整平夯实,如土质干燥应洒水润湿,遇有陷穴应堵塞夯实。水泥砂浆强度等级一般采用 M5,随拌随用,砌筑完后应注意养护。

学习活动二 地下排水设施施工

学习目标

完成本学习任务后,你应当:

1. 能够熟知明沟与排水槽、暗沟、渗井和渗沟等排水设施的结构性能;

2. 会进行地下排水设施的施工；

3. 能够根据地下条件不同、排水量不同，选择合理的排水设施。

学习情境描述

某傍山公路工程项目，其沿线地面径流较大，植被覆盖率高，路线附近低洼处一侧有大量农用田地，设计单位经过认真勘测，在路线设置了许多管涵、倒虹吸、跌水与急流槽等，并用排水沟相连接，且考虑到山势较高，地面漫流强，设置了大量截水沟，在公路两侧设置了 0.5m×0.5m 的矩形浆砌片石边沟。施工单位需认真组织施工，以满足工程项目质量要求。

相关知识

拦截、汇集和排除地下水，或降低地下水位，以使路基免遭破坏的结构物，称为地下排水结构物。其构造比一般地面排水结构物复杂，且维修改建困难，投资也较大，故在施工中应予高度重视，以免建成后因结构物失效而酿成后患。

公路上常用的地下排水结构物有明沟与排水槽、暗沟、渗井和渗沟等，现分述如下。

一、明沟与排水槽

当地下水位高，潜水层埋藏不深时，可采用明沟或排水槽截流排除浅层地下水及降低地下水位，也可兼排地面水。明沟或排水槽必须深入潜水层，但不宜在寒冷地区采用。

明沟断面一般采用梯形，边坡采用 1:1.0～1:1.5。明沟边坡一般应以干砌片石加固，并设反滤层以使水流渗入明沟，明沟纵坡宜适当加大，保证水流及时排除。

排水槽一般为矩形，可用混凝土、干砌或浆砌片石筑成，槽底纵坡应不小于 3%。当用混凝土或浆砌片石时，应视地下水流量及槽身设置一排或多排渗水孔，外侧填以透水材料。沿沟槽每隔 10～15m，或当沟槽通过软硬岩层分界处时，应留伸缩缝和沉降缝。

二、暗沟

暗沟是引导地下水流的沟渠。其本身不起渗水、汇水作用，而是把路基范围内的泉水或渗沟汇积的水流排到路基的范围以外，使之不致在土基中扩散，危害路基。

暗沟一般宽为 20～30cm，高约为 20cm。如沟身两侧为石质，盖板可直接放在两侧石壁上。暗沟沟底纵坡一般不小于 1%，出口处沟底应高出边沟最高水位 20cm 以上，不允许出现倒灌现象。为防止泥土或砂粒落入沟槽或泉眼中，以免淤塞，在其周围可铺筑碎砾石反滤层，反滤层的颗粒直径由上而下，由外而内，逐渐增大，即上面和外层铺砂，中间铺砾石，下面和内层铺碎石块或大卵石，每层厚度不小于 10cm，相邻层次间颗粒粒径之差，以不大于 4～6 倍为宜。暗沟设置需根据地下水状况不同采取不同策略，如一侧边沟下设暗沟情况（图 4-2-1）及两侧边沟下设盲沟（图 4-2-2）情况。

三、渗井

在平坦地区如路基附近无河流、沟渠或洼地，地面水或浅层地下水无法排除，影响路基稳定，而在地面下较浅处又有透水层，地下水背离路基，同时地面水流量不大时，可设置渗井，将上层水流通过渗井汇积渗入地面 1.5m 以下,并从透水层中排除,疏干路基土。如图 4-2-3 所示。

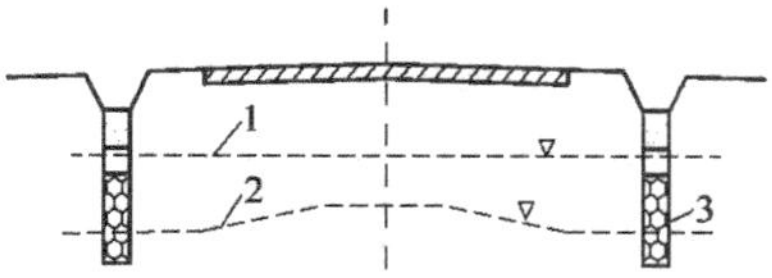

图 4-2-1 一侧边沟下设盲沟

1-盲沟;2-层间水;3-毛细水

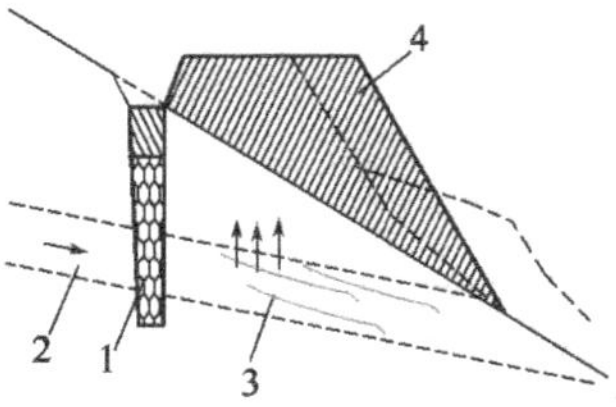

图 4-2-2 二侧边沟下设盲沟

1-原地下水位;2-降低后地下水位;3-盲沟;4-可能滑坡线

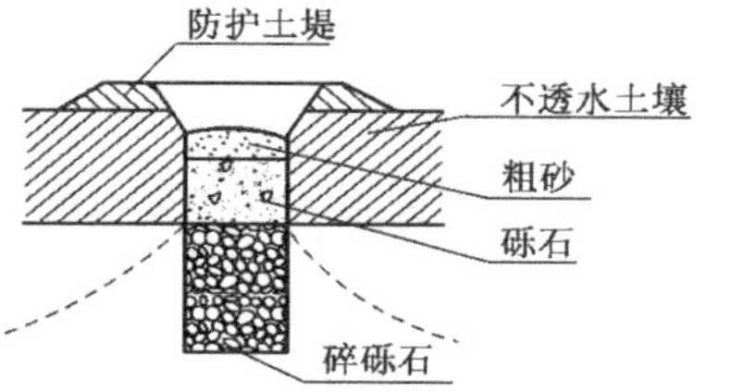

a)渗井构造

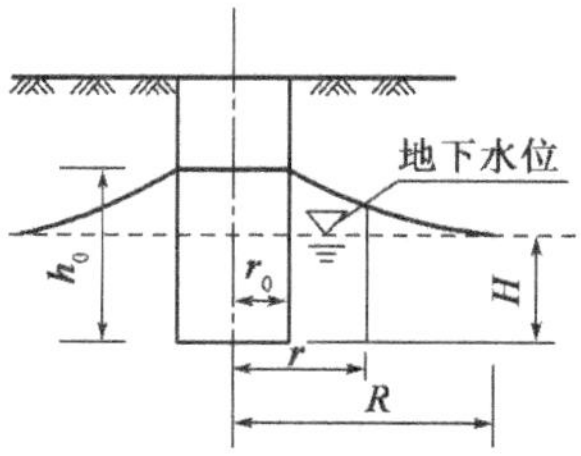

b)渗水扩散曲线图

图 4-2-3 渗井构造图及渗水扩散曲线图

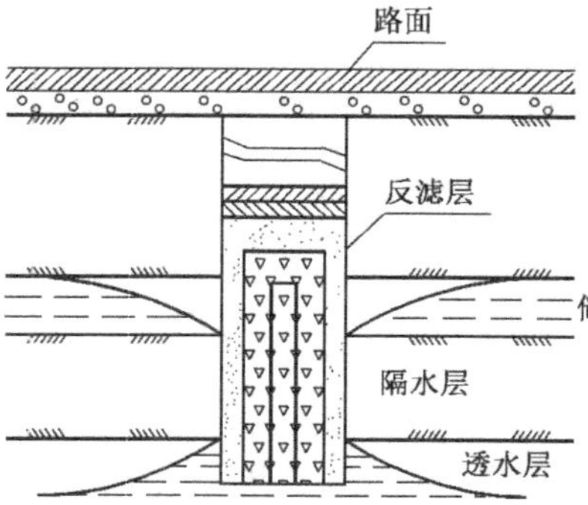

图 4-2-4 渗井排水示意图

渗井由上部集水构造和下部排水构造两部分组成(图 4-2-4)。

(1)上部构造

渗井面积的大小,取决于路基表面的流量,一般可采用直径为 0.7 ~ 1.0m 的圆井,或 0.6m × 0.6m ~ 1.0m × 1.0m 的方井。渗井内部填充材料须冲洗干净,在填筑填充材料前,须预先在井位上安置内外两套铁皮套筒。填筑过程中,根据填充程度逐渐将套筒撤出。

(2)下部构造

渗井的下部,必须穿过不透水层而达到渗透层,并内填充材料用碎石或卵石,上部不透水土层内填充砂或砾石。透水土层离地面较深时,可用钻井机钻孔,但钻井的直径不应小于 15cm,有时可达 50 ~ 60cm。

四、渗沟

渗沟是一种常见的地下排水沟渠。其作用是切断、拦截有害的含水层和降低地下水位,保证路基经常处于干燥状态。路堑和路堤交接处为防止路堑下含水层中的水沿路基纵向流入路堤,使路堤潮湿软化、坍塌,可设横向渗沟。

渗沟按构造分为 3 种形式,如图 4-2-5 所示。Ⅰ式为填石渗沟,也称盲沟,一般用于流量不大、渗沟不长的路段,是目前公路上常用的一种渗沟。施工时应注意淤塞失效,由于排水层阻力较大,纵坡不应小于1%,一般可采用5%,盲沟深度不超过3m,宽度一般为0.7～1.0m。Ⅱ式为管式渗沟,设于地下引水较长的地段,但渗沟过长时,应加设横向泄水管,将纵向渗沟内的水流,分段迅速排除。沟底纵坡取决于流速,一般以不大于1.0m/s为宜,最小纵坡为0.5%,以免淤塞。Ⅲ式为洞式渗沟,当地下水流量较大,或缺乏水管时,可采用石砌沟洞,洞孔大小依设计流量而定。沟底纵坡最小为0.5%,有条件可适当采用较大纵坡,以利排水。

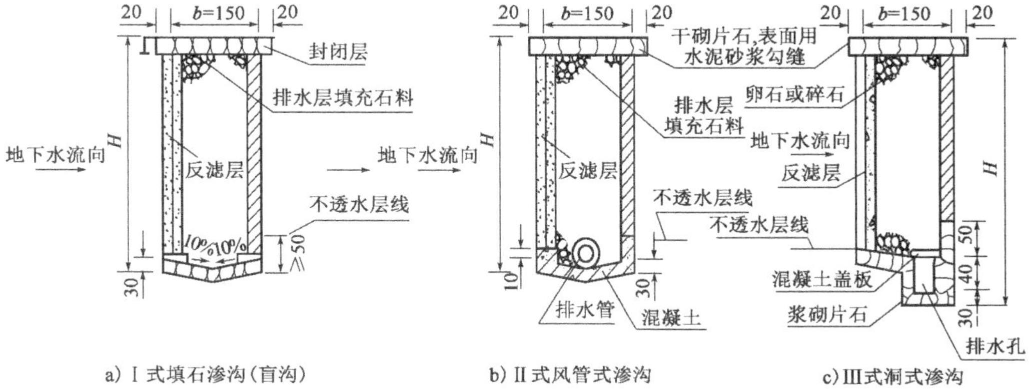

图4-2-5　渗沟构造(尺寸单位:cm)

渗沟的施工质量是保证其能否发挥作用的关键。如质量控制不严、造成渗沟淤塞,不但起不到汇流、排水作用,反而会给工程留下隐患。因此,在施工中,必须注意以下问题:

(1)渗沟的布置应尽可能与地下水流相互垂直,使之拦截更多地下水。

(2)渗沟的宽度一般视埋藏深度、排水要求、施工和维修便利而定,深度为2m时,宽度为0.8～1.0m;深度为3～4m时,宽度不小于1.0m。沟内使用的砂石填料,应经过筛选和清洗。

(3)为防止土粒落进填充石料的孔隙,造成渗沟堵塞,渗沟顶部应设封闭层,封闭层可采用双层反铺草皮或其他材料铺成隔层,并在隔层上部填筑厚度不小于0.5m的黏土防水层或用浆砌片石筑成。

(4)汇积水流时,为防止含水层中砂、土挤入渗沟,应设反滤层。反滤层应用筛选过的中粗砂、砾石、碎石等渗水材料分层填筑,其层数和颗粒级配、比例,应视坑壁土质和排水层材料而定。一般相邻层的粒径比不小于1:4,层厚不小于0.15m,砂石料颗粒小于0.15mm的含量不应大于5%,颗粒粒径一般为含水层土粒最大粒径的8～10倍。禁止用粉砂、细砂及风化石料填筑。

(5)Ⅰ式渗沟的排水层,应采用石质坚硬的较大颗粒填筑,并保证排水孔隙度,其透水材料的填充高度,应不低于未设渗沟前的地下水位,并不低于0.3m。

(6)Ⅱ渗沟的泄水管,可用陶土、混凝土或石棉等材料制成,管径视设计流量而定,一般为0.1～0.3m,管壁应设渗水孔眼,在冬季管内流水结冻的地段,为防止堵塞,可采用直径大一些的水管。Ⅱ式渗沟的高度,应使填料顶面高出原地下水位,且不低于沟底至管顶之间高度的2～4倍。渗水管基座宜用片石干砌,当基座底部砌入隔水层时,应用浆砌片石。

(7)Ⅲ式渗沟的底部孔洞,排水能力较强,应用浆砌片石筑成,上加混凝土盖板。Ⅲ式渗沟所要求的高度,与Ⅱ式渗沟相仿。

(8)渗沟的施工与暗沟一样,宜由下游向上游施工,并应随挖随撑随填,支撑渗沟应间隔开挖。渗沟反滤层施工时,可用木板将各层反滤材料组成垂直层,其高度视渗沟的填充高度而定,填筑完后再将木板抽出。

(9)为了核查、维修渗沟,每隔30~50m,或在平面转折或坡度由陡变缓处,宜设置检查井。检查井一般采用圆形,内径不小于1.0m。在井壁处的排水管,其管底应高出井底0.3~0.4m,井底铺筑一层0.1~0.2m厚的混凝土,以免漏水。井基如遇不良土质,应采取换填、夯实等措施。兼有渗井作用的检查井壁,应在含水层范围设置渗水孔和反滤层。深度大于20m的检查井,除设置检查梯外,还应设置安全设备。

思 考 题

1. 简述边沟的断面形式及适用条件。
2. 简述三合土或四合土施工方法。
3. 跌水与急流槽结构有何不同?
4. 暗沟与渗井在排水方式上有何不同?
5. 三种渗沟有何异同?

学习任务五　路基防护与加固工程施工

任务总描述

路基是公路最重要的基本组成部分,是公路路面的基础。路基的强度和稳定性是保证路面强度与稳定性的基本条件,直接影响路面的使用性能,必须经常、有计划地针对路基已经出现和可能出现的病害,采用相应的方法和措施,对路基各部分加以适当的防护与加固。路基防护与加固设施,主要有边坡坡面防护、沿河路堤河岸冲刷防护与加固以及支挡防护。常用的坡面防护设施有植物防护(如种草、铺草皮、植树等)和工程防护(抹面、捶面、勾缝、喷浆等)。坡面防护,主要是保护路基边坡表面免受雨水冲刷,减缓温差及湿度变化的影响,防止和延缓软弱岩土表面的风化、碎裂、剥蚀演变进程,从而保护路基边坡的整体稳定性,在一定程度上还可兼顾路基美化和协调自然环境。滨河路基、河滩路基及水库地区路基往往由于侵占河床、压缩过水面积或阻挡水流,改变水流方向和速度,从而形成水流对河床、岸坡或建筑物基础的经常或周期性冲刷作用,影响路基的稳定与安全,需进行路冲刷防护。其主要的防护措施有抛石防护、石笼等直接防护以及丁坝、顺坝等导流构造物。支挡防护是支撑路基体,防止路基失稳,以保证路基在自重及各种自然因素作用下保持其稳定。支挡防护主要指各类支挡构造物,如挡土墙等。

学习活动一　坡面防护工程施工

学习目标

完成本学习任务后,你应当:

1. 能够进行路基坡面种草、铺草皮、植树等植物防护施工;
2. 能够进行路基坡面抹面、捶面、勾缝、喷浆、坡面防护等工程防护施工。

学习情境描述

某工程 K0 + 990 ~ K1 + 490 段挖方最高为 21.663m,K0 + 630 ~ K0 + 950 段填方最高为 10.478m,路堤边坡高度均小于 12m,基底情况良好时,路肩以下 0 ~ 8m 边坡坡率采用 1:1.5,8 ~ 20m 边坡坡率采用 1:1.75。路堑边坡高度均小于 24m,坡度坡率为 1:1.25。路堑边坡每隔 10m 高度设一级 2m 宽平台。为保护路基边坡表面免受雨水冲刷,减少温度及湿度影响,防止和延缓软弱岩土表面的风化、碎裂及剥蚀,根据施工方案,对路堤边坡采用湿法喷播植草绿化防护,对路堑采用湿法喷播植草、挂网喷浆护坡措施。

相关知识

坡面防护,主要是保护路基边坡表面免受雨水冲刷,减少温度及湿度影响,防止和延缓软弱岩土表面的风化、碎裂及剥蚀,从而保护路基边坡的整体稳定性,还可兼顾路容美化和协调环境作用。常用的坡面防护设施有植物防护和工程防护两类。

一、植物防护

植物防护可美化路容,植物防护主要分为种草、铺草皮、植树三大类。播种的坡面应平整、密实、湿润。播种方法有撒播法、喷播法和行播法等。采用撒播法时,草籽应均匀撒布在已清理好的土质边坡上,同时做好保护措施。对于不利于草类生长的土质,应先坡面上先铺一层5~10cm的种植土。路堑边坡较陡或较高时,可通过试验采用草籽与含肥料的有机质泥浆混合,采用喷播法时将混合物喷射于坡面;采用行播法时,草籽埋入深度应不小于5cm且行距应均匀。

应在温度、湿度较大的季节播种。播种前应在路堤的路肩和路堑的堑顶边缘埋入与坡面齐平的宽20~30cm的带状草皮。播种后,应适时进行洒水施肥、清除杂草等养护管理,直到植物覆盖坡面。

铺草皮适用于各种土质边坡,特别是当坡面冲刷比较严重,边坡较陡,径流速度大于0.6%时,采用铺草皮防护比较适宜。铺草皮有多种方法,主要分为平铺、竖铺、网格式铺筑,如图5-1-1所示。铺草皮需预先备料,草皮可就近培育,切成整齐块状,然后移铺在坡面上。铺时应自下而上,并用竹林小桩将草皮钉在坡面上,使之稳定。草皮根部土应随草切割,坡面要预先整平,必要时还应加铺种植土,草皮应随挖随铺,注意相互贴紧,其具体要求及铺设方法见表5-1-1、表5-1-2。

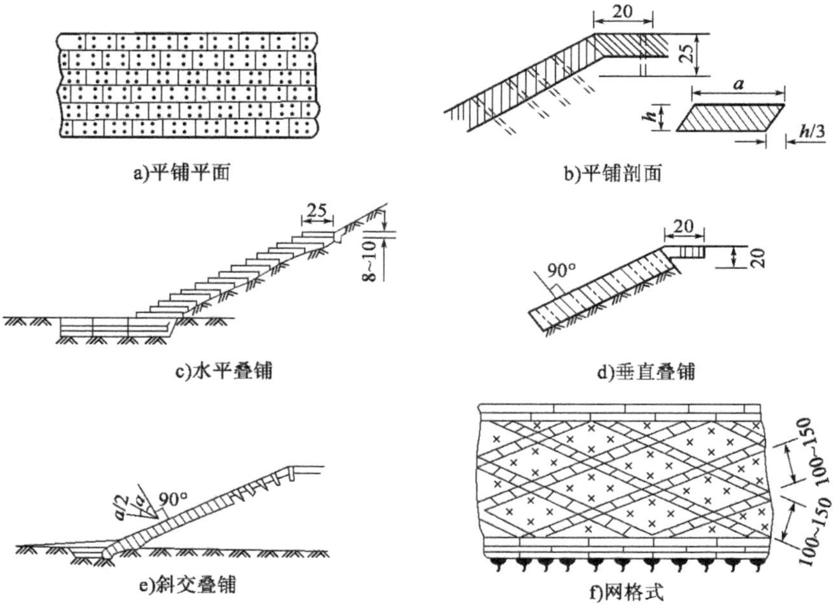

图5-1-1 草皮防护示意图(尺寸单位:cm)

铺草皮具体要求　　表 5-1-1

草皮种类	尺寸(cm)	厚度(cm)	小桩尺寸(cm)	钉桩方法	每1000根需木材量(cm)
方块状	20×25 25×40 30×50	6~10	2×2×(20~30)	四角钉桩	0.15(桩长20cm)
带状	宽25、长200~300	6~10	2×2×(20~30)	梅花状，间距40cm	0.25(桩长30cm)

铺草皮的方法及适用范围程度　　表 5-1-2

铺设方法		坡度	冲刷	图示编号
平铺		边坡<1:1.5	流速<1.2m/s	图5-1-1a)、b)
竖铺	平铺叠置	边坡>1:1.5	流速1.2~1.8m/s	图5-1-1c)
	垂直于坡面	边坡为1:1~1:1.5	流速1.2~1.8m/s	图5-1-1d)
	斜交叠铺	边坡<1:1	流速1.2~1.8m/s	图5-1-1e)
网格式		边坡<1:1.5	—	图5-1-1f)

铺草皮在施工时，应将边坡表面挖松整平；尽可能在春秋季或雨季进行，随挖随铺成活率较高。不宜在冰冻时期或解冰时期施工。路堑边堆铺草皮时，应铺过路堑顶部1m或铺至截水沟边。为提高防护效果，在铺草皮防护坡面上，尽可能植树造林，以形成一个良好的覆盖层。

植树防护适用于各种土质边坡和风化极其严重的岩石边坡，边坡坡度不陡于1:1.5。对于加固路基、防风固沙、防止水流冲刷及降低水流速度都能收到良好效果。此外，还可以美化路容，调节气温，改善公路的美学效果。防护林带的种植方法和种植间距要综合考虑，也可参考表5-1-3实施。

防护林植树间距参考值　　表 5-1-3

种植方法	树的种类	行距(m)	株距(m)
单株种植	杨树类 灌木类	1.5 0.8	0.8 0.5
一窝一窝种植	乔木类 灌木类	1.0 0.8	1.0 0.5

植树防护宜选用在当地土壤与气候条件下能迅速生长、根系发达、枝叶茂密的树种，用于冲刷防护时宜选用生长很快的杨柳类，或不怕水淹的灌木类，高等级公路边坡上严禁种植乔木。植种后在树木未成长前，应防止流速大于3m/s的水流侵害。必要时应在树前方设置障碍物，加以保护；植树防护最好与种草结合使用，使坡面形成一个良好的覆盖层，才能更好地起到防护作用。

二、工程防护

对于不适宜草木生长的较陡岩石边坡，可以采用抹面、捶面、勾缝、喷浆、坡面防护等方法进行工程防护。

1. 抹面

抹面常用于易风化较平整的岩石边坡。抹面工作前,应对被处治的边坡加以清理,去掉风化层、浮土、松动石块并填坑补洞,洒水湿润,以使其牢固耐久。抹面厚度为3~7cm,分两次进行,底层抹全厚的2/3,面层为1/3。在较大面积上抹面时,应设置伸缩缝,其间距不宜超过10m。在抹面护坡的周边与未防护坡面衔接处应严格封闭,其措施为:弯槽嵌入岩石内,其深度不小于10cm,并使相互衔接之坡平顺;坡脚宜设1~2m高的浆砌片石护坡。为防止灰体表面开裂,增强抗冲蚀能力,可在表面涂沥青保护层,其沥青软化点稍高于当地最高气温,用量为3kg/m^{2}左右。

2. 捶面

捶面适用于破碎的、有裂隙的较平整岩石边坡。捶面厚度为10~15cm,一般采用等厚截面,当边坡较高时,采用上薄下厚截面。捶面护坡与未防护坡面衔接处应封闭,其措施与抹面相同。坡脚设1~2m高的浆砌片石护坡。捶面材料常用石灰土、二灰土等。

捶面前应清除坡面浮石松土,填补坑凹,有裂缝时应先通知小块料塞缝。在土质边坡上,为使捶面贴牢,可挖小台阶或锯齿。坡面应先洒石灰水润湿,捶面时夯拍要均匀,提浆要及时,表面要光滑,提浆后2~3h进行洒水养护3~5d。不宜在寒冷季节施工。养护时如发现开裂和脱落应及时修补。有较大面积捶面时,应设置伸缩缝,其间距不宜超过10m。

3. 喷浆及喷射混凝土

喷浆及喷射混凝土常用于易风化表面平整度较差的岩石边坡。喷浆厚度不宜小于5cm,喷射沉淀土厚度以8cm为宜,分2~3次喷射。喷浆及喷射混凝土护坡的周边与未防护坡面的衔接与抹面护坡相同。坡脚应做1~2m高的浆砌片石护坡。

施工前,坡面如有较大裂缝、凹坑时应先嵌补牢固,使坡面平顺整齐;岩体表面要冲洗干净,土体表面要平整、密实、湿润。

喷层厚度应均匀,喷后应养护7~10d。对于一般地段,采用水泥、石灰、砂与水4种原材料的混合浆喷射(质量比为1:1:6:3)比较经济适用。

4. 勾缝、灌缝

勾缝与灌缝常用于不易风化的、岩石表面有裂隙的石质地带,前者用于裂隙较小的情况,后者用于裂隙较大的情况。灌缝可用体积比为1:4或1:5的水泥砂浆。裂缝很宽时,可用体积比为1:3:6或1:4:6的混凝土灌注。勾缝可用体积比为1:2或1:3的水泥砂浆,也可用1:0.5:3或1:2:9的水泥石灰砂浆。灌缝和勾缝前应先用水冲洗,并清除裂缝内的泥土、杂草。勾缝时要求砂浆应嵌入缝隙中,与岩体牢固结合。灌缝时要求插捣密实,灌满缝口并抹平。

5. 砌石防护

(1)石砌护坡

干砌片石虽有一定的支撑能力,但主要作用是防止水流冲刷边坡,故要求需要防护的边坡自身应基本稳定(坡度一般为1:1.5~1:2)。对严重潮湿或有冻害的路段,一般不宜使用。干砌片石防护有单层铺砌(图5-1-2)、双层铺砌(图5-1-3),以及各编格内铺石(图5-1-4)等几种形式，可根据具体情况选用。用于冲刷防护时，若只允许流速大于单层或双层时，则宜采用编格内铺石护坡。

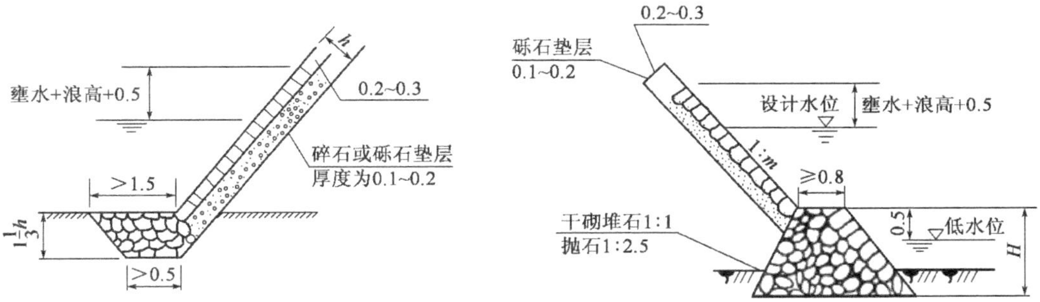

a)墁石铺砌基础　　b)干砌抛石、堆石垛基础

图 5-1-2　单层铺砌片石护坡（尺寸单位：m）

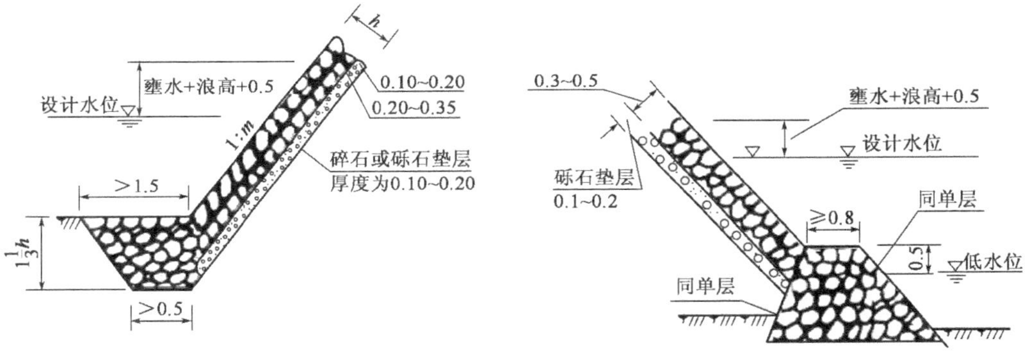

a)墁石铺砌基础　　b)干砌抛石、堆石垛基础

图 5-1-3　双层铺砌片石护坡（尺寸单位：m）

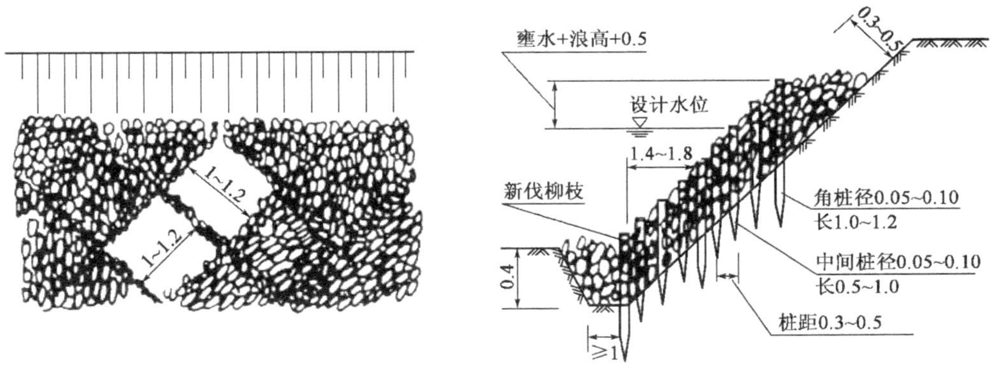

a)正面　　b)剖面

图 5-1-4　编格内铺石（尺寸单位：m）

采用干砌片石防护时，为防止水流将铺石下面边坡上的细颗粒土带出来冲走，施工时应在铺砌层的底面设 0.1 ~ 0.2m 的碎石、砾石或砂砾混合物垫层，以增加整个铺石防护的弹性，使其不易损坏。同时，干砌片石最好用砂浆勾缝，防止水分侵入过多，以提高其整体强度。

浆砌片石护坡,适用于防护流速较大(4～5m/s)的沿河路堤,或采用干砌片石不适宜,或效果不理想的其他坡面防护。尤其是与浸水挡土墙或护面墙等综合使用,防护有破损岩层的边坡,可收到较好的效果。但对严重潮湿或严重冻害的土质边坡,在未进行排水措施以前,不宜采用。

浆砌片石护坡宜用0.3～0.5m以上的块(片)石砌筑,其厚度一般为0.2～0.5m,用于冲刷防护时,最小厚度一般不小于0.35m,护坡底面应设0.10～0.20m厚的碎石或砂砾垫层(严禁用石块抛填)。基础要求坚固,底面宜采用1:5向内倾斜的坡度,如遇坚石可挖成台阶式,在沿河地段基础应埋置于冲刷线以下0.5～1.0m。浆砌片石护坡每长10～15m,应留宽约2.0cm的伸缩缝。护坡的中、下部应设10cm×10cm的矩形或直径为10cm的圆形泄水孔,一般间距为2～3m,泄水孔后0.5m的范围内应设置反滤层。路堤边坡上的浆砌片石护坡,应在路堤沉实或夯实后施工,以免因路堤沉落而引起护坡的破坏。

(2)护面墙

护面墙是一种浆砌片石覆盖物,多用在易风化的泥岩、页岩等岩石及其他风化严重的软弱岩层和较破碎的岩石地段,以防止继续风化。护面墙仅能承受自重,不能承受侧压力,要求被防护的边坡自身必须稳定,且大致平整。墙的厚度视墙高而定。沿墙身长度每10m应设2cm宽的伸缩缝。墙身横纵方向每隔2～3m设置孔口为5cm×10cm、10cm×10cm、10cm×20cm的方孔或5～10cm的圆形泄水孔,泄水孔后面应用碎石和砂砾做反滤层,伸缩缝及泄水孔的布置如图5-1-5所示。

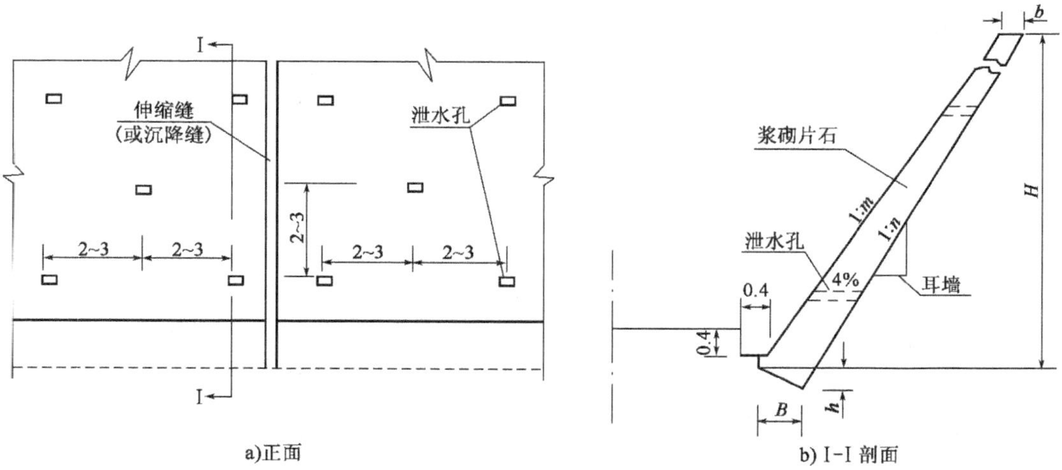

图5-1-5 护面墙(尺寸单位:m)

护面墙的基础应置于坚固地基上,并应深入冰冻线以下至少0.25m。如果地基承载力不足,则应进行加固。对个别地基的软弱段落,可用拱形或搭板的形式跨过。如图5-1-6所示。

为了提高护面墙的稳定性,视断面上的基岩好坏,每6～10m高为一级,设宽度不小于1m的平台,墙背每4～6m高设一宽度不小于0.5m的错台(或称耳墙),如图5-1-7所示。

对于防护松散层的护面墙,最好在夹层的底部土层中,留出宽大于1.0m的边坡平台,并进行加固,以增加护面墙的稳定性,如图5-1-8所示。

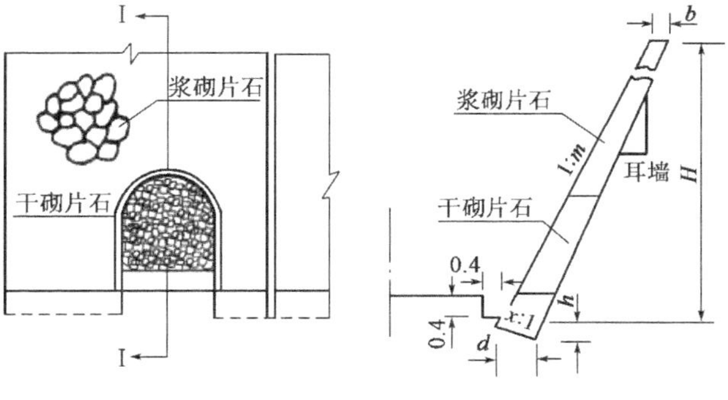

a)正面　　b) I–I 剖面

图 5-1-6　用拱形跨过软弱地基(尺寸单位:m)

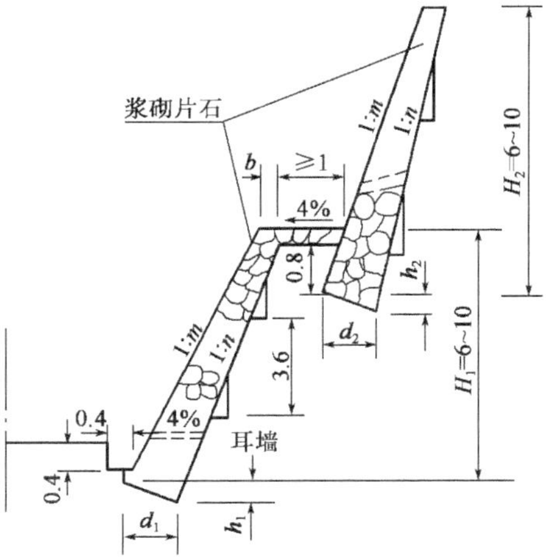

图 5-1-7　两级护面墙(尺寸单位:m)

在边坡开挖时,如岩石中形成凹陷,应以石砌圬工填塞,以支托突出的岩石,或防止岩石继续破损碎落,保证整个边坡稳定,这种墙称为支补墙,如图 5-1-9 所示。

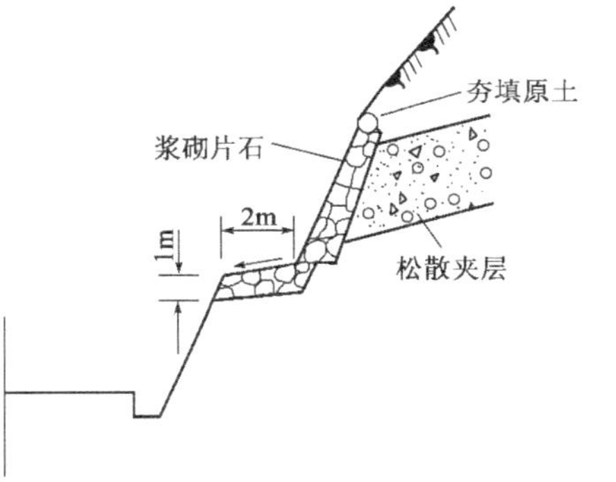

图 5-1-8　防护松散层的护面墙

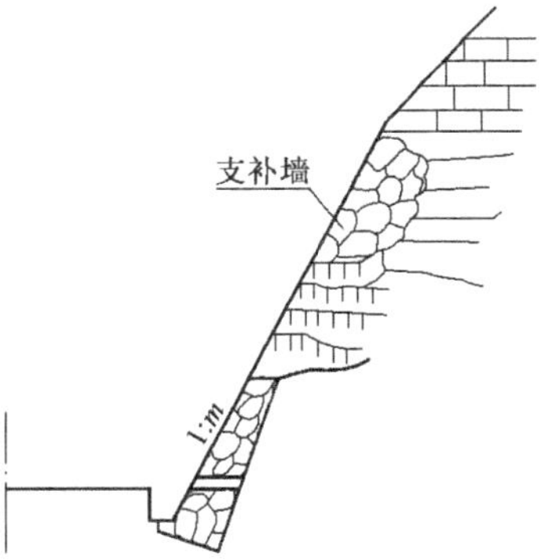

图 5-1-9　支补墙

护面墙在修筑之前,对所防护的边坡,应清出新鲜面,凹陷处可挖为错台。对于风化迅速的岩层,如云母片岩、绿泥片岩等边坡,清挖出新鲜面后,应立即修筑护面墙。护面墙的顶部应用原土夯填,以免边坡水流冲刷,渗入墙后引起破坏。

6. 加筋边坡

一般常用的加筋边坡有两种:一种是填土加筋边坡,指在填筑路堤时,加筋材料随填土升高而分层埋入土中,如图 5-1-10 所示。其目的是节省用地,防止雨水冲刷边坡,从而强化路基的稳定性。另一种是原位加筋边坡,即对现有自然边坡或路堑边坡采用加筋法防护。在这种情况下,加筋不是分层埋入,而是钻孔锚入边坡,如图 5-1-11 所示。从目前的工程实践来说,后一种应用较广,在此主要介绍。

(1)基本结构

锚钉墙的基本结构由锚钉、灌浆、面板及锚钉头 4 部分组成,如图 5-1-12 所示。锚钉可用钢筋、钢管等材料制成,一般为 ϕ20 ~ 28mm 的螺纹钢。灌浆可采用 M80 以上的水泥砂浆或水泥浆。面板对边坡起防护作用,可采用钢筋混凝土或混凝土框架制成。锚头有用螺母加垫板组成的标准锚头,也有直接将钢筋弯折在面板内的弯钩锚头。

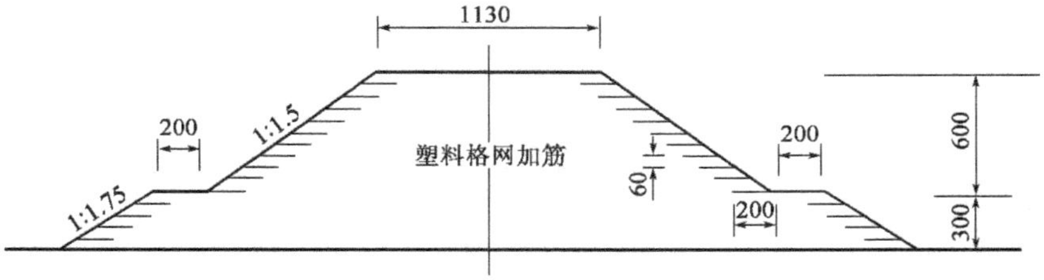

图5-1-10 填土加筋边坡(尺寸单位:cm)

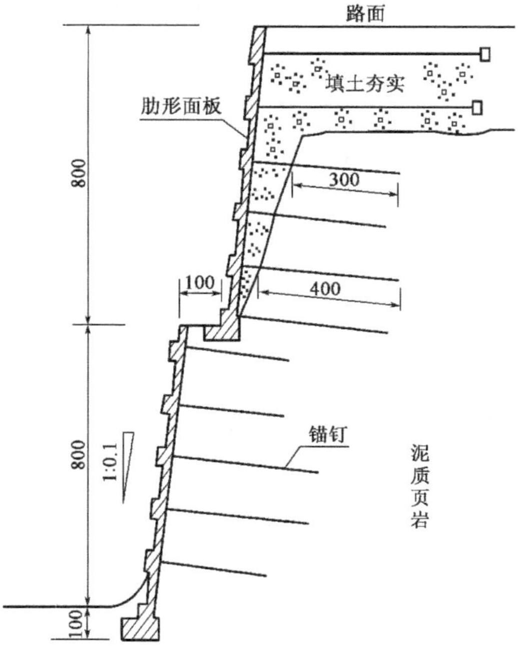

图5-1-11 自然边坡锚钉墙(尺寸单位:cm)

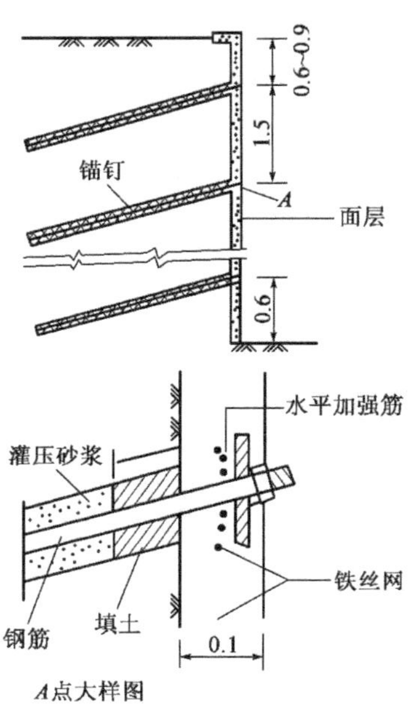

图5-1-12 锚钉墙的基本结构(尺寸单位:m)

(2)施工程序

锚钉边坡的施工程序一般可分为4个步骤,如图5-1-13所示。

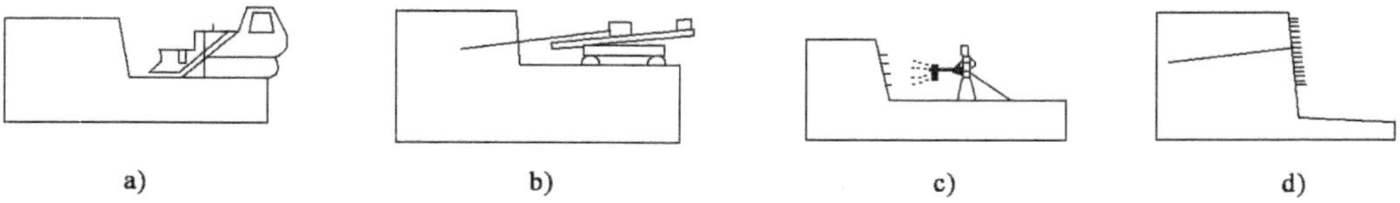

图5-1-13 锚钉边坡的施工程序

①开挖并从上往下分层开挖边坡,每层高1~2m。

②钻孔,常用孔径为40mm,采用普通钻机或潜孔钻机成孔。

③灌浆并插入锚钉。将高压灌浆管插入孔底,随砂浆灌入,注浆管缓缓拔出以防孔内砂浆

脱节，注好浆后将锚钉打入。

④挂网、设置锚钉头，喷射混凝土覆盖新的开挖坡面，或立模灌注钢筋混凝土面板。

附：参观实习

一、实习项目

坡面防护工程的施工。

二、实习目的及要求

通过实习使学生掌握常用坡面防护工程设施的类型、适用条件、结构组成、施工工艺及技术要点，增强对坡面防护工程多样性的认识，使所学理论知识能有机地与社会实践相结合，并在实践中得到不断检验和发展。在实习前要求学生首先预习相关理论，重点掌握各种防护设施的施工工艺及技术要点，在实习时要注意施工安全。通过仔细观察，结合所学理论知识，认真思考、总结，逐步提高坡面防护工程的类别选择及灵活运用能力，并及时完成参观实习报告和实习心得。

三、实习所需工具

回弹仪、钢尺、公路检测尺、摄像机等。

四、实习操作内容

(1)对坡面防护的工程构造物进行检查复核。

(2)对植物防护的三种方法进行优化比较。

(3)对施工工艺过程现场摄像，并认真分析学习。

(4)实习操作项目及质量标准见附表5-1-1。根据实习内容不同，选择实习有关内容填写表格。

护坡实习操作检查项目　　附表5-1-1

检查项目	质量标准	检查方法	备注
砂浆强度(MPa)	符合标准	强度评定	
顶面高程(mm)	±50	水准仪	
表面平整度(mm)	30	检测尺	
厚度(mm)	不小于设计	尺量	
坡度(%)	不陡于设计	检测尺	
底面高程(mm)	±50	水准仪	

五、结果整理及实习建议

主要根据实习现场观察及测定结果进行整理，评价正在施工或已完工的结构物质量状况，对不合格项目进行原因分析并提出改正或补救措施。见附表5-1-2。

浆砌水沟实习操作检查表

附表 5-1-2

实测项目	实测值					结果
	1	2	3	4	5	
砂浆强度(MPa)						
顶面高程(mm)						
表面平整度(mm)						
厚度(mm)						
坡度(%)						
底面高程(mm)						

学习活动二　路基冲刷防护工程施工

学习目标

完成本学习任务后,你应当:

1. 能够对路基冲刷采取抛石、石笼等方法进行直接防护工程施工;

2. 能够根据石笼的技术要求,对其进行施工指导;

3. 能够对路基冲刷采取丁坝、顺坝、格坝、拦河坝等导流与调治构造物进行间接防护工程施工。

学习情境描述

沿河及水库地区道路由于地形地质条件及工程设置要求的限制,大多依山傍水,顺着河谷或水库岸边行进。此时滨河路基、河滩路基及水库地区路基往往由于侵占河床、压缩过水面积或阻挡水流,改变水流方向和速度,从而形成水流对河床、岸坡或建筑物基础的经常性或周期性冲刷作用,影响路基的稳定与安全。某省道S××K2+000~S××K3+120沿河段根据水流的动水压力、波浪和壅水高及冲刷作用等水流特性,结合线路位置及地形地质因素,采用石笼防护,设置顺坝,使其满足适应水流性质和抵抗水流破坏作用的要求,防止岸坡及基础因冲刷作用而失稳,从而确保线路路基的稳定和运营安全。

相关知识

沿河路基,直接承受水流的冲刷。为了保证路基坚固、稳定,必须采用措施予以防护。防止冲刷的措施有两种:一种是加固岸坡的直接防护。直接防护措施除前面讲的坡面防护和石砌护坡外,还有抛石、石笼、柔性混凝土板块及浸水挡土墙等。另一种是改变水流性质的间接防护。间接防护措施包括各种导流构造物,如丁坝、顺坝及拦河坝等。具体工程实践中,应根据河流情况、水流性质及岸坡受冲刷现状,单独使用一种,或同时使用两种,进行综合治理。

一、直接防护

1. 抛石防护

常用的抛石类型有两种,即适用于新筑路堤的抛石垛和适用于旧路堤的抛石垛,如图5-2-1

所示。抛石边坡选择见表5-2-1。一般抛石粒径应大于0.3m,并不小于设计抛石厚度的1/2。抛石厚度一般为粒径的3～4倍,或为最大粒径的2倍。石料要求质地坚硬、耐冻且不易风化崩解。为了在洪水下降后,路堤迅速干燥,减少冲刷,应在抛石背后设置反滤层。抛石时,宜用不小于计算尺寸且大小不同的石块掺杂抛投,使抛石保持一定的充实度。如采用嵌固的抛石防护类型,则采用打桩嵌固方法效果较好。

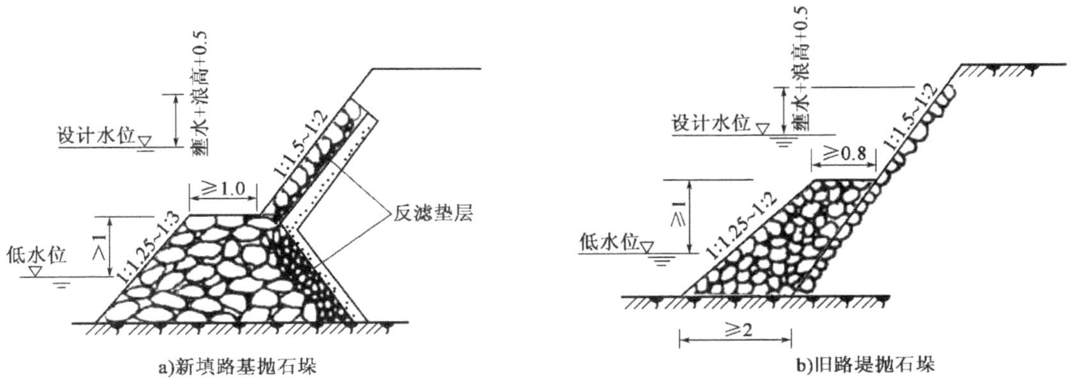

图5-2-1　抛石防护(尺寸单位:m)

抛石边坡坡度参考值　　表5-2-1

水文条件	采用边坡
水浅,流速较小	1:1.25～1:2
水深2～6m,流速较大	1:2～1:3
水深大于6m,在急流中施工	缓于1:2

2. *石笼防护*

石笼防护主要用于缺乏大石块的地区,防护沿河路堤坡脚的河岸免受急流和大风浪的破坏,同时也是加固河床、防止冲刷的常用措施。

石笼的优点是有较好的强度和柔性,不需要较大的石料,其缺点是石笼网日久易锈蚀损坏,使石笼解体。因此,宜采用镀锌铁丝编笼。镀锌铁丝石笼的使用期为8～12年。如用石笼防止冲刷淘底时,一般在河底将石笼平铺并与坡脚线大致垂直,同时固定靠近坡脚处的一端,靠河床中心一端不必固定,以便淘底时利于沉落。当石笼用以防止岸坡受冲刷时,用叠码或平铺于坡面的形式,如图5-2-2所示。

石笼的外形一般为箱形、圆柱形、扁形、柱形等几种,如图5-2-3所示。石笼的尺寸、装石粒径及有关数据,参见当地有关资料及经验确定。铁丝石笼以6～8mm的钢筋做骨架,2.5～4.0mm铁丝编网。其网孔一般为6cm×8cm、8cm×10cm、12cm×15cm的六角形。长度较大的石笼,应在内部设横墙或铁丝拉线。石笼内应填塞坚硬、重度大、未风化的石块,其外层用大石块,并使石块棱角突出网孔,以起保护铁丝网的作用,内层可用小石块,并且将光滑石料填于中央。石笼下面的基础,最好用碎石或砾石铺垫整平,厚度一般为0.2～0.4m,底层石笼宜用16～19mm的铁杆固定在基底上,使之不随水流移动。安置石笼应做到位置正确,搭叠衔接稳固、紧密,以保证其整体作用。编制石笼时,要注意保持各部分尺寸正确,以利于石笼与石笼之间的紧密连接。施工时用机器将铁丝弯成网孔元件,在工地上再编结成网或笼,既可提高效率,又能保证质量。

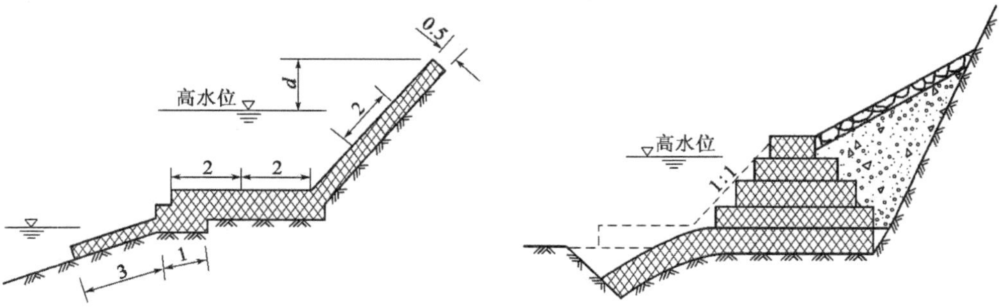

a)增铺　　b)叠码

图5-2-2　石笼防护(尺寸单位:m)

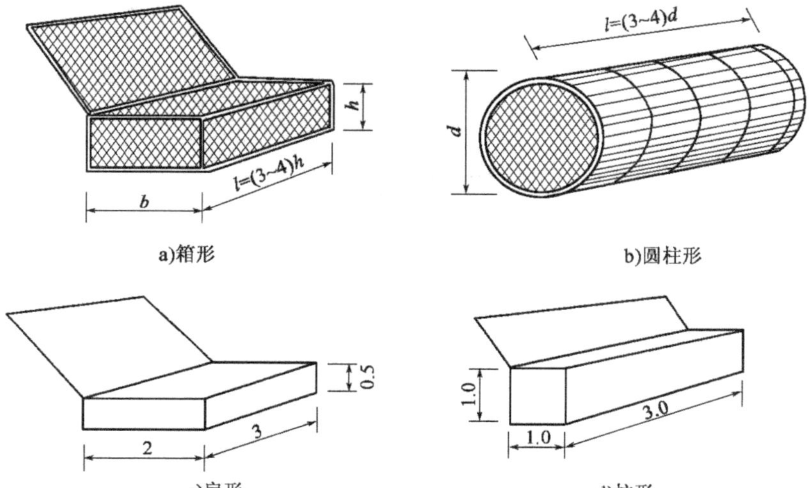

a)箱形　　b)圆柱形

c)扁形　　d)柱形

图5-2-3　石笼形式(尺寸单位:m)

二、间接防护

间接防护,就是采用导流与调治构造物,改变水流方向,以达到路基防护的目的。调治构造物是指以改变水流方向为主的水工建筑物。在路基工程防护中采用调治构造物,使水流轴线方向偏离路基岸边,或降低防护位置水的流速,促使泥砂淤积,从而起到保护路基安全的作用。调治构造物的类型及作用大致见表5-2-2。

调治构造物的类型及作用　　表5-2-2

类　型	作　用	说　明
丁坝	将水流挑离路基或河岸,束河归槽,改善流态,保护河岸	坝根与河岸(或边滩)相接,坝头伸向河槽,与水流成一定角度的横向建筑物
顺坝	导流、束水,调整航道曲度,改善流态	坝根与河岸(或边滩)相接,坝身与导治线基本重合或平行的纵向导流建筑物

续上表

类　型	作　用	说　明
格坝	使水流反射入主要河床； 防止高水位时水流溢入顺坝与河岸间而冲刷其间的河床及坝内坡脚与河岸，并促进其间的淤积，可以造田	建于顺坝与河岸之间，其一端与河岸相连，另一端与顺坝坝身相连的横向建筑物
拦河坝	将直接冲刷路基的水流引向旁处，把河道裁弯取直，以便改善路线线形，缩短路线长度，或减少其他路基构造物的数量	建于小河两岸之间，坝根与两河岸相接，与水流成一定角度的横向建筑物

1. 丁坝

丁坝的导流情况如图5-2-4所示。丁坝的类型主要有重力式和轻型两种：重力式主要用于小河弯道上、大中河流顺直段；轻型适用于大、中、小河流弯道和顺直河段。

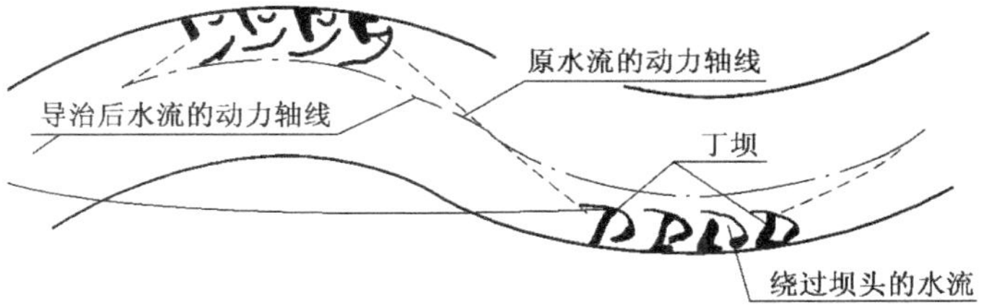

图5-2-4　丁坝的导流情况

丁坝由坝头、坝身和坝根3部分组成，其横断面为梯形。丁坝所受的外力较小，其断面尺寸主要根据构造要求、施工条件和使用方便等决定。

(1)坝身。作为坝的主体结构，主要承受波浪的冲击、流冰的撞击及扭转水流方向，关键在于其断面的拟定，包括坝顶宽度及上、下游边坡坡度。

(2)坝头。不但受水流的强烈冲刷，还易受排筏及漂木的撞击，因此坝头必须进行基础加深及平面防护。一般在坝头的背水面加大坝顶宽度并做成圆滑的曲线形，并将坝头边坡坡度放缓至1:3。放缓坝头边坡坡度，不但可使坝头稳定，并可使绕过坝头的水流比较平顺。其防护类型，一般宜选用浆砌片石、石笼等坚固耐用的防护类型。

(3)坝根。它与河岸岸坡相连接的地方结构薄弱，往往易被流水冲开，使丁坝逐渐失去作用。坝根的处理及其防护范围，与所处河岸的土质、流速、水位变幅以及丁坝所处的位置有关。当岸坡土较易冲刷或渗透系数较大时，坝根处应开挖基槽，将坝根嵌入岸内，其深度为坝的实际长度的0.15~0.2倍，但不大于2.0m，并在上、下游铺设护坡；当岸坡土不易冲刷或渗透系数较小时，仅在上、下游适当铺设护坡，坝根则不必嵌入岸内。

2. 顺坝及格坝

当河床断面窄小、不允许过多侵占时，或当修建丁坝后河岸的防护加固工作量较大时，或地质条件不宜于修建丁坝时，均适于修建顺坝。布置顺坝前，必须先有一条合理的导治线。顺坝与上、下游河岸的衔接必须协调，顺坝的起点应选在水流平顺的过渡地段，以避免强烈冲刷，坝根应布置在主流转向点稍上的部位。顺坝的终点与河岸连在一块，但一般都采用开口式，以利于淤积。

顺坝的构造与丁坝相似,亦分坝头、坝身、坝根3部分,坝身的横断面亦为梯形,坝顶也应具有一定的纵坡。不同点是顺坝起导流作用,基本不改变原有水流结构,故坝头水流较平顺,坝头不需加宽。为保护坝头,可将坝头部分的边坡适当放缓至1:3～1:5。

顺坝常与格坝联合使用,其布置形式如图5-2-5所示。格坝设置在顺坝的后部,以促进淤积,防止边坡或河岸受冲刷影响。格坝的间距,视具体情况而定,以使两格坝间流速变慢为原则。当顺坝长度 l 大于20m时,较合理的布置是坝头与第一格坝相距为 $0.25l$,其余间距为 $0.75l$。

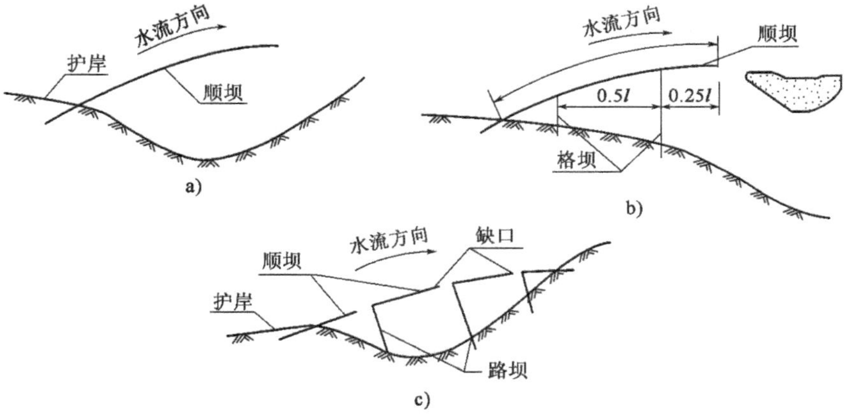

图5-2-5　顺坝与格坝布置图

3. 拦河坝

拦河坝,即改河工程,在公路上应用不多,通常是在较短的小河段上,如图5-2-6所示。拦河坝具有以下作用:

(1)将直接冲刷路基的水流引向旁边。

(2)路基占用河槽,致使水流断面面积过于压缩,需改移河道以保护路基。

(3)将蜿蜒弯曲的河道取直,以便改善路线线形或减少构造物的数量,降低工程造价。

(4)常用的拦河坝横断面有梯形和扇形两种。防护类型一般为浆砌块石及混凝土。拦河坝宜设在水流稳定、不易冲刷的地段,附近最好没有急弯。

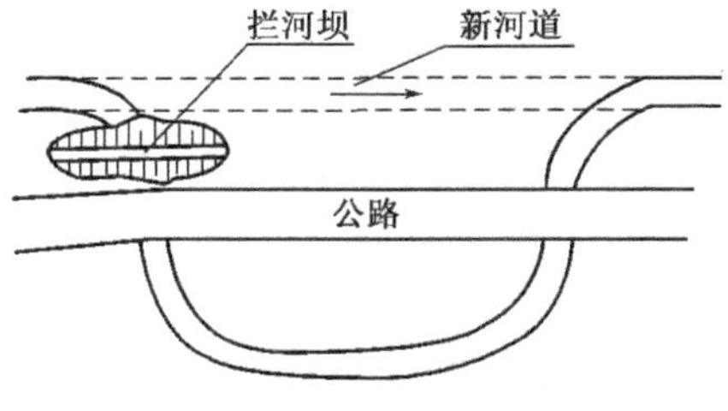

图5-2-6　拦河坝布置

学习活动三　支挡工程施工

学习目标

完成本学习任务后,你应当:

1. 能够对路基采用石砌挡土墙进行支挡工程施工;
2. 能够对路基采用加筋土挡土墙进行支挡工程施工。

学习情境描述

路基防护工程主要包括路基的坡面防护和冲刷防护,支挡工程主要是用于支承路基填土或山坡土体，防止路基失稳的挡土墙工程。某高速公路 YS-12 合同段第四分部管段全长 30.453km，路线起讫桩号为 DK851 +047 ~ DK881 +500。路基长度为 14938m，路基主要施工内容有路基土石方、软基处理、路基支挡、边坡防护、绿化工程及其他附属工程。其中（DK851 +047 ~ DK881 +500）路基采用支挡工程施工。

相关知识

支挡构造物的作用是支撑路基体，以保证路基在自重及各种自然因素作用下保持其稳定。常用支挡物主要是挡土墙。挡土墙是支承路基填土或山坡土体，以防止其变形失稳的结构物。挡土墙的基本构造及各部分名称如图 5-3-1 所示。

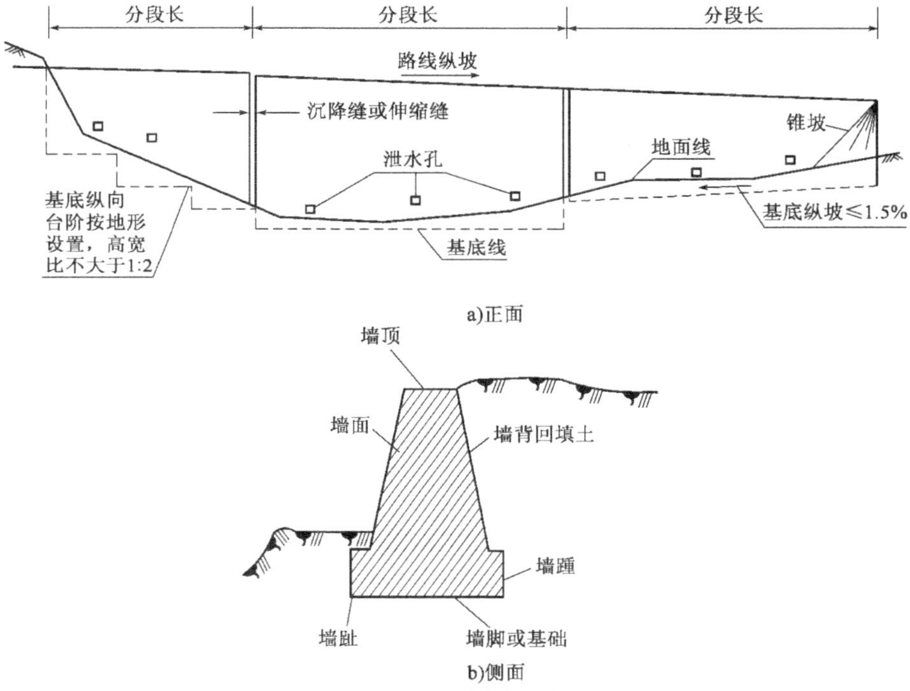

图 5-3-1　挡土墙各部分名称

由于挡土墙的种类不同，其施工方法也千差万别。这里分别就常用的石砌挡土墙及加筋土挡土墙施工作介绍。

一、石砌挡土墙

1. 材料要求

1）石料

石砌挡土墙石料按开采方法与加工程度分为片石、块石和料石 3 种，石料外观形状已在建筑材料中讲过，不再重述，其在工程中使用时有以下要求：

（1）石料应经过挑选，质地均匀，无裂缝，不易风化。在冰冻地区，还应具有耐冻性。

（2）石料的抗压强度不低于 25MPa。在地震区及严寒地区，不应低于 30MPa。

（3）尽量选用较大的石料砌筑。块石应大致方正，其厚度不小于 15cm，宽度和长度相应为厚度的1.5~2.0倍和1.5~3.0倍较为合适。片石应具有两个大致平行的面,其厚度不宜小于15cm,其中一条边长不小于30cm,体积不小于0.01m³。砌筑时,如用小片石垫平、垫稳,可不受此限。

2)砂浆

(1)砂浆组成

砂浆一般用水泥、砂和水拌和而成,也可用水泥、石灰、砂与水,或石灰、砂与水拌和而成。它们分别简称为水泥砂浆、混合砂浆和石灰砂浆。

砂浆用砂一般为中、粗砂,若中、粗砂缺乏,可在增加适量水泥后采用细砂。拌和砂浆砌筑片石砌体时,砂的粒径不应超过5mm;块石、料石砌体不应超过2.5mm;强度等级大于M10的砂浆,含泥量不应超过5%。砂浆用石灰应纯净,燃烧均匀,熟化透彻,一般采用石灰膏和熟石灰。淋制石灰膏时,要用网过滤,有足够的熟化时间,一般为半个月以上;未熟化颗粒大于0.6mm以上者,不得超过10%;熟石灰粉应用900目/cm² 以上的筛筛过,其筛余量不得大于3%。

(2)砂浆拌制

①强度。砂浆的强度等级代表其抗压强度。拌制砂浆必须符合设计要求,一般不得低于M5。严寒地区、地震强度8度、墙高大于12m和地震烈度9度以上的地震区,应较非地震区提高一级;勾缝用砂浆应比砌筑用砂浆增高一级。

②稠度。主要包括和易性与流动性。一般情况下,砂浆用手捏成小团,以松手后不松散或不由灰刀上流下为度。水泥砂浆的水灰比应控制在0.60~0.70。

③配合比。用质量或体积比表示,可由试验确定,还可根据经验和资料参考决定。水泥砂浆的配合比可参考表5-3-1。

水泥砂浆的配合比可参考表 表5-3-1

水泥品种	水泥强度等级	砂的粒度	M7.5砂浆			M10砂浆		
			水灰比	质量比	水泥用量	水灰比	质量比	水泥用量
普通水泥	32.5	粗	0.96	1:5.8	281	0.88	1:5.3	307
		中	0.96	1:5.5	292	0.88	1:5.0	318
		细	0.92	1:4.4	337	0.85	1:4.0	465
矿渣水泥	32.5	粗	0.85	1:4.9	324	0.78	1:4.4	353
		中	0.85	1:4.6	335	0.78	1:4.2	365
		细	0.81	1:3.7	389	0.75	1:3.3	420

④拌制方法。可用人工或机械拌和。人工拌和不如机械拌和均匀,人工拌和应至少拌3遍,拌至颜色均匀为止。砂浆应随拌随用,保持适宜的流动性,在运输中已离析的砂浆应重新拌和。

(3)砂浆塑化剂应用

砂浆塑化剂是指掺入砂浆中能使之增加工作度的材料,常用的有非水硬石灰砂浆塑化剂和加气型砂浆塑化剂两种。

2.施工

砌筑工艺分浆砌、干砌两种。浆砌多用于排水、导流构筑物及挡土墙;干砌多用于河床铺砌、护坡等。

1)浆砌石料

(1)工艺方法

浆砌原理是利用砂浆胶结砌体材料,使之成为整体而组成人工构筑物,一般有坐浆法、抹浆法、灌浆法和挤浆法等多种方法。

①坐浆法。又称铺浆法。砌筑时先在下层砌筑面上铺上一层厚薄均匀的砂浆,压下砌石,借石料自重将砂浆压紧,并在灰缝上加以必要的插捣和用力敲击,使砌石完全稳定在砂浆层上,直至灰缝表面出现水膜。

②抹浆法。用抹灰板在砌石面上用力涂上一层砂浆,尽量使之贴紧,然后将砌石压上,辅助以人工插捣或用力敲击,使砂浆挤后灰缝平实。

③挤浆法。使坐浆法与抹浆法综合运用的砌筑方法。除基底为土质的第一层砌体外,每一块石料,均应先铺底浆,再放石块,经左右轻轻揉动几下后,再轻击石块,使灰缝砂浆被压实。在已砌筑好的石块侧面砌筑时,应在相邻侧面先抹砂浆,后砌石,并向下及侧面用力挤压砂浆,使灰缝挤实,砌体被贴紧。砂浆的铺砌如图5-3-2所示。

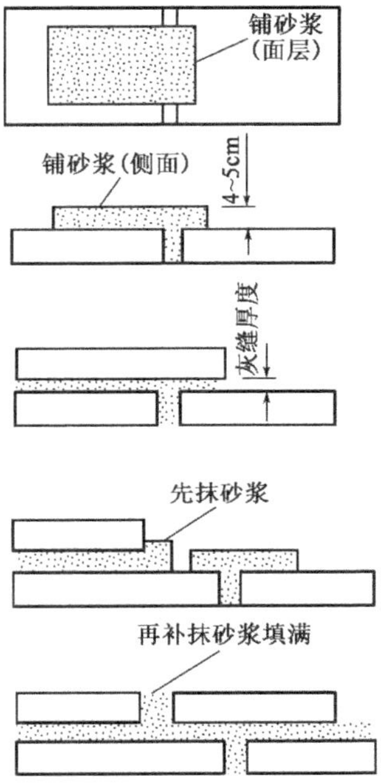

图5-3-2　砂浆的铺砌

④灌浆法。把砌石分层水平铺放,每层高度均匀,空隙间填塞碎石,在其中灌以流动性较大的砂浆,边灌边捣实至砂浆不能渗入砌体空隙为止。

(2)浆砌砌体

浆砌前应做好一切准备工作,包括:工具配备,按设计图纸检查和处理基底,放线,安放脚手架、踏板等施工设施,清除砌石上的尘土、泥垢等。

①砌筑顺序。以分层进行为原则。底层极为重要,它是以上各层的基石,若底层质量不符合要求,则要影响以上各层。较长的砌体除分层外,还应分段砌筑,两相邻段的砌筑高差不应超过1.2m,分段处宜设置沉降缝或伸缩缝。分层砌筑时,应先角石,后边石,最后才填腹石,如图5-3-3所示。角石安好后,逐渐向两边的中心进行施工,然后由边向中心砌筑。

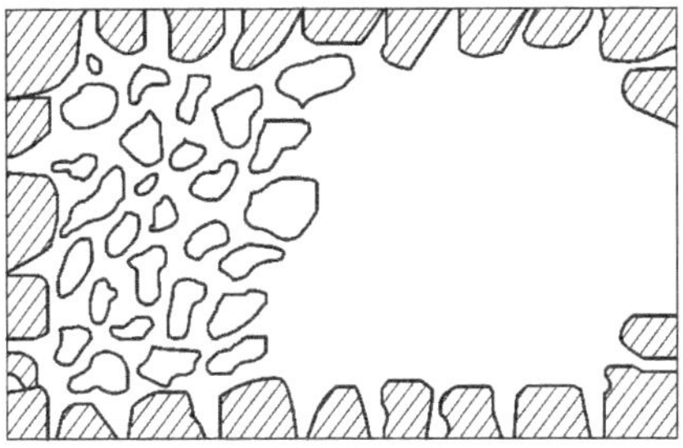
图5-3-3　砌筑顺序

②浆砌片石。可用灌浆法、坐浆法和挤浆法,常以挤浆法为主。如图5-3-4a)所示,砌体外圈定位行列与转角石应选择表面较平、尺寸较大的石块,浆砌时,长短相间并与里层石块咬紧,上下层竖缝错开,缝宽不大于4cm,分层砌筑应将大块石料用于下层,每处石块形状及尺寸应合适。竖缝较宽者可塞以小石子,但不能在石料下用高于砂浆层的小石块支垫。排列时,应将石块交错,坐实挤紧,尖锐凸出部分应敲除。

③浆砌块石。多用坐浆法和挤浆法。先铺底层砂

浆并打湿石块,安砌底层。分层平砌大面向下,先角石,再面石,后腹石,上下竖缝错开,错缝距离不应小于10cm,镶面石的垂直缝应用砂浆填实饱满,不能用稀浆灌注。厚大砌体,若不易按石料厚度砌成水平,可设法搭配成较平的水平层。块石镶面如图5-3-4b)所示,为使面石与腹石边连接紧密可采用丁顺相间,一丁一顺或两丁一顺的排列。

④浆砌料石。先将砌筑层数计算清楚,选择石料,严格控制平面位置和空间高度。按每块石料厚度分层,层间灰缝应直线,块间和层间的灰缝应垂直,厚石砌在下面,薄石砌在上面,面石铺筑应符合图5-3-4b)所示原则,砌缝横平竖直,缝宽不超过2cm,错缝距离大于10cm,里层可用规则的料石砌筑,如图5-3-4c)所示。常用于要求修饰整齐美观的挡土墙及路缘、拦河坝等。

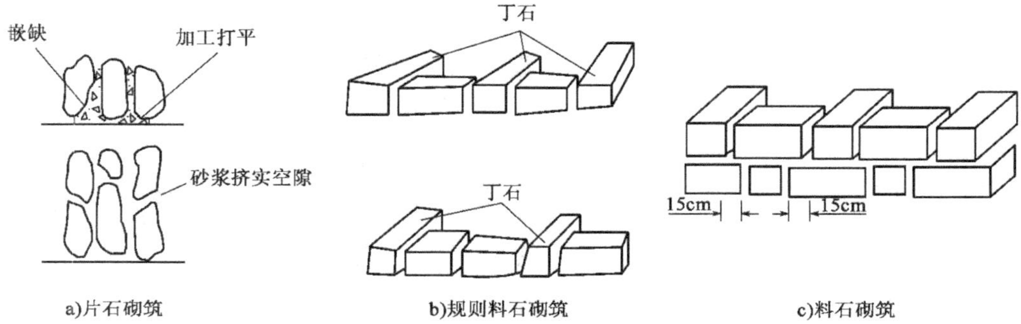

图5-3-4 浆砌砌体

(3)砌缝

根据情况不同,砌缝常有错缝、通缝、勾缝3种形式。

①错缝。砌体在各段间、层间的垂直灰缝应互相交错,压叠成不规则的灰缝,如图5-3-5a)、b)所示。这种用箭头所指的灰缝称错缝,它们相互间距离,对于片石和块石,每段上、下层及各段间的垂直距离不小于8cm;对于粗料石,不小于10cm;在转角处不小于15cm;严禁出现如图5-3-5c)、d)所示的错缝。

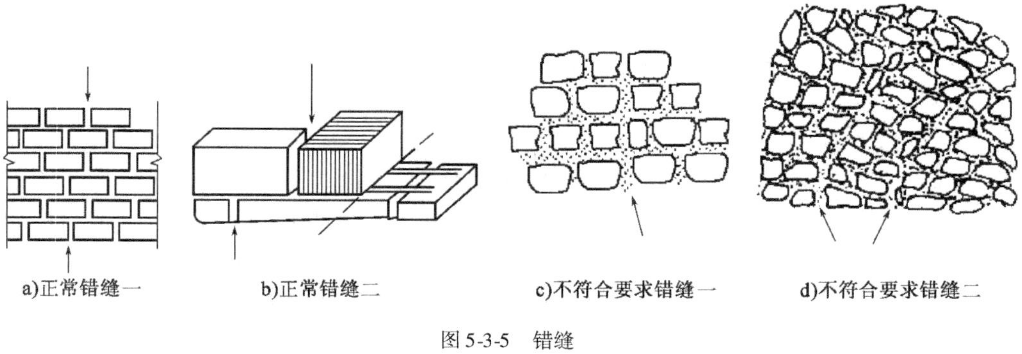

图5-3-5 错缝

②通缝。指砌体的水平灰缝,如图5-3-6所示。这是砌体受力的薄弱环节,其承压能力较好,受剪、抗拉、受扭的能较差,最容易在此损坏。砌体对通缝要求较高,不仅要求砂浆饱满密

实,成缝时还不允许有干缝、瞎缝和大缝,对通缝的宽度也有一定的要求。

③勾缝。有平缝、凹缝和凸缝等。勾缝具有防止有害气体以及风、雨、雪等侵蚀砌体内部,延长构筑物使用年限及装饰外形美观等作用。在设计无特殊要求时,勾缝宜采用凸缝或平缝,勾缝宜用1:1.5~1:2的小泥砂浆,并应嵌入砌缝内约2cm深度。勾缝前,应先清理缝槽,用水冲洗湿润,勾缝应横平竖直,深浅一致,不应有瞎缝、漏缝、裂纹和黏结不牢等现象,片石砌体的勾缝应保持砌后的自然缝构造。

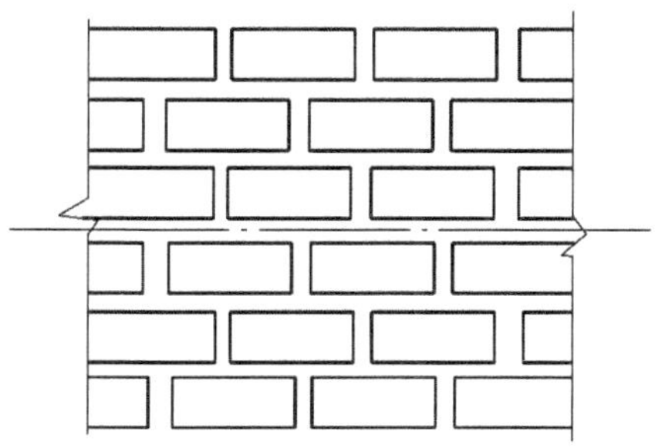

图5-3-6　水平通缝

2)干砌石料

干砌是不用胶凝材料仅靠石块间的摩擦力和挤压力相互作用,使砌体的砌石互相咬紧的施工方法。由于它不用砂浆胶凝,坚固性和整体性较差,操作比浆砌困难。在施工中应注意以下几点:

(1)选择的片石要尽量大,铺砌时大面向下。

(2)错缝要相互咬接,不得有松动的石块。接触面积要尽可能多,空隙及松动石块间必须用小石块嵌填紧密,但不得在一处集中填塞较多小碎石块。

(3)要考虑上、下、左、右间的接砌,应将面石的棱角修整,以利砌筑和美观。

(4)干砌顺序应先中后边,先外后里,并要求外高内低,以防石块下滑。

(5)干砌时应注意在同一层的每平方米面积内干砌一块直石,以便上、下咬接。

3)施工注意事项

施工应与设计要求相配合,并严格按施工规范的规定执行。同时还应注意如下事项;

(1)施工前应做好地面排水和安全生产的准备工作。滨河及水库地段挡土墙宜在枯水季节施工。

(2)在松软地层或堆积层地段,基坑不宜全段开挖,以免在挡土墙完工以前发生土体坍滑,而宜采用跳槽开挖的方法。

(3)基坑开挖后,若发现地基与设计情况有出入,应按实际情况修改设计。若发现岩基有裂缝,应以水泥砂浆或小石子混凝土灌注至饱满。若基底岩层有外露的软弱夹层,宜在墙趾前对此层作封面保护,以防风化剥落后基础断裂而使墙身外倾。

(4)墙趾部分基坑,在基础施工完成后应及时回填夯实,并做成外倾斜坡,以免积水下渗,影响墙身稳定。

(5)挡土墙的外墙应用规格块、料石砌筑,并采用丁顺相间的方法,同时还应保证砂浆饱满,防止出现“墙体里外两层皮”的现象。

(6)注意泄水孔和反滤层的施工操作,保证排水通畅。

(7)浆砌挡土墙需待砂浆强度达70%以上时,方可回填墙背填料。墙背填料应符合设计要求,避免采用膨胀性土和高塑性土,并做到逐层填筑,逐层夯实。不允许向着墙背斜坡填筑,夯实时应注意勿使墙身受较大冲击影响。墙后地面横坡陡于1:3时,应做基底处理(如挖台阶),然后再回填。

(8)浆砌挡土墙的墙顶,可用M5砂浆抹平,厚2cm,干砌挡土墙墙顶50cm厚度内,用M2.5

砂浆砌筑,以利于稳定。

二、加筋土挡土墙

1. 加筋土挡土墙的构造

加筋土挡土墙可分为填料、加筋、墙面板、基础4个组成部分。

(1)填料为加筋土的主体材料,选择填料的原则是要保证填料与加筋之间有足够的摩擦力,并在结构中不产生孔隙水压力。因此,加筋土的填料一般为砂性土。我国建成的加筋工程均贯彻了就地取材的方针,采用当地的土作为填料,已打破了国外设计施工技术规范规定黏土不能做填料这一禁令。此外,还采用了膨胀土、风化页岩、粉煤灰、建筑弃土及石灰改良土等做填料修建了多座加筋工程,均获得成功。不过,填料尚应满足一定的化学标准和电化学标准,以保证金属类加筋不受严重腐蚀。如采用土工合成材料加筋时,填料中不能含有铜、镁等化学物质,一般来说、腐殖土、淤泥和生活垃圾不能作为加筋土填料。

(2)加筋是与填土产生摩擦力并承受水平作用而维持结构物内部稳定的重要构件,因此对加筋的要求较高。加筋必须具有足够的抗拉强度、不易脆断,柔性好、延伸性低等特点。现主要采用聚丙烯土工带和钢筋混凝土板条。聚丙烯土工带断面尺寸一般为19mm×1.2mm~30mm×1.2mm;钢筋混凝土板条每节长2.5m,宽10mm~25cm,厚6mm~10cm;主筋直径不小于12mm。板条的接头应做防锈处理。

(3)墙面板主要是为了挡住紧靠墙背附近的填土或保护土工合成材料加筋免受日光照射,因此其强度只要满足构造要求及运输中的受力要求。国外一般采用镀锌薄钢板,少数采用混凝土十字形面板。我国一般采用混凝土或钢筋混凝土做面板。在面板形式上有十字形、矩形、L形、T形、六边形、槽形等多种形式。混凝土面板的强度一般为C20,面板与拉筋的连接可采用预留孔或预埋件处理,面板四周宜设定口搭接,上下面板的联结宜采用ϕ14mm钢筋插销装置。

(4)加筋土挡土墙的基础是指墙面板下的基础,其主要作用是便于安砌墙壁面板,一般采用宽大于0.3m、高度大于0.15m的条形基础。

2. 加筋土挡土墙的施工工艺

(1)基底处理

基底土要求反复碾压达到95%的密实度。如果基底土质不良或地基软弱,则必须采取相应措施予以处理。

(2)基础浇筑

按照测量放线的位置安装基础横板,在基础内侧,根据基础顶面高程画线,按此线钉上塑料三角条,现浇混凝土时,用此三角条控制基顶高程。在条形基础上,测定底层墙板边线,并用10cm见方木料设置墙板临时支撑,如图5-3-7所示。条形基础一般采用C20混凝土。

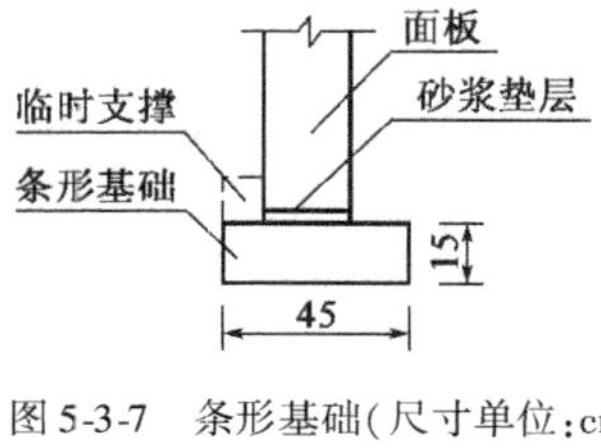

图5-3-7 条形基础(尺寸单位:cm)

(3)预制墙板

采用专用钢模板(一般十字形墙板采用钢模板,L形墙板采用木模板)。模板要求有足够的刚度和强度,几何尺寸误差应控制在 0～2mm 之间，组装拆模方便，并具有一模多用等特点。墙板外侧花纹，由具有花纹面的聚丁橡胶模垫预先铺于模板内形成。预制时要求配合比准确，振捣密实，无裂纹，墙板外侧平整，墙板内侧要粗糙。养护 28d 其强度应达到设计要求。

(4)安装墙板

当挡土墙的基础混凝土强度达到 70% 以上时，即可安装第一层墙板。安装墙板用 5t 吊车、大平板车各一辆。首先在条形基础上铺以砂浆垫层，起吊底层墙板安置定位，墙板内外侧均支以撑木，以防倾倒。然后在底层墙板的预留孔中插入长度为 120cm 的传力杆，将标准板安置于底层板之间。墙板在起吊升降定位时要求平稳，慢速轻放，切忌碰撞。

(5)调整墙板

墙板安装就位后，其竖向应符合设计边坡要求，横向应使每层墙板在同一水平线上。因此，必须对墙板进行调整。在放样支架上定出墙板设计边线，依据该边线，控制每块墙板上边沿两端点至边坡的距离为 2cm。如每块墙板两端与相邻墙板不同一水平线上时，可用厚度不同的树脂黏结软木进行调整，软木厚度分为 1cm、1.5cm、2.0cm、2.5cm 四种规格，为防止漏土，所有 2～3cm 宽的水平缝最好用软木填满，两相邻墙板内侧面垂直缝宜用聚乙烯泡沫条带填塞(若需设泄水孔时，每块墙板则只填一边)，如图 5-3-8 所示。墙板外侧面垂直缝用三角形木楔塞紧，每缝两处相邻上、下墙板用木夹板夹紧固定，如图 5-3-9 所示。

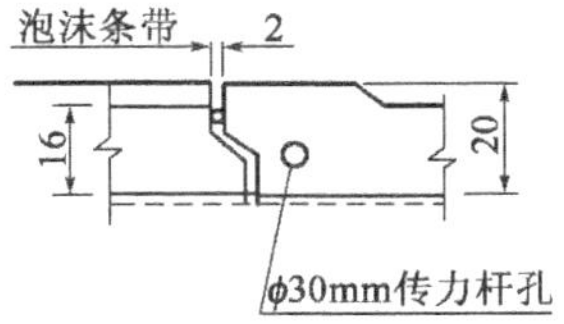

图 5-3-8　左右面板连接(尺寸单位：cm)

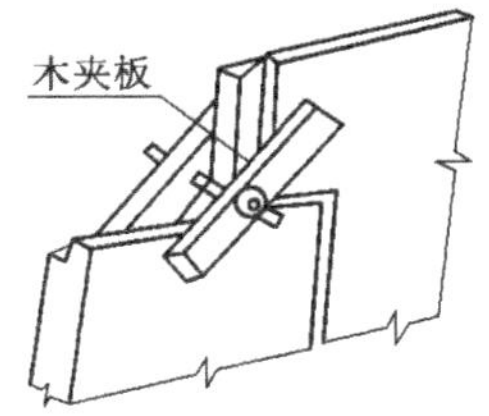

图 5-3-9　木加板固定相邻面板

(6)铺设拉筋

待填土达到一定位置时，即可铺设第一层拉筋，拉筋铺设时应水平散开成扇形，筋条之间不要重叠，以防减少拉筋与填料之间的摩擦力。

(7)填土碾压

每层拉筋的填料一般分两层填筑，用平地机整平，每次松铺厚度一般为 20～30cm，碾压后的密实度要求达到 95%，如经工地快速试验未达到密实度标准，必须将该层填土翻松，调整土的含水率(若水分偏多，则让其自然蒸发；若水分偏少，则用洒水车适量洒水)，然后重新整平碾压，直至符合标准。按照经验，距离墙板 2m 内的填土采用 1.5t 小型压路机碾压，2m 处用 12～15t 压路机碾压。

3. 施工注意事项

(1)加筋土挡土墙的关键问题是排水和防水，一定要防止水侵入挡土墙，尤其对亚黏土和黏性土来说更为重要。同时，对所有与填土接触的部件均应采用严密的防水措施，如对拉筋的表面进行聚氯乙烯防护处理、拉筋的断头用沥青胶封口、对墙板内侧面涂刷防水剂等。

(2)铺设拉筋时务必拉紧，这是保证墙板稳定在设计位置，确保墙板安装质量的重要一环。

(3)加筋土挡土墙填土宜在整个挡土墙内普遍夯实,然后将下层距离板1m处的填土挖出再进行分层填筑夯实,这样可以使距面板1m处的土挤不到面板上,使面板不向外鼓。

(4)加筋面板最好用钢模板,尺寸要标准,这样才有利于拼装,使接缝受力均匀,以增强挡土墙的使用寿命。

附:"模块式"操作训练

一、实训项目

挡土墙施工放样或质量验收。

二、实训目的及要求

(1)通过在不同地形环境上,对不同类别的挡土墙进行施工放样,掌握各类挡土墙的结构特点及施工放样方法。要求在施工放样前,选择不同类别的设计图和地形条件,分小组进行施工放样,要求放样结果精度满足,有利于施工。

(2)如果有条件,可对已经建成的各类挡土墙进行测量,并根据测量数据归纳整理,对已有结构物进行质量评定,对挡土墙不符合要求的部分提出维护、加固意见及建议。

三、实训准备工作

(1)场地布置:选择一块地形较复杂场地,根据各挡土墙结构的不同进行现场清理和布置。

(2)实训所用器材:经纬仪、水准仪、皮尺、花杆、塔尺、回弹仪、检测尺、全站仪按小组各一套。

(3)需用材料:木桩、小钉、油漆、白灰。

四、实训操作程序、内容及操作方法

(1)根据有关施工图,在选择好的场地首先进行基坑开挖施工放样,并用木桩或钢桩定位,然后量测具体尺寸分析比较存在的原因。

(2)由于挡土墙砌筑较费工费时,因此对于已修筑成的相关结构物进行实地量测、记录、数据整理。

(3)根据现行挡土墙施工工地,实际进行挡土墙施工放样及校核、砂浆配合比试拌与调配、浆砌片石的砌筑方法训练、基底高程测定及施工挂线、加筋土挡土墙的面板质量验收、水泥混凝土强度检测等相关项目操作,掌握其施工工艺、技术要点。分析操作过程中存在的质量隐患及其产生的原因,并及时采取补救措施。

五、质量验收及评定

(1)浆砌挡土墙质量验收标准见附表5-3-1。

浆砌挡土墙实测项目　　附表 5-3-1

项次	检查项目		规定值或允许偏差	检查方法和频率
1△	砂浆强度(MPa)		在合格标准内	按《公路路基施工技术规范》(JTG F10—2006)附录 F 检查
2	平面位置(mm)		≤50	全站仪:测墙顶外边线,长度不大于 30m 时测 5 点,每增加 10m 增加 1 点
3	坡面坡度(%)		≤0.5	铅锤法:长度不大于 30m 时测 5 处,每增加 10m 增加 1 处
4△	断面尺寸(mm)		≥设计值	尺量:长度不大于 50m 时测 10 个断面,每增加 10m 增加 1 个断面
5	顶面高程(mm)		±20	水准仪:长度不大于 30m 时测 5 点,每增加 10m 增加 1 点
6	表面平整度(mm)	块石	≤20	2m 直尺:每 20m 测 3 处,每处测竖直、墙长两个方向
		片石	≤30	
		混凝土预制块、料石	≤10	

注:△为关键项目,下同。

(2)干砌挡土墙质量验收标准见附表 5-3-2。

干砌挡土墙实测项目　　附表 5-3-2

项次	检查项目	规定值或允许偏差	检查方法和频率
1	平面位置(mm)	≤50	全站仪:测墙顶外边线,长度不大于 30m 时测 5 点,每增加 10m 增加 1 点
2	墙面坡度(%)	≤0.5	铅锤法:长度不大于 30m 时测 5 处,每增加 10m 增加 1 处
3△	断面尺寸(mm)	≥设计值	尺量:长度不大于 50m 时测 10 个断面,每增加 10m 增加 1 个断面
4	顶面高程(mm)	±50	水准仪:长度不大于 30m 时测 5 点,每增加 10m 增加 1 点
5	表面平整度(mm)	≤50	2m 直尺:每 20m 测 3 处,每处测竖直、墙长两个方向

(3)片石混凝土挡土墙质量验收标准见附表 5-3-3。

片石混凝土挡土墙实测项目　　附表 5-3-3

项次	检查项目	规定值或允许偏差	检查方法和频率
1△	混凝土强度(MPa)	在合格标准内	按《公路路基施工技术规范》(JTG F10—2006)附录 D 检查
2	平面位置(mm)	≤50	全站仪:测墙顶外边线,长度不大于 30m 时测 5 点,每增加 10m 增加 1 点
3	墙面坡度(%)	≤0.3	铅锤法:长度不大于 30m 时测 5 处,每增加 10m 增加 1 处

续上表

项次	检查项目	规定值或允许偏差	检查方法和频率
4△	断面尺寸(mm)	≥设计值	尺量:长度不大于50m时测10个断面,每增加10m增加1个断面
5	顶面高程(mm)	±20	水准仪:长度不大于30m时测5点,每增加10m增加1点
6	表面平整度(mm)	≤8	2m直尺:每20m测3处,每处测竖直、墙长两个方向

(4)悬臂式和扶壁式挡土墙质量验收标准见附表5-3-4。

悬臂式和扶壁式挡土墙实测项目 附表5-3-4

项次	检查项目	规定值或允许偏差	检查方法和频率
1△	混凝土强度(MPa)	在合格标准内	按《公路路基施工技术规范》(JTG F10—2006)附录D检查
2	平面位置(mm)	≤30	全站仪:测墙顶外边线,长度不大于30m时测5点,每增加10m增加1点
3	墙面坡度(%)	≤0.3	铅锤法:长度不大于30m时测5处,每增加10m增加1处
4△	断面尺寸(mm)	≥设计值	尺量:长度不大于50m时测10个断面,每增加10m增加1个断面
5	顶面高程(mm)	±20	水准仪:长度不大于30m时测5点,每增加10m增加1点
6	表面平整度(mm)	≤8	2m直尺:每20m测3处,每处测竖直、墙长两个方向

(5)加筋土挡土墙质量验收标准见附表5-3-5、附表5-3-6。

筋带实测项目 附表5-3-5

项次	检查项目	规定值或允许偏差	检查方法和频率
1	筋带长度	≥设计值	尺量:每20m测5根(束)
2	筋带与面板连接	满足设计要求	目测:全部
3	筋带与筋带连接	满足设计要求	目测:全部
4	筋带铺设	满足设计要求	目测:全部

锚杆、锚定板和加筋土挡土墙总体实测项目 附表5-3-6

项次	检查项目		规定值或允许偏差	检查方法和频率
1	墙顶和肋柱平面位置(mm)	路堤式	+50,-100	全站仪:长度不大于30m时测5点,每增加10m增加1点
		路肩式	±50	

续上表

项　次	检 查 项 目		规定值或允许偏差	检查方法和频率
2	墙顶和柱顶高程(mm)	路堤式	±50	水准仪：长度不大于30m时测5点，每增加10m增加1点
		路肩式	±30	
3	肋柱间距(mm)		±15	尺量：每柱间
4	墙面平整度(mm)		≤15	2m直尺：每20m测3处，每处测竖直、墙长两个方向

六、实习报告

主要根据实习现场观察及测定结果进行整理，评价施工放样正确性及正在施工或已完工的结构物质量状况，并对不合格项目进行原因分析并提出改正或补救措施。见附表5-3-7～附表5-3-11。

浆砌片石挡土墙实习操作检查表　　附表5-3-7

实 测 项 目	实 测 值					结　果
	1	2	3	4	5	
砂浆强度(MPa)						
平面位置(mm)						
坡面坡度(%)						
断面尺寸(mm)						
顶面高程(mm)						
表面平整度(mm)						

干砌挡土墙实习操作检查表　　附表5-3-8

实 测 项 目	实 测 值					结　果
	1	2	3	4	5	
平面位置(mm)						
墙面坡度(%)						
断面尺寸(mm)						
顶面高程(mm)						
表面平整度(mm)						

片石混凝土挡土墙实习操作检查表　　附表5-3-9

实 测 项 目	实 测 值					结　果
	1	2	3	4	5	
混凝土强度(MPa)						
平面位置(mm)						
墙面坡度(%)						

续上表

实测项目	实测值					结果
	1	2	3	4	5	
断面尺寸(mm)						
顶面高程(mm)						
表面平整度(mm)						

悬臂式和扶壁式挡土墙实习操作检查表 附表 5-3-10

实测项目	实测值					结果
	1	2	3	4	5	
混凝土强度(MPa)						
平面位置(mm)						
墙面坡度(%)						
断面尺寸(mm)						
顶面高程(mm)						
表面平整度(mm)						

加筋土挡土墙总体质量实习操作检查 附表 5-3-11

实测项目	实测值					结果
	1	2	3	4	5	
墙顶和肋柱平面位置(mm)						
墙顶和柱顶高程(mm)						
肋柱间距(mm)						
墙面平整度(mm)						

思考题

1. 简述坡面防护的分类。
2. 简述铺草皮的方法及适用范围程度。
3. 简述坡面工程防护的措施。
4. 描述加筋土挡土墙的基本构造。
5. 工程防护包括哪些防护措施?
6. 简述护面墙的构造特点。
7. 简述锚钉墙的基本结构形式。
8. 简述石笼防护的技术要点。
9. 简述间接防护的作用。
10. 简述加筋土挡土墙的基本构造及施工方法。

学习任务六　路基的检查与验收

任务总描述

为提升路基工程施工技术水平,确保路总体施工质量,路基工程在工程完工后、路面未施工前应进行交工验收,施工单位在验收前进行内部检查,针对检查发现的问题对现场进行整改,在确保各项交工验收指标自检完毕后向上级单位申请验收。

学习目标

完成本学习任务后,你应当:

1. 能够进行路基工程表面、边坡、排水系统的整修;

2. 能够对路基工程按批准的设计图纸、设计文件、技术规范的要求进行中间检查、交工验收;

3. 能够对路基工程完工后、路面未施工前及公路工程初验后至终验前对路基进行维修。

学习情境描述

现场施工技术人员在从工程部接受路基工程施工任务后,熟读施工图纸及相应技术规范,明确施工工艺及安全注意事项,并进行施工技术及安全交底,在路基施工过程中严格进行质量把控,在检查验收之前根据设计图纸对路基的线形、纵横坡、边坡坡率、边沟及路基断面进行复核及整修,确保路基尺寸及线形顺直准确,边坡坡率准确,路基表面不出现松散、翻浆及表面不平整现象,并按照路基的质量验收标准进行自检,以确保路基具备验交工验收条件。现需对九台区某公路建设工程第九标01段,15.8km长路基进行施工整修、检查验收及维修。

相关知识

一、路基整修

路基整修工作内容包括按规范规定进行路堤和路堑边坡的修整,以符合图纸规定的线形、纵坡、横坡、边坡、边沟和路基断面的有关作业。

路基整修应在路基工程陆续完工,所有排水构造物已经完成并在回填之后进行。承包人应恢复各项标桩,按设计图纸要求检查路基的中线位置、宽度、纵坡、横坡、边坡及相应的高程等。根据检查结果,编制出整修计划。整修工作应在检查结果及整修计划经监理工程师核查与批准后方能动工。

1. 路基表面整修

(1)土质路基表面应用人工或机械刮土小面积补土的方法整修,并配合压路机械碾压,表面不得有松散、翻浆及表面不平整现象,上路床不得有明显碾压轮迹。石质路基表面应用石屑嵌缝紧密、平整,不得有坑槽和松石,上路床不得有碾压轮迹。

(2)土质路基表面做到设计高程后应采用推土机收面后再用平地机刮平,铲下的土不足以填补凹陷时,应采用与路基表面相同的土填平夯实。

(3)修整的路基表层厚150mm以内,若存在松散的或半埋的尺寸大于100mm的石块,应从路基表面层移走,并按规定填平压实。

2. 路基边坡整修

(1)深路堑土质边坡整修应按设计要求坡度,自上而下进行边坡整修,不得在边坡上以土贴补。

(2)边坡需要加固地段,应预留加固位置和厚度,使完工后的坡面与设计边坡一致。当填土不足或路堑边坡受雨水冲刷形成小冲沟时,应将原边坡挖成台阶,分层填补,仔细夯实。如填补的厚度很小(10~20cm),而又非边坡加固地段时,可用种草整修的方法,以种植土来填补,但应顺适、美观、牢靠。石质路基边坡,应做到设计要求的边坡比。坡面上的松石、危石应及时清除。

(3)填方路基边坡受雨水冲刷形成冲沟或坍塌缺口时,应自下而上,分层挖台阶加宽填补夯实,再按设计坡面削坡。弯道内侧路肩边缘,应修建路肩拦水带(梗)。

(4)填土路基两侧超填的宽度应予切除,如遇边坡缺土,必须挖成台阶,分层填补夯实。

3. 排水系统及其他整修要求

(1)排水工程施工应满足设计要求并符合施工规范的规定,依照实际地形,选择合适的位置,将地面水和地下水排出路基以外。

(2)边沟的整修应挂线进行。对各种水沟的纵坡(包括取土坑纵坡)应用仪器检测,修整到符合图纸及规范要求。各种水沟的纵坡,应按图纸及规范要求施工,填补的凹坑应拍捶密实。

(3)截水沟、排水沟及边沟的断面、边坡坡度,应按设计要求施工,沟体线形要求平顺,表面应平整、密实。

(4)在路面铺筑完成后或铺筑时,应立即填筑土路肩,同时按设计要求进行加固。

(5)路基整修完毕后,堆于路基范围内的废弃土料应予清除。

(6)修整过的路基,应继续维修养护,直到缺陷责任期满为止。

二、路基的检查与验收

(1)当每一分项、分部工程完成时,应按批准的设计图纸、设计文件、技术规范的要求,对施工质量进行中间检查。

(2)路基施工过程中如有下列情况,应进行中间检查:

①路基施工前准备工作完成后(清除地面杂草、淤泥等,以及在填挖交界斜坡上完成台阶后)。

②边坡加固前,应对其加固方法、形式、填挖方边坡加固的适用性,以及边坡坡度是否适当进行检查。

③发现已完的土方工程及竣工后的路基被地面水浸淹损坏时。

④取土坑及弃土堆超过原设计的数量时。

⑤遇意外的填土下陷及填挖方的边坡坍塌需增加土方及边坡加固工程数量时。

⑥在进行计划以外的附加土方工程(排水沟、截水沟、疏导工程等)时。

⑦遇下列隐蔽工程时,必须按照设计要求和规范有关规定进行中间检查验收,凡不符合要求的项目不得进行下一工序:

a. 路基渗(盲)沟回填土以前;

b. 填方或挖方地段,按设计规定所做的换土工作完成后;

c. 对需采取特殊措施才能保证填方稳定的路基,在地基处理后(如泉水、溶洞、地下水处理后);

d. 路基隔离层上填土以前。

(3)各类防护加固工程基础开挖后,应检查基底地质、承载力、高程、地下水情况。

(4)交工竣工验收时,应对下列项目进行检查、验收:

①路基的平面位置;

②路基宽度、高程、横坡和平整度;

③边坡坡度及边坡加固;

④边沟和其他排水设施的尺寸及底面纵坡;

⑤防护工程的各部尺寸及位置;

⑥填土压实度和表面弯沉;

⑦取土坑、弃土堆、护坡道、截水沟、渗水井等位置和形式;

⑧隐蔽工程记录。

(5)路基工程全部完成时的交工及竣工验收的质量检查评定应按现行《公路工程质量检验评定标准　第一册　土建工程》(JTG F80/1)有关规定办理。对于不符合设计和评定标准的项目进行整修或处理。

三、路基维修

(1)路基工程完工后、路面未施工前及公路工程初验后至终验前,路基如有损毁,施工单位应负责维修,并保证路基排水设施完好,及时清除排水设施中淤积物、杂草等。

对较长时间中途停工和暂时不做路面的路基,也应做好排水设施,复工前应对路基各分项工程予以修整。

(2)整修路基表面,应使其无坑槽,并保持规定的路拱,在路堤经雨水冲刷或其他原因发生裂缝沉陷时,应即修补、加固或采取其他措施处理,并查明原因做出记录。遇路堑边坡坍方时,应及时清除。

(3)在未经加固的高路堤和路堑边坡上,或在潮湿地区,对路基有害的积雪应及时清除。

(4)当构造物有变形时,应详细查明原因予以修复,并采取相应的稳定措施。

(5)路基工程完成后,每当大雨、连日暴雨或积雪融化后,应对施工机械和车辆在土质路基上通行采取限行、限载等措施。若不可避免时,应将碾压的坑槽中的积水及时排干,整平坑槽,对修复部分重新压实。

四、路基的质量验收标准

1. 一般规定

(1)土方路基和石方路基的实测项目、技术指标的规定值或允许偏差,按高速公路和一级公路、其他公路(指二级及二级以下公路)两档设定。

(2)土方路基和石方路基实测项目规定的检查频率,为双车道公路每一检查段内的最低检查频率,多车道公路必须按车道数与双车道之比,相应增加检查数量。

(3)路基压实度指标须分层检测,确保符合规定要求。路基其他检查项目均在路基完成后对上路床顶面进行检查测定。

(4)路肩工程应作为路面工程的一项分项工程进行检查评定。

2. 土方路基

(1)基本要求

①路基必须分层填筑压实,表面平整坚实,无软弹和翻浆现象,路拱合适,排水良好,压实度和路床的整体强度符合设计要求。

②挖方地段遇有树根、洞穴等必须进行处理,上边坡要平整稳定。

③填方地段应在填土前排除地面积水和其他杂物(草皮、淤泥、腐殖土和冰块)并平整压实。路堤边坡应修整密实、顺直、平整稳定,填料及路堤的整体强度必须符合设计要求。

④不得采用设计或规范规定的不适用土料作为路基填料。路基填料强度(CBR值)必须符合规范和设计规定。

⑤取土坑、弃土堆的位置适当、整齐,无水土流失和淤塞河道情况。

⑥施工临时排水系统应与设计排水系统结合,勿使路基附近积水,避免冲刷边坡。

(2)实测项目

土方路基实测项目见表6-0-1。

土方路基实测项目 表6-0-1

序号	检查项目	规定值或允许偏差		检查方法和频率
		高速公路、一级公路	其他公路	
1	压实度(%)	按《公路工程技术标准》(JTG B01—2014)表5.0.4执行		按压实度评定方法检查
2	弯沉(0.01mm)	不大于设计计算值		按弯沉值评定方法检查
3	纵断高程(mm)	+10,-15	+10,-20	水准仪:中线位置每200m测2点
4	中线偏位(mm)	50	100	全站仪:每200m测2点,弯道加HY、YH 2点
5	宽度(mm)	满足设计要求		尺量:每200m测4点
6	平整度(mm)	≤15	≤20	3m直尺:每200m测2处×5尺
7	横坡(%)	±0.3	±0.5	水准仪:每200m测2个断面
8	边坡	满足设计要求		尺量:每200m测4点

(3)外观鉴定

①路基表面平整,边线直顺。

②路基边坡坡面平顺稳定、不得亏坡,曲线圆滑。

③取土坑、弃土堆、护坡道、碎落台的位置适当,外形整齐、美观,防止水土流失。设计植草的路段,不得发现明显缺陷。

3. 石方路基

(1)基本要求

①开炸石方应避免超量爆破,上边坡必须稳定;坡面的松石、危石必须清除干净。

②修筑填石路堤应认真进行地表清理,逐层水平填筑石块,摆放平稳。填筑层厚度及石块尺寸应符合设计和施工规范规定,填石空隙用小石或石屑填满铺平,采用振动压路机分层碾压,填筑层顶面石块应稳定。

③路基顶部填筑石块的最大尺寸不大于10cm。

④路基表面应整修平整,边坡应顺直。

(2)石方路基实测项目

石方路基实测项目见表6-0-2。

石方路基实测项目　表6-0-2

序号	检查项目		规定值或允许偏差		检查方法和频率
			高速公路、一级公路	其他公路	
1△	压实[1]		孔隙率满足设计要求		密度法:每200m每压实层测1处
			沉降差≤试验路确定的沉降差		精密水准仪:每50m测1个断面,每个断面测5点
2△	弯沉(0.01mm)		大于设计值		按弯沉值评定方法检查
3	纵断高程(mm)		+10,-20	+10,-30	水准仪:每200m测2断面
4	中线偏位(mm)		≤50	≤100	全站仪:每200m测2点,弯道加HY、YH 2点
5	宽度(mm)		满足设计要求		尺量:每200m测4处
6	平整度(mm)		≤20	≤30	3m直尺:每200m测2处×5尺
7	横坡(%)		±0.3	±0.5	水准仪:每200m测2个断面
8	边坡	坡度	满足设计要求		尺量每200m测4处
		平顺度	满足设计要求		

注:①上下路床填土时压实度检验标准同土方路基。

(3)外观鉴定

①上边坡不得有松石。

②路基边线直顺,曲线圆滑。

附:参观实习

一、实习项目

路基的检查与验收。

二、实习目的及要求

(1)目的:通过参观实习使学生掌握一般填方土路基(或挖方路基)检查与验收实测和外观鉴定的方法。

(2)参观实习要求:

①在正在施工的工程上,选择一段(100~200m)交工(或基本完工)的土路基。

②班级分组,5~8名学生一组,以组为单位进行实测项目检测。

③按现行《公路工程质量检验评定标准　第一册　土建工程》(JTG F80/1)结合所学理论知识进行实测项目检测。

④对交工路基进行外观鉴定描述。

⑤做必要的摄录工作。

⑥对检查中出现的不合格或缺陷,认真思考、总结,提出维修建议并及时完成参观实习报告和参观实习体会。

三、实习所需工具

全站仪(套)、水准仪(套)、3m直尺、钢尺、摄像机等。

四、实习操作内容

(1)路基的平面位置;

(2)路基宽度、高程、横坡和平整度;

(3)边坡坡度;

(4)边沟和其他排水设施的尺寸(土沟和浆砌排水沟任选一个);

(5)防护工程的尺寸和位置(有条件的测定);

(6)路基表面的弯沉的测定。

五、检查项目

土方路基实习操作检查项目见附表6-0-1、土沟实习操作检查项目见附表6-0-2、浆砌排水沟实习操作检查项目见附表6-0-3。

土方路基实习操作检查项目　　附表6-0-1

序号	检查项目	规定值或允许偏差		检查方法和频率
		高速公路、一级公路	其他公路	
1	纵断高程(mm)	+10,-15	+10,-20	水准仪:中线位置每200m测2点
2	中线偏位(mm)	50	100	全站仪:每200m测2点,弯道加HY、YH 2点
3	宽度(mm)	满足设计要求		尺量:每200m测4点
4	平整度(mm)	≤15	≤20	3m直尺:每200m测2处×5尺
5	横坡(%)	±0.3	±0.5	水准仪:每200m测2个断面
6	边坡	满足设计要求		尺量,每200m测4处
7	弯沉(0.01mm)	不大于设计计算值		实测或询问承包人

土沟实习操作检查项目　附表6-0-2

序号	检 查 项 目	允 许 偏 差	检查方法和频率
1	沟底高程(mm)	0,－30	水准仪:每200m测4点,且不少于5点
2	断面尺寸(mm)	不小于设计值	尺量:每200m测2点,且不少于5点
3	边坡坡度	不陡于设计	尺量:每200m检查2点,且不少于5点
4	边棱直顺度(mm)	50	尺量:每20m拉线,每200m测2处,且不少于5点

浆砌排水沟实习操作检查项目　附表6-0-3

序号	检 查 项 目	允 许 偏 差	检查方法和频率
1	砂浆强度(MPa)	在合格标准内	按水泥砂浆强度评定办法检查
2	轴线偏位(mm)	50	全站仪或尺量:每200m测5点
3	沟底高程(mm)	±15	水准仪:每200m测5点
4	墙面直顺度(mm)	30	20m拉线:每200m测2点
5	坡度	满足设计要求	坡度尺:每200m测2点
6	断面尺寸(mm)	±30	尺量:每200m测2个断面,且不少于5个断面
7	铺砌厚度(mm)	不少于设计值	尺量:每200m测2点
8	基础垫层宽度、厚度(mm)	不少于设计值	尺量:每200m测2点

六、结果整理及实习建议

根据本次参观实习现场观察及测定结果,对本工程出现的不合格或缺陷,提出维修建议并完成参观实习体会。

七、实测结果

(1)实训项目:各项目参考附表6-0-4～附表6-0-6。

土方路基实习操作检查表　附表6-0-4

工程名称:　　承包人:　　实测段桩号:

序号	实 测 项 目	实 测 值					结 果
		1	2	3	4	5	
1	纵断高程(mm)						
2	中线偏位(mm)						
3	宽度(mm)						
4	平整度(mm)						
5	横坡(%)						
6	边坡						
7	弯沉(0.01mm)						

土沟实习操作检查项目 附表 6-0-5

二程名称： 承包人： 实测段桩号：

序号	实 测 项 目	实 测 值					结 果
		1	2	3	4	5	
1	沟底高程(mm)						
2	断面尺寸(mm)						
3	边坡坡度						
4	边棱直顺度(mm)						

浆砌排水沟实习操作检查项目 附表 6-0-6

工程名称： 承包人： 实测段桩号：

序号	实 测 项 目	实 测 值					结 果
		1	2	3	4	5	
1	砂浆强度(MPa)						
2	轴线偏位(mm)						
3	沟底高程(mm)						
4	墙面直顺度(mm)						
5	坡度						
6	断面尺寸(mm)						
7	铺砌厚度(mm)						
8	基础垫层宽度、厚度(mm)						

(2)外观鉴定。

①对土方路基外观鉴定进行描述；

②对土沟或浆砌排水沟外观鉴定进行描述。

(3)建议和参观实习体会。

思 考 题

1. 如何进行土质路基的表面整修？
2. 如何进路基边坡整修？
3. 如何进行路基排水系统整修？
4. 路基施工过程的中间检查包括哪些内容？
5. 路基交工验收包括哪些内容？
6. 土方路基实测项目包括哪些内容？
7. 石方路基实测项目包括哪些内容？

学习任务七　路面基层施工

任务总描述

路面基层可分为基层和底基层。直接位于沥青面层或水泥混凝土面板下面、用高质量材料铺筑的主要承重层称为基层。在沥青路面或水泥混凝土路面基层下、用质量较次材料铺筑的次要承重层或辅助层称为底基层。基层材料的质量将直接影响到路面的质量和使用性能。因此,在施工中必须严格控制原材料及混合料的质量和施工质量。

学习活动一　石灰稳定类基层施工

学习目标

完成本学习任务后,你应当:

1. 能够叙述石灰稳定类基层的强度形成原理和影响因素;
2. 能够描述石灰稳定土基层施工过程;
3. 能够根据规范、材料和条件,进行合理的混合料配合比设计;
4. 掌握每个工序的施工重点和注意事项,对施工进行正确的改进提高;
5. 能够在老师的指导下完成工程实例的施工工序选择和设计。

学习情境描述

项目所在区域位于南京市溧水区。道路西起琴音大道,东至经一路,长约4.3km,规划路面宽56m,56m=4.5m(人行道)+7m(辅道)+2m(侧分带)+11.5m(主线机动车)+6m(中分带)+11.5m(主线机动车)+2m(侧分带)+7m(辅道)+4.5m(人行道)。本次实施内容为道路两侧7m辅道,技术标准采用城市支路标准,设计速度为30km/h,双向两车道。施工内容主要包括道路工程、路灯工程、绿化工程以及交通工程。

工程的机动车道底基层设计为12%石灰土。考虑文明施工需要,灰土全部采用场外集中拌和施工,成品灰土直接运送至施工现场。采用推土机布料,挖机初平,平地机精平,洒水车补水,碾压采用振动压路机与三轮压路机组合,成形后采用洒水车洒水养护。

相关知识

一、概述

1. 路面基层常用原材料种类和混合料种类

(1)路面基层、底基层常用的原材料

路面基层、底基层常用的原材料有水泥、石灰、土、碎石、砾石和粉煤灰等。其中的土又分为细粒土(如塑性指数不同的各种黏性土、粉性土、砂性土、砂和石屑等)、中粒土(如砂砾土、碎石土、级配砂砾、级配碎石等)、粗粒土(如砂砾石、碎石土、级配砂砾、级配碎石等)。路面基层、底基层原材料的试验项目见表7-1-1。

路面基层、底基层原材料的试验项目 表7-1-1

试验项目	材料名称	目的	频度
含水率	土、砂砾、碎石等集料	确定原始含水率	每天使用前测2个样品
集料级配	砂砾、碎石等集料	确定级配是否符合要求,确定材料的配比	每种土使用前测2个样品,使用过程中每2000m³测2个样品
液限、塑限	土、级配砾石或级配碎石中0.5mm以下的细土	求塑性指数,审定是否符合规定	每种土使用前测2个样品,使用过程中每2000m³测20个样品
相对毛体积密度、吸水率	砂砾、碎石等	评定粒料质量,计算固体体积率	使用前测2个样品,砂砾使用过程中每2000m³测2个样品,碎石种类变化重做2个样品
压碎值	砂砾、碎石等	评定石料的抗压碎能力是否符合要求	同上
有机质和硫酸盐含量	土	确定土是否适用于石灰或水泥稳定	对土有怀疑时做此试验
有效钙、氧化镁	石灰	确定石灰质量	做材料组成设计和生产使用时分别测2个样品,以后每月测2个样品
水泥强度等级和终凝时间	水泥	确定水泥的质量是否适用	做材料组成设计和生产使用时分别测2个样品,以后每月测2个样品
烧失量	粉煤灰	确定粉煤灰是否适用	做材料组成设计前测2个样品

(2)路面基层、底基层常用混合料种类

路面基层、底基层可分为无机结合料稳定类和粒料稳定类。无机结合料稳定类又称为半刚性型或整体型。无机结合料稳定类主要有水泥稳定类、石灰稳定类和工业废渣稳定类(二灰、二灰碎石、二灰砂砾、二灰矿渣、二灰土、石灰煤渣)。粒料稳定类主要有嵌锁型和级配型(级配碎石、级配砾石、填隙碎石、泥结碎石、泥灰结碎石和天然砂砾等)。路面基层、底基层混合料的试验项目见表7-1-2。

路面基层、底基层混合料的试验项目 表 7-1-2

试验项目	目的
重型击实试验	求最佳含水率和最大干密度,以规定工地碾压时的合适含水率和应该达到的最小干密度,确定制备强度试验和耐久性试验试件所应该用的含水率和干密度;确定制备承载比试件的材料含水率
承载比	求工地预期干密度下的承载比,确定材料是否适宜做基层或底基层
抗压强度	进行材料组成设计,选定最适宜使用的水泥或石灰稳定的土(包括粒料);规定施工中所用的结合料剂量;为工地提供评定质量的标准
延迟时间	对已定水泥剂量的混合料,确定延迟时间对混合料密度和抗压强度的影响,并据此确定施工允许的延迟时间

2. 路面基层、底基层的特点

半刚性型或整体型结构的特点有整体性好、承载力大、刚度大、水稳性好,而且它是一种因地制宜的较为经济的结构,目前,已广泛应用于各等级公路路面的基层、底基层。

粒料类中的泥(灰)结碎石、填隙碎石属于嵌锁型基层(底基层),强度主要依靠碎石之间的嵌锁和摩阻作用所形成的内摩阻力以及黏结力,其强度和稳定性取决于石料的强度、形状、尺寸、均匀性、表面粗糙度以及施工时的压实程度等。

粒料类中的级配碎砾石、符合级配的天然砂砾属于级配型基层,其强度和稳定性取决于粒料之间的内摩阻力和细料的黏结力,即很大程度上取决于碎砾石的类型、最大粒径、细料的含量和塑性指数以及密实度等。

3. 铺筑试验段

在正式施工前,应铺筑长度为 100 ~ 200m 的试验路段,制订标准施工方法后进行大面积施工。经验收合格的试验路段,可作为永久工程的一部分,否则,应移出重做试验。

(1)铺筑试验路段的目的包括确认混合料的稳定性及拌和、摊铺和压实设备的效率与施工方法、施工组织的适应性。

①检验计划投入、拌和、运输、摊铺、碾压、养护等过程使用设备的可靠性。

②检验混合料的组成设计是否符合质量要求,以及各道工序的质量控制措施。

③确定大面积施工的材料配合比及松铺系数。

④确定每一作业段的合适长度和合理厚度。

⑤提出标准施工方法。

(2)在 28d 前,承包人应安装好与本项目有关全部试验设备和仪器,依据批准的混合料组成设计,提出具体实施方案、施工程序、工艺操作,给出试验段开工报告,并申报监理工程师批准。

(3)试验段施工过程中,记录备料,严格控制运输、拌和、摊铺及压实等各工序施工方法、交接验收及质量要求。

(4)压实后,应立即按自检频率的 2 ~ 3 倍或监理工程师要求的频率进行检验。若不合格,另行试验。

(5)试验合格后,承包人应据试验路段的记录做出详细的试验路段总结报告,提出合理的施工方法和工艺流程,报监理工程师审批,作为施工的指导方案。

二、石灰稳定类基层概述

在粉碎的土和原来松散的土中,掺入足量的石灰和水,经拌和、压实及养护后得到的混合料,当其抗压强度符合规定的要求时,称为石灰稳定土。

用石灰稳定细粒土得到符合要求的混合料,简称石灰土。用石灰稳定中粒土和粗粒土得到符合要求的混合料,视所用原材料而定,原材料为天然砂砾土或级配砂砾时,简称石灰砂砾土;原材料为天然碎石土或级配碎石时,简称石灰碎石土。

用石灰稳定原中级路面,使其适应做沥青路面和水泥混凝土路面的基层时,属于石灰砂砾土或石灰碎石土。

用石灰稳定土铺筑的路面基层和底基层,分别称为石灰稳定土基层和石灰稳定土底基层,也可在基层或底基层前标以具体简称,如石灰土基层、石灰土底基层等。

1. 石灰稳定土强度形成的原理

在土中掺入适当的石灰,并在最佳含水率下压实后,既发生了一系列的物理力学作用,也发生了一系列的化学与物理作用,从而使土的性质发生根本的改变。在初期,主要表现在土的结团、塑性降低、最佳含水率的增大和最大密实度的减小等。

石灰稳定土强度的形成主要依靠离子交换作用、火山灰作用、碳酸化作用、结晶作用。

2. 影响石灰土强度的因素

(1)土质

各种成因的土都可以用石灰来稳定,但生产实践表明,黏质土较好,其稳定的效果显著,强度也高。采用塑性指数过高的土时施工不易粉碎,且增加干缩裂缝;采用塑性指数偏小的土时容易拌和,但难以碾压成形,稳定效果不显著。选用土质,既要考虑其强度,还要考虑施工时是否易于粉碎,便于碾压成形。一般选用塑性指数为15~20的黏质土。塑性指数偏大的黏质土,要加强粉碎,粉碎后,土中15~25mm的土块不宜超过5%。经验证明,塑性指数小于12的土不宜用石灰稳定。硫酸盐类含量超过0.8%或腐殖质含量超过10%的土,对强度有显著影响,不宜直接采用。

(2)灰质

石灰的等级愈高(即 CaO + MgO 的含量愈高)时,稳定效果愈好;石灰的细度愈大,其比表面积愈大,在相同剂量下与土粒的作用愈充分,因而效果愈好。

(3)石灰剂量

石灰剂量是指石灰质量占全部粗细土颗粒(即砾石、碎石、砂砾、粉粒和黏粒)干质量的百分率,即石灰剂量=石灰质量/干土质量。

石灰剂量对石灰稳定土强度影响显著,石灰剂量较低(小于3%~4%)时,石灰主要起稳定作用,土的塑性、膨胀、吸水量减小,使土的密实度、强度得到改善。随着剂量的增加,强度和稳定性均提高,但剂量超过一定范围时,强度反而降低。生产实践中常用的最佳剂量范围,对于黏质土及粉质土为8%~14%,对细粒土则为9%~16%。剂量的确定应根据结构层技术要求进行混合料组成设计。

(4)含水率

水是石灰稳定土的重要组成部分，具有以下作用：

①使石灰与土发生物理化学反应，形成强度。

②是土的粉碎、拌和与压实的必要条件，最佳含水率时可达到最佳压实效果。

③养护时保持一定湿度。

不同土质的石灰稳定土有不同的最佳含水率，需通过标准击实试验确定，并以此控制施工中的实际加水量。

(5)压实度

石灰稳定土的强度随压实度的增加而增长。实践证明，石灰稳定土的压实度每增减1%，强度约增减4%。而且密实的石灰稳定土，其抗冻性、水稳定性好，缩裂现象也少。

(6)龄期

石灰稳定土强度具有随龄期增长的特点。石灰稳定土初期强度低，随着时间的逐渐增长而趋于稳定。一般情况下，石灰稳定土的强度在90d以前增长比较显著，以后就比较缓慢。石灰稳定土的这种特性对施工程序的衔接有相当的灵活性。

(7)养护条件

养护条件主要指温度与湿度。养护条件不同，其强度也有差异。当温度高时，物理化学反应、硬化、强度增长快，反之强度增长慢，在负温条件下甚至不增长。因此，要求施工的最低温度应在5℃以上。经验证明，夏季施工的石灰稳定土强度高，质量可以保证。

湿度条件对石灰稳定土的强度有很大影响，在一定潮湿条件下养护，强度的形成比在一般空气中养护要好。

3. 一般规定

(1)石灰稳定土适用于各级公路的底基层，以及二级以下公路的基层，但石灰土不得用作二级及二级以上公路高级路面的基层。

(2)在冰冻地区的潮湿路段以及其他地区的过分潮湿路段，不宜采用石灰土做基层。当只能采用石灰土时，应采取措施防止水分浸入石灰土层。

(3)石灰稳定土层应在春末和夏季组织施工。施工期的日最低气温应在5℃以上，并应在第一次重冰冻(−5～−3℃)到来之前一个月到一个半月完成。稳定土层宜经历半月以上温暖气候养护。多雨地区，应避免在雨季进行石灰土结构层的施工。

(4)在雨季施工石灰稳定中粒土和粗粒土时，应采用排除表面水的措施，防止运到路上的集料过分潮湿，并应采取措施保护石灰免遭雨淋。

(5)石灰稳定土层施工时，应遵守下列规定：

①细粒土应尽可能粉碎，土块最大尺寸不应大于15mm。

②配料应准确。

③路拌法施工时，石灰应摊铺均匀。

④洒水、拌和应均匀。

⑤应严格控制基层厚度和高程，其路拱横坡应与面层一致。

⑥应在混合料处于最佳含水率或略小于最佳含水率(1%～2%)时进行碾压，直到达到

表7-1-3中按重型击实试验法确定的要求压实度。

石灰稳定土压实度(单位:%)　　表7-1-3

公路等级		二级及二级以下公路		高速公路、一级公路	
稳定土类		石灰稳定中粒土和粗粒土	石灰稳定细粒土	石灰稳定中粒土和粗粒土	石灰稳定细粒土
层位	基层	97	93	—	—
	底基层	95	93	97	95

⑦石灰稳定土结构层应用12t以上的压路机碾压。用12~15t三轮压路机碾压时,每层压实厚度不应超过15cm;用18~20t三轮压路机和振动压路机碾压时,每层的压实厚度不应超过20cm;对于石灰稳定土,采用能量大的振动压路机碾压时,或对于石灰土,采用振动羊足碾与三轮压路机配合碾压时,每层的压实厚度可以根据试验适当增加。压实厚度超过上述规定时,应分层铺筑,每层的最小压实厚度为10cm,下层宜稍厚。对于石灰土,应采用先轻型、后重型的压路机碾压。

⑧石灰稳定土层宜在当天碾压完成,碾压完成后必须保湿养护,不使稳定土层表面干燥,也不应过分潮湿。

⑨石灰稳定土层上未铺封层或面层时,禁止开放交通;当施工中断,临时开放交通时,应采取保护措施,不使基层表面遭破坏。

⑩石灰稳定土基层施工时,严禁用薄层贴补的办法进行找平。

⑪在采用石灰土做基层时,必须采取措施防止表面水透入基层,同时应经历一个月以上的温暖气候养护。作为沥青路面的基层时,还应采取措施加强基层与面层的联结。

(6)施工方法:

①对于二级以下的公路,石灰稳定土基层和底基层可以采用路拌法施工。对于二级公路,宜采用专用的稳定土拌和机路拌或用集中厂拌法拌制混合料。

②对于高速公路和一级公路,直接铺筑在土基上的底基层下层,可以用专用稳定土拌和机进行路拌法施工,如土基上层已用石灰或固化剂处理,则底基层的下层也应用集中拌和法拌制混合料。其上的各个稳定土层都应用集中厂拌法拌制混合料并宜用摊铺机摊铺混合料。

三、材料要求

1. 土质

黏性土、砂性土以及含有一定数量黏性土的中粒土和粗粒土(如天然砂砾土和碎石土、旧石灰稳定中级路面及旧级配砾石路面等)均适宜用石灰稳定。不含黏性土的砂砾、级配碎石和未筛分碎石,应用石灰土进行稳定。

塑性指数为15~20的黏性土,易于粉碎,便于碾压成形,施工和使用效果都较好。塑性指数偏大的黏性土,要加强粉碎,粉碎后土块的尺寸不宜超过标准规定的5%,可以采取两次拌和法,第一次加部分石灰拌和后,闷放24~48h,再加入其余石灰,进行第二次拌和。塑性指数偏小的亚砂土和砂土,使用石灰较多,难于碾压成形,应采取适当的施工措施。

土的质量要求有压碎值、最大粒径、液限、塑性指数、有机质含量、硫酸盐含量等。石灰稳定土用土的质量指标见表7-1-4。石灰稳定土中碎石、砂砾或其他粒状材料的含量应在80%以上，并应具有良好的级配。

石灰稳定土用土的质量指标　　表7-1-4

项　目	高速公路、一级公路	其他公路		
	底基层	二级公路基层	二级以下公路基层	底基层
塑性指数	15～20			
有机质含量(%)	≤10			
硫酸盐含量(%)	≤0.8			
压碎值(%)	≤35	≤30	≤35	≤40
最大粒径(mm)	≤37.5	≤37.5		≤53

2. 石灰

石灰应符合表7-1-5 Ⅲ级以上石灰的要求，要尽量缩短石灰的存放时间。高速公路和一级公路，宜用磨细的生石灰粉。生石灰应在使用前7～10d，充分消解成能通过10mm筛孔的熟石灰粉，并尽快使用，石灰消解后存放期不应超过3个月，以免降低活性。石灰应设棚存放，并能防风避雨，在用于工程之前按《公路工程无机结合料稳定材料试验规程》(JTG E51—2009)进行试验，不符合上述要求时，不得使用。

石灰的技术指标　　表7-1-5

项目 \ 类别		钙质生石灰			镁质生石灰			钙质消石灰			镁质消石灰		
		等　级											
		Ⅰ	Ⅱ	Ⅲ	Ⅰ	Ⅱ	Ⅲ	Ⅰ	Ⅱ	Ⅲ	Ⅰ	Ⅱ	Ⅲ
有效氧化钙加氧化镁含量(%)　≤		85	80	70	80	75	65	65	60	55	60	55	50
未消化残渣含量5mm圆孔筛的筛余(%)　≤		7	11	17	10	14	20						
含水率(%)　≤								4	4	4	4	4	4
细度	0.6mm方孔筛的累计筛余(%)　≤							0	1	1	0	1	1
	0.15mm方孔筛的累计筛余(%)　≤							13	20	—	13	20	—
钙镁石灰的分类界限(氧化镁含量,%)		≤5	>5	≤4	>4								

注：硅、铝、镁氧化物含量之和大于5%的生石灰，有效氧化钙加氧化镁含量指标，Ⅰ级≥75%、Ⅱ级≥70%、Ⅲ级≥60%；未消化残渣含量指标与镁质生石灰指标相同。

3. 水

水应洁净，不含有害物质。一般人或牲畜饮用的露天水源均可用于石灰土施工。

四、混合料组成设计

石灰稳定土混合料的组成设计应符合《公路路面基层施工技术细则》(JTG/T F20—2015)有关规定。混合料的原材料应按要求进行试验,混合料按设计掺配后,应进行重型击实试验。石灰稳定土混合料的组成设计包括:用于底基层7d浸水抗压强度标准应符合图纸要求,并考虑气候、水文条件等因素,通过试验选取最适宜于稳定的土,确定必需的或最佳的石灰剂量和混合料的最佳含水率。在需要改善混合料的物理力学性质时,还应包括确定掺加料的比例。采用石灰或水泥综合稳定土时,如水泥用量占结合料总重的30%以下,则按本节要求进行组成设计。

石灰稳定土混合料的组成设计包括:根据要求的强度标准,通过试验选取适宜的稳定土,确定必需的或最佳的石灰剂量,确定混合料的最佳含水率。在需要改善混合料的物理力学性质时,还应包括掺料的比例。

1. 原材料试验

在石灰稳定土层施工前,应取所定料场有代表性的材料进行下列试验:

(1)土的颗粒分析;液限和塑性指数试验;重型击实试验;碎石或砾石的压碎值试验;有机质及硫酸盐含量试验。

(2)如碎石、碎石土、砂砾、砂砾土等级配不好,宜外加某种土料改善其级配,并通过试验确定配合比。

(3)试验石灰的有效氧化钙和氧化镁含量。

2. 混合料的组成设计步骤

(1)制备同一种土样,不同石灰剂量的石灰土混合料,一般情况下建议按表7-1-6所列石灰剂量配制(施工时石灰剂量应比试验时提高0.5%~1%,一般在采用集中厂拌法施工时,可只增加0.5%;采用路拌法施工时,宜增加1%)。

石灰剂量配制建议值 表7-1-6

结构层	土类	石灰剂量(全部粗细颗粒的干重百分比)
基层	砂砾土和碎石土	3、4、5、6、7
	塑性指数小于12的黏性土	10、12、13、14、16
	塑性指数大于12的黏性土	5、7、9、11、13
底基层	塑性指数小于12的黏性土	8、10、11、12、14
	塑性指数大于12的黏性土	5、7、8、9、11

(2)确定混合料的最佳含水率和最大干密度,至少需做3个不同石灰剂量混合料的重型击实试验,即最小剂量、中间剂量和最大剂量,其余两个混合料的最佳含水率和最大干密度用内插法确定。

(3)按工地预定达到的压实度,分别计算不同石灰剂量时试件应有的干密度。按最佳含水率和计算得到的干密度制备试件。进行强度试验时,作为平行试件数量应符合表7-1-7中的规定。试件结果的偏差系数大于表中规定的值,则应重做试验,并找出原因,加以解决。如不能降低偏差系数,则应增加试件数量。

最小的试验数量　表 7-1-7

稳定土类型	下列偏差系数时的试验数量		
	小于 10%	10% ~15%	小于 20%
细粒土	6	—	—
中粒土	6	9	—
粗粒土	—	9	13

(4)试件在规定温度(冰冻地区 20℃ ±2℃;非冰冻地区 25℃ ±2℃)下保湿养护 6d、浸水 1d 后,进行无侧限抗压强度试验。计算试验结果的平均值和偏差系数。不同交通类别道路上,石灰稳定细粒土 7d 浸水抗压强度标准规定见表 7-1-8。稳定粒料土的 7d 浸水抗压强度应大于 0.8MPa。

石灰稳定细粒土的强度标准(单位:MPa)　表 7-1-8

用的层位 \ 公路等级	其他公路	高速公路和一级公路
基层	≥0.8	—
底基层	0.5 ~0.7	≥0.8

(5)根据强度标准,选定合适的石灰剂量。此剂量试验室内试验结果的平均抗压强度应符合要求。

(6)石灰土稳定碎石和石灰土稳定砂砾,可仅对石灰土进行组成设计。对碎石和砂砾,只要求它具有较好的级配,石灰土与碎石或砂砾的质量比宜为 1:4。

当采用水泥和石灰综合稳定土时,如水泥用量占结合料总重的 30% 以下,可按上述要求与步骤进行组成设计。

五、石灰稳定土施工

在路面基层、底基层的施工中,混合料的拌和方式主要有路拌法和厂拌法,其摊铺方式有人工和机械两种。

石灰稳定土基层和底基层施工工艺流程如图 7-1-1 所示。

1. 路拌法施工

石灰稳定土路拌法施工工序如图 7-1-2 所示。

1)准备工作

(1)准备下承层

石灰稳定土的下承层表面应平整、坚实,具有规定的路拱。当石灰稳定土用作基层时,要准备底基层,当石灰稳定土用作底基层时,要准备土基。无论土基还是底基层,都必须按规范规定进行验收。凡验收不合格的路段,必须采取措施,使其达到标准后,方能在上铺筑石灰稳定土层。

在槽式断面的路段,两侧路肩上每隔一定距离(5 ~10m)应交错开挖泄水沟或做盲沟。

(2)测量

在底基层或土基上恢复中线,直线段每 15 ~20m 设一桩,平曲线段每 10 ~15m 设一桩,并在对应断面的路肩外侧设指示桩。在两侧指示桩上用红漆标出石灰稳定土层边缘的高程。

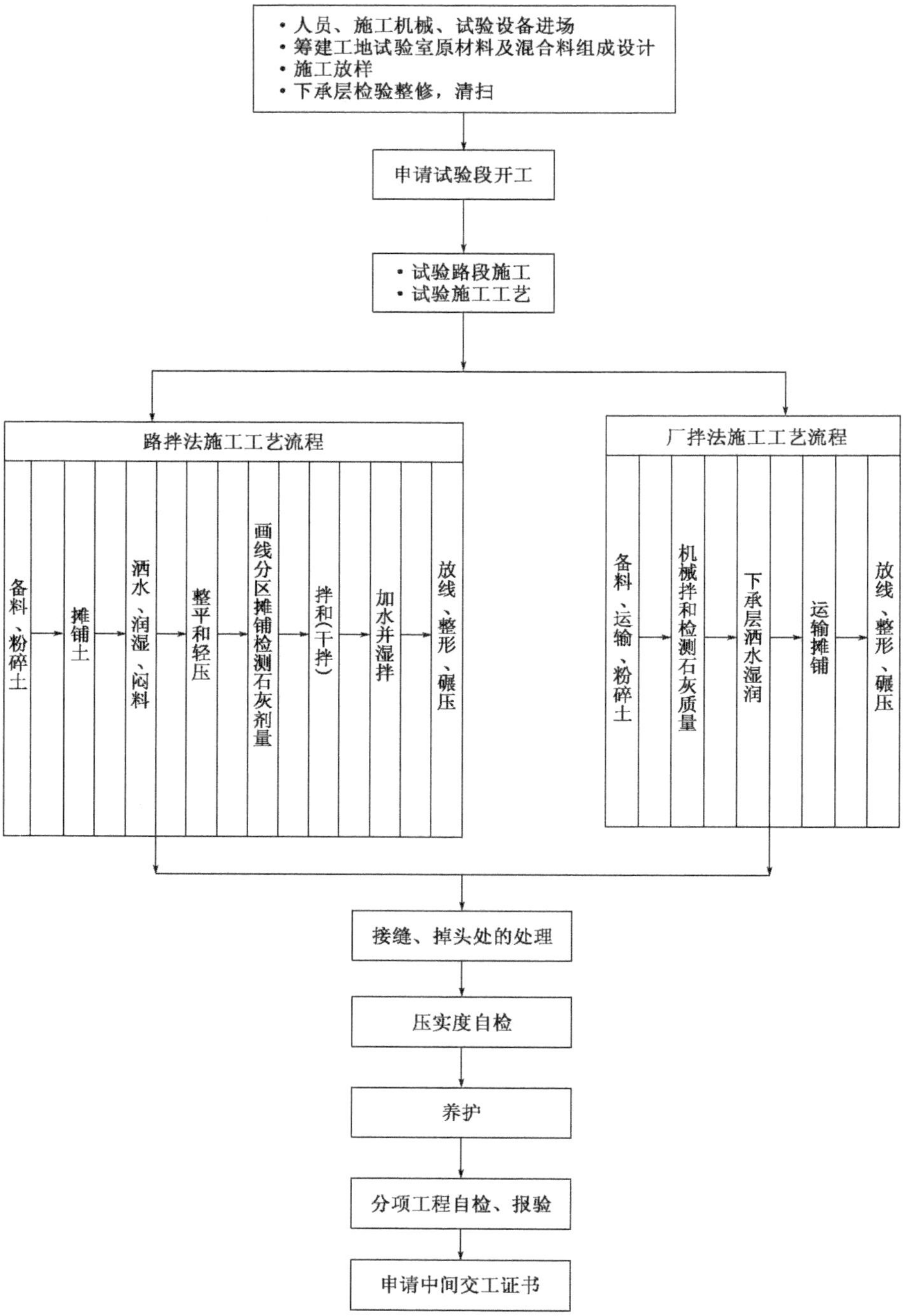

图7-1-1　石灰稳定土基层和底基层施工工艺流程

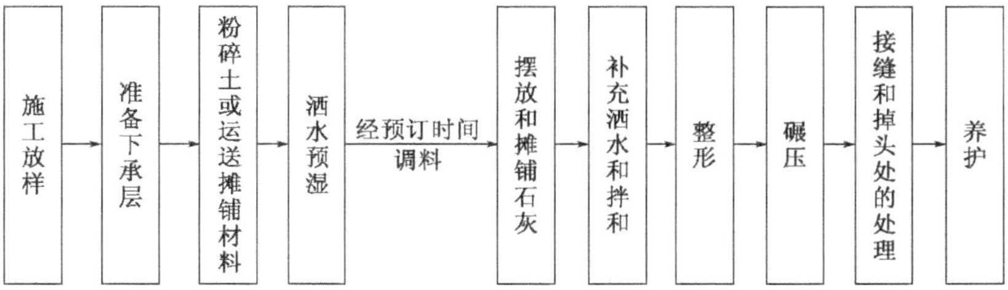

图 7-1-2　石灰稳定土路拌法施工工序

(3)备料

①集料。采备集料前,应先将树木、草皮和杂土清除干净,并在预定采料深度范围内自上而下采集集料,不宜分层采集,不应将不合格材料采集在一起。如分层采集集料,则应将集料先分层堆放在场地上,然后从前到后上下层一起装入汽车,将料运到施工现场。对于塑性指数小于 15 的黏性土,机械拌和时,可视土质和机械性能确定土是否需要过筛。人工拌和时,应筛除 1.5cm 以上的土块。

②石灰。石灰宜选在公路两侧宽敞而邻近水源且地势较高的场地集中堆放。预计堆放时间较长时,应用土或其他材料覆盖封存,石灰堆放在集中拌和场地时,宜搭设防雨棚。石灰应在使用前 7 ~ 10d 充分消解。每吨石灰消解需用水量一般为 500 ~ 800kg。消解后的石灰应保持一定的湿度,以免过干飞扬,但也不能过湿成团。消石灰宜通过孔径为 10mm 的筛,并尽快使用。

③材料用量。根据各段石灰稳定土层的宽度、厚度及预定的压实度,计算各段需要的干集料质量。根据料场集料的含水率和运料车辆的吨位,计算每车料的堆放距离。根据石灰稳定土层的厚度和预定的干重度及石灰剂量,计算每平方米石灰稳定土需用的石灰质量,并计算每车石灰的摊铺面积,如使用袋装生石灰粉,则计算每袋石灰的摊铺面积。计算每车石灰的卸放位置,即纵向和横向间距,或计算每袋石灰的纵横间距。

2)运输及摊铺

(1)运料

运料时,要注意:对预定堆料的下层在堆料前应先洒水,使其湿润,不应过分潮湿而造成泥泞。集料装车时,应控制每车料的数量基本相等。在同一料场供料的路段,由远到近将料按计算的距离卸置于下承层中间或上侧。卸料距离应严格掌握,避免料不够或过多。料堆每隔一定距离应留一缺口;集料在下承层上的堆置时间不应过长。运送集料较摊铺集料工序宜提前 1 ~ 2d;在用料场集料做石灰稳定土时,如路肩用料与稳定土层用料不同,应采取培肩措施,先将两侧路肩培好。路肩料层的压实厚度应与稳定土层的压实厚度相同。在路肩上,每隔 5 ~ 10m 应交错开挖临时泄水沟。

(2)摊铺集料

在摊铺集料时,应注意:事先通过试验确定集料的松铺系数。人工摊铺混合料时,其松铺系数可参考表 7-1-9 的值;在摊铺集料前,应先在未堆料的下承层上洒水使其湿润,不应过分潮湿而造成泥泞;对能封闭交通的道路,摊铺集料应在摊铺石灰的前一天进行。摊料长度应与施工日进度相同,以够次日加石灰、拌和、碾压成形为准。对不能封闭交通的道路以及雨季,宜在当天摊铺集料;用平地机或其他合适的机具将集料均匀摊铺在预定的宽度上,表面应力求平整,并有规定的路拱。摊铺过程中,应注意将土块、超尺寸颗粒及其他杂物拣除。如集料中有较多土块,亦应进行粉碎;检验松铺材料层的厚度,看其是否符合预计要求(松铺厚度=压实厚×松铺系数)。必要时,应进行减料或补料工作。

人工摊铺混合料松铺系数参考值 表7-1-9

材料名称	松铺系数	说明
石灰土	1.53~1.58	现场人工摊铺土和石灰,机械拌和,人工整平
石灰土	1.68~1.70	路外集中拌和,运到现场人工摊铺
石灰土、砂砾	1.52~1.56	路外集中拌和,运到现场人工摊铺

(3)摊铺石灰

摊铺石灰时,如黏性土过干,应事先洒水闷料,使土的含水率略小于最佳值。细粒土宜闷料一夜;中粒土和粗粒土,视细土含量的多少,可闷1~2h。在人工摊铺的集料层上,用6~8t两轮压路机碾压1~2遍,使其表面平整,并有一定密实度。然后,按计算的每车石灰的纵横间距,用石灰在集料层上做卸置石灰的标记,同时画出摊铺石灰的边线,用刮板将卸置的石灰均匀摊开。石灰摊铺完后,表面应没有空白位置。测量石灰的松铺厚度,根据石灰的含水率和松密度,校核石灰用量是否合适。

另一种常用方法是根据路幅宽度,顺路走向打一条或若干条一定断面形状的灰带,灰带的断面形状事先根据土的最大干密度、灰剂量及灰带条数计算而得,断面尺寸做灰尺,比照灰尺码出要求断面形状的灰带,再用灰尺卡方来验方,验完方再将石灰扣锹撒匀。

3)拌和与洒水

(1)集料应采用稳定土拌和机拌和,拌和深度应达到稳定层底。应设专人跟随拌和机,随时检查拌和深度并配合拌和机操作员调整拌和深度,除直接铺在土基上的一层外,严禁在拌和层底部留有"素土"夹层。拌和应适当破坏(约1cm,不应过多)下承层的表面,以利上下层黏结。通常应拌和两遍以上。在进行最后一遍拌和之前,必要时先用多桦犁紧贴下承层表面翻拌一遍。直接铺在土基上的拌和层也应避免"素土"夹层。

(2)在没有专用机械的情况下,如为石灰稳定细粒土和中粒土,也可用农用旋转耕作机与多桦犁或平地机相配合拌和4遍,但其拌和效果较差。先用旋转耕作机拌和,后用多桦犁或平地机将底部"素土"翻起,再用旋转耕作机拌和第二遍,多桦犁或平地机将底部料再翻起,并随时检查调整翻犁的深度,使稳定土层全部翻透。严禁在稳定土层和下承层之间残留一层"素土",也应防止翻犁过深,过多破坏下承层的表面。还可以用缺口圆盘耙与多桦犁或平地机相配合,拌和石灰稳定细粒土、中粒土和粗粒土。用平地机或多桦犁在前面翻拌,用圆耙跟在后面拌和,即采用边翻边耙的方法。圆盘耙的速度应尽量快,使石灰与集料拌和均匀。共翻拌4~6遍,开始的两遍不应翻犁到底,以防石灰落到底部,后面的几遍应翻犁到底。随时检查调整翻犁的深度,使稳定土层全部翻透。

(3)在拌和过程中,及时检查含水率。用喷管式洒水车补充洒水,使混合料的含水率等于或略大于最佳值(视土类而定,可大1%左右),洒水车距离应长些。洒水车起洒处和另一端掉头处都应超出拌和段2m以上。洒水车不应在正进行拌和的以及当天计划拌和的路段上掉头和停留,以防局部水量过大。拌和机械应紧跟在洒水车后面进行拌和,尤其在纵坡大的路段上更应配合紧密,减少水分流失。

(4)在洒水过程中,要人工配合拣出超尺寸颗粒,清除粗细石料“窝”,以及局部过湿之处。拌和完成的标志是:混合料色泽一致,没有灰条、灰团和花面,没有粗细集料“窝”,且水分合适均匀。

(5)拌和石灰加黏土的稳定碎石或砂砾时,应先将石灰土拌和均匀,然后均匀地摊铺在碎石或砂砾层上,再一起进行拌和。用石灰稳定塑性指数大的黏土时,由于黏土难以粉碎,宜采用两次拌和法。即第一次加70% ~100%预定剂量的石灰进行拌和,闷放一夜,然后补足石灰用量,再进行第二次拌和。

4)整形与碾压

(1)整形

平地机整形。混合料拌和均匀后,先用平地机初步整平和整形。在直线段,平地机由两侧向路中心进行刮平。在平曲线段,平地机由内侧向外侧进行刮平。需要时,再返回刮一遍。用平地机或轮胎压路机快速碾压1 ~2遍。在用轮胎压路机碾压时,因轮胎表面没有花纹,压后表面比较光滑。在用平地机整平前,应先用齿耙把低洼处表层5cm以上耙松,避免在较光滑的表面产生薄层找补的情况。用平机进行整形后再碾压一遍。对于局部低洼处,应用齿耙将其表层5cm以上耙松,并用新拌的石灰混合料进行找补平整,再用平地机整形一次。每次整形都要按照规定的坡度和路拱进行。特别要注意接缝处的整平,接缝必须顺适、平整。

(2)碾压

整形后,当混合料处于最佳含水率±1%时(如表面水分不足,应适当洒水),立即用轻型压路机配合12t以上三轮压路机、重型轮胎压路机或振动压路机在路基全宽内进行碾压。直线和不设超高段,由两侧路肩向路中心碾压。设超高的平曲线段,由内侧路肩向外侧路肩进行碾压。碾压时后轮应重叠1/2的轮宽,后轮必须超过两段的接缝处。后轮压完路面全宽时即为一遍,碾压一直进行到要求的密实度为止,一般需6 ~8遍。头两遍的碾压速度为1.5 ~1.7km/h,以后宜采用2 ~2.5km/h,压路机的方式同路基碾压。碾压过程中,石灰稳定土的表面应始终保持湿润。如表面水蒸发得快,应及时补洒少量的水。如有“弹簧”、松散、起皮等现象,应及时翻开重新拌和,或用其他方法处理,使其达到质量要求。在碾压结束之前,用平地机再终平一次,使其纵向顺适,路拱和超高符合设计要求。终平应仔细进行,必须将局部高出部分刮除并扫出路外,对于局部低洼之处,不再进行找补,留待铺筑面层时处理。

5)养护及交通管制

(1)石灰稳定土在养护期间应保持一定的湿度,不应过湿。养护期一般不少于7d。养护方法可视具体情况采用洒水、覆盖砂、低塑性土或沥青膜等。在养护期间石灰土表层不应忽干忽湿,每次洒水后,应用两轮压路机将表层压实。石灰稳定土层碾压结束后,过1 ~2d,当其表层较干燥时,可以立即喷洒透层,做下封层或铺筑面层。但初期应禁止重型车辆通行。

(2)在养护期间未采用覆盖措施的石灰稳定土层上,除洒水车外,应封闭交通。在采用覆盖措施的石灰稳定土层上,当不能封闭交通时,应限制车速不得超过30km/h。如石灰稳定土分层施工,下层石灰稳定土碾压完后,可以立即在上铺筑另一层石灰稳定土,不需专门的养护期。

(3)养护期结束后,应立即喷洒透层沥青或做下封层,并在5 ~10d内铺筑沥青面层。在喷洒透层沥青后,应撒布3~8mm或5~10mm的小碎(砾)石,小碎石约均匀覆盖60%的面积。如喷洒的透层沥青能透入基层,当运料车辆和面层混合料摊铺机在上行驶不会破坏沥青膜时,可以不撒小碎石。如为水泥混凝土面层,也不宜让基层长期暴晒开裂。

6)施工中应注意的问题

(1)接缝和掉头处的处理

两工作段的搭接部分,应采用对接形式。前一段拌和后,留5~8m不进行碾压。后一段施工时,将前段留下的未压部分,一起进行拌和。拌和机械及其他机械不宜在已压成的石灰稳定土层上掉头。如必须在上进行掉头,应采取措施(如覆盖10cm厚的砂或砂砾)保护掉头部分,使石灰稳定土表层不受破坏。

(2)纵缝的处理

石灰稳定土层的施工应尽可能避免纵向接缝,必须分两幅施工时,纵缝必须垂直相接,不应斜接。

一般情况下,纵缝可按下述方法处理:在前一幅施工时,在靠中央一侧用方木或钢模板做支撑,方木或钢模板的高度与稳定土层的压实厚度相同。混合料拌和结束后,靠近支撑木(或板)的一条带,应人工进行补充拌和,然后进行整形和碾压。在铺筑另一幅时,或在养护结束时,拆除支撑木(或板)。第二幅混合料拌和结束后,靠近第一幅的一条带,应人工进行补充拌和,然后进行整形和碾压。

(3)路缘处理

如石灰稳定土层上为薄沥青面层,基层每边应较面层展宽20cm以上。在基层全宽上喷洒透层沥青或设下封层,沥青面层边缘以三角形向路肩抛出6~10cm。如设路缘块,必须注意防止路缘块阻滞路面表面水和结构层中的水。

(4)用石灰稳定低塑限指数的砂、粉性土时的处理

用石灰稳定低塑限指数的砂性土和粉性土时,碾压过程中容易起皮松散,成形困难,施工时要大量洒水,分两阶段碾压。第一阶段,洒水后用履带拖拉机先压2~3遍,达到初步稳定。第二阶段,待水分接近最佳含水率时,再继续用12t以上压路机压实。当缺少履带拖拉机时,洒水后,先用轻型压路机碾压两遍,然后覆盖一层素土,继续用12t以上压路机压实。养护后,将素土层清除干净。

(5)通车路段的施工

对于不能中断交通的路段,可采用半幅施工方法。接缝处应对接,必须保持平整密合。同时,要加强管理,消除隐患,确保工程质量。

2. 中心站集中拌和(厂拌)法施工

石灰稳定土可以在中心站用多种机械集中拌和,如强制式拌和机、双转轴桨叶式拌和机等。集中拌和有利于保证配料的准确性和拌和的均匀性。

集中拌和法的生产流程如图7-1-3所示。

(1)备料

土块要粉碎,最大尺寸不应大于15mm 。集料的最大粒径和级配都应符合要求,必要时,应先筛除集料中不符合要求的颗粒。配料应准确,在潮湿多雨地区施工时,还应采取措施保护集料,特别是细集料和石灰免遭雨淋。

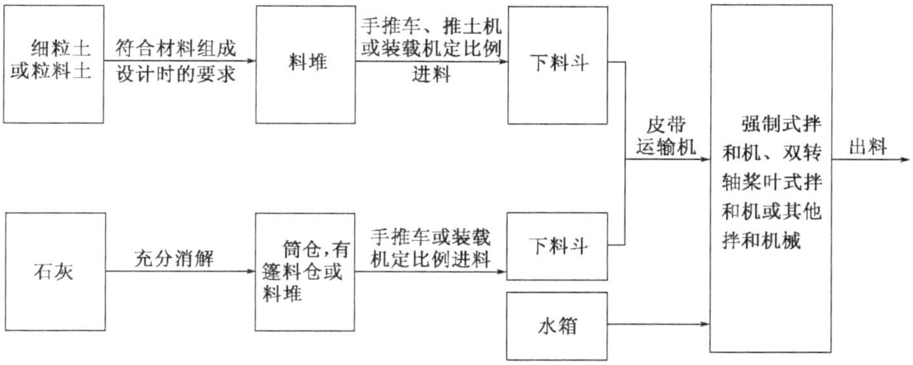

图7-1-3　石灰稳定土集中拌和法的生产流程

(2)拌制

在正式拌制稳定土混合料之前,必须先调试所用的厂拌设备,使混合料的颗粒组成和含水率都达到规定的要求。集料的颗粒组成发生变化时,应重新调试设备。应根据集料和混合料含水率及时调整向拌和室中添加的水量,拌和要均匀。

(3)运输

已拌成的混合料应尽快运送到铺筑现场。如运距远、气温高,则车上的混合料应加以覆盖,以防水分过多蒸发。

(4)摊铺及碾压

下承层为石灰稳定土时,应先将下承层顶面拉毛,再摊铺混合料。摊铺应采用沥青混凝土摊铺机、水泥混凝土摊铺机或稳定土摊铺机摊铺混合料。在没有以上摊铺机的情况下,可以用自动平地机摊铺混合料。用摊铺机摊铺时,要求拌和机与摊铺机的生产能力相协调。如拌和机的生产能力较低,则应用最低速度摊铺,以减少摊铺机停机待料的情况。在摊铺机后面应设专人消除粗细集料离析现象,特别是局部粗集料"窝"应该铲除,并用新混合料填补。摊铺后应用振动压路机、三轮压路机和轮胎压路机及时进行碾压。用平地机摊铺混合料时,根据铺筑层的厚度和要求达到的压实干密度,计算每车混合料的铺筑面积。将混合料均匀地卸在路幅中央,路幅宽时,可将混合料卸成两行。用平地机将混合料按松铺厚度摊铺均匀,设一个3人小组跟在平地机后面,及时消除粗集料"窝"和粗集料带。整形、碾压及接缝处理,与路拌法相同。

(5)横向接缝处理

横向接缝处理如图7-1-4所示。

①用摊铺机摊铺混合料时,每天的工作缝应做成横向接缝。摊铺机应驶离混合料末端。

②人工将末端混合料处理整齐,紧靠混合料放两根方木,方木的高度与混合料的压实厚度相同,整平紧靠方木的混合料。

③方木的另一侧用砂砾或碎石回填约3m长,其高度应高出方木几厘米。

④将混合料碾压密实。

⑤在重新开始摊铺混合料之前,将砂砾(或碎石)和方木除去,并将下承层顶面清扫干净、拉毛。

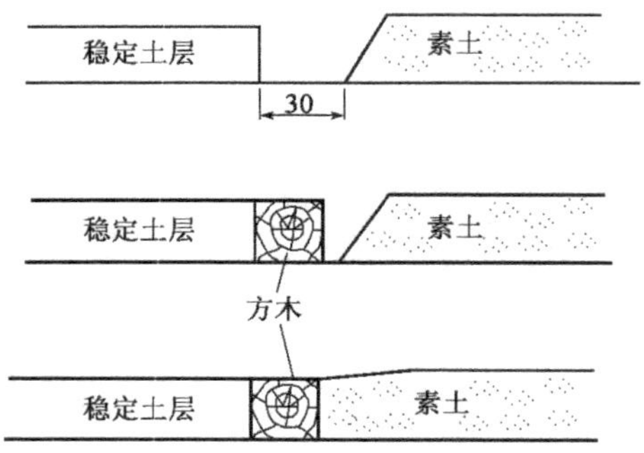

图7-1-4 横向接缝处理示意(尺寸单位:cm)

⑥摊铺机返回到已压实层的末端,重新开始摊铺混合料。

⑦如压实层末端未用方木作支撑处理,在碾压后末端成一斜坡,则在第二天开始摊铺新混合料之前,应将末端斜坡挖除,并挖成一横向垂直向下的断面。挖出的混合料加水到最佳含水率拌匀后仍可使用。

(6)纵向接缝

应避免纵向接缝。如摊铺机的摊铺宽度不够,必须分两幅摊铺时,宜采用两台摊铺机一前一后相隔8~10m同步向前摊铺混合料,一起进行碾压。在仅有一台摊铺机的情况下,可先在一条摊铺带上摊铺一定长度后,再开到另一条摊铺带上摊铺,然后一起进行碾压。在不能避免纵向接缝的情况下,纵缝必须垂直相接,严禁斜接,并按下述方法处理:在前一幅摊铺时,在靠后一幅的一侧用方木或钢模板做支撑,方木或钢模板的高度与稳定土层的压实厚度相同。养护结束后,在摊铺另一幅之前,拆除支撑木(或板)。

(7)养护及路缘处理

方法同路拌法。

六、石灰土路拌法施工程序

石灰土基层是指用石灰稳定细粒土而得到的混合物,是在土中掺加一定比例的消石灰或生石灰粉,经加水拌和、平整、碾压成形、养护等工序后,使之成为一种具有一定抗压、抗折等性能的半刚性结构层。常用作高等级路面的底基层或低等级路面的基层。石灰土基层路拌法施工工序如图7-1-5所示。

1.准备工作

(1)下承层准备。石灰土的下承层多为路基顶面层,要求表面平整、坚实,高程、路拱、压实度弯沉值指标符合规范要求,否则应处理至符合要求,并在上土前将表面洒水润湿。

(2)施工放样。在路基上恢复中桩,每20m设一桩,并在边线外0.3~0.5m处设指示桩,进行水准测量,在两侧指示桩上用红油漆标示石灰土边缘的设计高程。

(3)根据现场可选择的经济合格的材料进行配合比组成设计,优选最佳配合比报批。

(4)材料准备。根据配合比组成设计确定的土场,做好取土的准备,合格石灰进场并在使用前不少于7d进行消解,必要时过2cm筛。

(5)人员与机械配备准备。

①人员组织。视现场情况设技术员、工长、测量员、试验员、电工、机械工等人员。

②机械配备。灰土拌和机1台,平地机1台,推土机1台,洒水车1台,压路机(振动)2台,压路机(三轮)1台,压路机(轮胎式)1台;上灰的机具根据每日工程量和运距而定。

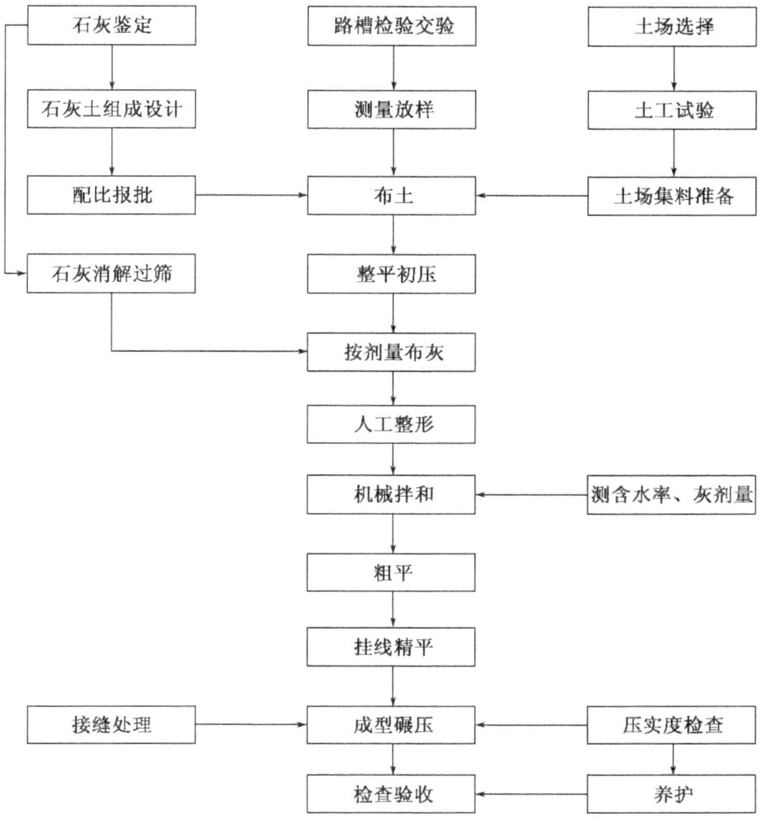

图 7-1-5　石灰土基层路拌法施工工序

2. 布土

(1)按批准的配合比中土的用量布土。每延米用土数量用车数控制,车数的计算见式(7-1-1)。

$$n = \frac{bh\rho s(1 + w)}{G} \tag{7-1-1}$$

式中:b——灰土摊铺宽度(cm);

n——每延米需要的车数;

h——灰土摊铺厚度(m);

ρ——灰土混合料最大干密度(10^3kg/m^3);

s——混合料中土的百分含量(%);

G——每车湿土的标准质量(10^3kg);

w——土的含水率(%)。

按每车土摊铺的面积作为一个方格,在路上画定方格网,将每车土卸在已画定的网格内,然后用推土机摊土,初平并排压,使厚度基本一致。

(2)洒水预湿。

当已摊铺好的土其含水率小于最佳含水率时,应根据每立方米土中的含水率进行计算,用洒水车控制喷洒量一次补足到最佳含水率,并视具体情况高出1% ~2%。细粒土宜闷一夜,中粗粒土视细土含量多少可缩短闷料时间。

当土的含水率较大时,应摊开翻拌晾晒,当含水率合适后再整平使厚度达到要求。

3. 布灰

(1)用机动车布灰。先在灰土作业层面的路中央画撒一条灰线,根据每延米使用的石灰剂量,将消解合格的石灰运至作业面,沿灰线码出一梯形灰带。每延米梯形石灰带的量,就是该延米路的石灰用量。待检验合格后,用人工扣反锹逐次排列均匀布撒在相应段落上。

(2)手推车运布时,以一车石灰为单位计算摊铺面积,并按此面积大小画定网格,人工均匀布撒石灰。

(3)袋装灰宜以50kg或100kg为单位按比例计算摊铺面积,画定网格,人工均匀布撒。

4. 拌和、整形、碾压和养护

与石灰稳定土施工相同。

七、石灰稳定土施工中注意事项

(1)当土为塑性指数较大的黏性土时,拌和中土块不易打碎。仍必须使用时,应将石灰剂量分两次添加。第一次备土时,在土场将4% ~5%的石灰掺入,闷放2 ~3d,使其含水率和塑性指数降低,通过土场的翻倒、装运、现场布土、推平、翻拌,土块就易碎了。第二次再将剩余的石灰加入,经翻拌使土块破碎至满足规范要求。

(2)消石灰随着消解存放时间的延长,其有效钙镁含量随之降低。施工时,往往不可能及时将已消解的消石灰用完,因此使用时所含钙镁的有效成分下降,如果还按设计配合比的剂量掺入,灰土的强度将受到影响。为保证强度,必须多掺灰才能使灰土中的钙镁含量满足要求。但是,这时的灰土标准重度也要根据新的掺量重新确定,否则,灰土的压实度就不能满足要求。

(3)弹簧现象也时有发生,这主要是由于压实时含水率大引起的。一旦发现就应挖开处理,或是晾晒,或是换料。控制好压实时的含水率更为重要。

(4)应避免薄层贴补、起皮和夹层的发生。在灰土拌和厚度控制不好时,特别整平工艺不当时,易造成在光面上贴补薄层,这就容易造成结合不好,从而发生起皮、脱层破坏。因此,整平时的排压是必需的,但不能压成光面,对一些局部低洼的光面,一定要耙松后补料。对一些低塑性的粉土灰土,如含水率偏小,压实功能超过土的抗剪力,则表面易起皮开裂。对于这类土,应将含水率提高到比最佳水率高3 ~4个百分点。在压实工艺上一般是先静压,后强振压,根据表面情况适度洒水湿润后再轻压即可,决不可过压。由于夹层见水就软化,使路面强度下降,引发路面破坏,所以拌和时一定要消灭夹层。如果是两层以上的灰土,第二层灰土也是路拌法,层间容易出现夹层。因此,拌和深度一定要深入下层1cm左右,在上第二层灰土之前,应处理表面浮土,并洒水湿润,以解决夹层问题。

(5)桥头、墙(台)背铺筑灰土时,由于机械无法操作,应留下5 ~10m不填土,将已拌好的混合料倒运至此,按要求摊铺。压实时,先沿桥(涵)向碾压,后顺路向碾压,压路机压不到的地方,应用电夯夯压至规定要求。

(6)雨季施工需集中力量,分段铺筑,在雨前做到碾压坚实。施工时应随时疏通边沟,保证排水良好。在垫层或基层施工之前,完工的路基顶面或垫层,应始终保持合格的状态。在雨季期间,路基或垫层不允许车辆通行。

八、石灰土基层的缩裂控制

由于土的温缩系数(温度每降低1℃时单位长度的收缩量)较干缩系数(含水率每减少1%时长度的收缩量)要大4~5倍,所以石灰土基层的缩裂大多发生在冬季。土的黏性愈大或石灰剂量愈高,则所造成的石灰土基层裂缝愈多、愈宽。

石灰土基层上沥青面层的开裂多在气温-5℃以下时产生,即温缩裂缝,缝较窄,宽为0.2~2mm。路面的收缩裂缝,除影响路容外,还将使路面强度有所降低。严重的是如路面水长期由裂缝渗入,则会破坏沥青面层与石灰土基层的结合,使路面在行车作用下受到破坏。故对收缩裂缝,也要及早填补。

石灰土基层的防裂措施有下列几种:

(1)改善土质。石灰土的缩裂性质与用土的黏性有关,用土愈黏则缩裂愈严重,故应采用黏性较小的土,或在黏性土中掺入砂性土、粉煤灰等,以降低土的塑性指数。

(2)控制压实含水率。在大于最佳含水率下压实的石灰土,具有较大的缩裂性质,故石灰土应在含水率不大于(最好小于)最佳含水率下压实。当石灰土的含水率为最佳含水率的0.9倍时,对施工压实并不造成困难,还能改善石灰土的缩裂性质。

(3)铺筑碎石过渡层。在石灰土与沥青路面间铺筑一层碎石过渡层,当厚度为15~27cm时,可以避免沥青面层开裂;当厚度为5~10cm时,沥青面层仍将产生收缩裂缝,横缝间距大为增长。

(4)掺加粗粒料。在石灰土中掺入一些粗粒料,如砂、碎石、碎砖、煤渣及矿渣等,掺入量按质量比应小于50%。这不仅可以减除裂缝,还可以节约石灰和改善碾压时的拥推现象。

(5)分期铺筑。在石灰土基层的强度形成期,待其产生收缩裂缝后,再铺沥青路面,可以大大减少面层开裂。整个过程一般需要经过一个冬季。

(6)设置收缩缝。在灰土层中每隔5~10mm设一道收缩缝,宽5~10mm,深为层厚的0.5~1.0倍,内填土砂、沥青砂或油毛毡,在混合料碾压至80%压实度时,将薄板切入灰土中,拔出后填入填缝料,再继续碾压到所要求的密实度。

(7)综合措施。即在粗粒料石灰土基层上铺筑厚7~10cm的沥青稳定碎石过渡层,再铺沥青面层,可以比较有效地防止裂缝产生。

九、石灰稳定土质量检验

1. *石灰土基层和底基层*

(1)基本要求

①土的性质应符合设计要求,土块要经过粉碎。

②石灰质量应符合设计要求,块灰须经充分消解才能使用。

③石灰和土的用量按设计要求控制准确,未消解生石灰块必须剔除。

④路拌深度要达到层底。

⑤混合料处于最佳含水率状况下时,用重型压路机碾压至要求的压实度。

⑥保湿养护,养护期要符合规范要求。

(2)外观鉴定

①表面平整密实,无坑洼。

②施工接茬平整、稳定。

(3)实测项目

稳定土基层和底基层实测项目见表7-1-10。

稳定土基层和底基层实测项目 表7-1-10

项次	检查项目		规定值或允许偏差				检查方法和频率
			基层		底基层		
			高速公路、一级公路	其他公路	高速公路、一级公路	其他公路	
1	压实度(%)	代表值	—	≥95	≥95	≥93	按《公路路面基层施工技术细则》(JTG/T F20—2015)附录B检查,每200m测2点
		极值	—	≥91	≥91	≥89	
2	平整度(mm)		—	≤12	≤12	≤15	3m直尺:每200m测2处×5尺
3	纵断高程(mm)		—	+5,-15	+5,-15	+5,-20	水准仪:每200m测2个断面
4	宽度(mm)		满足设计要求		满足设计要求		尺量:每200m测4个断面
5	厚度(mm)	代表值	—	-10	-10	-12	按《公路路面基层施工技术细则》(JTG/T F20—2015)附录H检查,每200m测2点
		极值	—	-20	-25	-30	
6	横坡(%)		—	±0.5	±0.3	±0.5	水准仪:每200mm测2个断面
7	强度(MPa)		满足设计要求		满足设计要求		按《公路路面基层施工技术细则》(JTG/T F20—2015)附录G检查

2. *石灰稳定粒料基层和底基层*

(1)基本要求

①粒料应符合设计和施工规范要求,矿渣应分解稳定后使用。

②土、石灰质量及技术要求同石灰土基层和底基层。

(2)外观鉴定

①表面平整密实,无坑洼。

②施工接茬平整、稳定。

③实测项目

稳定粒料基层和底基层实测项目见表7-1-11。

稳定粒料基层和底基层实测项目　　表 7-1-11

项次	检查项目		规定值或允许偏差				检查方法和频率
			基层		底基层		
			高速公路、一级公路	其他公路	高速公路、一级公路	其他公路	
1	压实度（%）	代表值	≥98	≥97	≥96	≥95	按《公路路面基层施工技术细则》（JTG/T F20—2015）附录 B 检查，每 200m 测 2 点
		极值	≥94	≥93	≥92	≥91	
2	平整度（mm）		≤8	≤12	≤12	≤15	3m 直尺：每 200m 测 2 处 ×5 尺
3	纵断高程（mm）		+5，-10	+5，-15	+5，-15	+5，-20	水准仪：每 200m 测 2 个断面
4	宽度（mm）		满足设计要求		满足设计要求		尺量：每 200m 测 4 点
5	厚度（mm）	代表值	-8	-10	-10	-12	按《公路路面基层施工技术细则》（JTG/T F20—2015）附录 H 检查，每 200m 测 2 点
		极值	-10	-20	-25	-30	
6	横坡（%）		±0.3	±0.5	±0.3	±0.5	水准仪：每 200mm 测 2 个断面
7	强度（MPa）		满足设计要求		满足设计要求		按《公路路面基层施工技术细则》（JTG/T F20—2015）附录 G 检查

学习活动二　水泥稳定类基层施工

学习目标

完成本学习任务后，你应当：

1. 能够叙述水泥稳定类基层强度形成原理和影响因素；
2. 能够描述水泥稳定土基层施工过程；
3. 能够根据规范、材料和条件，进行合理的混合料配合比设计；
4. 能够区别路拌法和集中拌和法，掌握两种施工方法的规范要求；
5. 掌握每个工序的施工重点和注意事项。

学习情境描述

项目所在区域位于南京市溧水区。道路西起琴音大道，东至经一路，长约 4.3km，规划等级为城市支路，公路路面的基层设计为 4.5% 水泥稳定碎石，底基层设计为 12% 石灰土，建议采用厂拌法集中拌和，并将原材料运至施工地点后，采用摊铺机进行铺筑施工。

相关知识

一、概述

在粉碎的或原来松散的土中,掺入足量水泥和水,经拌和得到的混合料在压实及养护后,其抗压强度符合规定的要求,称为水泥稳定土。

用水泥稳定细粒土得到的混合料,视所用原材料而命名。当所用细粒土为砂性土、粉性土或黏性土时,简称水泥土;当所用细粒土属于砂时,简称水泥砂。

用水泥稳定粗粒土和中粒土得到的混合料,视所用原材料,可简称水泥碎石、水泥石渣、水泥石屑、水泥砂砾、水泥碎石土或水泥砂砾土。

用水泥稳定土铺筑的路面基础和底基层,分别称水泥稳定(土)基层和水泥稳定(土)底基层。也可以在基层或底基层前标以具体名称,如水泥碎石基层、水泥土底基层等。

1. 水泥稳定土强度形成的原理

在水泥稳定土中,由于水泥用量很少,水泥的水化完全是在土中进行的,土对这一过程起着很大的影响,故凝结速度比在水泥混凝土中进行得缓慢。水泥与土拌和后,水泥矿物与土中的水分发生强烈的水解和水化反应,同时从溶液中分解出氢氧化钙并形成其他水化物。当水泥的各种水化物生成后,有的自身继续硬化形成水泥石骨架,有的则与有活性的土进行反应。

水泥稳定土强度主要依靠离子交换及团粒化作用、硬凝反应、碳酸化作用形成。

2. 影响水泥稳定土强度的因素

(1)土质

土的类别和性质是影响水泥土强度的重要因素之一。除有机质或硫酸盐含量高的土以外,各种砂砾土、砂土、粉土和黏土均可用水泥稳定。但稳定的效果不尽相同。表7-2-1中简列了各类土用水泥稳定后的一些特性。重黏土由于难以粉碎和拌和,以及水泥用量过高而不经济,不宜用水泥稳定。土的液限不大于40,塑性指数不大于20。

水泥稳定土的特性 表7-2-1

土类	无侧限抗压强度(7d,MPa)	CBR	水泥大致用量(占干土质量,%)
级配良好的砾石-砂-黏土、砂或砂砾	2.8~10.5以上	大于600	≤5
粉质砂、砂质黏土	1.7~3.5	600	7
粉质-砂质黏土、级配差的砂	0.7~1.7	200	9
粉土、粉质黏土、级配很差的砂	0.35~1.05	100	10
重黏土	<0.7	50	≥13

(2)水泥的成分和剂量

各种类型的水泥都可以用于稳定土。对于同一种土,水泥矿物成分是决定水泥土强度的主导因素。在通常的情况下,硅酸盐水泥的稳定效果较好,而铝酸盐水泥则较差。

过多的水泥用量，虽可获得强度的增长，但经济上是不合理的，因而存在一个经济用量。所需的水泥用量，按强度和耐久性需要并考虑其经济性，由试验确定。

(3)含水率

当混合料中含水不足时，水泥就要与土争水，若土对水有更大的亲和力，就不能保证水泥的完全水化和水解作用。水泥正常水化所需要的水量约为水泥质量的20%。另外，水泥土的含水率不适宜时，也不能保证大土团被粉碎和水泥在土中的均匀分布，更不能保证达到最大压实度的要求。

(4)工艺过程及养护条件

水泥、土和水拌和得愈均匀，水泥土的强度和稳定性愈高。拌和不均匀会使水泥剂量少的位置强度不能满足设计要求，而水泥剂量多的地方会产生不规则裂缝。

从开始加水拌和到完成压实的延迟时间，对水泥土的密实度和强度有很大的影响。间隔过长，水泥会部分结硬，一方面影响到水泥土的压实度，而压实度对强度的影响很大。另一方面将破坏已结硬水泥的胶凝作用，使水泥土的强度下降。

水泥土的强度也随龄期而增长，为保证水泥的水化，在初期养护阶段应洒水保持潮湿，每天洒水的次数和养护天数视当地气候条件而定。

3. 一般规定

(1)水泥剂量以水泥质量占全部粗细土颗粒干质量的百分率表示，即水泥剂量 = 水泥质量/干土质量。

(2)水泥稳定土可适用于各级公路的基层和底基层，但水泥土不得用作二级及二级以上公路高级路面的基层。

(3)水泥稳定中粒土和粗粒土用作基层时，水泥剂量不宜超过6%。必要时，应首先改善集料的级配，然后用水泥稳定。在只能使用水泥稳定细粒土做基层时或水泥稳定集料的强度要求明显大于规定时，水泥剂量不受此限制。

(4)水泥稳定土结构层宜在春末和气温较高季节组织施工。施工期的日最低气温应在5℃以上，在有冰冻的地区，应在第一次冰冻到来之前半个月到一个月完成。

(5)在雨季施工水泥稳定土，特别是水泥土结构层时，应特别注意气候变化，勿使水泥和混合料遭雨淋。降雨时应停止施工，已经摊铺的水泥混合料应尽快碾压密实。路拌法施工时，应采取措施排除下承层表面的水，勿使运到路上的集料过分潮湿。

(6)水泥稳定土结构层施工时，应遵守下列规定：

①土块应尽可能粉碎，土块最大尺寸不应大于15mm。

②配料应准确。

③路拌法施工时水泥应摊铺均匀。

④洒水、拌和应均匀。

⑤应严格控制基层厚度和高程，其路拱横坡应与面层一致。

⑥应在混合料处于或略大于最佳含水率时进行碾压，直到达到表7-2-2中按重型击实试验法确定的要求压实度(最低要求)。

水泥稳定土压实度(单位:%)　表7-2-2

公路等级		二级及二级以下公路		高速公路、一级公路	
稳定土类型		水泥稳定中粒土和粗粒土	水泥稳定细粒土	水泥稳定中粒土和粗粒土	水泥稳定细粒土
层位	基层	97	93	98	
	底基层	95	93	95	93

⑦水泥稳定土结构层应用12t以上的压路机碾压。用12~15t三轮压路机碾压时,每层的压实厚度不应超过15cm;用18~20t三轮压路机和振动压路机碾压时,每层的压实厚度不应超过20cm;对于水泥稳定中粒土和粗粒土,采用能量大的振动压路机碾压时,或对于水泥稳定细粒土,采用振动羊足碾与三轮压路机配合碾压时,每层的压实厚度可以根据试验适当增加。对于稳定细粒土,以及用摊铺机摊铺的混合料,都应采用先轻型、后重型的压路机碾压。

⑧路拌法施工时,必须严密组织,尽可能缩短从加水拌和到碾压终了的延迟时间,此时间不应超过3~4h,并应短于水泥的终凝时间。采用集中厂拌法施工时,延迟时间不应超过2h。

⑨水泥稳定土基层施工时,严禁用薄层贴补法进行找平。

⑩必须保湿养护,稳定土层表面不应干燥,也不应忽干忽湿。

⑪水泥稳定土基层上未铺封层或面层时,除施工车辆可慢速(不超过30km/h)通行外,禁止一切机动车辆通行。

(7)施工方法

①对于二级以下的公路,水泥稳定土基层和底基层可以采用路拌法施工。但对于二级公路,应采用专用的稳定土拌和机或使用集中拌和法制备混合料。

②对于高速公路和一级公路,直接铺筑在土基上的底基层下层可以用稳定土拌和机进行路拌法施工,当土基上层已用石灰或固化剂处理时,底基层的下层也宜用集中拌和法拌制混合料。其上的各个稳定土层都应用集中厂拌法拌制混合料,并用摊铺机摊铺基层混合料。

③基层分两层施工时,在铺筑上层前,应在下层顶面先撒薄层水泥或水泥净浆。

二、材料要求

1.土

凡较容易粉碎的土,都可用水泥稳定。

土的质量优劣通常依据相关技术指标来衡量。常用指标有压碎值、最大粒径、颗粒组成、液限、塑性指数、有机质含量、硫酸盐含量等。水泥稳定土用土的质量指标见表7-2-3。

水泥稳定土用土的质量指标　表7-2-3

项　目	二级及二级以下公路		高速公路、一级公路	
	基层	底基层	基层	底基层
液限(%)		<40	<28	<40
塑性指数		<17	<9	<17
均匀系数	>10	>5	>10	>5

续上表

项　目	二级及二级以下公路		高速公路、一级公路	
	基层	底基层	基层	底基层
有机质含量(%)	≤2		≤2	
硫酸盐含量(%)	≤0.25		≤0.25	
压碎值(%)	≤35	≤40	≤30	
最大粒径(mm)	≤37.5	≤53	≤31.5	≤37.5

(1)对于二级及二级以下公路：

①水泥稳定土用作底基层时，颗粒的最大粒径不应超过53mm。土的颗粒组成应在表7-2-4的范围内，细粒土的液限不应超过40%，塑性指数不应超过17。对于中粒土和粗粒土，如土中粒径小于0.6mm的颗粒含量在30%以下，塑性指数可稍大一些。实际工程中宜选用塑性指数小于12的土。塑性指数大于17的土，宜采用石灰稳定，或用水泥和石灰综合稳定。

用作底基层时水泥稳定土的颗粒组成范围　　表7-2-4

筛孔尺寸(mm)	53	4.75	0.6	0.075	0.002
通过百分比(%)	100	50~100	17~100	0~50	0~30

②水泥稳定土用作基层时，土的最大粒径不应超过37.5mm。土的颗粒组成应在表7-2-5所列范围内。集料中不宜含有塑性指数的土。对于二级公路宜选级配范围的下限组配混合料或采用表7-2-6中的2号级配。

用作基层时水泥稳定土的颗粒组成范围　　表7-2-5

筛孔尺寸(mm)	37.5	26.5	19	9.5	4.75	2.36	1.18	0.6	0.075
通过百分比(%)	90~100	66~100	54~100	39~100	28~84	20~70	14~57	8~47	0~30

水泥稳定的土的颗粒组成范围　　表7-2-6

编号	通过下列方孔筛(mm)的质量百分率(%)									液限(%)	塑性指数
	37.5	31.5	26.5	19	9.5	4.75	2.36	0.6	0.075		
1	100					50~100		17~100	0~30		
2	100	90~100		67~90	45~68	29~50	18~38	8~22	0~7①		
3		100	90~100	72~89	47~67	29~49	17~35	8~22	0~7①	<28	<9

注：①集料中粒径在0.5mm以下的细粒土有塑性指数时，粒径小于0.075mm的颗粒含量不应超过5%；细粒土无塑性指数时，粒径小于0.075mm的颗粒含量不应超过7%。

③级配碎石、未筛分碎石、砂砾、碎石土、砂砾土、煤矸石和各种粒状矿渣均适宜用水泥稳定。碎石包括岩石碎石、矿渣碎石、破碎砾石等。土中碎石或砾石的压碎值不应大于35%~40%。

(2)对于高速公路、一级公路：

①水泥稳定土用作底基层时，集料的最大粒径不应超过37.5mm。水泥稳定土的颗粒组成应在表7-2-6所列1号级配的颗粒组成范围内。细粒土的液限不应超过40%，塑性指数不应超过17。对中粒土和粗粒土，宜采用表7-2-6中的2号级配，但粒径小于0.075mm的颗粒

含量和塑性指数可不受限制。

②水泥稳定土用作基层时,集料的最大粒径不应超过31.5mm。集料的颗粒组成应在表7-2-6所列2号级配的所列范围内。

③水泥稳定土用作基层时,对所有的碎石或砾石,应预先筛分成3～4个不同粒级,然后配合,使颗粒组成符合表7-2-6所列级配范围。

(3)水泥稳定粒径较均匀的砂,宜在砂中添加少部分塑性指数小于10的黏性土或石灰土,也可加少部分粉煤灰。加入比例可按使混合料的标准干密度接近最大值确定,一般为20%～40%。

(4)有机质含量超过2%以及塑性指数偏高(大于4～6)的土,不应单用水泥稳定。如需采用这种土,必须先用石灰进行处理,闷料一夜后再用水泥稳定。

(5)硫酸盐含量超过0.25%的土,不应用水泥稳定。

2. 水泥

普通硅酸盐水泥、矿渣水泥或火山灰水泥都可用于稳定土,但应选用初凝时间大于3h和终凝时间大于6h的水泥。

3. 石灰

石灰应是消石灰粉或生石灰粉。符合Ⅲ级以上石灰的要求。

4. 水

凡人或牲畜的饮用水均可用于水泥稳定土施工。

三、混合料组成设计

水泥稳定土混合料的组成设计应符合《公路路面基层施工技术细则》(JTG/T F20—2015)有关规定。水泥稳定混合料的组成设计包括:根据水泥稳定土的强度标准,通过试验选取最适宜稳定的土,确定必需的水泥剂量和混合料的最佳含水率。需要改善土的颗粒组成时,还包括所掺料的比例。当采用水泥和石灰综合稳定时,水泥和石灰的比例,通常可取60:40、50:50、40:60。

1. 原材料的试验

在水泥稳定土结构层施工前,应在所定料场中选取有代表性的土样进行下列(1)中试验:

(1)颗粒分析;液限和塑性指数;相对密度;重型击实试验;碎石或砾石的压碎值试验;有机质含量试验(必要时做);硫酸盐含量试验(必要时做)。只有经试验证明土料符合质量要求后才能采用。

(2)对级配不好的碎石、碎石土、砂砾、砂砾土、砂等,宜经试验后进行级配改善。

(3)应检验水泥的强度等级和终凝时间。

2. 混合料的设计步骤

(1)确定水泥剂量,制备同一种土样、不同水泥剂量的水泥土混合料。一般情况按表7-2-7所列5个水泥剂量配制。

水泥剂量建议值　表 7-2-7

结构层	土类	水泥剂量(%)
基层	中粒和粗粒土	3、4、5、6、7
	塑性指数小于 12 的土	5、7、8、9、11
	其他细粒土	8、10、12、14、16
底基层	中粒和粗粒土	3、4、5、6、7
	塑性指数小于 12 的土	4、5、6、7、9
	其他细粒土	6、8、9、10、12

(2)确定各种混合料的最佳含水率和最大干密度。

(3)按工地预定达到的压实度,分别计算不同水泥剂量时试件应有的干压实密度。

(4)按最佳含水率和计算得到的干压实密度制备试件。进行强度试验时,作为平行试验的试件数量应符合表 7-2-8 中的规定。

最小的试验数量　表 7-2-8

稳定土类型	下列偏差系数时的试验数量(kg)		
	小于 10%	10% ~15%	15% ~20%
细粒土	6	9	—
中粒土	6	9	13
粗粒土	—	9	13

(5)试件在规定温度下保湿养护 6d,浸水 1d 后,进行无侧限抗压强度试验,计算试验结果的平均值和偏差系数。不同交通类别道路上,水泥稳定土的 7d(在规定温度下养护 6d,浸水 1d)无侧限抗压强度标准规定见表 7-2-9。

水泥稳定土的强度标准　表 7-2-9

公路等级 / 用的层位	其他公路	高速公路、一级公路
基层	2.5 ~3.0	3.0 ~5.0
底基层	1.5 ~2.0	1.5 ~2.5

(6)根据强度标准,选定合适的水泥剂量,此剂量试件室内试验结果的平均抗压强度为$\overline{R}$。

(7)工地实际采用的水泥剂量应比室内试验确定的剂量多 0.5% ~1.0%(集中厂拌法取 0.5%,路拌法取 1%)。同时,从拌和均匀性考虑,水泥的最小剂量应符合表 7-2-10 的规定。

水泥的最小剂量　表 7-2-10

拌和方法 / 土类	路拌法	集中(厂)拌和法
中粒和粗粒土	4%	3%
细粒土	5%	4%

四、水泥稳定土施工

1.路拌法施工

水泥稳定土施工时,必须使各工序紧密衔接。特别是要尽量缩短从加水拌和到完成碾压之间的延迟时间。所以在施工时应做延迟时间对强度影响的试验,以确定合适的延迟时间,并使此时水泥稳定土的强度仍能满足设计要求。

(1)准备下承层

当水泥稳定土用作基层时,要准备底基层;无论底基层还是土基,都必须按规范进行验收,凡验收不合格的路段,必须采取措施,使其达到标准后,方可铺筑水泥稳定土层。

如底基层或土基已遭破坏,则必须作如下处理:

①对土基必须用12~15t三轮压路机或等效的碾压机械进行3~4遍碾压检验。

②对于底基层,表面应该平整、坚实,具有规定的路拱和坡度,且没有任何松散的材料。在水泥稳定土基层铺筑之前,应在底基层上进行弯沉测定。凡不符合设计要求的路段,先进行补强,根据具体情况,分别采用补充碾压、加厚底基层、换填好的材料、挖开晾晒等措施,使其达到标准。

③对于老路面,应检查其材料是否符合底基层材料的技术要求,如不符合要求,应翻松老路面并采取必要的处理措施。

④底基层或老路面上的低洼和坑洞,应仔细填补及压实;搓板和车辙,应刮除;松散处,应耙松洒水并重新碾压,达到平整密实。

⑤逐一断面检查土基或底基层高程是否符合设计要求,平整度、压实度、路拱是否符合规定,且应没有任何松散的材料和软弱地点。

(2)测量放样及下承层清扫洒水润湿

①在验收合格后,施工摊铺前,首先恢复中线。根据中桩和摊铺宽度每边外30~50cm定出边桩指示桩。

②每200~300m增设一临时水准点,在两侧指示桩上用红油漆标出设计高程,即为水泥稳定土基层边缘的设计高程,作为施工控制标准。

③测量放样后,清扫下承层,并在上料前洒水润湿使下承层潮湿而无积水。

④确定合理的作业长度

确定路拌法施工每一作业段的合理长度时,应考虑水泥的终凝时间、延迟时间对混合料密实度和抗压强度的影响、施工机械和运输车辆的效率和数量、操作的熟练程度、施工季节和气候条件等因素。一般宽7~8m的稳定层,每一流水作业段以200m为宜。

(3)粉碎土

当水泥稳定土层所用的土是土基上层的一部分时需粉碎土,包括翻松土层到需要深度、粉碎翻松的土直到适宜与水泥拌和为止。可采用圆盘耙、旋转耕作机、稳定土拌和机或旋转松土机等设备配合平地机或多桦犁进行粉碎。需加水预湿时,应在粉碎前8~24h加水,使土变软。

粉碎结束时,80%以上的土团应少于5mm。用平地机整平,使其均匀分布在预定长度和宽度的路段上。

(4)准备选料

主要是选择稳定混合料中的土料。主要包括以下步骤:

①料场选择。从沿线初步选定的料场,分别选取代表性的土样,做土的性能试验和水泥土

混合料的力学试验，根据试验结果选定料场。

②选料采集。按预定材料深度自上而下采集土料，不应分层采集。有明显分层变化时，应及时采集样品做各项试验。

③选料的运输与堆放。选料装车时（通常用装载机或挖掘机），每辆运输车（自卸汽车）的装载量应基本相等。土料应按计算的数量和间距进行堆放，并做好排水工作。较大的土块（5mm 以上）应进行粉碎和筛除，然后用平地机整平。

（5）洒水预湿

翻松、粉碎和运到现场的选料，均需洒水预湿。一般预湿后土的含水率应为最佳含水率的 70% 左右。对中粒土、粗粒土，预湿后的含水率以比最佳含水率小 2% ~3% 为宜；对含砂较多的土，可比最佳含水率大 1% ~2% 。

（6）整平轻压

预湿后，应整形成要求的路拱和坡度，并用两轮压路机碾压 1 ~2 遍，使表面平整，具有一定的密实度，以便摊铺水泥。

（7）摆放和摊铺水泥

①用袋装水泥时（通常每袋水泥 50kg），根据水泥稳定土层的压实厚度、预定的干密度和水泥剂量，计算每一平方米水泥稳定土需要的水泥用量，并计算每袋水泥的摊铺面积。

②根据水泥稳定土层的宽度，确定摆放水泥的行数，计算每行水泥的间距。

③根据每袋水泥的摊铺面积和每行水泥的间距，计算每袋水泥的纵向间距。

④按每袋水泥的纵横间距，用石灰线画格网，标出摆放位置。

⑤将水泥运到摊铺路段后，按事先做好的标记摆放水泥。应检查有无遗漏和多余。将水泥袋拆开，倒出水泥后，用木刮板将水泥均匀摊开。应注意使每袋水泥的摊铺面积相等。

（8）干拌

①用稳定土拌和机拌和。拌和深度应达稳定层底。应设专人跟随拌和机，随时检查拌和深度并配合拌和机操作员调整拌和深度。在最后一遍拌和之前，必要时可先用多桦犁紧贴底面翻拌一遍。

②在没有专用拌和机械的情况下，也可用农用旋转耕作机与多桦犁或平地机相配合进行拌和。严禁在底部留有“素土”夹层，也应防止过多破坏下承层的表面。

（9）洒水湿拌

干拌过程结束时，如果混合料含水率不足，洒水车的数量应视水源远近而定。应在洒水车后面改接一根 ϕ50mm、长约 2m 的横向水平钢管，管壁钻三排 ϕ4mm 的孔眼。洒水车不应使洒水中断，洒水距离应长些，水车起洒处和另一端掉头处都应超出拌和段 2m 以上。洒水及拌和过程中，应及时检查混合料的含水率，可采用含水率快速测定仪测定混合料的含水率。混合料的最佳含水率也可以在现场人工控制。拌和完成的标志是：混合料没有灰条、灰团和花面，没有粗细颗粒“窝”，且水分合适且均匀。

（10）整形

同石灰稳定土。

（11）碾压

水泥稳定土整平后，应立即用 15t 三轮压路机、振动压路机或轮胎压路机在路基全宽内进行碾压。

①含水率合适时,碾压不得少于6遍。

②压路机不得在已完成的或正在碾压的路段上掉头或紧急制动,以避免破坏基层表面。

③碾压过程中,发生"弹簧"、松散起皮等现象,应及时翻开换料或加水泥重新拌和,碾压至规定的干密度为止。终压前,应用平地机终平一次,局部低洼之处,不得找补,以免出现贴补薄层。

④为满足水泥稳定土表面的平整,对于砂(砾)质土,适宜用轮胎压路机或钢轮压路机;对于砂质黏土,适宜用轮胎压路机。振动压路机适用性较广且压实效果良好,现已被广泛用于工程中。

(12)接缝和掉头处的处理

①两个工作段的衔接处,应搭接拌和。第一段拌和后,留5~8m不进行碾压。第二段施工时,将前段留下的部分,再加部分水泥,重新拌和,并与第二段一起碾压。

②如拌和机械及其他机械必须到已压成的水泥稳定土层上掉头,应采取措施保护掉头部分。在新混合料碾压过程中,将接缝修整平顺。

③纵缝的处理。水泥稳定土层的施工应该避免纵向接缝,在必须分两幅施工时,纵缝必须垂直相接,不应斜接,并按下述方法处理:在前一幅施工时,在靠中央一侧用方木或钢模板做支撑,方木或钢模板的高度与稳定土层的压实厚度相同。混合料拌和结束后,靠近支撑木(或板)一部分,应人工进行补充拌和,然后整形和碾压。在铺筑另一幅时,或在养护结束后,拆除支撑木或(板)。第二幅混合料拌和结束后,靠近第一幅的部分,应人工进行补充拌和,然后进行整平和碾压。

(13)养护

水泥稳定土经拌和、压实后,在规定的7d养护期内,可以用帆布、粗麻袋、稻草、麦秸或农用地膜湿润养护。若用砂养护,砂层需7~10cm厚,铺匀后,洒水保持湿润。

2.中心站集中拌和(厂拌)法施工

对于高等级公路,尤其是高速公路应采用集中拌和法制备基层和底基层的第二层混合料,以保证拌和质量和消除"素土"夹层的危险。工程中,常采用固定式稳定土拌和机,也可采用强制式水泥混凝土拌和机或沥青混凝土拌和机来拌和水泥稳定土。

固定式拌和机械目前主要有移动式连续拌和机、固定式连续拌和机及间歇式拌和机。目前,主要有普通倾筒式混凝土拌和机、双桨叶拌和机、卧式桨叶拌和机及锅式拌和机。

对于高速公路、一级公路,摊铺机宜连续摊铺,应采用专用稳定土厂拌机械拌制混合料,拌和机的产量宜大于400t/h。下面介绍常用的施工方法:

1)下承层准备与测量放样

(1)下承层验收检查同路拌法施工。

(2)测量放样及下承层清扫、洒水湿润。

①恢复中桩,设两侧指示边桩,水准测量与路拌法施工相同。

②在铺筑段两侧培土路肩,土模宽度比设计宽度宽10~20cm,土模高度与水泥稳定层松铺同高,土模必须拉线垂直切除,其密实度在80%左右,培设路肩后应每隔5~10m间距交错留泄水沟或做盲沟。

③设置钢丝基准线。

a. 选用 ϕ2 ~ 3mm 的钢丝作为基准线。

b. 每段基准线长度以 300m 左右为宜(曲线上以不超过 100m 为宜),在钢丝两端必须用紧线器同时张拉,张力在 1kN 以上,以钢丝不产生挠度为准。

c. 固定钢丝基准线的钢钎采用刚度大的 ϕ16 ~ 18mm 光圆钢筋加工,并配固定架,固定架采用丝扣以便拆卸和调整高程,钢钎间距一般为 5 ~ 10m(直线上 10m、曲线上 5m)。桩距铺设宽度外 30 ~ 40cm 处。两侧均设钢丝基准线,其高程控制误差为 -2 ~ +5mm。钢钎应支设牢固,在整个作业时间内设专人看管,严禁碰撞,发现问题,及时纠正。

2)混合料的拌和

(1)准备工作

①拌和场应设置在空旷、排水良好、运输方便、位置适中的地方。

②各种集料分仓储存,防止混料、污染、受水侵蚀。

③拌和设备应选用性能好的、拌和质量高的、配有电子计量装置的。拌和站必须满足现场摊铺设备的要求。

④施工拌和前应安装调试好拌和机,使配料计量满足施工配合比的误差要求。

(2)拌和质量控制

①拌和前检测集料含水率,并作为拌和用水量的调整依据。

②混合料拌和前检查各种材料的运送线路,开启拌和机,按照规定的比例上料。

③考虑施工的离散性,拌和时水泥用量应比试验室所确定的水泥剂量提高 0.5%。

④混合料含水率对其成形质量影响较大,在拌和中应严加控制。在炎热的夏季施工,应考虑拌和、运输、摊铺过程的水分散失,应适当加大含水率。其增加量应由拌和出料时的含水率和碾压时的含水率进行测试比较,蒸发损失多少,就补充多少。在雨季施工期间,由于集料含水率增大,拌和时应实测集料含水率,调整拌和用水量。

⑤每天开始拌和前几盘料应抽样做筛分试验,如有问题应及时调整。全天拌和料应按摊铺规定的频率进行抽样试验,检测各项技术指标,使之达到规定要求。

⑥拌和时,应严防水泥下料口堵塞不流动或者流量不足,造成缺少水泥现象,应勤检查,观看拌和料是否均匀、色泽一致,否则应废弃。

3)混合料运输

(1)运输混合料宜采用大吨位的自卸翻斗车,其运输车的数量应根据运距长短、道路状况、摊铺能力等因素综合确定,以满足摊铺要求为准。

(2)对运料车,每天都要认真检查,排除故障,并准备好覆盖苫布,以便需要时进行覆盖。

(3)装料时,车要有规律的移动,使拌料在装车时不致产生离析。

(4)发料时应认真填写发料单,记录车号、出料时间、吨位等,运至摊铺现场,应由收料人核对查收,并注明摊铺时间,以备检查剔除超出延时时间的混合料,以防影响工程质量。

(5)自卸汽车将混合料倒车进行摊铺,喂料时应听从现场人员指挥,严禁撞击摊铺机。

4)混合料摊铺

(1)摊铺机选择及调整

①优先考虑全幅摊铺机、性能良好的摊铺机,没有全幅摊铺机也可采用两台摊铺机摊铺。

②根据摊铺速度、厚度和宽度等因素调整好摊铺机夯锤频率,保证碾压前摊铺的混合料有足够的密实度。

③把螺旋送料器调整到最佳状态,使螺旋送料器中混合料的高度将螺旋送料器直径的2/3埋没,以避免离析和大料沉底的现象发生。一般情况下螺旋器轮边距底面15~17cm。

(2)松铺系数的确定与调整

使用不同的摊铺机,不同的混合料,以及不同的夯锤振动频率就会产生不同的松铺系数。一般常用摊铺机,其松铺系数在1.15~1.35之间。施工时使用的松铺系数应在铺筑试验路时实测计算确定。在摊铺前,应按松铺系数调整好摊铺机。

(3)混合料摊铺

①一台摊铺机摊铺。为避免水泥稳定土中间产生纵向接缝,应采用一台摊铺机全宽摊铺。

a. 拌和好的混合料运至现场,等到存有一定车数应立即按松铺厚度均匀摊铺。在摊铺前应检查两侧分料器接头处有无离析的料,并清除处理。注意检查含水率大小是否合适,及时反馈给拌和站以便调整。

b. 开始摊铺时,当铺到10m左右时,应检测摊铺面高程、横坡、厚度,如不符合设计,应适当调整,再进行摊铺。正常施工时,应每10m做一次松铺厚度检验并记录,每50m检测一次横坡。如发现摊铺面上有杂物、大块石料,应清除并补填合格料。

c. 摊铺时应保持匀速摊铺,根据拌和能力确定摊铺速度,一般规定在1~3m/min。设专人指挥运料车卸料,以保证不撞击摊铺机。

d. 摊铺过程中因故中断2h或每天的工作结束时,必须设置横缝。摊铺机应驶离混合料末端一定距离。

②两台摊铺机摊铺。当没有可摊全幅的摊铺机时,或者为减小边部离析现象,可采用两台摊铺机摊铺。

a. 两台摊铺机宜为同种型号的摊铺机,前后相距8~10m,同时向前摊铺。

b. 前一台摊铺机使用一侧钢丝基准线控制高程,并用摊铺机横坡仪控制横坡。第二台摊铺机以一侧的钢丝基准线控制高程,另一侧走滑靴控制横坡,滑靴放在第一台摊铺机铺好未碾压的混合料上,摊铺宽度应与先摊铺层搭接5cm左右,以保证两次摊铺接缝紧密。

c. 其他操作程序与一台摊铺机摊铺相同。

5)横缝施工

(1)人工把末端混合料整修齐平,紧靠混合料放置方木,方木应与混合料压实厚度同高、同宽。

(2)方木的另一侧设支撑,保证在碾压时不移动变形。

(3)碾压混合料密实。

(4)用3m直尺检测平整度,不合格处应处理至合格。同时检测压实度,如不合格,继续碾压至合格。

(5)在重新摊铺混合料时,应先清扫下承层。

(6)摊铺机返回已压实好的末端,就位设好松铺厚度,重新开始摊铺混合料。

(7)两层结构的横缝应避免设在同一断面上。

6)纵缝施工

在不可避免的情况下必须设置纵缝时,施工时应按下述方式进行:

(1)摊铺前一幅时,在靠后一幅的一侧用方木或钢模板做支撑,使前幅施工成形后纵缝顺直,断面与下层垂直。其支撑高度与结构层厚度相同,并且支撑牢固、稳定,不变形。

(2)当养护结束,施工后一幅时,拆除支撑,清扫并刷水泥浆润湿后铺筑。

7)混合料的碾压施工

(1)压实机具组合、压实顺序、压实工艺与路拌法施工相同。

(2)结构层的成形应尽快完成,必须在延时试验确定的时间内完成。

8)养护

水泥稳定土基层养护方法如下:

(1)用不透水薄膜或湿砂进行养护。用砂覆盖时,砂层厚 7 ~ 10cm,砂铺匀后,应立即洒水,并在整个养护期间保持砂的潮湿状态。也可以用潮湿的帆布、粗麻布、草帘或其他合适的材料覆盖,但不得用湿黏土覆盖。养护结束后,必须将覆盖物清除干净。

(2)采用沥青乳液进行养护。乳液应采用沥青含量约 35% 的慢裂沥青乳液,使其能透入基层几毫米深。沥青乳液的用量为 1.2 ~ 1.4kg/m^2,宜分两次喷洒。乳液分裂后,宜撒布 3 ~ 8mm或 5 ~ 10mm 的小碎砾石,小碎石约均匀覆盖 60% 的面积。养护结束后,沥青乳液相当于透层沥青。也可以在完成基层 12h 后做下封层,利用下封层进行养护。

(3)无上述条件时,可用洒水车经常洒水进行养护,每天洒水的次数应视气候而定。整个养护期间应始终保持稳定土层表面潮湿。

除洒水车外,应封闭交通,若采用了覆盖措施,不能封闭交通时,应限制重车通行,其他车辆的车速不得超过 30km/h。养护期结束后,应立即喷洒透层沥青或做下封层,并在 5 ~ 10d 内铺筑沥青面层。

五、水泥稳定土质量检验

按现行《公路工程质量检验评定标准　第一册　土建工程》(JTG F80/1)进行。

1. 水泥土基层和底基层

(1)基本要求

①土的性能应符合设计要求,土块要经过粉碎。

②水泥用量按设计要求控制准确。

③路拌深度要达到层底。

④混合料处于最佳含水率状况时,用重型压路机碾压至要求的压实度。

⑤碾压检查合格后立即覆盖或洒水养护,养护期要符合规范要求。

⑥当水泥稳定基层的龄期在 7 ~ 10d 时,应能取出完整的钻件芯样。若取不出完整的钻件,即找出到合格基层的界限,需进行返工处理。

(2)实测项目

与稳定土基层和底基层实测项目相同。

(3)外观鉴定

①表面平整密实,边线整齐,无松散、坑洼、软弹现象。

②施工接茬平顺。

2. 水泥稳定粒料基层和底基层

(1)基本要求

①粒料应符合设计和施工规范要求,并应根据当地料源选择质的干净的粒料。矿渣应分解稳定,发现未分解渣块应予剔除。

②水泥用量和矿料级配按设计控制准确。

③路拌深度要达到层底。

④摊铺时要注意消除粗细料离析现象。

⑤混合料处于最佳含水率状况时,用重型压路机碾压至要求的压实度。

⑥碾压检查合格后立即覆盖或洒水养护,养护期要符合规范要求。

(2)实测项目

与稳定粒料基层和底基层实测项目相同。

(3)外观鉴定

同水泥土基层和底基层。

学习活动三　石灰、粉煤灰稳定土基层施工

学习目标

完成本学习任务后,你应当:

1. 能够叙述石灰工业废渣稳定基层组成材料、特性和优点;
2. 能够根据规范、材料和条件,进行合理的混合料配合比设计;
3. 能够描述二灰土基层和底基层的施工过程;
4. 掌握每个工序的施工重点和注意事项,对施工进行正确的改进提高;
5. 能够运用所学知识,进行二灰土路拌法施工指导;
6. 在教师指导下,能够对二灰土基层进行检测。

学习情境描述

石灰粉煤灰稳定土在缺乏砂石料的平原地区公路建设中得到广泛应用,本项目为长深高速公路(长春至深圳)国家南北纵线中的一段,高速公路中的临沂至连云港段全线总长约55km,共分为8个合同段,其中多个合同段均采用石灰粉煤灰稳定土作为路面底基层。

相关知识

一、概述

一定数量的石灰和粉煤灰或石灰和煤渣与其他集料相配合,加入适量的水,经拌和、压实及养护后得到的混合料,当其抗压强度符合规定的要求时,称为石灰工业废渣稳定土。

石灰工业废渣稳定土包括两大类:一类是石灰粉煤灰类,又可分为石灰粉煤灰、石灰粉煤灰土、石灰粉煤灰砂、石灰粉煤灰砂砾、石灰粉煤灰碎石、石灰粉煤灰矿渣、石灰粉煤灰煤矸石等。这些材料分别简称二灰、二灰土、二灰砂、二灰砂砾、二灰碎石、二灰矿渣、二灰煤

矸石等。另一类是石灰其他废渣类，可分为石灰煤渣、石灰煤渣土、石灰煤渣碎石、石灰煤渣砂砾、石灰煤渣矿渣、石灰煤渣碎石土等。

1. 石灰工业废渣稳定基层的特性

(1)水硬性

工业废渣来源不同，但主要成分不外乎钙、硅、铝及少量的镁和其他物质，属硅酸盐一类的材料，经配合、拌和、加水、压实成形后都有明显的水硬性。因此，水是强度形成的重要条件，碾压和养护时应保持足够的水分。

(2)缓凝性

石灰稳定工业废渣基层的28d强度为一年龄期的17%～25%，而在2～3年内继续增长。缓凝性给施工带来有利条件，各施工工序间的衔接没有水泥混凝土那样严格，但是缓凝性给早期开放交通带来不利。

(3)抗裂性好、抗磨性差

与水泥混凝土相比，工业废渣混合料在一定的龄期后，具有较低的抗弯拉强度和刚度，但是它的极限弯拉应变较大。工业废渣混合料抗磨性较差，因此，一般只适于用作基层或底基层。

(4)温度影响较大

石灰稳定工业废渣的强度主要靠火山灰作用产生，气温对工业废渣混合料的强度增长有很大影响。同样的混合料，在同等的养护时长下，气温低时，形成的强度低，气温高时，形成的强度高。同时，温度的变化较大，也会导致二灰基层发生收缩裂缝。

(5)板体性好

工业废渣混合料压实成形后，经一定的龄期，具有较高的强度和良好的板体性。作为沥青路面基层时，变形与开裂现象大为改善。

2. 一般规定

(1)石灰工业废渣混合料采用质量配合比计算，以石灰:粉煤灰:集料的质量比表示。

(2)石灰工业废渣稳定土适用于各级公路的基层和底基层，但二灰、二灰土和二灰砂不应用作二级及二级以上公路高级路面的基层。

(3)石灰工业废渣稳定土宜在春末和夏季组织施工。施工期的日最低气温应在5℃以上，并应在第一次重冰冻(－5～－3℃)到来之前一个月到一个半月完成。

(4)石灰工业废渣稳定土结构层施工时，应遵守下列规定：

①配料应准确。

②石灰应摊铺均匀。

③洒水、拌和应均匀。

④应严格控制基层厚度和高程，其路拱横坡应与面层一致。

⑤应在混合料处于或略大于最佳含水率时进行碾压，直到达到表7-3-1中按重型击实试验法确定的要求压实度。

石灰工业废渣稳定土压实度(单位:%)　　表7-3-1

公路等级		二级及二级以下公路		高速公路、一级公路	
稳定土类		稳定中粒土和粗粒土	稳定细粒土	稳定中粒土和粗粒土	稳定细粒土
层位	基层	97	93	98	
	底基层	95	93	97	95

⑥石灰工业废渣稳定土应用12t以上的压路机碾压。用12~15t三轮压路机碾压时,每层的压实厚度不应超过15cm;用18~20t三轮压路机和振动压路机碾压时,每层的压实厚度不应超过20cm。对于二灰级配集料,采用能量大的振动压路机碾压时,或对于二灰土,采用振动羊足碾与三轮压路机配合碾压时,每层的压实厚度可以根据试验适当增加。压实厚度超过上述规定时,应分层铺筑,每层的最小压实厚度为10cm,下层宜稍厚。

⑦必须保湿养护,石灰工业废渣稳定土层表面不应干燥。

⑧石灰工业废渣稳定土基层上未铺封层或面层时,应封闭交通,保护表层不受破坏。当施工中断,临时开放交通时,必须采取保护措施。

⑨ 石灰工业废渣基层施工时,严禁用薄层贴补的办法进行找平。

(5)施工方法:

①对于二级以下的公路,用石灰工业废渣做基层和底基层时,可以采用路拌法施工;对于二级公路,应采用专用的稳定土拌和机,或用集中厂拌法拌制混合料。

②对于高速公路和一级公路,直接铺筑在土基上的底基层下层可以用专用的稳定土拌和机进行路拌法施工,如土基上层已用石灰或固化剂处理,则底基层的下层也应用集中拌和法拌制混合料。其上的各个稳定土层都应用集中厂拌法拌制混合料,并应用摊铺机摊铺基层混合料。

3. 二灰土的优点

用石灰、粉煤灰稳定细粒土得到的混合料简称二灰土。二灰土是用石灰、粉煤灰与细粒土三种材料,按一定比例,通过专用机具,加水拌和均匀、再摊铺碾压成形的一种路面结构层。

二灰土具有以下优点:

(1)二灰土具有较高的强度,虽然早期强度偏低,但后期强度比较高。

(2)二灰土成形后经过一段时间的养护,强度逐渐增高,最后形成一个板体,有较好扩散应力的作用。

(3)二灰土在形成过程中,内部进行物理化学反应,形成致密整体,具有良好的水稳定性和抗冻性。

(4)二灰土具有废物利用、有利环保的优点。

二、二灰土材料要求

1. 石灰

石灰质量应符合规范规定的Ⅲ级消石灰或Ⅲ级生石灰的技术指标,应尽量缩短石灰的存放时间,如存放时间较长,应采取覆盖封存措施,妥善保管。

2. 粉煤灰

粉煤灰中 SiO_2、Al_2O_3、Fe_2O_3 总含量应大于 70%，粉煤灰的烧失量不应超过 20%。干湿粉煤灰均可使用，干粉煤灰应防止扬尘污染，湿粉煤灰的含水率不宜超过 35%。使用时，应将固结的粉煤灰块打碎或过筛，同时清除有害杂质。

3. 土

细粒土宜采用塑性指数为 12 ~ 20 的黏性土，易于粉碎均匀，便于碾压成形，铺筑效果较好。土块的最大尺寸不应大于 15mm，有机质含量不宜超过 10%。

4. 水

凡人或牲畜的饮用水均可用于二灰稳定土施工。

三、二灰土施工

二灰土的施工有路拌法和中心站集中拌和（厂拌）法两种。

1. 路拌法

二灰土路拌法施工工序如图 7-3-1 所示。

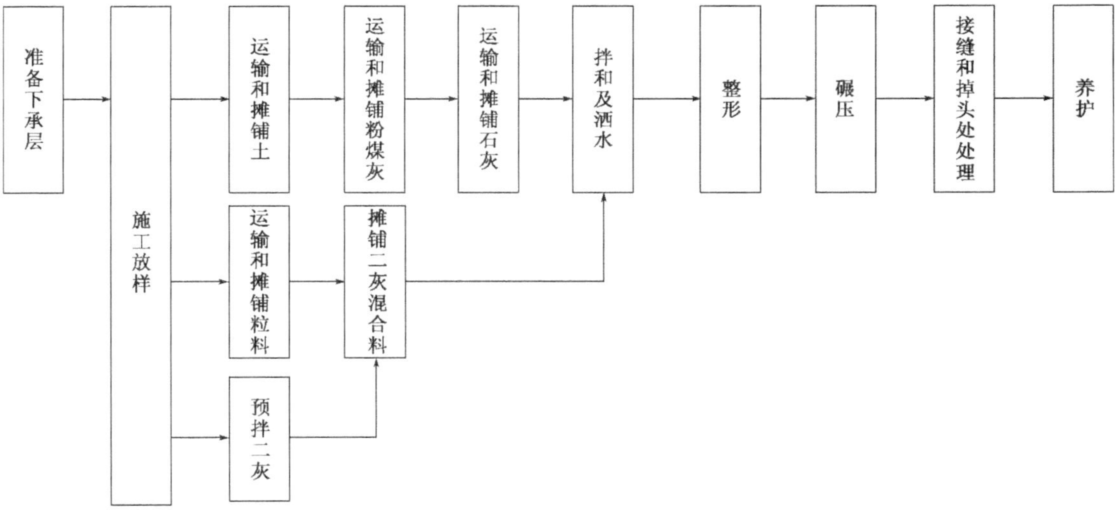

图 7-3-1　二灰土路拌法施工工序

（1）准备下承层

当二灰土用作基层时，要准备底基层；当二灰土用作底基层时，要准备土基。对下承层总的要求是：平整、坚实，具有规定的路拱，没有任何松散的材料和软弱地点。因此，对底基层或土基，必须按规范规定进行验收。凡验收不合格的路段，必须采取措施，使其达到标准后，方能在其上铺筑二灰土层。

（2）施工放样

在设计宽度外 0.3 ~ 0.5m 设置边桩，桩距弯道为 10 ~ 15m，直线段为 15 ~ 20m。水准仪测出高程,在边桩上标出虚铺厚度的标志。

(3)上料摊铺

上料时指派专人在现场指挥,根据现场使用车型,参照计算配料表,按进料顺序并考虑均匀布置的原则,分别指挥车辆分块卸料,并及时用平地机或推土机摊平,不足部分补齐,多余推走。二灰土上料顺序为土、粉煤灰、消石灰、水泥(外掺)。第一种材料摊铺均匀后,宜先用两轮压路机碾压1~2遍,然后再运送并摊铺第二种材料。在第二种材料层上,也应先用两轮压路机碾压1~2遍,然后再运送并摊铺第三种材料。

(4)拌和

路拌法的拌和是在三层料都摊铺好后进行。工地上使用的是两种机械:一种是稳定土拌和机,另一种是拖拉机带铧犁加缺口圆盘耙。拌和原则是先干拌,后湿拌。使用拌和机拌和时,先干拌1~2遍,后湿拌2~3遍;使用拖拉机时,先干拌2~3遍,后湿拌5~6遍。考虑风干、蒸发等因素,在控制最佳含水率的前提下酌情加水,为碾压提供合适的含水率。拌和完成的标志是:混合料色泽一致,没有灰条、灰团、花白且水分合适均匀。拌和时应注意杜绝夹层及接头处漏拌,对接头处要重新翻拌,必要时辅以人工处理。

(5)整形

拌和结束后应及时整形,整形按三步进行。第一,初平时应及时恢复丢失的施工高程控制标志,用平地机大致整平后,利用履带拖拉机或推土机排压1~2遍;第二,复平时按机械试铺的压实系数,利用边桩标定的控制高程拉线检查控制横坡、高程,应从高处刮向低处,避免薄层贴补;第三,终平时按压实系数考虑压路机的碾压,再拉线检查控制最后一次整平,在整平过程中,平地机通过每个断面时,都按照事先拉线来调整刀片的高低,以保证要求的平整度和路面横坡。

(6)碾压

整平结束后,抽检该层的终平高程是否符合要求。混合料含水率符合当时施工最佳含水率时,及时进行碾压。碾压分三步进行:第一步,初压,选用轻型压路机(8~10t)或轮胎压路机进行稳压,慢速碾压1~2遍;第二步,复压,用重型压路机(12~15t)碾压,以1~2挡的速度压2~3遍;第三步,终压用重型压路机快压一遍,必要时,用轮胎压路机压一遍,压至表面无明显轮迹,经检查达到规定压实度。

(7)接缝和掉头处的处理

同石灰稳定土施工。

(8)养护

二灰土层碾压完成后的第二天或第三天开始养护。通常采用洒水养护法。养护期一般为7d。在养护期内,除洒水车外应封闭交通。养护结束,应立即铺筑面层或做下封层。

2. 中心站集中拌和(厂拌)法施工

二灰土的厂拌法施工与路拌法施工的不同之处,就是厂拌法施工的混合料拌和是将石灰(或水泥)、粉煤灰和土集中在一个中心场地采用机械进行集中拌和,然后再将拌和好的混合料用自卸汽车运到铺筑路段摊铺机摊铺,压路机碾压成形。二灰土中心站集中拌和法施工工艺流程如图7-3-2所示。

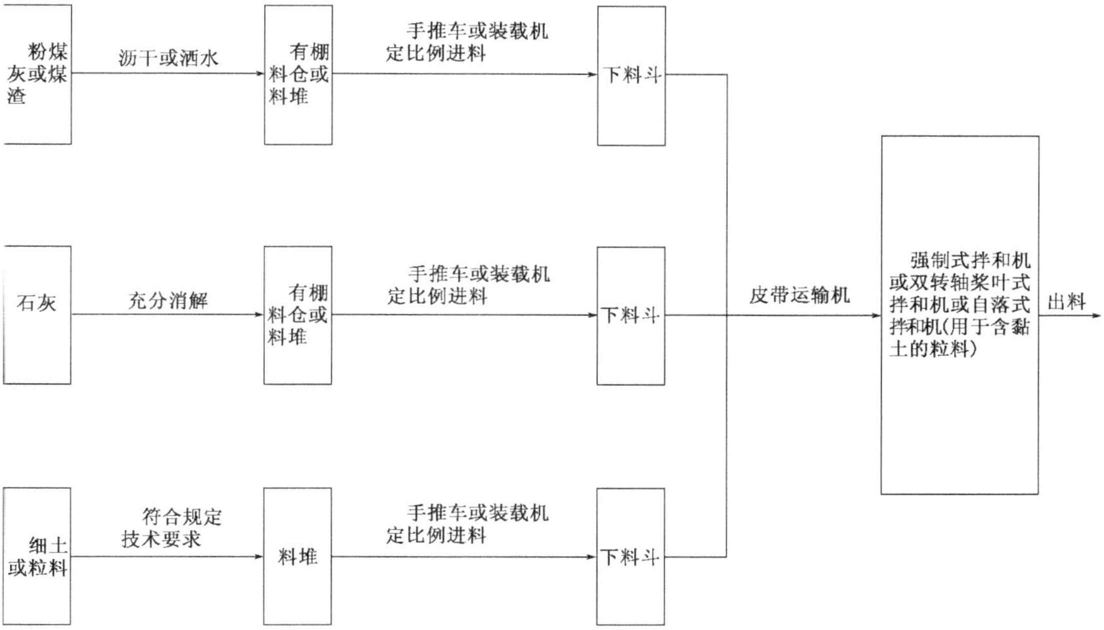

图 7-3-2　二灰土中心站集中拌和法施工工艺流程

主要施工工序如下：

1)二灰土混合料的拌和

(1)二灰土混合料的拌和必须满足以下条件：

①土块、粉煤灰块要粉碎,土块粒径要小于 15mm。

②配料一定要准确,配料的偏差不能超过规范要求。

③混合料必须满足碾压时含水率接近最佳含水率。

④拌和的混合料要均匀。

(2)二灰土混合料可用多种机械进行集中拌和,如强制式拌和机、双转轴桨叶式拌和机等,也可以用路拌机械或人工在场地上进行分批集中拌和。

(3)二灰土的配比调试。

配比应根据混合料各种材料的比例,使在同一时间输出的每种材料刚好等于配合比要求数量或者是数量偏差在规定的误差范围内。另外,每次开盘拌和时,还应测定石灰、粉煤灰和土的含水率,以便调整拌和时的加水量,使拌和时混合料的含水率正好满足要求。

(4)拌和料的拌和与检测。

对已拌和好的混合料应按规定进行检测,并随机抽样制作强度试件。主要应做以下检测试验：

①分别测石灰、粉煤灰和土含水率是否满设计要求。

②粗粒土应进行筛分,判定集料级配是否符合要求。

③随机取样制作无侧限抗压强度试件,以便检测 7d 无侧限抗压强度是否达到规定要求。

2)二灰土混合料的运输

混合料拌和合格后,使用自卸汽车运输,送至摊铺现场。运送时宜在运送车上加盖篷布,防止水分的散发与集料撒落污染环境。

3)二灰土混合料的摊铺

厂拌二灰土混合料的摊铺可以用摊铺机摊铺,也可以用平地机摊铺。

(1)摊铺机摊铺

①下层准备与路拌法相同。

②测量放样。

③摊铺边缘应培肩。

④在摊铺起点就位摊铺机,并将熨平板调整到确定的松铺高度。

⑤自卸汽车掉头后退卸料摊铺。

(2)平地机摊铺

与路拌法大致相同。

4)碾压、养护

同路拌法。

四、二灰土的质量检验

按现行《公路工程质量检验评定标准　第一册　土建工程》(JTG F80/1)进行。

1.基本要求

(1)土的性质应符合图纸和规范要求,土块要打碎。

(2)石灰、粉煤灰质量应符合图纸和规范要求,块灰须经充分消解才能使用。

(3)各项材料用量按图纸要求控制准确,未消解生石灰块应剔除。

(4)混合料拌和均匀。

(5)碾压达到要求的压实度,养护期符合规范要求。

2.实测项目

见表7-1-8。

3.外观鉴定

(1)表面平整、密实,无坑洼。

(2)施工接茬平整、稳定,无缝隙。

学习活动四　石灰、粉煤灰稳定粒料基层施工

学习目标

完成本学习任务后,你应当:

1.能够叙述石灰、粉煤灰稳定粒料基层组成材料和特性;

2.能够描述二灰稳定粒料基层的施工过程;

3.掌握每个工序的施工重点,并对施工能进行正确的指导。

学习情境描述

项目为天津市某小区新建道路,设计车速 $V=30$km/h,路面为沥青混凝土路面,路面结构

使用年限为10年。该路路床均为挖方，挖至路床下40cm处，然后采用18t压路机振动碾压，碾压后顶面压实度要求不小于93%(重型击实标准)，之后再分层回填两层各20cm厚8%石灰土至路床顶高程，8%石灰土土方可利用道路挖方，路面基层采用二灰碎石。

相关知识

一、概述

用石灰、粉煤灰稳定集料(碎石、砾石或矿渣等)得到的混合料简称二灰粒料，如二灰碎石、二灰砂砾、二灰矿渣等。

我国通常使用两种类型石灰粉煤灰粒料混合料。一种是密实式的，即粒料含量占80%～88%，同时具有规定的级配，石灰加粉煤灰含量为20%～12%，起填充粒料的孔隙和黏结作用。另一种是悬浮式的，即粒料仅占50%～60%，不要求粒料具有一定级配，粒料悬浮在石灰和粉煤灰混合料之间。

二灰材料，具有良好的力学性能、板体性、水稳性和一定的抗冻性，其抗冻性较石灰土高得多。在二灰中加入粒料、少量水泥或其他外加剂可提高其早期强度。

二、材料要求

1. 石灰、粉煤灰和水

同“学习活动三　石灰、粉煤灰稳定土基层施工”中的要求。

2. 煤渣

煤渣的松方干密度为700～1100kg/m^3，最大粒径不大于30mm，颗粒组成宜有一定的级配，且不含杂质。

3. 集料

集料的要求主要有压碎值、最大粒径、颗粒组成等。二灰稳定的中粒土和粗粒土常用二灰稳定，不宜采用塑性指数较大的土。

(1)用于高速公路和一级公路的二灰粒料

①作基层时，二灰的质量应占15%，最多不超过20%。石料最大粒径不超过31.5mm，其颗粒组成宜符合表7-4-1或表7-4-2中的级配范围，粒径小于0.075mm的颗粒含量宜接近0。

②作底基层时，碎石、砾石颗粒最大粒径不应超过37.5mm。

(2)用于二级及二级以下公路的二灰粒料

①作基层时，石料颗粒最大粒径不应超过37.5mm；碎石、砾石或其他粒状材料的质量宜占80%以上，并符合表7-4-1或表7-4-2中的级配范围。

二灰级配砂砾中集料的颗粒组成范围　　表7-4-1

结构层	通过下列方孔筛(mm)的质量百分率(%)								
	37.5	31.5	19.0	9.5	4.75	2.36	1.18	0.60	0.075
底基层	100	85～100	68～85	50～70	35～55	25～45	17～35	10～27	0～15
基层		100	85～100	55～75	39～59	27～47	17～35	10～25	0～10

二灰级配碎石中集料的颗粒组成范围 表7-4-2

结构层	通过下列方孔筛(mm)的质量百分率(%)								
	37.5	31.5	19.0	9.5	4.75	2.36	1.18	0.60	0.075
底基层	100	90~100	72~90	48~68	30~50	18~38	10~27	6~20	0~7

②做底基层时,石料颗粒最大粒径不应超过53mm。

(3)碎石或砾石的压碎值应符合表7-4-3的要求。

二灰粒料的质量指标 表7-4-3

项目	二级及二级以下公路		高速公路、一级公路	
	基层	底基层	基层	底基层
集料质量比例(%)	≥80	—	80~85	—
压碎值(%)	≤35	≤40	≤30	≤30
最大粒径(mm)	≤37.5	≤53	≤31.5	≤37.5

三、混合料组成设计

同"学习活动三　石灰、粉煤灰稳定土基层施工"。

四、二灰稳定粒料的施工

(1)开工前先编制开工报告,开工报告的内容包括拟用施工工艺流程、进场人员、机具设备、试验设备的试验和检修情况,以及各种计量工具是否进行标定。各项准备工作达到开工条件,经监理工程师同意后铺筑试验路段。

(2)在基层和底基层开工之前,应铺筑试验路段,并做好试验检测工作。铺筑试验路段应做好以下几方面的工作:

①确定用于施工的集料配合比例。

②确定材料的松铺系数。

③确定标准施工方法。

④进行集料数量的控制。

⑤拟定集料摊铺方法和适用机具。

⑥选择合适的拌和机械、拌和方法、拌和深度和拌和遍数。

⑦确定集料的添加和含水率控制方法。

⑧选择整平和整形的合适机具和方法。

⑨选择压实机械及其组合方式,确定压实的顺序、速度和遍数。

⑩选择拌和、运输、摊铺和碾压的最佳组合方式。

⑪确定密实度的试验方法。

⑫控制结合料数量和均匀性的方法。

⑬确定每一作业段的合适长度。

⑭确定一次铺筑的合适厚度。

试验路段施工结束后,承包人应及时向监理工程师上报试铺段的总结报告,并组织人员对试验段进行检测。检测项目有混合料的压实度、厚度、高程、强度、横坡及各部位的几何尺寸等。若各项指标超过允许误差,则认为该工艺不能用于实际工程施工,应加以改进,重做试验路段。

五、二灰粒料施工

二灰粒料施工根据公路等级不同和所处结构层不同,可采用路拌法和厂拌法。

1. 二灰粒料的路拌法施工

与二灰土路拌法施工工序基本相同。

2. 中心站集中拌和(厂拌)法施工

二灰稳定粒料混合料用多种机械在中心站集中拌和。拌和机械有强制式拌和机、双转轴桨叶式拌和机等。

自落式二灰稳定土拌和机如图7-4-1所示。

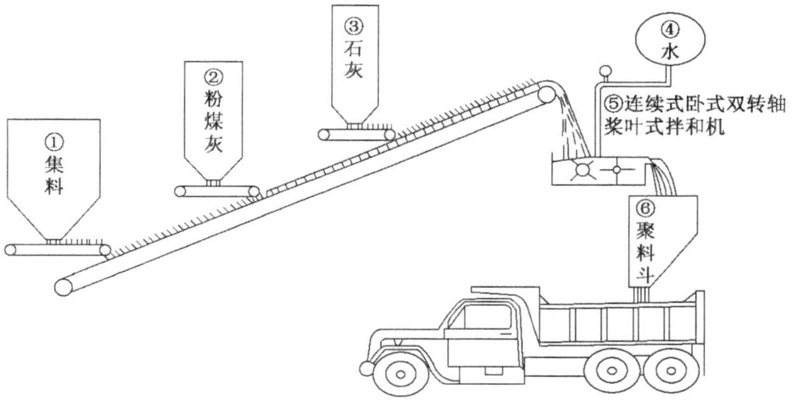

图7-4-1　自落式二灰稳定土拌和机

全自动配料稳定土拌和机(WDDB-300)如图7-4-2所示。

图7-4-2　全自动配料稳定土拌和机(WDDB-300)

(1)二灰粒料集中拌和法施工

与二灰土中心站集中拌和法施工工艺流程相近。

(2)施工要点

①厂拌的设备及布置位置应在拌和以前提交监理工程师并取得批准后,方可进行设备安装、检修、调试,使混合料的颗粒组成、含水率达到规定的要求。

②运输混合料的运输设备,应根据需要配置。在已完成的铺筑层上通过时,速度宜缓,以减少不均匀碾压或车辙。

③摊铺时混合料的含水率应高于最佳含水率,以补偿摊铺及碾压过程中的水分损失。

④拌和场离摊铺地点较远时,混合料在运输时应覆盖,以防水分蒸发;卸料时应注意卸料速度,防止离析;运到现场的混合料应及时摊铺,现场存放时间不得超过24h。

⑤路床表面摊铺前应洒水湿润。

⑥碾压、养护、接缝和掉头处理等与二灰稳定粒料集中拌和相同。

六、二灰粒料质量检验

按现行《公路工程质量检验评定标准　第一册　土建工程》(JTG F80/1)进行。

1. 基本要求

(1)粒料应符合设计和施工规范要求,并应根据当地料源选择干净的粒料。矿渣应分解稳定,发现未分解渣块应予剔除。

(2)石灰和粉煤灰质量应符合设计要求,石灰应经充分消解后才能使用。

(3)混合料配合比应准确,不得含有灰团和生石灰块。

(4)摊铺时要注意消除粗细料离析现象。

(5)碾压时应先用轻型压路机稳压,后用重型压路机碾压至要求的压实度。

(6)保持一定湿度养护,养护期要符合规范要求。

2. 实测项目

与稳定粒料基层和底基层实测项目相同。

3. 外观鉴定

(1)表面平整、密实,无坑洼。

(2)施工接茬平整,无缝隙。

附:项目训练

一、实训项目

二灰土路拌法施工。

二、安全教育

(1)统一着实训服和施工专用靴,佩戴好安全帽进入工作区,携带好必要的通信工具。

(2)现场注意观察标识,保障安全,严禁在不可靠的临边区域逗留。

(3)在亮度不全区域,注意避开地面不平整的区域、预留孔洞、地面残留障碍物、悬挂的线缆、设备以及各种构件等。

(4)通过搭建的跳板、过道等时要小心,如强度不足,无安全防护措施,应绕行,严禁盲目通过。

(5)不得进入各种施工机械作业区和警戒范围。

(6)不得从施工现场材料堆上通过,防止滑塌及摔倒,同时做好防尘保护。

(7)进入现场前先要全面了解周围情况,保障发生紧急情况时能安全撤退。

(8)在施工现场不得触及裸露的线缆,防止带电伤人。

(9)进入现场的学生必须经过课程培训,具备分步的操作能力,掌握并熟练《公路路面基层施工技术细则》(JTG/T F20—2015)。

(10)进入现场听从专业人员指挥,组内成员合理分工。

三、实训目的及要求

(1)目的:通过操作训练使学生掌握二灰土路拌法的施工程序和施工要点,重点训练二灰土施工放样、备料的计算、上料摊铺。

(2)实训要求:

①班级分组:5~8名学生一组,以组为单位进行操作训练。

②训练可在施工工程段或按模拟工程方法进行。

四、实训准备工作(场地布置、实训所用器材)

(1)场地布置:根据实际情况任选以下一个方案。

【方案Ⅰ】　选择一块地形平坦,长100~150m、宽10m的空地,准备做100m二灰土所需的土、石灰、粉煤灰等材料。

【方案Ⅱ】　选择正在施工的工地现场,进行二灰土路拌法施工。

(2)实训所用器材:经纬仪(套)(或全站仪)、水准仪(套)、钢尺、花杆、木桩、小钉、油漆、白灰及运料小推车、摊铺用的手工具。

五、操作步骤(实训操作程序、操作方法、实训组织与实施)

1.选方案Ⅰ训练

(1)训练前作出原材料的试验数据:土的松方密度、含水率;粉煤灰的松方密度、含水率;石灰的松方密度、含水率;二灰土最大干密度。拟定二灰土铺装层宽6m、长50m,压实厚度为15cm,外掺1.5%水泥,路拱横坡度为2%,配合比为粉煤灰:石灰:土=10:20:70。

(2)计算出施工配料表(附表7-4-1)。

二灰土配料表　　附表7-4-1

项目 / 厚度(cm)	粉煤灰			石灰			土		
	松铺厚度(cm)	用量(m^3/m)	用量(t/m)	松铺厚度(cm)	用量(m^3/m)	用量(t/m)	松铺厚度(cm)	用量(m^3/m)	用量(t/m)
15									

(3)拟定实训段的施工程序。

(4)主要完成以下实训操作:

①下承层的准备。

②施工放样:10m设一桩。

③上料摊铺:上料顺序为土、粉煤灰、消石灰、水泥(外掺1.5%)。根据计算画出上料网格(用石灰画)。学生操作时每组只摊铺2个网格以取得感性认识即可。

④拌和、整形、碾压、养护等工序可参观实际工程,不作训练要求。

2. 选方案Ⅱ训练

(1)收集承包人的有关资料。

(2)了解工程概况。

(3)掌握施工单位二灰土基层施工基础资料:主要有原材料试验结果(填入附表7-4-2),二灰土厚度、宽度、路拱横坡度、最大干密度、施工配合比等。

原材料试验结果 附表7-4-2

工程名称: 承包人: 施工段桩号:

项目	湿密度(t/m^3)	干松密度(t/m^3)	含水率(%)	最大干密度(t/m^3)	最大含水率(%)
粉煤灰					
消石灰					
生石灰					
土					
二灰土					

(4)计算施工配料情况。

(5)熟悉本项目承包人进行二灰土施工的程序。

3. 学生操作训练

选取承包人某一作业段,按承包人施工程序完成以下操作训练:

(1)准备下承层。

(2)施工放样。

(3)上料摊铺:上料顺序为土、粉煤灰、消石灰、水泥(外掺1.5%)。根据计算画出上料网格(用石灰画)。和施工技术人员一起指挥完成上料、摊铺工作。

(4)其他工序现场参观正在施工的路段。

六、注意事项

依据规范和标准,进行合理化的施工组织设计、准确的放样定位,使用规范表格,精确计算材料用量,采用合适的设备进行施工。

七、质量验收及评定或实习报告、实训总结

实训结束后,学生填写表格,书写施工过程,写出实训总结和实习项目心得。

实训评分由各组组长对小组成员的实训情况进行评分,小组间进行互评,指导教师对每个学生的实训情况进行打分;资料评分由指导教师对每位学生进行评分。总得分:实训评分占50%,资料评分占30%,平时表现得分占20%。

思考题

1. 简述半刚性型或整体型结构的特点。
2. 简述石灰稳定土施工中注意事项。
3. 简述铺筑试验路段的目的。
4. 简述影响石灰土强度的因素。
5. 简述石灰稳定土层施工时应遵守的规定。
6. 简述石灰稳定土基层的施工方法。
7. 石灰稳定土混合料的组成设计包括哪些内容?
8. 在石灰稳定土层施工前,应取所定料场有代表性的材料进行哪些试验?
9. 简述石灰稳定土混合料的组成设计步骤。
10. 简述石灰稳定土路拌法施工的步骤。
11. 简述石灰稳定土层路拌法施工时,接缝和掉头处的处理方法。
12. 简述石灰工业废渣稳定基层的特性。
13. 影响水泥稳定土强度的因素有哪些?
14. 简述水泥稳定土结构层施工时应遵守的规定。
15. 水泥稳定混合料的组成设计包括哪些内容?
16. 在水泥稳定土结构层施工前,应在所定料场中选取有代表性的土样进行哪些试验?
17. 简述水泥稳定土混合料的组成设计步骤。
18. 简述水泥稳定土路拌法施工的步骤。
19. 简述水泥土基层和底基层的基本要求。
20. 简述水泥稳定粒料基层和底基层的基本要求。
21. 简述石灰、粉煤灰稳定土基层的施工方法。
22. 简述二灰土中心站集中拌和(厂拌)法的施工工序。
23. 简述二灰粒料路拌法施工的主要施工工序。

学习任务八　路面面层施工

任务总描述

路面面层是指用各种筑路材料铺筑在道路路基上直接承受车辆荷载的层状构造物。随着我国载重汽车数量显著增加,对路面工程的质量提出了更高的要求,在施工过程中应通过良好的施工组织及严格的质量把关提高路面施工质量。质量良好的路面应有足够的强度和良好的稳定性,其表面应达到平整、密实和抗滑的要求。目前常用的路面是水泥混凝土路面和沥青路面。水泥混凝土路面是指以水泥混凝土为主要材料做面层的路面,简称混凝土路面,亦称刚性路面,是一种高级路面。水泥混凝土路面有素混凝土、钢筋混凝土、连续配筋混凝土、预应力混凝土等各种路面。在各种路面的施工中,需要依据相关的技术规范和工艺要求进行施工,才能确保工程质量。

学习活动一　沥青表面处治层施工

学习目标

完成本学习任务后,你应当:

1. 能够描述沥青表面处治层施工的一般规定;
2. 能够描述沥青表面处治层施工的施工工艺和流程;
3. 能够描述沥青表面处治层施工的质量控制要点及各项材料的性能指标;
4. 能够进行沥青表面处治层施工现场简单的施工组织。

学习情境描述

在路基底基层、基层完工并验收合格后,可进行路面面层施工。某项目位于国道G206汕头引线段,该合同段需修筑沥青表面处治面层3cm,宽29.2m,总长19.1km。该合同段沥青表处施工总体计划工期只有2个月。在工期短、任务重的情况下,如何根据施工技术要求合理进行工程施工呢?

相关知识

一、概述

沥青表面处治是用沥青和集料按拌和法或层铺法施工的一种厚度不大于3cm的薄层沥青面层。由于处治层很薄,一般不起强度作用,其主要作用是抵抗行车的磨耗,增强防水性,提高平整度,改善路面的行车条件,一般适用于三级及三级以下公路的沥青面层或磨耗层。

(1)沥青表处大多用于下列场合:

①用作碎石路面或基层的磨耗层或面层,以改善行车条件并提高路面等级。

②改善或恢复原有面层的使用品质。对原路面磨损较严重的、老化严重的或路面过于光滑的通过表面处治，使其平整度、泌水性、抗滑能力等均得以恢复、改善或提高。

③用作封层，即作为空隙较多的沥青面层的防水层。位于沥青面层之上即为上封层，位于非沥青类基层之上即为下封层。

(2)影响表面处治性能的因素如下：

①交通量。货运汽车的数量对石屑嵌入道路表面有一定的影响。货运汽车是指自重大于1.5t的车辆，较低轴载的车辆对石屑嵌入影响不大。

②原有道路表面。石屑陷入原有道路表面的程度与它的表面硬度以及车道上面行驶的货车数量有关。当陈旧道路表面呈多孔情况，必须估计到部分黏结料因渗入下层导致面层黏膜的实际厚度减小。陈旧道路表面严重开裂最终会扩展到表面处治层上。

③石屑粒径和种类。石屑粒径不应太小，否则不久会埋入表面下层；粒径太大，车辆会把它们从路面挤脱。石屑应有足够的强度和抗磨光能力，适宜于道路的表面处治。

④黏结料。它的功能是填实裂缝并把石屑同下层表面结合起来。黏结料须有适当的黏度，以使它在摊铺时将石屑充分湿润，道路开放行车后可以防止石屑脱落，并在长期低温时不致脆化。

⑤黏结料的洒布率。必须有足够的洒布率在表面处治施工后牢固地黏住石屑，在表面处治使用期内要有足够的表面纹理深度，洒布时须不过量，但考虑洒布均匀性，部分黏结料可用手工填补孔隙。

⑥环境条件。环境条件与路面的地理位置、当地气候条件或特殊的交通情况有关。表面处治的黏结料凝结速度与铺筑在空旷或有遮盖场地有关，进行表面处治施工的季节和处治后初期的气候对其性能有重要的影响；车辆在交叉口或环道处因制动、加速或转弯而增加的应力会加速石屑的剥落。

二、材料规格和用量

1. 沥青

沥青表面处治可采用道路石油沥青、煤沥青或乳化沥青。沥青表面处治对沥青材料的要求有以下几个方面：渗透性好、凝结时间短、黏结力大、不易老化、便于浇洒、耐久性好。

沥青表面处治所选用的沥青标号，宜根据气候条件、施工季节、路面类型、施工方法和矿料类型等按表8-1-1选用。

道路石油沥青技术要求　　表8-1-1

指标	单位	等级	沥青标号															
			160号	130号	110号			90号					70号②					50号②
适合的气候分区			注③	注③	2-1	2-2	3-2	1-1	1-2	1-3	2-2	2-3	1-3	1-4	2-2	2-3	2-4	1-4
针入度(25°,5s,100g)	0.1mm		140~200	120~140	100~120			80~100					60~80					40~60

续上表

指标	单位	等级	沥青标号													
			160号	130号	110号	90号					70号[2]					50号[2]
针入度指数PI		A	-1.5 ~ +1.0													
		B	-1.8 ~ +1.0													
软化点 $T_{R\&B}$	℃	A	38	40	43	45			44		46		45			49
		B	36	39	42	43			42		44		43			46
		C	35	37	41	42					43					45
60℃动力黏度[1]	Pa·s	A	—	60	120	160			140		180		160			200
10℃延度[1]	cm	A	50	50	40	45	30	20	30	20	20	15	25	20	15	15
		B	30	30	30	30	20	15	20	15	15	10	20	15	10	10
15℃延度	cm	A、B	100													80
		C	80	80	60	50					40					30
蜡含量(蒸馏法)	%	A	2.2													
		B	3.0													
		C	4.5													
闪点	℃		230			245					260					
溶解度	%	99.5%														
密度(15℃)	g/cm^3	实测														
薄膜加热试验(或旋转薄膜加热试验)后																
质量变化	%		±0.8													
残留针入度比(25℃)	%	A	48	54	55	57					61					63
		B	45	50	52	54					58					60
		C	40	45	48	50					54					58
残留延度(10℃)	cm	A	12	12	10	8					6					4
残留延度(15℃)	cm	C	40	35	30	20					15					10

注:①表中PI值、60℃动力黏度、10℃延度可作为选择性指标,也不作为施工质量检验指标。

②70号沥青可根据需要要求供应商提供针入度范围为60 ~ 70(0.1mm)或70 ~ 80(0.1mm)的沥青,50号沥青可要求提供针入度范围为40 ~ 50(0.1mm)或50 ~ 60(0.1mm)的沥青。

③130号和160号沥青除寒冷地区可直接在中低级公路上直接应用外,通常用作乳化沥青、稀释沥青、改性沥青的基质沥青。

2. 矿料

沥青表面处治的设计原则是要确保道路所选择的石屑粒径,应根据预测交通量估计石屑埋入现有磨耗层的情况而定。确定集料的粒径时,应考虑道路的硬度、交通量、轴重和设计行车速度。集料纹理和磨光性能对道路的抗滑能力有很大的影响。具体可根据当地特点选用碎石、轧制碎石或筛选砾石，其质量及规格应符合以下要求：

(1)粗集料应干燥、无风化、清洁、无杂质，具有足够的强度和耐磨性能，应尽量选择质地坚硬、软弱及扁平颗粒含量少的碎石或砾石。

(2)粗集料应具有良好的颗粒形状，通常以接近立方体且多棱角为佳，筛选砾石，因其嵌挤锁结能力差，仅在轻交通的沥青表面处治中使用。用于道路沥青面层的碎石不宜采用颚式破碎机加工。

(3)用于轧制的砾石必须采用粒径大于50mm的颗粒，破碎砾石中4.75mm及以上颗粒的破碎面积应不小于规范规定值。

(4)与沥青材料有良好的黏结力，经检验属于酸性岩石的石料，用于高速公路、一级公路时，宜使用针入度较小的沥青，并采用抗剥离措施。

施工中各层所用的矿料规格和用量应按表8-1-2的规定选用。

此外，沥青表面处治还应当严格掌握沥青与矿料用量的适当比例(油石比)。沥青的用量是保证沥青表面处治路面质量的最重要的因素，若沥青用量过多，易造成泛油、拥包等病害；若沥青用量偏少，又易造成路面松散。因此，为确保沥青路面的施工质量，施工时，应根据表8-1-2规定范围慎重选用。

沥青表面处治材料规格和用量(圆孔筛)　　表8-1-2

沥青种类	类型	厚度(cm)	集料($m^3/1000m^2$)						沥青或乳液用量(kg/m^2)			
			第一层		第二层		第三层		第一次	第二次	第三次	合计用量
			规格	用量	规格	用量	规格	用量				
石油沥青	单层	1.0	S12	7~9					1.0~1.2			1.0~1.2
		1.5	S11	12~14					1.4~1.6			1.4~1.6
	双层	1.5	S11	12~14	S12	7~8			1.4~1.6	1.0~1.2		2.4~2.8
		2.0	S10	16~18	S12	7~8			1.6~1.8	1.0~1.2		2.6~3.0
		2.5	S9	18~20	S12	7~8			1.8~2.0	1.0~1.2		2.8~3.2
	三层	2.5	S9	18~20	S10	12~14	S12	7~8	1.6~1.8	1.2~1.4	1.0~1.2	3.8~4.4
		3.0	S8	20~22	S10	12~14	S12	7~8	1.8~2.0	1.2~1.4	1.0~1.2	4.0~4.6
乳化沥青	单层	0.5	S14	7~9					0.9~1.0			0.9~1.0
	双层	1.0	S12	9~11	S14	4~6			1.8~2.0	1.0~1.2		2.8~3.2
	三层	3.0	S6	20~22	S10	9~11	S12	4~6	2.0~2.2	1.8~2.0	1.0~1.2	4.8~5.4
							S14	3.5~4.5				

注：1.煤沥青表面处治的沥青用量可比石油沥青用量增加15%~20%。

2.表中的乳液用量按乳化沥青的蒸发残留物含量60%计算，如沥青含量不同应予折算。

3.在高寒地区及干旱、风沙大的地区，可超出高限，沥青集料再增加5%~10%。

三、沥青表面处治层铺法的施工

施工方法分为层铺法和拌和法，面层铺法施工又分为先油后料法和先料后油法。

1. 施工机械

(1)沥青洒布车

沥青表面处治施工采用沥青洒布车(图8-1-1)喷洒沥青,洒布时车速和喷洒保持稳定,沥青洒布车在整个宽度内喷洒应均匀。洒布机的喷嘴类型不同,洒布的效果也不同,缝隙式喷嘴的洒布效果能够做到类似涡旋式喷嘴所洒布的横向分布水准,且可以减少黏结料中的稀释剂的用量,节省成本,并降低施工温度。

图8-1-1 沥青洒布车

小规模沥青表面处治施工,可采用机动或手摇的手工沥青洒布车洒布沥青,乳化沥青也可用齿轮泵气压式洒布机洒布。如采用手工喷洒,喷洒工人应拥有熟练的技术。

(2)集料撒布机

采用集料撒布机不仅使工作进展快,而且能把集料撒布得更平整,撒布量也更精确。撒布机还有一个优点是令撒布时集料更紧贴道路表面,从而减少了集料跳离路面露出黏结料或跳到表面处治以外部位,防止黏结料滞留在表面的情况发生。人工撒布也是我国日常小型养护常用的方法,由于表面处治厚度较薄,该法最大的缺点是不易控制集料的撒布量,并且手工撒布具有效率低和工期长的缺点。对于较大的工程项目和等级较高的路面表面加铺表面处治的施工均应使用集料撒布机。

(3)压路机

沥青表面处治的施工采用6~8t及8~10t的压路机,轮胎式压路机可以使石屑与黏结料薄膜有较好的初始黏结,而不致把集料压碎,或因不适当的尺寸导致路面在使用期间出现泛油。

2. 施工准备

沥青洒布车准备:应检查油泵系统、输油管道、油量表、保温设备等。可将一定数量的沥青装入油罐后,先试洒,确定喷洒速度及喷洒量。每次喷洒前喷油嘴应保持干净,管道应畅通,喷油嘴的角度应一致,并与洒油管成15°~25°。使同一地点接收两个或三个喷油嘴喷洒的沥青,并不得出现花白条。在有风的天气下不宜使用三重喷洒高度。

集料撒布机准备:检查其传动和液压调整系统,并进行试撒,确定撒布各种规格集料时应控制下料间隙及行驶速度。当为半幅施工并采用人工撒布集料时,应按等距离划分小段,并应按规定用量备足集料,以后每层按同样办法备料。

沥青的准备:应按规定的频率抽取试样进行试验,不符合要求的材料不得使用。沥青中若含有水分时,应在使用前进行脱水。

矿料的准备:不同规格的矿料应分别堆放,不得混杂,并检查其规格和质量。

3. 施工程序

这里介绍三层式沥青表处的施工工序(先油后料法):施工前的准备工作→安装路缘石→清扫基层并对构造物、路缘石等外露部分作防污遮盖→浇洒透层沥青→浇洒第一层沥青→撒铺第一层集料→碾压→浇洒第二层沥青→撒铺第二层集料→碾压→浇洒第三层沥青→撒铺第三层集料→碾压→控制交通→初期养护。

三层式的厚度为2.5~3.0cm,两层式(厚度为1.5~2.5cm)与单层式(厚度为1~1.5cm)的施工程序与三层式的方法相似。

4. 施工要点

(1)下承层准备

在表面处治层施工前,应将路面基层清扫干净,使基层的矿料大部分外露,并保持干燥。对有坑槽、不平整的路段应先修补和平整,若基层整体强度不足,则应先补强。

(2)浇洒沥青

在浇洒透层沥青或做封层的基层表面清扫后,应按要求的数量浇洒第一层主层沥青。洒布沥青应符合下列要求:

①沥青的浇洒温度应根据施工气温及沥青标号来选择,石油沥青的洒布温度宜为130~170℃,煤沥青的洒布温度宜为80~120℃。乳化沥青可在常温下洒布,当气温偏低,破乳及成形过慢时,可将乳液加热后洒布,但不得超过60℃。

②沥青应浇洒均匀,不得有空白、缺边、积聚等现象,否则应立即用人工补洒或刮除,以免日后产生松散或拥包和堆挤等病害。

③浇洒的长度应与集料撒铺机的能力相适应,避免沥青浇洒后等待较长时间才撒布集料。

④前后两车喷洒的接茬应搭接良好,在相邻两段的接茬处,可用铁板横铺在下段起洒点前及上段终洒点后,接茬长度一般为1~1.5m。当需分幅浇洒时,纵向搭接宽度宜为10~15cm。浇洒第二、三层沥青的搭接缝应错开。

⑤不得在潮湿的集料或基层上浇洒沥青。浇洒主层沥青后,应立即用集料撒铺机撒铺第一层集料。

(3)撒铺集料

第一层集料在浇洒主层沥青后应立即进行撒布,按规定用量一次撒足,撒布集料应符合下列要求:

①施工时若使用乳化沥青,其撒铺集料须在乳液破乳前完成。

②撒铺集料后应及时扫匀,应覆盖路面,厚度应一致,集料不应重叠,也不应露出沥青。当局部缺料时,应采用人工方法适当补找。若局部积料过多,应将多余集料扫出。

③前幅路面浇洒沥青后,应在两幅搭接处暂留10~15cm宽度不撒石料,待后幅浇洒沥青后一起撒布集料。

(4)碾压

撒布主集料后,不必等全段撒布完成,立即用6~8t钢筒双轮压路机由路边至中心碾压,每次碾压轮迹应重叠30cm,碾压3~4遍。碾压速度开始不超过2km/h,以后可适当增加。第二层、第三层的施工方法和要求应第一层相同,但可采用8~10t压路机。

(5)施工组织

沥青表面处治施工应确保各工序紧密衔接,每个工作段长度应根据施工能力确定,并在当天完成。人工撒布集料时应等距划分段落备料。

(6)控制交通,初期养护

除乳化沥青表面处治破乳后水分蒸发并基本成形后方可通车外,沥青表面处治在碾压结束后即可开放交通,在通车初期应设专人指挥交通或设置障碍物控制行车,并使路面全部宽度均匀压实,并限制车速不超过20km/h。

当发现有泛油时,应在泛油处补撒嵌缝料,嵌缝料应与最后一层石料规格相同,并应扫匀。当有过多浮动集料时,应扫出路面,并不得扰动已经黏着在位的集料。若有其他破坏现象,应及时修补。

四、沥青表面处治拌和法施工

拌和法又分路拌法和厂拌法,厂拌法施工质量容易保证,且用油量少。

1.路拌法施工程序

筛备矿料→施工放样、安装路缘石→清扫基层→备料→人工干拌级配矿料→掺入沥青并拌匀→摊铺并整形→碾压→初期养护。

2.厂拌法施工程序

熬制沥青→定量配制→机械集中厂拌→运料→施工放样、安装路缘石→清扫基层→卸料→摊铺并整形→碾压→初期养护。

五、施工注意事项

(1)各工序必须紧密衔接,不得脱节。每个作业段长度应根据集料撒布速度、压路机数量等来安排,当天施工的路段必须当天完成,以免发生沥青冷却,不能裹覆矿料、尘土污染等不良后果。

(2)注意不得在潮湿的矿料或基层上洒布沥青,在施工中遇雨,应待矿料晾干后才能继续施工。

(3)施工现场应设有工地试验室,建立健全的质量检查制度,以检验材料和施工质量并做好原始记录。

(4)合理安排有利的施工季节,尽量安排在夏季施工。

(5)严格控制油石比。

(6)加强初期养护工作,应配备专人负责养护和交通管制等工作,控制行车碾压,使路面全幅均匀压实。

学习活动二 热拌沥青混合料面层施工

学习目标

完成本学习任务后,你应当:

1. 能够描述热拌沥青混合料的种类和各类热拌沥青混合料的特点;
2. 能够描述热拌沥青混合料施工的施工工艺和流程;
3. 能够描述热拌沥青混合料施工的质量控制要点;
4. 能够根据所在地区的天气及温度情况确定沥青的使用。

学习情境描述

雷西高速公路LXLM2合同段沥青混凝土中面层为高性能改性沥青混凝土(SUP-20),厚度为5cm,宽度为10.50m,施工时全宽一次性完成。项目经理部成立全面质量管理领导小组,建立质量自检体系。沥青混合料中面层施工由项目经理部总工具体指导,工程部、安质部监督检查,路面队实际操作,按项目分工实施专职质量管理;完善以施工负责人,现场负责人结合施工班组为一体的质量控制体系,实行岗位责任制,每道工序和每个施工环节实行定人、定岗、定责并有明确的奖惩措施。以指导工程施工者负责质量、施工操作者保证质量、检查质量者评定质量作为宗旨。施工桩号确定为K1292+600~K1322+000段左右幅。该段中面层预定开工日期2012年12月5日。

相关知识

热拌沥青混合料面层是经人工组配的矿料与沥青在专门设备中加热拌和而成,用保温运输工具运至施工现场,在热态下进行摊铺和压实的混合料。热拌沥青混合料面层具有良好的力学性能和耐久性及行车舒适性,适合于各种车辆的通行,并具有表面平整、坚实、无接缝、行车舒适、耐磨、噪声低、施工期短、养护维修简便、适宜于分期修建等优点,在实际工程中得到广泛的应用。

热拌沥青混合料包括热拌沥青碎石、沥青混凝土、抗滑表层等多种类型。热拌沥青混凝土路面是由几种大小不同的矿料,用沥青作结合料,按一定比例配合,在严格的配合比及温度条件下拌和,经压实形成的路面面层。其特点是矿料、沥青及混合料从拌和到铺筑成形均须在较高的温度范围内完成。

热拌沥青混合料(HMA)适用于各种等级公路的沥青路面。其种类按集料公称最大粒径、矿料级配、空隙率划分,分类见表8-2-1。

热拌沥青混合料种类 表8-2-1

混合料类型	密级配			开级配		半开级配	公称最大粒径(mm)	最大粒径(mm)
	连续级配		间断级配	间断级配		沥青碎石		
	沥青混凝土	沥青稳定碎石	沥青玛蹄脂碎石	排水式沥青磨耗层	排水式沥青碎石			
特粗式	—	ATB-40	—	—	ATPB-40	—	37.5	53.0
粗粒式	—	ATB-30	—	—	ATPB-30	—	31.5	37.5
	AC-25	ATB-25	—	—	ATPB-25	—	26.5	31.5

续上表

混合料类型	密级配			开级配		半开级配	公称最大粒径(mm)	最大粒径(mm)
	连续级配		间断级配	间断级配		沥青碎石		
	沥青混凝土	沥青稳定碎石	沥青玛蹄脂碎石	排水式沥青磨耗层	排水式沥青碎石			
中粒式	AC-20	—	SMA-20	—	—	AM-20	19.0	26.5
	AC-16	—	SMA-16	OGFC-16	—	AM-16	16.0	19.0
细粒式	AC-13	—	SMA-13	OGFC-13	—	AM-13	13.2	16.0
	AC-10	—	SMA-10	OGFC-10	—	AM-10	9.5	13.2
砂粒式	AC-5	—	—	—	—		4.75	9.5
设计空隙率(%)	3~5	3~6	3~4	>18	>18	6~12	—	—

一、对原材料的要求

沥青混合料中各组成材料的技术要求分述如下:

1.沥青

拌制沥青混合料用沥青材料的技术性质,随气候条件、交通性质、沥青混合料的类型和施工条件等因素而异。通常在较热的气候区、较繁重的交通条件下,细粒式或砂粒式的混合料应采用稠度较高的沥青;反之,则采用稠度较低的沥青。在其他配料条件相同的情况下,较黏的沥青配制的混合料具有较高的力学强度和稳定性,但如稠度过高,则沥青混合料的低温变形能力较差,沥青路面容易产生裂缝。反之,在其他配料条件相同的条件下,采用稠度较低的沥青虽然配制的混合料在低温时具有较好的变形能力,但在夏季高温时往往稳定性不足,从而使路面产生推挤现象。

沥青路面面层用的沥青标号,宜根据气候条件、施工季节、路面类型、施工方法和矿料类型等按表8-2-1选用。其他各层的沥青可采用相同的标号,也可采用不同的标号。通常是面层的上层宜用较稠的沥青,下层或连接层宜用较稀的沥青。对于渠化交通的道路宜采用较稠的沥青,当沥青标号不符合使用要求时,可采用不同标号的沥青掺配,但掺配后的技术指标应符合要求。

《公路沥青路面施工技术规范》(JTG F40—2004)规定:高速公路、一级公路、城市快速路、主干路用沥青混合料的沥青,应采用符合《重交通道路用石油沥青技术要求》规定的沥青;其他道路用沥青混合料的沥青,应采用符合《中、轻交通道路用石油沥青技术要求》规定的沥青。煤沥青不得用于面层热拌沥青混合料。

2.粗集料

沥青混合料用粗集料,可以采用碎石、破碎砾石和矿渣等。

沥青混合料用粗集料,应洁净、干燥、无风化、不含杂质。在力学性质方面,压碎值和洛杉矶磨耗率应符合相应道路等级的要求,见表8-2-2。

粗集料技术要求　表 8-2-2

指　标	高速公路、一级公路		其他公路
	表面层	其他层次	
石料压碎值(%)	≤26	≤28	≤30
洛杉矶磨耗损失(%)	≤28	≤30	≤35
表观密度(t/m^3)	≥2.60	≥2.50	≥2.45
吸水率(%)	≤2.0	≤3.0	≤3.0
坚固性	≤12	≤12	—
针片状颗粒含量(混合料)(%)	≤15	≤18	≤20
其中粒径大于 9.5mm(%)	≤12	≤15	—
粒径小于 9.5mm(%)	≤18	≤20	—
含泥量(%)	≤3	≤3	≤5
水洗法,粒径 <0.075mm 颗粒含量(%)	≤1	≤1	≤1
软石含量(%)	≤3	≤5	≤5

注:1. 坚固性试验可根据需要进行。

2. 用于高速公路、一级公路时,吸水率可放宽至 3%,但必须得到建设单位的批准,且不得用于 SMA 路面。

3. 对公称粒径为 3 ~5mm 规格的粗集料,针片状颗粒含量可不予要求,粒径 <0.075mm 颗粒含量可放宽到 3%。

对用于抗滑表层沥青混合料中的粗集料,应该选用坚硬、耐磨、韧性好的碎石或碎砾石,矿渣及软质集料不得用于防滑表层。用于高速公路、一级公路、城市快速道路、主干路沥青路面表面层及各类道路抗滑用的粗集料,应符合表 8-2-2 中磨光值、磨耗值和冲击值的要求。对于坚硬石料来源缺乏的情况,允许掺加一定比例普通集料作为中等或小颗粒的粗集料,但掺加比例由磨光值试验确定。

破碎砾石的技术要求与碎石相同,但破碎砾石用于高速公路、一级公路、城市快速路、主干路沥青混合料时,5mm 以上的颗粒中有一个以上的破碎面的含量不得少于 50%。

钢渣作为粗集料时,仅限于一般道路,并应经过试验论证取得许可后使用。钢渣应有 6 个月以上的存放期,质量应符合表 8-2-2 中的要求。钢渣在使用前应进行活性检验,要求钢渣中的游离氧化钙含量不大于 3%,浸水膨胀率不大于 2%。

研究表明:沥青组分中含有表面活性较强的地沥青酸和地沥青酸酐,这些酸和酸酐使碱性石料与沥青的黏附性比酸性石料与沥青的黏附性好。SiO_2 含量高于 65% 的集料属于酸性集料,如石英岩、花岗岩等;SiO_2 含量少于 52% 的集料属于碱性集料,如石灰岩为典型碱性集料,某些玄武岩也属于碱性集料;SiO_2 含量介于 52% ~65% 之间为中性集料,如鞍山岩。属于酸性岩石的石料用于高速公路、一级公路、城市快速路、主干路时,宜使用针入度较小的沥青,并采用下列抗剥离措施,使其对沥青黏附性符合要求。

(1)用干燥的生石灰或消石灰粉、水泥作为填料的一部分,其用量宜为矿料总量的

1% ~2%。

(2)在沥青中掺加抗剥离剂。

(3)将粗集料用石灰浆处理后使用。

粗集料的粒径规格应符合规范要求。如粗集料不符合规范要求,但确认与其他矿料配合后的级配符合各类沥青混合料矿料级配要求时,可以使用。

3. 细集料

用于拌制沥青混合料的细集料,可以采用天然砂、人工砂或石屑。

细集料应洁净、干燥、无风化、不含杂质,并有适当的级配范围。对细集料质量的技术要求列于表8-2-3。

沥青面层用细集料质量技术要求 表8-2-3

指　　标	高速公路、一级公路	其他公路
表观密度(t/m^3)	≥2.50	≥2.45
坚固性(%)	≥12	—
砂当量(%)	≥60	≥50
含泥量(%)	≤3	≤5
亚甲蓝值(g/kg)	≤25	
棱角性(流动时间,s)	≥30	

注:坚固性试验可根据需要进行。

热拌沥青混合料的细集料宜采用优质的天然砂或人工砂,在缺砂地区,也可以使用石屑,但用于高速公路、一级公路、城市快速路、主干路沥青混凝土面层及抗滑表层的石屑用量不超过砂的用量。

细集料应与沥青有良好的黏结能力,高速公路、一级公路、城市快速路、主干路沥青面层使用与沥青黏结性能差的天然砂及用花岗岩、石英岩等酸性岩石破碎的人工砂或石屑时,应采用前述粗集料的抗剥离措施。

细集料的级配,天然砂宜按表8-2-4中粗砂、中砂或细砂的规格选用,石屑宜按表8-2-5的规格选用。但细集料的级配在沥青混合料中的适用性,应以其与粗集料和填料配制成砂制混合料后,判定其是否符合矿质混合料的级配要求来决定。当一种细集料不能满足级配要求时,可采用两种或两种以上的细集料掺和使用。

沥青面层用天然砂规格 表8-2-4

方孔筛(mm)	圆孔筛(mm)	通过各筛孔的质量百分率(%)		
		粗砂	中砂	细砂
9.5	10	100	100	100
4.75	5	90 ~ 100	90 ~ 100	90 ~ 100
2.36	2.5	65 ~ 95	75 ~ 100	85 ~ 100
1.8	1.2	35 ~ 65	50 ~ 90	75 ~ 90
0.6	0.6	15 ~ 30	30 ~ 60	60 ~ 84

续上表

方孔筛(mm)	圆孔筛(mm)	通过各筛孔的质量百分率(%)		
		粗砂	中砂	细砂
0.3	0.3	5~20	8~30	15~45
0.15	0.15	0~10	0~10	0~10
0.075	0.075	0~5	0~5	0~5
细度模数 M_x		3.7~3.1	3.0~2.3	2.2~1.6

沥青面层用石屑规格 表8-2-5

规格	公称粒径(mm)	通过下列筛孔的质量百分率(%)							
		9.5	4.75	2.36	1.18	0.6	0.3	0.15	0.075
S15	0~5	100	90~100	60~90	40~75	20~55	7~40	2~2	0~10
S16	0~3	—	100	80~100	50~80	25~60	8~45	0~25	0~15

4. 填料

沥青混合料的填料宜采用石灰岩或岩浆岩中的强基性岩石(憎水性石料)经磨细得到的矿粉。原石料中泥土含量应小于3%,并不得有其他杂质。矿粉要求干燥、洁净,其质量应符合表8-2-6的技术要求。当采用水泥、石灰、粉煤灰作填料时,其用量不宜超过矿料总量的2%。

沥青面层用矿粉质量技术要求 表8-2-6

指标		高速公路、一级公路	其他公路
视密度(t/m^3)		≥2.50	≥2.45
含水率(%)		≤1	≤1
粒度范围(%)	<0.6mm	100	100
	<0.15mm	90~100	90~100
	<0.075mm	75~100	70~100
外观		无团粒结块	
亲水系数		<1	
塑性指标(%)		<4	
加热安定性		实测记录	

粉煤灰作为填料使用时,烧失量应小于12%,塑性指数应小于4%,其余质量要求与矿粉相同。粉煤灰的用量不宜超过填料总量的50%,并应经试验确认与沥青有良好的黏附性,沥青混合料的水稳定性能满足要求。

拌和机采用干法除尘,石粉尘可作为矿粉的一部分回收使用。湿法除尘、石粉尘回收使用时应经干燥处理,且不得含有杂质。回收粉尘的用量不得超过填料总量的50%掺有石粉尘填料的塑性指数不得大于4%,其余质量要求与矿粉相同。

由粗集料、细集料和填料组成的矿质混合料,应保证具有足够的密实度和高的初始内摩擦角,其组成级配应符合《公路沥青路面施工技术规范》(JTG F40—2004)的规定范围。该规范规定的各类级配范围均属连续级配,是按理论公式计算并结合国内近年实践经验而制定的,它对我国沥青混合料的生产和应用具有指导意义。

当原材料符合技术要求后,方可进行沥青混合料的施工,其热拌沥青混合料施工工艺流程如图8-2-1所示。

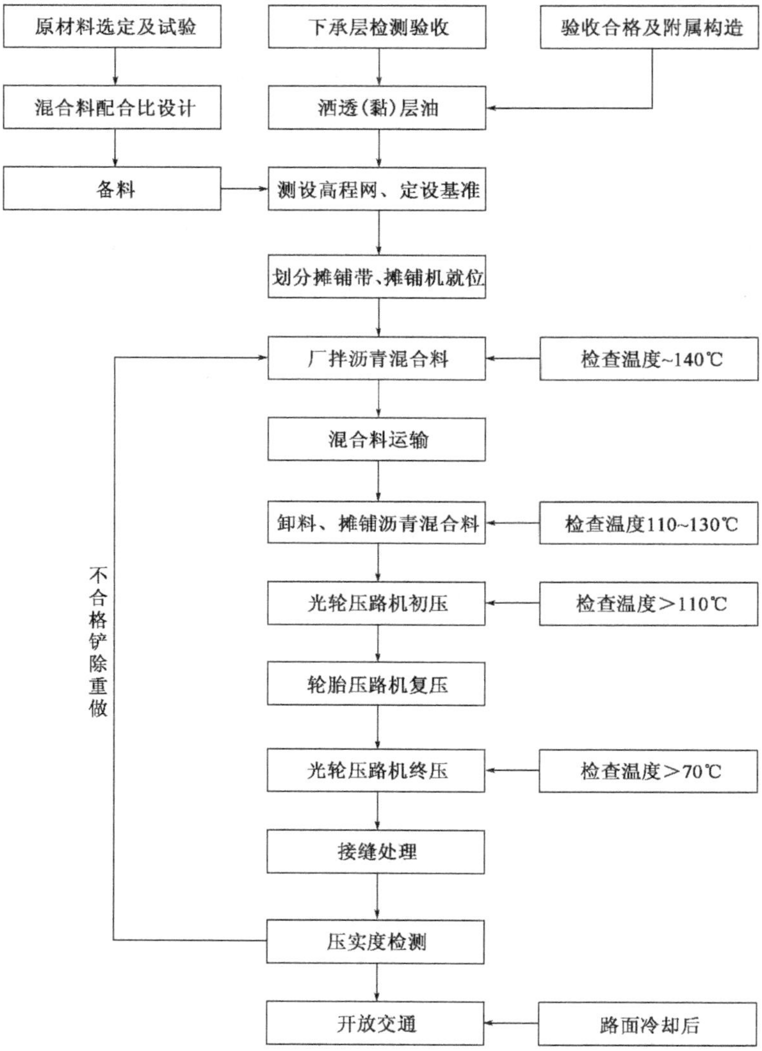

图8-2-1 热拌沥青混合料施工工艺流程

二、拌和设备的类型和选择

沥青混凝土搅拌设备按工艺流程分为间歇强制式和连续滚筒式设备。

1. 间歇强制式拌和设备

间歇强制式拌和设备的特点是冷矿料的烘干、加热以及与热沥青的拌和,是先后在不同的设备中进行的,其中集料的烘干与加热是连续进行的,混合料的拌制则是间歇地由搅拌器强制拌和。间歇强制式拌和设备总体结构如图 8-2-2 所示。

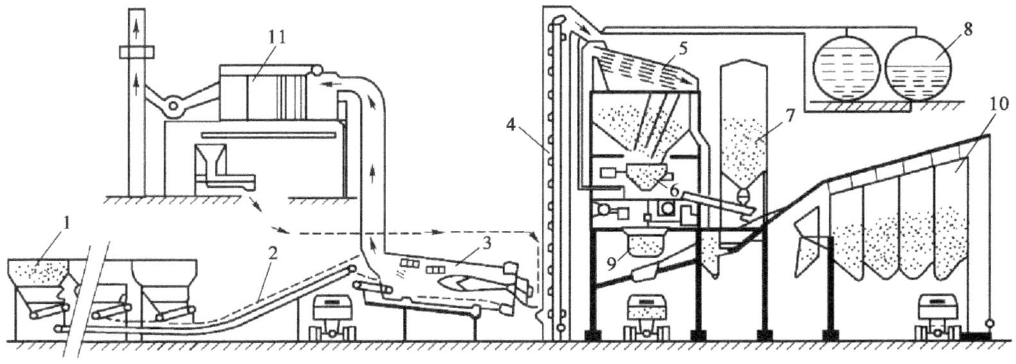

图 8-2-2　间歇式拌和机工艺流程图

1-冷集料定量给料装置;2-冷集料输送机;3-干燥滚筒;4-热集料提升机;5-热集料筛分机和热集料储斗;6-热集料计量装置;7-矿粉储仓和定量供给装置;8-沥青保温罐和定量供给装置;9-搅拌器;10-混合料成品储仓;11-除尘装置

其工作过程如下:

(1)不同规格的冷砂石料分别装入不同料斗→各料斗定量给料装置按配合比粗配→粗配后的冷集料由皮带运输机运输→干燥滚筒内的火焰逆流将冷集料烘干并加热到足够温度→除尘装置将粉尘分离→热集料被提升机传输→热集料由筛分机筛分后存入储料斗暂时储存(以上过程为连续进行)→热集料计量装置精确计量→搅拌器搅拌。

(2)矿粉→矿粉储仓→矿粉定量给料装置→搅拌器搅拌。

(3)沥青→沥青保温罐→沥青定量供给装置→搅拌器搅拌。

(4)搅拌好的沥青混凝土成品→混合料成品储存或直接运往施工现场。

(5)干燥滚筒、热集料筛分机等所产生的粉尘→除尘装置将粉尘分离出来→粉尘储藏或矿粉给料装置再利用。

从上述可知,矿料经过二次筛分,按施工配合比进入搅拌器并与矿粉和沥青一起拌制成沥青混合料。原材料颗粒组成的变化对沥青混合料的矿料组成将不会有太多的影响,矿料与沥青的比例也能达到相当精确的程度(油石比误差≤±0.3%)。

由于间歇强制拌和设备历史悠久,技术已趋完善,并且采用相对较简单的计量技术,即可获得各种沥青混合料较精确的配合比,因此得到了广泛的应用,目前国内外大多数拌和设备属于此类。

2. 连续滚筒式拌和设备

在连续滚筒式拌和机中集料的烘干、加热及混合料的拌制均为连续进行,由搅拌器强制拌和。其工作过程如下:

(1)不同规格的冷砂石料分别装入不同料斗→各料斗定量给料装置按配合比送料→冷集料级配后由变速皮带机传输(以实现油石比控制)→干燥搅拌筒前半段烘干并加热到足够温度→干燥滚筒后半段进行搅拌。

(2)矿粉→矿粉储仓→皮带电子秤连续计量→冷集料皮带输送机(或干燥搅拌筒)。

(3)沥青→沥青供给系统→沥青输送系统→计量后的沥青进入干燥搅拌筒→由沥青喷管将沥青喷入干燥搅拌筒后段→与加热后的集料一起搅拌。

(4)搅拌好的沥青混凝土混合料→成品料输送机→混合料成品储存待运。

在上述的工艺流程中,冷集料输送机的转速、沥青的流量可通过控制系统自动调节,以使油石比精确、沥青混凝土混合料的制备在干燥搅拌筒内进行,即动态计量的冷集料和石粉连续从干燥滚筒的前部进入,采用顺流加热方式烘干加热,然后在干燥搅拌筒的后一段动态计量,连续喷洒热态沥青,采取跌落搅拌方式连续搅拌出沥青混凝土混合料。其优点是:工艺简单,投资省。其缺点是:集料的加热采用热气顺着料流的方向进行,故利用率低,拌制好的混合料的含水率较大,且温度也较低(110~140℃)。高等级公路一般不采用连续滚筒式拌和设备。

三、沥青混合料的拌制

1. 原材料的准备

热拌沥青混合料拌和前,应对每批到场的沥青均检查其生产厂家所附的试验报告、数量、生产日期、数量及试验结果等。对每批沥青进行抽检,若抽检中发现有不符合要求的,应加倍检验,若仍有不符合要求的,应退货。

对进场的碎石、砂、石屑、矿粉等材料都要严格检查,不合格材料严禁入场。经选择确定的材料在施工过程中应保持稳定,不得随意变更。

堆料场储存的集料应为平均日用量的5倍以上,集料应加遮盖,以防雨水。集料的含水率过大则意味着加热时间长,生产能力降低。集料要干净,无垃圾、尘土等杂物,堆放要有序,严格防止不同料径的料混杂。

生产热拌沥青混合料,通常采用4~5种不同粗细规格的集料,每种集料置于相应的冷料仓中。各个冷料仓的集料通过仓口下的小皮带(或履带)输送到通往拌和机的大输送带上,仓口开启的大小和皮带运行的速度均直接影响各冷料仓供料的多少,因此,可通过调整冷料仓出料口的开启大小和皮带运行的速度来控制各冷料仓的供料数量(在实际生产中,一般均固定出料口的开启度,通过改变皮带运行的速度调整供料的数量),使混合料的颗粒组成符合目标配合比。

矿粉和沥青储量应为平均日用量的2倍以上,储存的矿粉,必须遮盖,不得浸水,否则影响矿料配合比精度和拌和机生产效率。

2. 试拌

在拌和厂拌制一种新配合比的混合料之前,或中断了一段时间后重新启用,均应根据生产配合比进行试拌。通过试拌及抽样试验确定施工时的质量控制指标。

(1)对间歇式拌和设备,应根据生产配合比的要求确定拌制每盘混合料时各冷料仓和热料仓的出料数量。对连续式拌和设备,应确定各种矿料送料口的大小及沥青、矿料的进料速度。

(2)沥青混合料应按生产配合比确定的沥青用量进行试拌,试拌后取样进行马歇尔试验和拍提试验,并将其试验值与生产配合比试验结果进行比较,验证沥青用量的合理性,必要时可作适当调整。

(3)确定适宜的拌和时间。间歇式拌和设备每盘拌和时间宜为30~60s,其中干拌时间不得少于5s,最佳拌和时间是使拌出的混合料的色泽一致、每个集料颗粒都被沥青膜均匀裹覆、大小颗粒分布均匀所需的最短时间。连续式拌和机的拌和时间由上料速度及拌和温度调节。

(4)确定适宜的拌和及出厂温度。应根据不同的沥青品种和不同的沥青混合料确定拌和及出厂温度,推荐的温度见表8-2-7,可在拌和机的出料口接料检测温度,该温度如在规范规定的出厂温度范围内,且混合料色泽均一,流而不散,则认为该温度合适。如温度超出规定范围,或目测不合格,则须适当调整原材料的加热温度,直至满足为止。此时的集料及沥青的加热温度,即可定为正式生产时的加热温度。

热拌沥青混合料的施工温度(单位:℃)　　表8-2-7

沥青种类		石油沥青				煤沥青	
沥青标号		50号	70号	90号	110号	T-8 T-9	T-5 T-6 T-7
沥青加热温度		150~170	155~165	150~160	145~155	100~130	80~120
矿料温度	间歇式拌和机	比沥青加热温度高10~30 (填料不加热)				比沥青加热温度高15 (填料不加热)	
	连续式拌和机	比沥青加热温度高5~10 (填料加热)				比沥青加热温度高8 (填料加热)	
沥青混合料出厂正常温度		150~170	145~165	140~160	135~155	90~120	80~110
混合料储料仓储存温度		储料过程中温度降低不超过10				储料过程中温度降低不超过10	
运输到现场温度		≥150	≥145	≥140	≥135	不低于90	
摊铺温度	正常施工	≥140	≥135	≥130	≥125	不低于80,不超过120	
	低温施工	≥160	≥150	≥140	≥135	不低于100,不超过140	
碾压温度	正常施工	≥135	≥130	≥125	≥120	80~110,不低于75	
	低温施工	≥150	≥145	≥135	≥130	90~120,不低于85	
碾压终了温度	钢轮压路机	≥80	≥70	≥65	≥60	不低于50	
	轮胎压路机	≥85	≥80	≥75	≥70	不低于60	
	振动压路机	≥75	≥70	≥60	≥55	不低于50	
开放交通温度		50	50	50	45	路面冷却后	

注:1.施工温度与沥青品种及标号有关,较稠沥青的施工温度宜靠近高限,较稀沥青的施工温度可靠近低限。
2.沥青混合料的施工温度采用金属探测针的插入式数显温度计测量。表面温度可采用表面接触式温度计测定。当采用红外线温度计测量表面温度时,应进行标定。
3.对高速公路、一级公路和城市快速路、主干路,沥青混合料出厂温度超过正常温度高限30℃时,混合料应予废弃。

当第一锅料出料后,目测不合格(有花料、离析等),则需重新进料,适当延长拌和时间。反复几次,直到合格为止。

第一锅料出料后,虽目测合格,仍须适当缩短拌和时间重新试拌,直至不合格料出现为止。取不合格料出现前一次合格料的拌和时间再加3~5s即为正式生产时的拌和时间(增加3~5s是考虑设备误差而增加的额外时间)。

拌制根据配料单进料,严格控制各种材料用量及其加热温度。拌和后的沥青混合料应均匀一致,无花白、无离析和结团成块现象。每班抽样做沥青混合料性能、矿料组成和沥青用量检验。每班拌和结束时,清洁拌和设备,放空管道中的沥青。做好各项检查记录,不符合技术要求的沥青混合料禁止出厂。

四、摊铺前的准备工作

沥青混合料的摊铺与很多工序密切相关,稍有疏漏轻则影响施工进度,重则会出质量问题甚至被迫暂停施工,因此,对沥青混合料的摊铺必须进行周密地策划。各种准备工作应分别提前进行并按时完成。现场的准备工作包括下承层的验收,按设计要求喷洒透、黏层油或下封层,摊铺前的测量放样和交通控制与管理等。正式摊铺前通常应召开一次摊铺工作会议,主要目的是:第一,解决拌和、运输、摊铺和碾压等工序的互相配合问题,每天施工时间应以摊铺机为中心,每天早晨拌和与运输适当提前,确保摊铺机按时摊铺,结束时由摊铺现场通知拌和厂停止拌和;第二,确定组织领导系统,明确施工的职责范围,做到事事有人负责;第三,进行技术交流,特别是采用新技术、新工艺时,一定要交代清楚,有关人员切实掌握后,方可进行,同时将创优计划落实到人,在充分做好各项准备工作的基础上,才能实施摊铺工作,将运到现场的经检验合格的混合料,按设计要求的厚度、宽度、坡度和高度均匀平整地摊铺在下承层上。

1. 基层或下承层的验收

下承层可能是基层、下面层或中面层。基层完工并通过检验后,一般即可浇洒透层沥青,对基层进行养护保护,但在高速公路上,路面施工常与防护工程、路缘石等工程交错进行,使喷有透层沥青或铺有下封层的基层表面被污染,应扫除基层表面的杂物和浮料,如有泥土还应该用压力水冲洗干净。如基层表面局部透层沥青或下封层脱落,则应将脱落处基层表面清扫干净后补洒透层沥青或补做下封层。在路面下面层或中面层表面可能会因车辆行驶、下雨等原因造成表面泥泞、污染等,也必须清洗干净。对下承层表面缺陷进行处理后,即可再洒透层沥青或黏层沥青。

2. 透层、黏层与封层

(1)透层

透层油是洒布在各类基层上的沥青。主要作用是增加基层与面层之间的黏结力,防止车辆制动时,在水平推力的作用下路面产生滑移。其次是渗入基层的沥青充实、封闭了基层孔隙,减少了渗水性和透气性,增强了稳定性。为了增加渗透性,通常用乳化沥青、液体沥青或煤油沥青做透层油,质量技术标准应符合规范要求。

透层沥青的喷洒主要用沥青洒布车,边角或特殊地段洒布车不便喷洒的地方,可用洒布机或人工洒布。洒布量应控制在设计要求的范围内,过量应予清除,否则会引起路面泛油,过少应人工补洒,否则起不到应有的作用。为了有效地控制洒布量,在正式洒布前应找一个适当的场所试洒。通常在沥青流量阀门开度和输送泵转速一定的情况下,通过改变洒布车的行驶速度来控制喷油量,使其符合设计要求。

在喷洒前应对可能被污染的人工构造物进行覆盖,避免被污染影响美观。洒布时间,通常是在基层养护期满后,摊铺混合料前的适当时间进行。主要根据所用沥青的种类和当时的气候条件决定,以摊铺混合料时不粘施工机械的轮胎为度。也可以在基层施工结束 经验收合格后且表面基本干硬时进行。这样既可作透层油,又能起养护、保护基层作用。透层油洒布后,应尽量禁止车辆通行,以避免透层受到破坏。透层沥青上是否需要撒适量的石屑或粗砂,应根据设计要求或施工需要决定。如能中断交通或洒布后接着就摊铺混合料,则无须撒石屑或粗砂。当无法中断交通,与摊铺混合料时间间隔较长时,宜适量撒石屑或粗砂,并用轻型压路机碾压 1 ~2 遍,能起保护透层与基层的作用。

各种透层沥青的用量根据表 8-2-8 确定。

透层油的材料规格和用量 表 8-2-8

用途	液体沥青		乳化沥青		煤沥青	
	规格	用量(L/m^2)	规格	用量(L/m^2)	规格	用量(L/m^2)
无结合料粒料基层	AL(M)-1、2 或 3 AL(S)-1、2 或 3	1.0 ~2.3	PC-2 PA-2	1.0 ~2.0	T-1 T-2	1.0 ~1.5
半刚性基层	AL(M)-1 或 2 AL(S)-1 或 2	0.6 ~1.5	PC-2 PA-2	0.7 ~1.5	T-1 T-2	0.7 ~1.0

(2)黏层

黏层大多用于多层沥青混凝土路面层与层之间,以及钢筋混凝土桥面铺装层的上边。特别是层厚较薄时,两层之间摊铺时间较长,表面受尘土污染难以彻底清除干净时尤为必要。此外,利用旧水泥混凝土路面或沥青路面作基层时,除视必要需补强或整平外,通常也要洒布黏层油。其目的是增加路面之间的黏结力,使之成为整体而不是两层"皮",避免汽车制动时在水平力的作用下使路面产生滑移、推挤。黏层沥青宜使用快裂洒布型乳化沥青,或中快凝液体沥青。洒布量与下层结构类型与路面状况有关,施工时应按设计要求的品种和用量洒布,不得随意增减。设计无明确要求时,可参照《公路沥青路面施工技术规范》(JTG F40—2004)选择品种和用量,但事先应得到监理工程师或建设单位的批准。洒布的方法和要求与洒布透层油相同。

黏层油品种和用量,根据下卧层的类型通过试洒确定,见表 8-2-9。

沥青混凝土黏层材料的规格和用量 表 8-2-9

下卧层类型	液体沥青		乳化沥青	
	规格	用量(L/m^2)	规格	用量(L/m^2)
新建沥青层或旧沥青路面	AL(R)-3 ~ AL(R)-6 AL(M)-3 ~ AL(M)-6	0.3 ~0.5	PC-3 PA-3	0.3 ~0.6
水泥混凝土	AL(M)-3 ~ AL(M)-6 AL(S)-3 ~ AL(S)-6	0.2 ~0.4	PC-3 PA-3	0.3 ~0.5

(3)封层

按所处的位置不同分上封层和下封层。下封层常用于路面透水性强而基层水稳定性差或旧水泥混凝土路面、沥青混凝土路面裂缝多、空隙大的表面。其作用是减少或防止渗透、保持基层的稳定性和强度。新建高速公路,通常会考虑路基、底基层和基层的水稳定性,没有特殊情况一般不单独设置下封层。此外,当基层完成后在既不能很快铺筑面层又要维持交通的情况下,铺筑下封层暂作临时面层,既能维持车辆通行又能保护基层免遭损坏。上封层可用以组成防滑面层。此外,当高速公路的路面层被磨耗到需要重新铺筑,而且下层空隙多,互相联通时,可考虑采用上封层,主要作为磨耗层同时也起封闭空隙、防渗水、防透气、增强路面抗老化性能。按使用的材料不同,封层又分为沥青表处和乳化沥青稀浆两种。在高速公路上稀浆封层宜用作下封层,表处用作上封层时宜采用热料、摊铺法施工。用于高速公路的封层材料,应参照现行规范的有关规定选用。

封层施工:用作高速公路磨耗层或组成防滑层的上封层,应按热料沥青混合料的施工步骤、方法和技术标准进行。用作下封层的层铺法表面处治的施工方法、步骤和要求如下:

①喷洒沥青时根据品种、标号和气温情况确定洒布温度,洒布应均匀一致,用量应控制准确;喷多应清除,不足应人工补洒,应注意接茬处不漏油、不重复,不得在潮湿的基层上洒布热沥青。

②撒布集料。采用热沥青时撒布集料应紧随沥青洒布车后进行,避免沥青冷凝后粘不住集料;采用乳化沥青时,应在破乳前撒布;运送集料的自卸车应充足,以免撒布机等料。

③扫匀。集料扫匀应紧随撒布机后进行,将多余的集料扫到不足处,做到集料颗粒不重叠,尽量不露沥青面,使集料成为均匀平整的一层。

④碾压。集料扫匀后应立即用轮胎压路机或双轮压路机碾压3~4遍,使集料黏结在沥青上。

稀浆封层的施工方法和要求如下:

①应使用功能齐全、性能良好的稀浆铺筑机进行施工;铺筑机应能储存料、输送料、搅拌料、摊铺混合料,并能按配比的要求控制材料的计量。

②拌成的稀浆除符合设计配比的要求外,还应均匀一致,具有较好的和易性以利摊铺。

③铺筑稀浆封层应在干燥的基层上进行,铺浆机应匀速运行,使稀浆层厚度均匀一致、表面平整。

④施工时气温应在10℃以上。

⑤铺筑完成后禁止车辆通行,待破乳、水分蒸发、干燥成形后可开放交通。

3. 机具准备

1)摊铺机

摊铺机是将合格的混合料按设计要求的宽度、厚度和纵、横坡度均匀、平整地铺筑在基层或底基层、中面层上,并具有一定密实度的专用机械。

(1)各部组成与作用

如图8-2-3所示,推铺机的主要组成部分有发动机及传动系统、行驶部分、接料斗、栅板或皮带喂料器、螺旋布料器、流量控制门、振动击实熨平装置、操作台及座椅等。此外,还应配备摊铺、熨平加长与缩短配件、导向装置、控制高程或厚度的基准装置、推动运料车行进的滚轴以及与其连接的卡具或挂钩等。发动机的作用是为摊铺机提供动力,包括行驶牵引动力,喂料带、螺旋布料器的动力,熨平系统的锤击、振动熨平动力。传动系统的作用是把动力传送给各部件。行驶部分有轮胎式和履带式两种,它不仅承载摊铺机行走,还要推动卸料汽车前进。接料斗是储备、中转混合料的场所,装配在接料斗底部的栅板或皮带式喂料器是将卸到接料斗内的混合料送到螺旋布料器。流量控制门的作用是控制进入螺旋输送器的混合料的数量,防止过量对摊铺、熨平不利。螺旋布料器的作用是横向输送混合料,将混合料送到拟定摊铺的整个宽度范围内。熨平系统包括找平梁、击实锤或振动梁、熨平板的加热设备以及熨平板控制器等。找平臂的作用是通过长臂将下层的起伏不平,大大削弱后传给熨平板。熨平板由前后两部分组成,有各种组成形式,有的前边是击实锤,后边是带振动或不带振动的熨平板;有的前边是振动梁(板),后边是带振动或不带振动的熨平板。前半部无论是击实锤还是振动梁,其作用,一是将混合料初步振击密实,二是将多余的料刮挤走。后边的熨平板主要起整平作用,带振动的同时也有振实功能。熨平板控制器分两种:一种是控制倾角的,可以小范围调整摊铺厚度,倾角加大厚度增加,反之减少;另一种是熨平板横坡控制器,既可以调整熨平板的横坡,以满足路面横坡的需要,又能调整摊铺厚度。导向装置是引导摊铺机沿给定线路行驶,保证边缘平直、圆顺。熨平板自动控制基准装置,包括电子传感器,基准线(梁)、滑橇、托杠以及测平车等部件,用以控制摊铺厚度和自动找平。滚轴、卡具或挂钩的作用是使摊铺机与自卸汽车接触平稳、连接牢固,保证卸料车和机摊铺机协调一致地工作。工程中常用摊铺机如图 8-2-3 所示。

图 8-2-3　摊铺机

(2)对摊铺机的性能要求与数量配备

由于高速公路的质量标准较高,为了使铺筑层的各检查项目都符合要求,必须使用功能齐全、技术先进、性能良好,以及精度和自动控制程度较高的摊铺机,它应具有如下性能:

①动力部分的发动机的功率必须具有足够承担整个摊铺机的运转,并推动卸料汽车前进的动力。

②接料斗应有足够的容量,保证前后卸料汽车转换时有足够的料能维持摊铺机连续作业。此外,接料斗的侧部和部分底板应能向四部翻转、折叠,保证卸入料斗的混合料倾向中部输送带上集积,最后将料全部用完。

③应有一个可调节的能控制混合料流量的装置,避免过多的混合料堆积在熨平装置的前边影响摊铺熨平效果。

④纵向输送带与横向螺旋布料器应能根据摊铺的宽度和厚度调节输送速率,均衡送料,并不发生明显的离析。

⑤熨平系统应能自动找平,具有较高的振动或击实能力,而且可按需要进行调节;熨平板

应有自动控制器以满足各种摊铺厚度和路拱横坡的需要;应配备加热装置,以使每天开始摊铺前对熨平板进行预热。

⑥应具有改变摊铺、熨平宽度的装置和部件,在一定范围内满足各种摊铺宽度的需要。加长部分的熨平板应具有相同的初始振动击实功能。

⑦应具有多种控制摊铺高程的基准装置,包括电子传感器、基准线(梁),保持厚度相同的滑橇、托杠或测平车,以满足各种参照基准的需要。

⑧应具有导向装置,以便准确地按给定的线路摊铺。

⑨在接料斗的前部应装备一对滚轴,汽车卸料时其与之接触并推动卸料车前进。

⑩应具有易与卸料汽车连接或脱离的卡具或挂钩,待摊铺机与卸料车接触后及时将卸料车稳固地连在一起,协调一致地向前运行。

(3)摊铺机的检查与调试

在正式摊铺前应对摊铺机进行认真、仔细地检查与调试,消除存在的问题,使各系统、装置都处于良好状态,以保证摊铺工作的顺利进行。重点检查、调试的部位如下:

①检查发动机的变速装置,正常状态的变速器应运转平稳,否则会引起熨平板、振捣器及电子控制工作不正常,影响摊铺质量。

②行走部分有轮式和履带式两种,若为轮式,应使两侧气压相等;若为履带式,应检查主动链轮有无明显磨损,如有磨损应予更换。此外,还要将履带的松紧程度调整适当。

③根据摊铺宽度和厚度调试传送带、流量控制门和螺旋布料器,使它们能协调一致地工作。

④熨平系统应检查夯实锤、熨平板有无磨损,并调整熨平板使其符合路拱横坡的要求。

2)小型机具的配备

为了配合摊铺机作业,处理接缝、缺陷和摊铺机无法摊铺的边、角地带,应配备必要的工具、用具和小型机具,主要为:

(1)垫板1套,摊铺前垫在熨平板的下边,控制摊铺厚度。

(2)火箱1个,用于给铁锹、烙铁等加热,防止混合料黏结。

(3)平底铁铣,用于少量搬运、撒布混合料,每台摊铺机配2~3把。

(4)耙子:用于熨平,也有击实功能,一般配备3~5把即可。

(5)烙铁:主要用于熨平,也有击实功能,需2~3个。

(6)镦锤:用于将混合料击实,需配备2~3个。

(7)筛子:当局部铺筑层表面较粗糙时,用其筛出细混合料填充空隙,一般需配2~3个。

(8)切缝机1台,用于切除铺筑层端部不合格的部分,以利进行冷接缝。

4.人员配备

(1)测温员1~2人,检查运料车上混合料的温度。

(2)指挥运输车卸料1人。

(3)机手:每台摊铺机2人,正、副机手各1人。

(4)缺陷修整、接缝处理跟机人员,每台摊铺机2~4人。

5.铺筑试验路段

沥青路面大面积施工前,应先铺筑试验路段。通过试验路段的修筑,用以确定合适的拌和时间和温度，摊铺时间和摊铺温度，压实机械的合理组合，压实温度和压实方法，松铺系数及作业段长度。在试验段中，抽检沥青混合料的沥青含量、矿料级配、稳定度、流值、空隙率、密实度等。混合料压实 12h 后，按标准方法进行密实度、厚度的抽查。

通过试验段的修筑、优化拌和、运输、摊铺、碾压等施工机械设备的组合和工序衔接，确定混合料的生产配合比，明确人员的岗位职责，最后提出标准施工方法。

五、沥青混合料施工

1. 施工放样

(1)基准形式的选择

基准形式是指摊铺机通过何种方式控制摊铺高程，分两种：一种是基准线（梁），基准线一般用钢丝绳；另一种是行走基准。通常摊铺下面层和中面层时，由于下面层的平整度较低，需布设基准线。摊铺机的传感装置通过感应基准线的高程来控制摊铺高程（俗称“走钢丝绳”）。摊铺表面层时，此时中面层已具有较高的平整度，其基准形式一般是摊铺机通过滑橇感应中面层的高程来控制摊铺高程（俗称“走雪橇”）。

(2)基准线的布设

基准线是控制铺筑层高程和平整度的关键，可分 4 步进行布设。

第一步：布设钢桩（图 8-2-4），一般布设在路肩的边缘，距摊铺边缘 30 ~ 50cm。桩距直线段宜为 10m，弯道部分酌情缩短，以保证路面边缘摊铺圆顺，桩位最好选用设计图表上的桩号，以便利用其设计高程作为基准线高程的依据，桩的打入深度以桩稳固为度，分别测定下承层上打桩点的高程。

图 8-2-4 基准线桩

第二步：在桩上套上带托架的套管，使托架垂直于路中线。将实测高程与设计高程作比较，如果两者高程差值在厚度允许误差范围内，移动套管使套管顶部高程等于实测高程，并固定套管。如果某些测点高程高于设计高程，应按本层设计厚度放样，移动套管使套管顶部高程等于实测高程 + 本层设计厚度，并固定套管，同时对纵坡进行调整，调坡坡度以 0.1% 为宜，切忌连续频繁调坡，影响行车的舒适性。

第三步：将钢丝绳的一端固定在支撑桩上，然后将钢丝绳放在各桩的托架上，用紧线器拉紧，最后固定在另一端的支撑桩上。此钢丝绳即为控制摊铺高程的基准线。

第四步:量测基准线与下承层顶面的高度,与设计厚度进行比较,对不满足点再作调整。

基准线必须充分拉紧,下垂度不得超过路面平整度的允许偏差值,摊铺过程中施工人员和机具不得碰撞基准桩、线,防止基准线发生偏差影响摊铺效果。

布设好的基准线如图 8-2-5 所示。

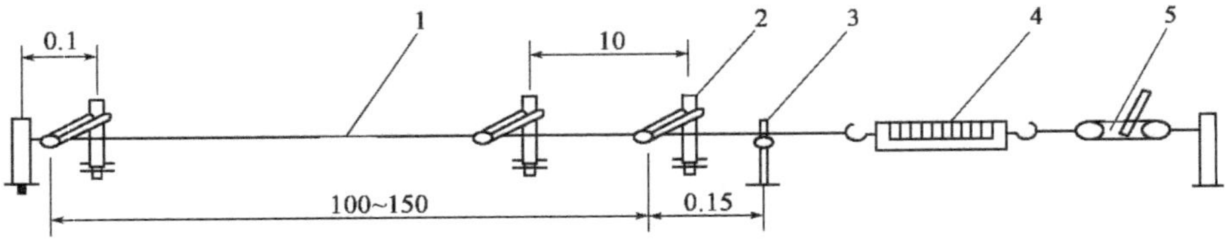

图 8-2-5 基准线的敷设示意图(尺寸单位:m)

1-尼龙线或钢丝;2-铁立杆;3-标桩;4-弹簧杆;5-张紧器

2. 热拌沥青混合料的运输

热拌沥青混合料应采用较大吨位的自卸汽车运输,以减少摊铺机前经常短时换车卸料的情况,用于运输的车辆数量应能与摊铺机的摊铺速度相协调,保证不至于使摊铺机停工待料。施工过程中,摊铺机前一般应科学计算运距,确保有足够的车辆保障运输,一般保证有不少于 5 辆料车在等候卸料。

车箱应具有紧密、清洁、光滑的金属底板并应打扫干净。为防止沥青混合料与车箱板黏结,在车箱侧板和底部涂刷柴油与水以 1∶3 比例的混合液。但要严格控制涂液用量,以均匀、涂遍但不积油水为宜。不允许用石油衍生剂来做运料车底板的涂料。

在往运料车上装载沥青混合料时,为减少混合料颗粒离析,应尽量缩短出料口与车箱的下料距离,且自卸汽车不应停在一个位置上受料,每往车箱内装一斗料,车就移动一次位置。为使装料均匀,分次装料一般以奇数次为宜,一车料最少应分三次装载,首先将料放于车箱的前部,然后移动运料车,将料放于车箱的后部,最后再移动运料车,使余下的料在车箱的中部均匀分装。

运输车应用篷布覆盖,用以保温、防雨、防污染,卸料时为防止粗、细集料产生离析,可用沥青混合料转运车来消除离析,即先将混合料卸在转运车内,转运车通过二次拌和后再将混合料卸到摊铺车料斗内,沥青混合料运输至摊铺地点后应检查其拌和质量、混合料温度,已结块或遭雨淋不符合温度要求的混合料不得铺筑在道路上。

连续摊铺过程中,运料车或转运车应在摊铺机前 10 ~ 30cm 处停住,不得撞击摊铺机,卸料过程中,运料车或转运车要挂空挡,靠摊铺机推动前进。车箱慢慢升起,将混合料缓缓卸入摊铺机料斗中,要相互配合确保不溜车。

3. 热拌沥青混合料的摊铺

(1)摊铺机的工作原理

混合料运输车中的混合料卸入摊铺机接料斗后,由其底部的纵向输送带经流量控制装置将混合料送入螺旋布料器,再由其向两侧输送到预定的摊铺宽度,随着摊铺机向前行驶,螺旋布料器输送的混合料就到了熨平装置的夯击锤或振动梁的前缘。先由击实锤或振动梁夯击或振动,同时将多余的混合料挤走,最后熨平板熨平。

(2)摊铺宽度的确定

全路幅一次摊铺时,能够节约人工和机械,而且铺筑成形的路面表面均匀一致、平整度好、无纵向施工缝;缺点是易造成离析和压实度不足。分路幅多次摊铺则纵向接缝施工困难大,接缝两侧大料较多,密实度差,而且平整度也难掌握。当采用分路幅多次摊铺时,尽量采用多台摊铺机梯队作业的方式,相邻两台摊铺机前后距离以15m左右为宜,尽量将接缝设在画标线的位置。

(3)摊铺机运行应注意的事项

①摊铺机手应严格按操作规程的要求进行操作,起步应缓慢、平移,摊铺工作有一个良好的开端。

②利用导向装置沿着指定线位行驶,使外侧边缘与设计的路面边缘吻合,内侧边缘应顺直以利纵向接缝。弯道部分摊铺时应平缓地转向,保证摊铺带边缘圆顺。

③摊铺作业应连续、匀速、不间断地进行。摊铺速度根据拌和站产量,铺筑宽度、厚度等计算确定,起步控制在1~2m/min,正常摊铺速度3~4m/min,供料不及时的情况下,可适当放慢速度。摊铺过程中,摊铺机螺旋送料器要不停顿地运转,两侧要保持有不少于送料器高度2/3的混合料,保证在摊铺机全宽度断面上不发生离析。摊铺中出现拥包,立即停机,倒回重新摊铺,与路缘石接合部用人工配合平整。

④沥青混合料的摊铺温度应符合表8-2-7的要求。

⑤沥青混合料宜在干燥、暖和的天气铺筑;当气温低于10℃时不宜施工,下雨时也应停止摊铺。

⑥在摊铺过程中应随时检查摊铺层厚度和路拱横坡,不符合要求时应及时进行调整。

⑦摊铺机摊铺不到的死角,应采用人工摊铺整形。

4.热拌沥青混合料的压实及成形

热拌沥青混合料的压实应按初压、复压、终压(包括成形)三个阶段进行。沥青混合料压实宜采用钢筒压路机与轮胎压路机或振动压路机组合的方式,压路机应以慢而均匀的速度碾压,压路机的碾压速度应符合表8-2-10的规定。

压路机碾压速度(单位:km/h) 表8-2-10

压路机类型	初压		复压		终压	
	适宜	最大	适宜	最大	适宜	最大
钢筒压路机	2~3	4	3~5	6	3~6	6
轮胎压路机	2~3	4	3~5	6	4~6	8
振动压路机	2~3 (静压)	3 (静压)	3~4.5 (振动)	5 (振动)	3~6 (静压)	6 (静压)

(1)初压

沥青混合料经摊铺整形后应立即组织碾压,压实温度应符合表8-2-7的要求。

碾压路线应从两侧向中央进行,相邻碾压带应重叠轮宽的1/3~1/2,最后碾压中心部分,压完全幅为一遍,当边缘有挡块、路缘石、路肩等支挡时,应紧靠支挡碾压;初压用10~12t的双轮钢筒压路机以1.5~2.0km/h的速度碾压两遍。碾压时应将驱动轮面向摊铺机,如图8-2-6所示,以防产生推移现象;碾压路线及方向不应突然改变,压路机起动、停止时须慢速

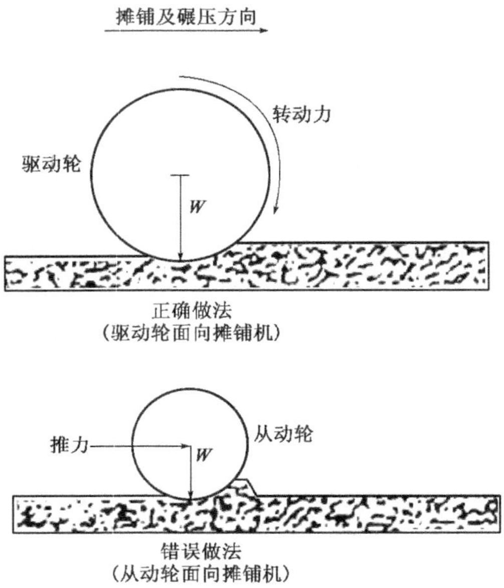

图8-2-6 压路机的碾压方向

进行;为防止压路机碾压过程有沥青混合料粘轮现象发生,压路机均安装自动喷水装置,喷洒少量的洗衣粉溶液。初压阶段应及时检查并消除不平、蜂窝、裂纹和拥包等常见的缺陷。

(2)复压

初压形成工作面后,复压即可开始,现场质量检查人员以插旗的方式划分路面不同的温度段。

由于轮胎压路机能调整轮胎的内压,可以得到所需的接触地面压力,使集料相互咬合,易于获得均一的密实度,而且密实度可以提高2%～3%。所以复压阶段最好用总重不小于15t的轮胎压路机碾压,碾压速度宜控制在5km/h,碾压时相邻碾压带应重叠1/3～1/2的碾压轮宽度。若采用振动压路机,倒车时应先停止振动,前进时再开始振动,以免形成鼓包。复压是碾压过程中最重要的阶段,混合料能否达到规定的密实度,关键全在于这个阶段的碾压。复压应碾压至稳定无显著轮迹为止,一般不少于6遍,为防止压路机碾压过程有沥青混合料粘轮现象发生,可在轮胎上涂菜油或菜油与洗衣粉的混合液。复压温度也应符合表8-2-7的规定。

(3)终压

终压的目的是消除复压留下的轮迹及其他表面缺陷。终压可用10～12t压路机,碾压的遍数以路面平整、无轮迹为度,一般需2～4遍。

压路机不得在新铺的沥青混合料上掉头、转向、左右移动位置或突然紧急制动,并应从已碾压完毕的路段进出碾压区域,不得斜角从路边进出。在当天碾压的尚未冷却的沥青混合料面层上,不得停放任何机械设备或车辆,并防止矿料、杂物等散落在新铺路面上。路面冷却后方可开放交通。

压路机无法压实的死角,采用振动夯板夯实。

5.接缝处理

(1)纵缝施工

对摊铺时采用梯队作业的纵缝应采用热接缝,施工时应将已铺混合料留下10～20cm宽暂不碾压,作为后摊铺部分的高程基准面,最后跨缝碾压;对不在同一天铺筑的相邻车道或与旧沥青路面连接的纵缝,在摊铺新料之前,采用切割机将已铺完的一幅边缘切齐,铺另一半幅前将缝边缘清扫干净,并涂洒少量黏层沥青,摊铺时重叠在已铺层上5～10cm,摊铺后用人工将摊铺前半幅上面的混合料铲走。冷接缝的碾压按图8-2-7的方式进行,即先在已压实的路面上行走,碾压新铺层10～15cm,然后逐次向新铺部分移动10～15cm,直至最终完全在新铺路面上碾压,充分将接缝碾压紧密。上下层的纵缝应错开15cm以上,表层的纵缝应顺直。纵缝应在摊铺之后立即碾压。

(2)横缝施工

横向接缝处的施工,首先是在每日工作结束前对横缝处的处理,在最后一车料倒入摊铺机料斗,并在逐步用空的过程中,摊铺机手应注意观察螺旋输送器内和熨平板前部混合的堆积量,尽可能摊铺出一个垂直于路中线的整齐断面,切忌摊铺出一个长的斜面,然后将摊铺机驶离摊铺处,由有经验的工人将端部的混合料裁齐、整平,并在端部设置挡木,其高度与压实后的厚度相同,最后碾压成形。碾压结束后检查高程与平整度,将不合格的部分全部刨除。再次摊铺前应在接缝端上涂刷一道黏层油。

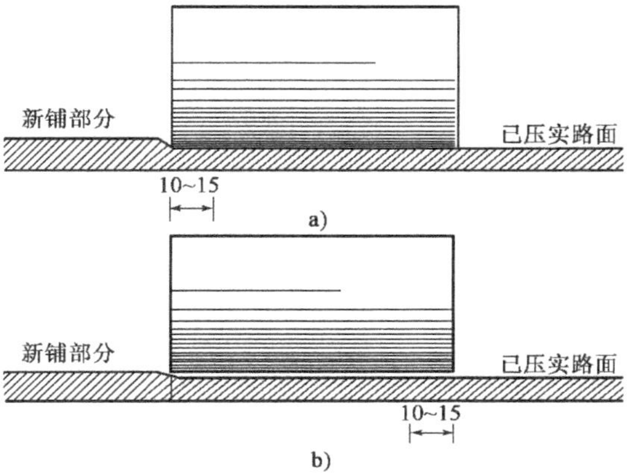

图 8-2-7 纵缝冷接缝的碾压(尺寸单位:cm)

横向接缝的碾压是碾压工作中的重要一环。碾压时,应先用双钢轮压路机进行横向跨缝碾压,第一遍碾压时,碾压轮大部分压在已完成的路面上,只有 10 ~ 15cm 压在新铺的一侧,以后每压一遍向新铺的一侧延伸 10 ~ 15cm,直至全部碾压轮压在新铺的层面上,然后改为纵向碾压(图 8-2-8),直到达到规定的压实度为止。

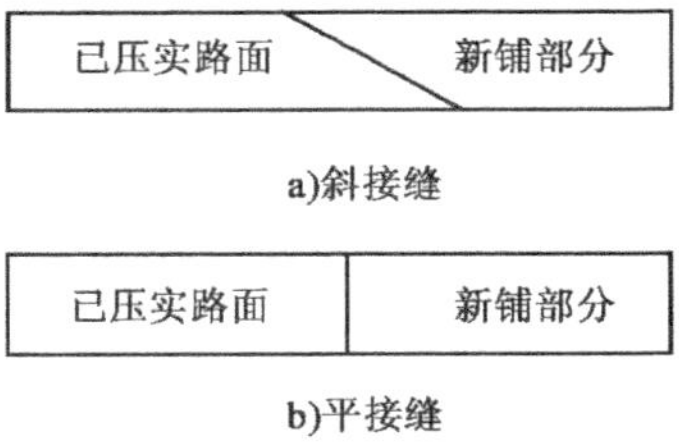

图 8-2-8 横向接缝

6. 开放交通

应等摊铺层完全自然冷却,混合料表面温度低于 50℃后,方可开放交通。需要提早开放交通时,可洒水冷却降低混合料温度。

附:“模块式”操作训练

一、实习项目

热拌沥青混合料面层的施工。

二、目的及要求

使学生通过实习参观,掌握沥青路面施工的基本流程及施工工艺;了解沥青面层施工三大部分(室内试验、沥青混凝土拌和厂、铺筑现场)的主要目标;了解沥青混合料的拌和及摊铺设备的机械性能和原理。

三、所需工具

可自带温度计、3m 直尺、卷尺、水准仪,部分检测可借用工地试验室仪器设备参观或演示。

四、实习操作检测项目

(1)沥青混凝土拌和厂的场地布置要点,拌和机的型号、性能、各部分组成和作用,拌和厂石料的堆放及排水的合理性;

(2)马歇尔试件制作及试验;

(3)沥青用量及矿料级配的检测;

(4)纵断面高程及横坡度检测;

(5)平整度、宽度、厚度检测;

(6)压实度、弯沉;

(7)沥青混合料温度测量,碾压遍数的记录,现场沥青混合料摊铺、碾压的组织,面层接缝的处理,现场机械配置。

(8)实习操作项目及质量标准见附表 8-2-1。

热拌沥青混合料面层实习操作检查项目 附表 8-2-1

检查项目	质量标准	检查方法	备注
沥青含量(%)	符合设计要求	离心分离法	
拌和时坍落度(s)	符合设计要求	实测	
混合料出厂温度(℃)	符合设计要求	温度计	
混合料摊铺温度(℃)	符合设计要求	温度计	
高程(m)		水准仪	
横坡度(%)		水准仪	
宽度(m)		皮尺	
厚度(m)		钻芯法	
压实度(%)		钻芯法	

五、结果整理及实习建议

主要根据实习现场观察及测定结果进行整理,评价正在施工或已完工的结构物质量状况,对不合格项目进行原因分析并提出改正或补救措施。见附表 8-2-2。

热拌沥青混合料面层实习操作检查表 附表 8-2-2

实测项目	实测值					结果
	1	2	3	4	5	
沥青含量(%)						
拌和时坍落度(s)						

续上表

实测项目	实测值					结果
	1	2	3	4	5	
混合料出厂温度(℃)						
混合料摊铺温度(℃)						
高程(m)						
横坡度(%)						
宽度(m)						
厚度(cm)						
压实度(%)						

学习活动三　沥青路面施工质量控制与验收

学习目标

完成本学习任务后,你应当:

1. 能够描述沥青路面质量控制要点;
2. 能够描述沥青路面施工过程中各个环节的注意事项;
3. 能够熟悉沥青路面施工质量控制指标并进行质量验收。

学习情境描述

沥青路面施工应根据全面质量管理的要求,建立健全有效的质量保证体系,重点是施工过程的控制和管理、材料技术指标检查、施工工艺过程控制等方面,并对各施工工序的质量进行检查评定,以达到规定的质量标准,确保施工质量的可靠性。现需对某工程桩号为 K129 + 600 ~ K132 +000 段的沥青路面进行施工质量控制与验收,需要做好哪些工作呢?

相关知识

一、施工准备阶段质量控制内容

1. 对人员的管理

生产过程中各工序和主要岗位必须由有经验的人员或经过培训取得上岗资格的人员操作或管理。要有明确、严格的岗位职责制,要有严格的奖罚措施,把每个人切身利益与产品的质量紧密联系起来,使他们既有好的技能,又有干好工作的愿望和动力。要经常对全体员工进行产品质量重要性的教育,特别是各级领导者必须牢固树立质量是企业生命的思想。

2. 原材料质量检查

对于粗集料,其颗粒形状往往决定混合料是否能形成稳定的嵌挤骨架,粗集料颗粒形状与其岩性和加工机械有明显关系,需根据不同岩性选择不同的石料破碎机的形式,一般锤击式或反击式破碎机轧制的集料针片状颗粒含量低于颚式破碎机。

冷集料的含水率对加热筒的烘干效率及拌和机的生产能力影响很大,一般含水率每增加

1%,拌和机生产能力下降10%~12%。而若不注意控制水量,砂的最大含水率能达到10%。所以应对集料特别是细集料采取防水措施。

有些沥青的质量不稳定,使用前应从沥青供应厂、站取样检查,不合格的沥青不得运往拌和厂;使用过程中进一步按规定的频率检查,避免使用不合格的沥青。在沥青路面开工前,施工单位应对所选用的材料,如沥青和各种规格矿料的物理性质、级配等进行试验。

对沥青混合料来说,一是控制好油石比和矿料级配,二是控制好各个环节的温度,发现问题及时调整。

3. 设备检查

机械设备是保证路面施工质量的另一个重要因素。在施工前必须对拌和厂及沥青路面施工机械和设备的配套情况、性能、计量精度等进行认真细致地检查。不得采用不符合规定要求的施工机械和设备。机械管理主要是让各种路面施工机械处于良好状态、充分发挥其应有的作用。拌和厂和工地应有一个精干的机械维修小组并配备足够、适用的机具和易损零配件,一旦发生故障应能很快排除或修复。各种机械手应持证上岗,严格按照操作规程运行。漏油的机械、车辆不得使用,避免给路面造成污染或损坏。

4. 施工放样及下承层检查

施工放样包括高程测量与平面控制两项内容。对下承层的检查包括以下内容:

(1)下承层表面应清洁、干燥、坚实,无任何松散的石料、尘土与杂质,并且不允许有油污。

(2)下承层表面应平整,当其平面凹洼的深度大于该层允许的铺筑误差,应在上层材料铺筑前用沥青混合料予以填充并压实。

(3)当下承层为基层时,应喷洒透层沥青,当下承层为底面层且底面层与表面层铺筑时间间隔较长时,应喷洒黏层沥青。

5. 铺筑试验路段

高速公路和一级公路在大面积施工前应铺筑试验段,其他等级公路在缺乏施工经验或初次使用重大设备时,也应铺筑试验路段。试验路段宜选在主线直线段,长度不少于300m,宜选择在直线段上,通过试验段的铺筑,取得各种施工控制参数。

二、施工过程中的质量检查及控制标准

1. 施工过程中的材料检查内容及要求

施工中的材料检查,是在每批材料进场时已进行过检查及批准的基础上,施工过程中再抽查其质量稳定性。施工单位在施工过程中必须经常对各种施工材料进行抽样试验,材料质量应符合质量指标的要求。

材料检查的另一项重要内容是矿料级配精度和油石比计量精度。

2. 施工过程中质量检查及控制标准

施工过程中的质量检查包括工程质量及外形尺寸两部分。其检查内容、频度、质量标准应符合规范要求。当检查结果达不到规定要求时,应追加检测数量,查找原因,做出处理。对沥青混凝土和沥青碎石混合料,尤其应注意以下几点:

(1)在沥青混合料拌和厂必须对拌和均匀性、拌和温度、出厂温度及各个料仓的用量进行检查,取样进行马歇尔试验,检测混合料的矿料级配和沥青用量。

(2)铺筑现场必须对混合料质量及施工温度进行观测,随时检查厚度、压实度和平整度,并逐个断面测定尺寸。

(3)施工厚度的质量控制,除应在摊铺及压实时量取,并测量钻孔试件厚度外,还应校验由每一天的沥青混合料总量与实际铺筑的面积计算出的平均厚度。

(4)施工压实度的检查以钻孔法为准。当钻孔检验的各项指标持续稳定达到要求时,经监理工程师或主管部门同意,钻孔频度可适当减少。

(5)施工单位的质量检测结果应按 1km 为单位整理成表。当发现异常时,应停止施工,分析原因找出影响因素,采取措施,经监理工程师或建设单位同意后,方可复工。

(6)高速公路和一级公路沥青路面的施工宜利用计算机实行动态质量管理。

三、沥青路面的验收

施工单位应在路面工程完工后,按基本要求、实测项目和外观鉴定进行自查,对工程质量进行自我评分。

监理工程师应按规定要求对工程质量进行独立抽检,对施工单位检评资料进行签认,对工程质量进行评定。

质量监督部门根据抽查资料和确认的施工自查资料以及监理工程师的质量管理资料对工程质量进行评定,作为交工、竣工验收评定等级的依据。

1. 沥青表面处治

(1)基本要求

①在新建或旧路的表层进行沥青表面处治施工时,应将表面的泥砂及一切杂物清除干净,底层必须坚实、稳定、平整,保持干燥后才可施工。

②沥青材料的各项指标和石料的质量、规格、用量应符合设计要求和施工规范的规定。

③沥青浇洒应均匀,无露白,不得污染其他构筑物。

④嵌缝料必须趁热撒铺,扫布均匀,不得有重叠现象,压实平整。

(2)实测项目

依据《公路路基路面现场测试规程》(JTG E60—2008),沥青表面处治面层实测项目见表 8-3-1。

沥青表面处治面层实测项目 表 8-3-1

项次	检查项目		规定值或允许偏差	检查方法和频率	权值
1	平整度	σ(mm)	≤4.5	平整度仪:全线每车道连续按每 100m 计算 IRI 或 σ	2
		IRI(m/km)	≤7.5		
		最大间隙 h(mm)	≤10	3m 直尺:每 200m 测 2 处×10 尺	
2	弯沉值(0.01mm)		符合设计要求	按附录 I 检查	2
3△	厚度(mm)	代表值	−5	按附录 H 检查,不少于每 2000m² 一点	3
		合格值	−10		

续上表

项次	检查项目		规定值或允许偏差	检查方法和频率	权值
4	沥青总用量（kg/m^2）		±0.5%	每工作日每层洒布查1次	2
5	中线平面偏位（mm）		30	全站仪：每200m测4点	1
6	纵断高程（mm）		±20	水准仪：每200m测4个断面	1
7	宽度（mm）	有侧石	±30	尺量：每200m测4处	2
		无侧石	不小于设计值		
8	横坡（%）		±0.5	水准仪：每200m测4个断面	1

注：沥青总用量按《公路路基路面现场测试规程》(JTG E60—2008)方法，每工作日每层洒布沥青检查一次，并计算同一路段单位面积的总沥青用量。

(3)外观鉴定

①表面平整密实，不应有松散、油包、油丁、波浪、泛油、封面料明显散失等现象，有上述缺陷的面积之和不超过受检面积的0.2%。不符合要求时每超过0.2%减2分。

②无明显碾压轮迹。不符合要求时，每处减1~2分。

③面层与路缘石及其他构筑物应密贴接顺，不得有积水现象。不符合要求时，每处减1~2分。

2. 沥青混凝土面层和沥青碎(砾)石面层

(1)基本要求

①沥青混合料的矿料质量及矿料级配应符合设计要求和施工规范的规定。

②严格控制各种矿料和沥青用量及各种材料和沥青混合料的加热温度，沥青材料及混合料的各项指标应符合设计和施工规范要求。沥青混合料的生产，每日应做抽提试验、马歇尔稳定度试验。矿料级配、沥青含量、马歇尔稳定度等结果的合格率应不小于90%。

③拌和后的沥青混合料应均匀一致，无花白，无粗细料分离和结团成块现象。

④基层必须碾压密实，表面干燥、清洁、无浮土，其平整度和路拱度应符合要求。

⑤摊铺时应严格控制摊铺厚度和平整度，避免离析，注意控制摊铺和碾压温度，碾压至要求的密实度。

(2)实测项目

依据《公路路基路面现场测试规程》(JTG E60—2008)，沥青混凝土面层和沥青碎(砾)石面层实测项目见表8-3-2。

沥青混凝土面层和沥青碎(砾)石面层实测项目 表8-3-2

项次	检查项目		规定值或允许偏差		检查方法和频率
			高速公路、一级公路	其他公路	
1	压实度（%）		试验室标准密度的96%（*98%）， 最大理论密度的92%（*94%）， 试验段密度的98%（*99%）		按附录B检查，每200m测1处
2	平整度	σ(mm)	≤1.2	≤2.5	平整度仪：全线每车道连续按每100m计算IRI或σ
		IRI（m/km）	≤2.0	≤4.2	
		最大间隙h（mm）	—	≤5	3m直尺：每200m测2处×5尺

续上表

项次	检查项目		规定值或允许偏差		检查方法和频率
			高速公路、一级公路	其他公路	
3	弯沉值(0.01mm)		不大于设计验收弯沉值		按附录I检查
4	渗水系数(mL/min)	SMA路面	≤120	—	渗水试验仪:每200m测1处
		其他沥青混凝土路面	≤200		
5	摩擦系数		满足设计要求	—	摆式仪:每200m测1处;横向力系数测定车:全线连续,按附录K评定
6	构造深度		满足设计要求		铺砂法:每200m测1处
7	厚度(mm)	代表值	总厚度:−5% H 上面层:−10% h	−8% H	按附录H检查,双车道每200m测1处
		合格值	总厚度:−10% H 上面层:−20% h	−15% H	
8	中线平面偏位(mm)		20	30	全站仪:每200m测2点
9	纵断高程(mm)		±15	±20	水准仪:每200m测2断面
10	宽度(mm)	有侧石	±20	±30	尺量:每200m测4个断面
		无侧石	不小于设计值		
11	横坡(%)		±0.3	±0.5	水准仪:每200m测2个断面
12	矿料级配		满足生产配合比要求		
13	沥青含量		满足生产配合比要求		
14	马歇尔稳定度		满足生产配合比要求		

注:1. 表内压实度可选用其中的两个标准评定,选用两个标准时,以合格率低的作为评定结果;其他公路选用一个标准进行评定。带 * 者是指SMA路面。

2. 表列厚度仅规定负允许偏差。其他公路的厚度代表值和合格值允许偏差按总厚度计,当总厚度≤60mm时,允许偏差分别为−5mm和−10mm;当总厚度>60mm时,允许偏差分别为−8%和−15%的总厚度,H为总厚度(mm)。

3. 外观鉴定

(1)表面应平整密实,不应有泛油、松散、裂缝和明显离析等现象,对于高速公路和一级公路,有上述缺陷的面积之和不得超过受检面积的0.03%,其他公路不得超过0.05%。不符合要求时每超过0.03%或0.05%减2分。

半刚性基层的反射裂缝可不计为施工缺陷,但应及时进行灌缝处理。

(2)搭接处应紧密、平顺,烫缝不应枯焦。不符合要求时,累计每10m长减1分。

(3)面层与路缘石及其他构筑物应密贴接顺,不得有积水或漏水现象。不符合要求时,每一处减1~2分。

四、路面常见异常原因分析

路面常见异常原因分析见表8-3-3。

路面常见异常原因分析表 表8-3-3

路面常见异常＼原因	拌和													摊铺							碾压						其他				
	混合料温度过高	集料烘干不足	混合料温度过低	沥青用量过多	沥青用量不足	烘干不均匀	拌和不足,叶片磨损严重	溢料装置失灵	每盘料称量不准	混合料配合比不当	粗集料多,混合料过粗	细集料过多	储料仓混合料离析	摊铺机操作不当	摊铺速度过快	螺旋布料器超负荷	熨平板夯锤磨损严重	摊铺机发生故障	摊铺离析严重	夯锤位置不当	碾压温度过高	碾压温度过低	碾压振动过甚	碾压过度	碾压不足	碾压机质量过大	喷洒透(黏)层油不足	喷洒透(黏)层油过多	下层过于潮湿	下层不平	下层承载力不足
混合料冒蓝烟	√					√																									
混合料冒白烟		√				√																									
混合料装车时堆积平塌				√		√	√		√				√																		
混合料装车时堆积尖凸			√		√					√	√																				
混合料色泽灰暗或棕色	√	√			√																										
混合料色泽异常黑亮				√					√																						
沥青呈集聚体,细矿料全呈黏聚体			√	√			√			√																					
路面结构粗糙不均	√		√						√	√	√		√	√	√			√	√			√		√			√				√
路面有波浪		√		√					√	√		√		√	√	√		√			√								√		
路面呈蜂窝状			√		√				√	√	√	√		√					√			√		√							√
路面有大而长的裂缝																							√			√			√		√
路面有细而多的裂缝					√					√		√												√		√			√		√
路面泛油、沥青斑点多				√					√	√									√									√			
路面接缝不良					√						√			√	√		√		√	√	√	√	√		√						
路面平整度不佳														√	√	√	√			√											√
铺筑层发生滑移		√	√	√	√					√		√										√		√		√		√			√
集料内级配不符合要求				√	√			√	√	√	√	√																			
路面有压路机轮迹										√		√		√							√	√		√		√					
粗集料被压碎			√							√	√			√				√													
路面撕裂	√		√	√	√					√	√			√	√			√	√							√					
粗集料沥青裹覆不佳,有花白料		√	√	√	√		√		√																						

学习活动四　乳化沥青碎石混合料面层施工

学习目标

完成本学习任务后,你应当:

1. 能够描述乳化沥青碎石混合料面层的施工要点;
2. 能够描述乳化沥青碎石混合料的施工特性及性能指标;
3. 能够描述乳化沥青碎石混合料的质量控制指标;
4. 能够描述乳化沥青碎石混合料的适用范围。

学习情境描述

京台线建瓯至闽侯高速公路福州段路面、交通安全设施、景观绿化及房建工程 JTBI 合同段设计起讫桩号为 K99 +128 ~ K152 +079.607。合同段路线全长 52.952km。该项目经闽清县东桥、闽侯县洋里、白沙、甘蔗、荆溪,终点位于闽侯县荆溪镇;按双向四车道高速公路标准建设。设计行车速度为 100km/h,路基宽度为 26m,采用乳化沥青碎石进行面层施工。

相关知识

一、概述

乳化沥青混合料是采用乳化沥青与矿料混合料在常温状态下拌和的,经铺筑与压实成形后形成沥青路面,根据矿料的级配类型分为乳化沥青碎石混合料与乳化沥青混凝土混合料。在乳化沥青混合料中,对集料的质量和规格要求与热拌沥青混合料基本相同。乳化沥青混合料路面适用于三级及三级以下公路的沥青面层、二级公路的罩面层以及各级公路沥青路面的联结层或整平层,亦可在各级公路上作冷补使用。

二、原材料的选择

1. 乳化沥青

乳化沥青是指将沥青热融,经过机械的作用,沥青以细小的微滴状态分散于含有乳化剂的水溶液中,形成的沥青乳液,主要由沥青、水、乳化剂和辅助材料组成,对不同用途的乳化沥青,原材料的性能要求也不一样。

(1)沥青

沥青是乳化沥青的主要原材料,也是用于筑路等方面的最终胶结料,生产乳化沥青所用沥青,除了应满足最终的应用要求外,还必须满足乳化要求。石油沥青是大分子的饱和烃、芳香烃、胶质、沥青质等组成的复杂混合物,其化学组成、沥青的胶体结构类型随原油不同、加工工艺不同而有很大差别,因此,乳化的难易程度就不同。一般来说,几乎各种牌号的道路沥青都可以乳化,但是选择哪种沥青主要根据乳化用途来定。例如对高温稳定性要求不高,而低温抗裂性能要求较高场合下使用的乳化沥青,应选用软化点较低、延度较大的沥青;对高温稳定性要求较高,耐低温抗裂性能要求不高场合下使用的乳化沥青,应选用软化点较高的沥青。

随着交通量的不断增长,改性沥青用于乳化的需求也随之出现。由于改性沥青的黏度大幅度增大,且改性剂大部分是高分子聚合物,其可乳化性非常局限,因此在选择改性沥青和改性剂时应充分试验。

(2)乳化剂

乳化剂在乳化沥青中所占比例较小,但其对乳化沥青的生产、储存及施工均有较大的影响。其选择应根据乳化沥青的品种、标号及用途,重点选择其乳化性能强、分散性能好、价格低、来源广、配制方法简单、操作方便的乳化剂。一般乳化剂由亲油基与亲水基两个基团组成,但作为沥青乳化剂除要有较强的降低界面张力的作用外,还要求吸附性、配伍性、造膜性、形成胶体离子性等特殊功能。乳液的负电位值,直接影响沥青微粒间的相互排斥力,影响乳液的稳定性,也影响与集料的黏附性,这些都是选择乳化剂时应重视的。

乳化剂的分类方法很多,如按离子的类型分类,如图 8-4-1 所示。

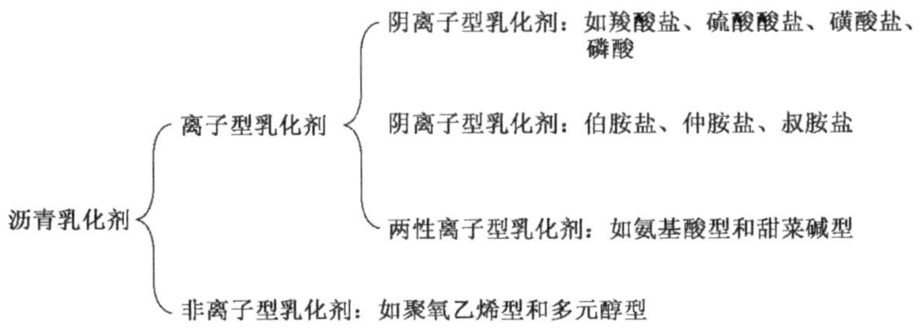

图 8-4-1 乳化剂的分类

(3)水

水只是沥青分散的介质,并不是沥青乳液的重要成分。但水的硬度及离子性对乳化沥青生产有较大的影响,有有利的一面,也有不利的一面。镁离子和钙离子的存在对生产阳离子乳化沥青来说是有利的。如有时为制备更稳定的乳液,在生产过程中加入 $CaCl_2$ 作为稳定剂。生产阴离子乳化沥青时,镁、钙离子的存在又成为不利的因素。这是因为阴离子乳化剂大都是以可溶性的钠或钾盐的形式存在,当有大量的镁和钙离子时会形成不溶于水的物质,从而影响乳化效力,甚至会导致乳化失败。碳酸离子、碳酸氢离子的存在对于形成稳定的阳离子类乳化剂是不利的。这是因为这些离子常常与作为阳离子类乳化剂所常用的水溶性氨基盐酸盐进行反应,生成不溶性盐。但对于阴离子类乳液,碳酸离子、碳酸氢离子具有缓冲作用,是有利的。此外,水中存在粒状物质时,一般带负电荷物质居多,由于对阳离子乳化剂的吸附,所以对阳离子类乳液的生产是不利的。因此,根据乳化沥青的离子类型,选择符合水质要求的水源会对沥青的乳化起到很好的作用。

(4)辅助材料

为了提高沥青的乳化性能,在配制乳液时需加入一定量的酸碱调节剂,如氢氧化钠和盐酸,和其他增稠剂和稳定剂,如水玻璃、聚乙烯醇、三聚磷酸钠、六偏磷酸钠或磷酸三钠,以及适量的改性材料,如橡胶、树脂等。

若用成品乳化沥青,则应根据表 8-4-1 选用,其技术性能要求见表 8-4-2。

沥青乳液分类　　　　表 8-4-1

类　别	代　号	用　途
喷洒	PC-1、PA-1	层铺贯入式路面及表面处治用
贯入用	PC-2、PA-2	透层油及稳定用表面养护用
	PC-3、PA-3	结合层油层用
拌和用	BC-1、BA-1	拌制粗粒式沥青混凝土及沥青黑色碎石用
	BC-2、BA-2	拌制中粒式沥青混凝土砂石混合料用
	BC-3、BA-3	拌制稳定土及稀浆封层用

注：PC、PA、BC、BA 分别表示洒布型阳离子、洒布型阴离子、拌和型阳离子、拌和型阴离子乳化沥青。

道路用乳化沥青技术要求　　　　表 8-4-2

项目 \ 种类		PC-1、PA-1	PC-2、PA-2	PC-3、PA-3	BC-1、BA-1	BC-2、BA-2	BC-3、BA-3
筛上剩余量(%)		≤0.3					
电荷		阳离子带正电(+)、阴离子带负电(-)					
破乳速度试验		快裂	慢裂	快裂	中或慢裂		慢裂
黏度(s)	沥青标准黏度计 $C_{25,3}$	12～45	8～20		12～100		40～100
	恩格拉度 E_{25}	3～15	1～6		3～40		15～40
蒸发残留物含量(%)		≥60	≥50		≥55		≥60
蒸发残留物性质	针入度(100g，25℃，5s)(0.1mm)	8～200	80～300	60～160	60～200	60～300	80～200
	残留延度比(25℃)(%)	≥80					
	溶解度(三氯乙烯)(%)	≥97.5					
储存稳定性(%)	5d	≤5					
	1d	≤1					
与矿料的黏附性(裹覆面积)		≥2/3					
粗粒式集料拌和试验		—		均匀		—	
细粒式集料拌和试验		—			均匀		
水泥拌和试验，1.18mm 筛上剩余量(%)		—			≤5		
低温储存稳定度(-5℃)		无粗颗粒或结块					

2. *矿料*

(1)粗集料

乳化沥青路面中所用的粗集料是指粒径大于 2.36mm、小于 26.5mm 的碎石。粗集料要求是三级以上集料轧制而成，应具有足够的强度与耐磨性，其针片状颗粒含量应小于 15%。

(2)细集料

细集料是指粒径小于 2.36mm、大于 0.074mm 的砂和石屑。这种材料要求质地坚硬、清洁、无杂质,并具有适当的级配。

(3)矿粉

为了提高沥青混凝土路面的稳定度,混合料要加入一定量的矿粉,矿粉要求为碱性岩石磨制而成,亲水系数小于1.0,通过0.075mm筛孔的颗粒不少于80%。

三、乳化沥青碎石混合料路面的施工

1.施工程序

乳化沥青碎石混合料路面的施工操作程序如图8-4-2所示。

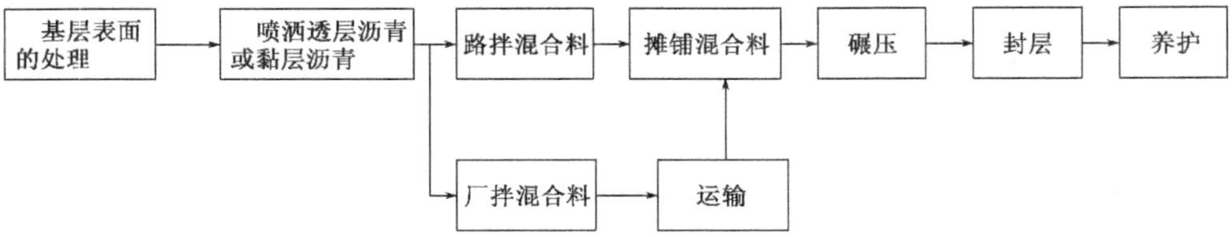

图8-4-2 施工操作程序

2.施工注意事项

1)混合料的拌和

由于乳液的黏度低,与各级配集料都有良好的施工和易性,但由于乳液与集料有黏附、破乳、析水、恢复沥青性能等过程,拌和操作应注意下列事项:

(1)粗级配混合料可用机械或人工拌和,密级配混合料因集料中含有矿粉等细料,应采用机械拌和,拌和机械应选用强制式拌和机,不宜用自落式拌和机。因自落式拌和机拌和能力差、出料慢、细料容易聚团或黏附在拌和筒壁上,拌和混合料质量不均匀。

(2)混合料的拌和应在乳液破乳前结束,否则因乳液的破乳而失去施工和易性。如在乳液破乳后继续搅拌混合料,会使集料表面黏附的沥青膜剥落。因此,掌握好拌和时间是保证混合料质量的重要环节。在保证乳液与集料拌和均匀的前提下,时间宜短不宜长。一般机拌作业时间不超过30s,人工拌和时间不得超过60s。最佳拌和时间应根据施工现场使用的集料级配情况、拌和机械性能、施工的气候等具体通过试拌后确定。

(3)矿料在与乳液拌和前,需用水将矿料润湿,用水量可根据配合比设计确定,一般用水量可在3%~5%,天气炎热时宜多加,天气潮湿时可少用。潮湿的集料便于乳液的分布,也可延缓乳液的破乳时间,保持良好的施工和易性,使乳液均匀裹覆在集料的表面。但在低温季节(低于15℃以下时)施工时,集料不必先湿润,可直接与乳液掺拌。

若乳液湿润后,仍不能与乳液拌和均匀,应采取下列措施解决:

①改用破乳速度更慢的乳液,如将BC-1型乳液改为BC-2型,或在乳液中增加乳化剂的用量。

②用1%~3%的氯化钙水溶液预先处理集料表面(代替水湿)。

③氯化钙水溶液中掺入0.1%~0.2%的OP-10乳化剂预先湿润集料的表面,然后再与乳液拌和。

以上措施在室内或现场通过小样试拌,并取得满意效果后方可采用。实践经验证明,当气温在25℃左右时，用氯化钙水溶液处理密级配集料后，用中裂偏慢的乳液可以拌制出满意的混合料；当气温高达30℃以上时，用复合的水溶液湿润集料，也可以拌制出满意的混合料。

④拌制好的混合料应具有充分的施工和易性，混合料的拌和、运输和摊铺应在乳液破乳前结束，已拌和好的混合料应立即运到现场进行摊铺，拌和与摊铺过程中已破乳的混合料应予废弃。

2）混合料的摊铺

拌制的混合料可用摊铺机摊铺，也可用人工摊铺。但人工摊铺不得扬锹甩料，避免混合料离散。整平工作，不要过多地用刮板摊料，因刚拌完混合料的沥青膜与集料的黏附不牢，尤其是大集料表面的沥青膜，在刮板来回推动下，可能使其剥落。所以在人工摊铺时，摊铺厚度应大致均匀，稍加平整即可。

摊铺混合料的松铺厚度，应通过压实试验求出压实系数。根据集料的级配情况及摊铺的方式不同，一般的压实系数为1.2～1.5。具体数值，应根据现场情况而定，并通过所铺试验路段的检验结果确定。

3）混合料的碾压

混合料的压实应注意以下事项：

（1）当混合料摊铺平整后，可以立即进行压实。为了防止初期碾压出现波浪推移现象，开始应用6t左右的轻型压路机碾压1～2遍，使混合料达到初步稳定，碾压时应匀速进退，不要在碾压路段上制动和起步，以免混合料发生局部拥包和开裂。

（2）为了避免碾压时粘轮，应经常在钢轮上涂废机油或洒水。

（3）在混合料经过轻型压路机初步碾压后，最好再用轮胎压路机继续进行充分压实，也可用10～20t钢轮压路机碾压。但重型压路机不能多碾，过碾会使路面出现开裂或推移，一般只宜碾压1～2遍。如果路面铺筑厚度小于4cm，更不可用重型压路机碾压。

（4）为了促使路面成型，可将出现开裂和推移的路面晾晒一段时间后再进行压实，也可以将前一日完成的路段进行复压。这种复压工作最好在地面温度较高时进行。

（5）进行碾压时，应配有经验的人工随机检查路面，发现局部有松散和开裂的地方，应立即将局部混合料挖换，补料整平后继续碾压密实。修补要仔细，保证路面的平整度。

四、表面封层

（1）表面封层是将刚铺好的路面，先清扫干净，喷洒PC-1型乳液，洒布量为0.8～1.2kg/cm^2，再撒布3～5mm的干粗砂或干石屑，然后用6～8t压路机压实。

（2）用乳化沥青拌制的混合料，虽经压实，但其中仍然还有水分不断蒸发，使路面产生空隙。为了提高路面的密实性、稳定性和耐磨性，应在乳化沥青碎石混合料路面上做封层；上封层应在压实成形、路面水分蒸发后方可加铺。

（3）压实成形后的路面应做好早期养护，并封闭交通2～6h。开放交通初期，应设专人指挥交通，车速不得超过20km/h，并不得紧急制动或掉头。在未稳定成形的路段上，严禁畜力车、铁轮车及履带式拖拉机通过。当路面有损坏时，应及时修补。

（4）阳离子乳化沥青碎石混合料路面可在下层潮湿的情况下施工，施工过程中遇雨应停止铺筑，以防雨水将乳液冲走。

(5)乳化沥青碎石混合料施工的所有工序,包括路面成形及铺筑上封层等,都必须在上冻前完成。

拌和混合料摊铺路面,须注意早期养护,如发现路面有病害,应及时予以修补。

学习活动五 水泥混凝土路面施工

学习目标

完成本学习任务后,你应当:

1. 能够描述水泥混凝土路面施工要点;
2. 能够描述水泥混凝土路面的质量控制指标;
3. 能够描述水泥混凝土路面较沥青混合料路面的优缺点;
4. 能够熟悉水泥混凝土路面施工过程的施工组织情况。

学习情境描述

成都绕城高速公路(西段) K78 +953.64 崇义互通式立交,有A、B、C、D、E、F六条匝道连接成彭路上下绕城高速公路。A、C、D、F匝道为水泥混凝土路面。某合同段为了该工程的组织实施,在人员和设备及材料等方面均做了充分的准备。配备具有相应施工技术经验的施工技术人员,对工程质量和进度实行有效的监控。

相关知识

水泥混凝土路面是指以水泥混凝土为主要材料做面层的路面,简称混凝土路面,亦称刚性路面,俗称白色路面,是一种高级路面。

一、水泥混凝土路面的优缺点

水泥混凝土路面,包括普通混凝土、钢筋混凝土、连续配筋混凝土、预应力混凝土、装配式混凝土和钢纤维混凝土等各种类型。目前采用最广泛的是就地浇筑的普通混凝土路面,简称混凝土路面。与其他类型路面相比,混凝土路面具有以下优点:

(1)强度高。混凝土具有很高的抗压强度和较高的抗弯拉强度以及抗磨耗能力。

(2)稳定性好。混凝土路面的水稳性、热稳性好。

(3)耐久性好。由于混凝土路面的强度和稳定性好,所以它经久耐用。

(4)有利于夜间行车。混凝土路面色泽鲜明,能见度好,对夜间行车有利。

但是混凝土路面也存在一些缺点,主要有以下几方面:

(1)设置的接缝很多且接缝极易破坏,从而引起行车跳动,影响行车的舒适性。

(2)由于水泥混凝土路面要求相对稳固的路基和基层支撑条件,因此它不适用于基层、路基大变形和不均匀沉降的软基、高填方及长期浸水路段。

(3)超载对刚性路面极为不利,极易形成断板、断边、断角等结构性破坏。

(4)修复困难。混凝土路面损坏后,开挖很困难,修补工作量也大,对交通有影响。

二、组成材料及技术要求

水泥混凝土路面混凝土的基本组成材料有水泥、水、粗集料、细集料、化学外加剂和矿物掺和料6种。

1. 水泥

水泥应采用抗折强度高、收缩小、耐磨性强、抗冻性好的道路硅酸盐水泥、硅酸盐水泥、普通硅酸盐水泥，因为水泥混凝土的第一力学指标是其抗弯拉强度，所以在实际施工中应选用抗折强度高的水泥。水泥中游离氧化钙含量越低的水泥，其配制的混凝土耐疲劳极限越高。

2. 粗集料

粗集料的酸碱性影响混凝土材料结构内部的黏结性，碱性石料优于酸性石料。

相同岩石成分，粗集料的粒形对混凝土的性能有影响：对于和易性，砾石优于碎石；对于强度，碎石高于砾石；对于耐疲劳循环次数，砾石高于碎石。

粗集料(碎石或砾石)应质地坚硬、耐久、洁净，符合规定级配，最大粒径不应超过40mm。碎石或砾石的技术要求见表8-5-1，粗集料的标准级配范围见表8-5-2。

碎石和砾石的技术要求　　表8-5-1

项目		碎石	砾石
石料强度等级		≥3级	≥3级
压碎值(%)	水成岩	13~16	14~16
	变质岩或深成火成岩	16~20	
	浅成或喷出的火成岩	21~30	
针、片状颗粒含量(%)		≤15	≤15
硫化物及硫酸盐含量(折算为SO_2,%)		≤1	≤1
含泥量(冲洗法,%)		≤1	≤1
孔隙率(%)		—	≤45
软弱颗粒含量(%)		—	≤45
有机物含量(比色法)		—	颜色不深于标准溶液的颜色

水泥混凝土路面粗集料标准级配范围　　表8-5-2

级配类型	粒径范围(mm)	筛孔尺寸(圆孔筛,mm)						
		30	25	20	15	10	5	2.5
		通过百分率(以质量计,%)						
连续级配	5~30	95~100	67~77	44~59	25~40	11~24	3~11	0~5
	5~20			95~100	55~69	25~40	5~15	0~5
间断级配	5~30	95~100	67~77	44~59	25~40	25~40	3~11	0~5
	5~20			95~100	25~40	25~40	5~15	0~5

3. 细集料

细集料有天然砂(如河砂、海砂、山砂)和人工砂(如机制破碎砂)，其中河砂经长期水流冲洗，粒形较圆、较洁净，质量最好，应优先选用。

为了保证水泥路面抗折强度和表面抗磨性，高速公路宜采用细度模数2.3~3.2之间的中砂、中粗砂和偏细粗砂。实践证明，细砂、特细砂混凝土路面的抗磨性严重不足，不宜使用；细度模数大于3.2的粗砂,一是表面微观抗滑构造深度过大,二是表面过粗,砂粒路面平整度难以满足要求,三是粗砂混凝土泌水严重,耐磨性不足,不宜使用。砂按粗、中、细分为Ⅰ、Ⅱ、Ⅲ三个级配区,见表8-5-3。Ⅲ级配区的细砂实际上较少采用。

细集料标准颗粒级配范围 表8-5-3

砂级配区	砂的粗细	筛孔尺寸(mm)						
		圆孔			方孔			
		10	5	2.5	1.25	0.63	0.315	0.16
		通过百分率(以质量计,%)						
Ⅰ区	粗砂	100	90~100	65~95	35~65	15~29	5~20	0~10
Ⅱ区	粗砂	100	90~100	75~100	75~100	30~59	8~30	0~10
Ⅲ区	粗砂	100	90~100	85~100	85~100	60~84	15~45	0~10

4.水

混凝土拌和宜用饮用水,非饮用水经化验符合规定,也可使用。

三、水泥混凝土路面滑模机械化施工的优势

(1)滑模摊铺机有密集排列、均匀配置的振捣棒,振动烈度高、振动加速度大,是普通振动棒的10倍以上。

(2)滑模摊铺机吨位大,自重30~60t,有50%~70%的挤压力作用于振捣过的混凝土路面上,使密实度大大提高。

(3)滑模摊铺机配备有自动板(即全断面振动搓平梁),起到了修复、提浆、整平、抹面的作用,使平整度大大提高。

(4)可全幅施工,减少施工缝产生。

(5)生产效率高,摊铺速度快。

采用人工施工的水泥混凝土路面,面板密实度、材料匀质性都达不到高速公路的要求,因此,推广使用滑模机械施工方式是解决好高速公路水泥混凝土路面施工质量的关键措施。

四、滑模摊铺工艺流程及机械设备配置

1.滑模摊铺工艺流程

水泥混凝土路面滑模施工在我国是一项新型技术。对混凝土质量、施工组织、机械操作技术要求高、施工难度大,要求全方位的精心组织施工,现已得到全面推广,滑模摊铺应按图8-5-1所示施工工艺流程精心组织。

2.机械设备配置要点

(1)配套原则要求

配套原则是:按工艺要求配齐,缺一不可;生产稳定可靠,故障率低。

(2)机械设备选配要求

①应满足"性能先进适用、生产能力匹配、施工稳定高效"的要求。

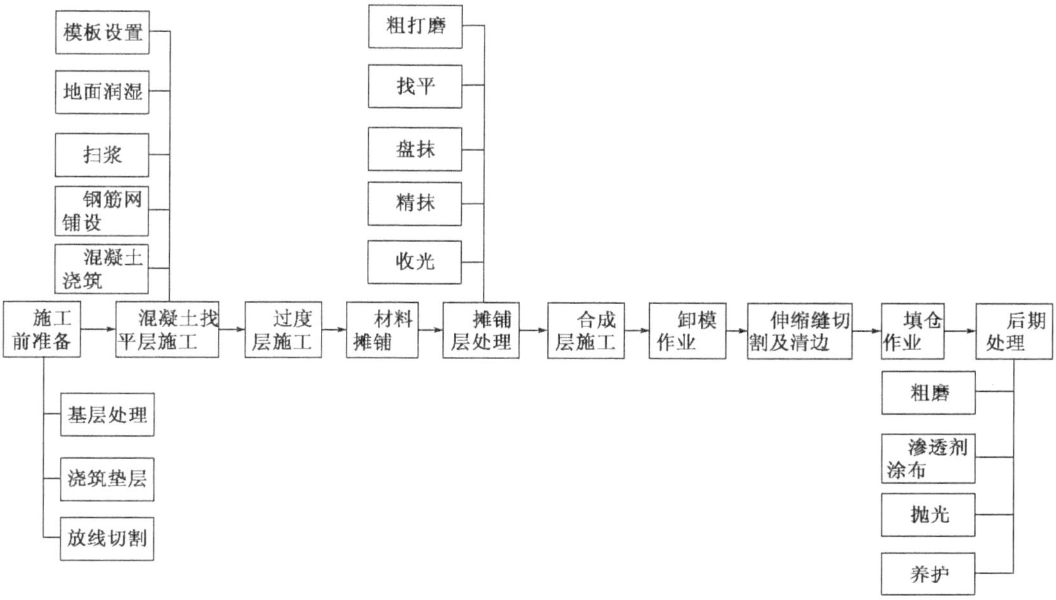

图8-5-1　滑模摊铺水泥混凝土路面施工工艺流程

②拌和机容量应满足摊铺机施工速度1m/min的要求。

3. 机械设备选配的主要依据

(1)路面结构设计组成、工期要求以及公路等级等。

(2)最小搅拌能力和运输能力。一次摊铺一条车道时,能稳定可靠地供应$100m^3/h$以上的混凝土混合料;一次摊铺两条车道时,不应小于$200m^3/h$混凝土供应量。必须指出:这是保证实现连续不停机摊铺,提高平整度质量的关键,是实现工期要求、充分发挥机械施工效率和获得最佳经济效益的关键。

(3)摊铺宽度:高速公路、一级公路的主线摊铺,宜配备同时摊铺2~3个车道宽度(7.5~12.5m)的大型或特大型滑模摊铺机,以减少因设纵缝而带来的塌边溜肩、连接不平、低洼积水等问题。二级以下公路路面的最小摊铺宽度不得小于单车道宽度3.75m,硬路肩的摊铺宽度按设计确定。

(4)滑模摊铺机选配:无论是哪种设备,首先必须满足施工路面、路肩、路缘石和护栏等的基本施工要求;其次,摊铺机本身的工作配件要齐全,滑模摊铺机应配备螺旋或刮板布料器、松方高度控制板、振动排气仓、足够的振捣棒、夯实杆或振动搓平梁、自动抹平板、可提升边模板、侧向及中部打拉杆装置,必要时还可配备自动传力杆插入装置。

滑模摊铺现场配套设备分重型和轻型,重型配置有布料机、摊铺机和拉毛养护机,其优点是施工钢筋混凝土路面和桥面很便捷,缺点是设备多,出故障的概率高。轻型设备配置,只有一台摊铺机,其缺点是人工辅助工作量大,且需要其他设备辅助施工钢筋混凝土桥面。

施工单位根据条件,可选择配备布料机、滑模摊铺机和拉毛养护机三台设备联合施工方式,也可只配备一台滑模摊铺机,其他由人工辅助施工。滑模连续摊铺规模较大的钢筋混凝土路面、桥面、桥头搭板时,宜配备侧向上料的布料机或自带侧向上料机构的滑模摊铺机。

4. 搅拌机配置

(1)与滑模摊铺机配套的搅拌机混凝土拌和生产能力按下式计算:

$$M = 60Cbhv_t$$

式中:M——搅拌机所有拌和机每小时拌和总能力(m^3/h);

C——搅拌机可靠性系数,根据情况确定,一般取1.2~1.5;

b——滑模摊铺机的摊铺宽度(m);

h——水泥混凝土路面板厚度(m);

v_t——滑模摊铺机的摊铺速度(m/min)(≥1m/min)。

滑模施工,每台拌和机的最小生产能力不宜小于50m^3/h,拌和机数量应根据施工规模、搅拌设备的技术水平和可靠性等确定,一般不宜超过4台。可采用1台大产量搅拌机或2~3台大中产量搅拌机配套。搅拌机的规格和品牌尽可能统一。搅拌机应配备适量的推土机或装载机供应砂石料。

(2)搅拌机应以强制双卧轴式或强制行星立轴式为主要机型,应优先配备间歇式搅拌机,可使用连续式搅拌机。连续式搅拌机应配备两个搅拌锅或一个有足够长度的搅拌锅,并应在搅拌锅上配备电视监控设备。

5. 运输车辆配置

运输车应选配车况好、装载质量大的自卸汽车,当运距超过20km时,为防止新拌混凝土离析,可用能运输小坍落度混凝土的罐车。也可选用其他滑模混凝土专用特种大型运输车辆。自卸汽车后挡板应关闭紧密,运输时不漏浆撒料,卸料时抬升角度应大于45°,车箱板应平整光滑。应根据拌和机的生产能力、施工车辆的速度、运量及运距,估算运输车的数目。

对于自卸运输车辆,还要注意在装料前应清洁和洒水润湿车箱,以免粘车和便于卸料,提高卸料速度。

6. 布料设备选配

滑模摊铺素混凝土路面时,可配备一台轮式挖掘机或装载机辅助布料。滑模连续摊铺通过前置式胀缝、缩缝传力杆支架、钢筋混凝土路面、桥面和桥头搭板时,严禁大型机械直接碾压钢筋网及其支架,必须配备适宜的布料机械。可因地制宜地选配布料机械。

7. 抗滑构造施工设备

滑模摊铺水泥混凝土路面的宏观抗滑构造,可采用拉毛养护机和人工软拉槽制作。工程规模大、摊铺进度快时,宜采用拉毛养护机。也可采用硬刻槽机制作,其刻槽宽度不宜小于50cm。所配备的硬刻槽机数量及生产能力应与滑模摊铺进度相匹配。

8. 切缝设备

滑模摊铺水泥混凝土路面的接缝施工,可使用软锯缝机、支架式硬锯缝机或普通锯缝机。配备的锯缝机数量及生产能力应与滑模摊铺进度相适应。

9. 施工系统机械配套

使用一台滑模摊铺机施工水泥混凝土路面时的主要机械设备、仪器、机具和工具配备,一般可参照表8-5-4的要求进行。

一台滑模摊铺机施工时机械和机具配套表　表 8-5-4

工作内容	主要施工机械设备	
	名称	机型及规格
钢筋加工	钢筋锯断机、折弯机、电焊机	根据需要定规格和数量
测量基准线	水准仪、全站仪	根据需要定规格和数量
	基准线、线桩及紧线器	300 个桩、5 个紧线器、300m 基准线
搅拌	强制式搅拌机	≥50m^3/h，数量由计算确定
	装载机	2～3m^3
	发电机	≥120kW
	供水泵和蓄水池	≥250m^3
运输	运输罐车	6～10m^3，数量由匹配计算确定
	自卸汽车	4～20m^3，数量由匹配计算确定
摊铺	布料机、挖掘机、吊车等布料设备	根据需要定规格和数量
	滑模摊铺机 1 台	
	手持振捣棒、整平梁、模板	根据人工施工接头需要定
抗滑	拉毛养护机 1 台	与滑模摊铺机同宽
	人工拉毛齿耙、工作桥	根据需要定规格和数量
	硬刻槽机	刻槽宽度大于或等于 50cm，数量与摊铺匹配
切缝	软锯缝机	根据需要定规格和数量
	常规锯缝机或支架锯缝机	根据需要定规格和数量
	移动发电机	12～60kW，数量由施工需要定
磨平	水磨石磨机	需要处理欠平整部位时
灌缝	灌缝机或插胶条工具	根据需要定规格、数量
养护	压力式喷洒机或喷雾器	根据需要定规格、数量
	工地运输车	4～6t，按需要定数量
	洒水车	4.5～8t，按需要定数量

注：养护机、刻槽机可按装备、投资、施工方式等不同要求选配。

但应特别注意的是：滑模摊铺混合料的端头和接头需要人工辅助，因此需要另备人工混凝土路面的一整套机具、模板和工具。

五、滑模摊铺水泥混凝土路面施工

图 8-5-2 为滑模式水泥混凝土摊铺机的外形。

基准线的设置要点如下：

施工基准设施有基准线、滑靴、多轮移动支架和搬动方铝管等多种。我国的基层平整度难以达到 3m 直尺最大间隙小于 3mm，施工基准设施宜以采用基准线为主。

1. 基准线形式

(1) 单向坡双线式

单向坡双线式基准线的两根基准线间的横坡应与路面一致。

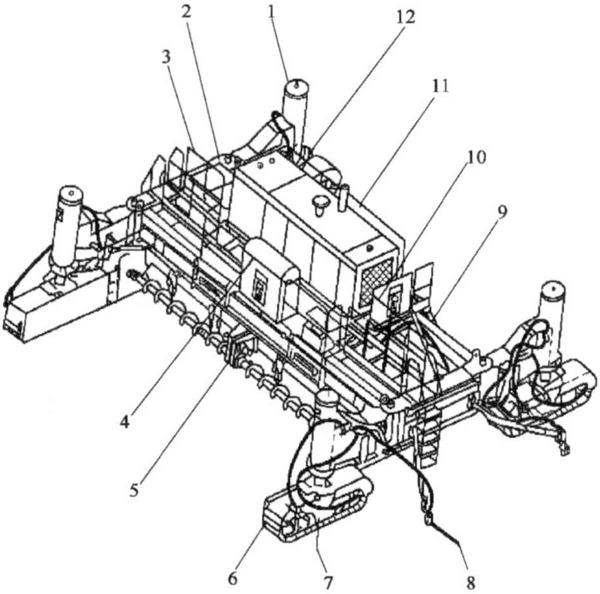

图 8-5-2 滑模式水泥混凝土摊铺机的外形图

1-支腿装置;2-喷水装置;3-机架伸缩部分;4-操作控制台;5-摊铺装置;6-履带装置;7-转向装置;8-自动找平装置;9-伸缩梁;10-油门通道;11-发动机组;12-油阀组

(2)单向坡单线式

依单向坡单线式基准线所摊铺的混凝土面板横向坡度为单向坡,而基准线仅位于摊铺机其中一侧(单线),已铺好的一侧不设基准线。适用于在路面多次摊铺的情况下,于后次横向连接摊铺时。其横坡应与路面一致。此时,修好的路面、边沟或缘石可作为摊铺机不设基准线一侧的平面参考系。

(3)双向坡双线式

依双向坡双线式基准线所摊铺的混凝土面板横向坡为双向坡,而基准线位于摊铺机两侧。顺直线段上两条基准完全平行,且间距相等,对应高程也相等,基准线上没有横坡,并对应路面高程,路拱靠滑模摊铺机调整自动铺成。

这里着重指出:准确安装设置基准线极其重要,它是滑模施工混凝土路面的"生命线"。基准线是为了给摊铺机上的4个水平传感器和2个方向传感器提供一个精确的与路面平行的水平(横坡)和纵向(转弯)几何参考系,路面摊铺的几何精度和平整度很大程度上取决于基准线的测设精度。水平参考系的精度一般是由测桩水平面与基准线之间保持相同的距离来控制和保证的。

2. 基准线器具

架设基准线前,所有材料器具均应齐全。

(1)基准线材料应使用3~5m的钢绞线,总长度不小于3000m。

(2)基准线桩具:基准线桩宜使用直径12mm的圆钢筋,总高度宜为120cm,一端打尖,每根桩应配备一个架臂扣和一个夹线臂。架臂扣在基准线桩上可上下移动并固定，并使夹线臂可左右移动并固定。基准线桩具不少于300套。

(3)基准线安装器具：紧线器5个，固定扳手2把，大锤2把，水准仪或全站仪1台，水准尺2支，钢卷尺2把。

3. 基准线设置

(1)基准线横向支距

基准线桩固定位置到摊铺面板边缘的横向支距应根据滑模摊铺机侧模到传感器的位置而定，一般不宜小于1m宽度，最小不得小于0.65m。基准线上的高程应为其所在位置的路面边缘高程计入支距横坡高度后，再加上设定的架设高度。

在实际计算中，无论采用哪种基准线方式，在任何路段的每根基准线上都应计入支距横坡高度。

(2)基准线横向间距

基准线的横向间距为摊铺宽度加一侧(单线)或两侧(双线)横向支距。双线式基准线的垂直横向间距应相等，单线式基准线到摊铺边缘间距应相等。

由于我国目前使用的是挤压底板整体固定宽度的摊铺机，不能做弯道加宽段。而新型的可变宽度摊铺机能铺弯道加宽段，在使用中还存在一些问题，加之我国高速公路弯道半径较大，可以将弯道加宽段放在硬路肩上处理解决，故我国尚未引进。

(3)基准线桩的纵向间距

平面直线段应≤10m，圆曲线段视弯道半径大小，一般可为5～7m。在小半径弯道或山区极小半径回头弯道上，内侧宜加密到2.5～5m，外侧宜为3.5～7m；平面缓和曲线段和纵断面竖曲线段宜为5～10m。实际设置时可小于上述相应的值，但不得大于给定尺寸。

(4)基准线桩固定

基层顶面到夹线臂的高度宜为45～75cm，自基准线所在位置的路面边缘高程算起的基准线统一架设高度宜为25～50cm，基准线桩夹线臂夹口到桩的水平距离宜为30cm。夹线臂到桩顶垂直距离宜为15cm。基准线桩应牢固打入基层15～25cm。当打入困难时，应采用电钻钻孔后再钉牢固。

(5)基准线长度

一根基准线的最大长度不得大于450m。超过此长度并需要继续摊铺时，应续接基准线，续接方式应通过同一个过渡桩的夹线臂口平顺连接。

(6)基准线张紧

基准线两端应各设一个紧线器，并应偏置在基准线外侧30～50cm处。在第一根桩与紧线器之间，应设一根扯线桩，扯线桩的夹线臂应低于基准线桩夹线臂。扯线桩应钉牢固，不得因弯道水平拉力而倾斜。基准线必须张紧，每侧基准线应施加大于或等于1000N的拉力，张紧后基准线上的垂度不应大于1.0mm。基准线应先张紧，再扣进夹线臂槽口。

(7)已铺路面上设置基准线

连接摊铺路面或悬臂式连接摊铺硬路肩路缘石时，在已铺路面上设置基准线，可采用20cm×20cm混凝土底座锚固基准线桩或使用角钢焊接基准线桩。设置时，每5m插入路面已切割的缩缝槽内，用木楔别紧。在路面上基准线高度宜用15～30cm。

(8)中央路拱

大型双车道滑模摊铺机有铺设固定抛物线或折线路拱两种装置。在有中央路拱的平曲线及缓和曲线路段,除应在基准线上准确反映所在位置(含超高)的高程外,在每个基准线桩处,还应标示出摊铺拱中垂直高度,便于机手调整渐变路拱和横坡。

应当指出的是,在滑模施工中,技术难度最大、出差错最多的是双向坡双向线式基准线施工进出弯道的缓和曲线变路拱段。手控操作渐变段的难度较大,除了必须确切了解渐变段的几何参数及位置外,还必须确切了解摊铺机调拱手柄在每次动作后,降低的挤压底板拱点高度、可调整成平面要求的前进距离及摊铺机的调拱性能等,以使在给定的区间内完成单向横坡向双向路拱或相反过程的渐变。

(9)最小弯道半径

滑模摊铺机在山区公路上可施工带超高的最小弯道半径不应小于50m;带加长侧模板的滑模摊铺机可施工的最小弯道半径不应小于75m。否则,应使用其他方式摊铺。

4. 基准线精度

基准线精度设置应符合表8-5-5的要求。

滑模摊铺水泥混凝土路面基准线设置精度要求 表8-5-5

项目		规定值	最大允许偏差
中线平面偏位(mm)		10	20
路面宽度偏差(mm)		+15	+20
厚度(mm)	代表值	-3	-5
	极值	-8	-10
纵断高程偏差(mm)		±5	±10
横坡偏差(%)		±0.10	±0.15
左右幅连接纵缝高差(mm)		±1.5	±2

5. 施工要求

基准线设置好后,禁止扰动。摊铺时严禁碰撞和振动。一旦碰撞变位,应立即重新测量设定。每100m基准线不得多于2个接头,基准线接头不得大于1cm。多风季节施工时,应缩小基准线桩间距,风力达到5~6级时,应停止施工。

六、混凝土搅拌要点

1. 配料精度

(1)生产前每台搅拌机必须通过法定计量部门标定并试拌正常。标定有效期满或搅拌机搬迁安装完毕后,均应重新标定。

(2)配料计量误差不得超过表8-5-6的规定。

搅拌机的混凝土拌和计量精度要求 表8-5-6

材料名称	水泥	粉煤灰	砂	粗集料	水	外加剂
允许误差(%)	±1	±1	±2	±2	±1	±2

(3)应配备和采用有计算机自动称料和测砂含水率的自动反馈控制系统的搅拌机进行生产,不得使用手动配料,禁止使用体积法计量的简易自落滚筒式搅拌机拌和。

(4)在搅拌过程中应打印出每盘或连续称料的配料数据和误差,按需要打印每天(周、旬、月)对应摊铺桩号混凝土配料的统计数据及误差。当发现按打印数据反映配料误差大于计量精度要求时,应分析原因,排除故障,保证拌和计量精度。

在此进一步指出:禁止使用简陋的人工搅拌和自落式滚筒搅拌机拌和。实践证明,上述方式做不出满足摊铺施工要求的精细、匀质、工作性稳定的混凝土。要求新拌混凝土坍落度误差不大于 ±10mm,路面混凝土不得看出有颜色差异。试验证明,当肉眼能够看出颜色差异时,其单位用水量的误差已超过了 10%,水泥误差超过了 7%。

2. 外加剂使用要点

(1)外加剂应以溶液掺加,其浓度应根据配合比试验确定的外加剂掺量,按所配备的外加剂溶液筒的容量和每盘水泥用量计算得出。

(2)连续式搅拌机应按流量比例控制加入外加剂。

(3)加入搅拌锅的外加剂应充分溶解,并防止不同的外加剂溶液因密度不同而分层沉积。

外加剂溶液应于施工前一天配制好,并在施工中连续不断地搅拌均匀。

3. 拌和质量检验与控制要点

(1)施工开始及搅拌过程中应按规定的频率检验坍落度、坍落度损失、含气量、泌水率、混凝土凝结时间、砂石料含水率及混凝土重度等。按标准方法预留规定数量的弯拉强度试件。

在寒冷或炎热气候下施工,混凝土拌和物从搅拌机出料时的温度应控制在 10 ~ 35℃之间,并应加测原材料温度、拌和物的温度、坍落度、坍落度损失率和凝结时间等。

(2)混凝土拌和物应均匀一致,不得有未加水的干料、未拌匀的生料和离析等现象。干料和生料禁止用于路面摊铺。

一台搅拌机每盘之间和其他搅拌机之间,坍落度允许误差为 ±1cm。试拌及滑模摊铺时的坍落度,应按最适宜滑模摊铺的坍落度值加上当时气温下运输所耗时间的坍落度损失值确定。在雨天或阵雨后,应按砂石料实际含水率及时微调加水量。

4. 最短搅拌时间

应根据拌和物的黏聚性(熟化度)、均质性及强度稳定性由试拌确定最短搅拌时间。

一般情况下,单立轴式搅拌机总拌和时间为 80 ~ 120s,双卧轴式为 60 ~ 90s。上述两种搅拌机原材料到齐后的纯拌和最短时间分别不短于 30s、35s;连续式(双锅)搅拌机的最短搅拌时间不得短于 40s,最长时间不宜超过高限值 2 倍。在保证拌和物质量的前提下,应科学编制搅拌计算程序,合理压缩搅拌时间,以增加拌和产量。

七、混凝土运输要点

应根据施工进度、运量、运距及路况等,按规定配备车型和车辆总数,且总运力应比总拌和能力略有富余。

1. 运输时间

运至现场的拌和物的坍落度将有所损失(可用缓凝保塑剂等解决),但必须适宜滑模摊铺。

摊铺完毕允许最长时间,应根据气温及摊铺现场拌和物达到表8-5-7中规定的工作性历时确定,并宜短于拌和物的初凝时间1h。运输允许最长时间宜短于摊铺允许最长时间0.5h。

混凝土拌和物运输、摊铺完毕允许最长时间 表8-5-7

施工气温(℃)	运输允许最长时间(h)	摊铺完毕允许最长时间(h)
5~10	2	2.5
10~20	1.5	2
20~30	1	1.5
30~35	0.75	1.25

注:施工气温指日平均气温。

2.运输技术要求

(1)运输车在装料时,应防止混凝土离析。每装一盘料应挪动一下车位,卸料落差高度不得大于2m。驾驶员必须了解拌和物的运输、摊铺完毕的允许最长时间,超过允许时间的混凝土不得用于路面铺筑。混凝土一旦在车内停留超过初凝时间,应采取紧急措施处治,防止其硬化在车箱内或车罐内。

应提醒注意的是:运距一般不宜大于20km。实测证明,运距大于20km所发生的离析现象会使摊铺出的路面平整度变差。当超过20km时,要保证达到高平整度,宜对混凝土均化处理后再行摊铺。

(2)运输过程中要防止漏浆、漏料和污染路面。烈日、大风、雨天和冬季施工,应遮盖自卸汽车上的混凝土。车辆在每次装混凝土前,均应将车箱清洗干净并洒水润湿。

(3)使用翻斗车运送时,最大运输半径不宜超过20km,超过时,宜采用搅拌罐车运送。

八、滑模摊铺混凝土布料要点

(1)必须有专人指挥车辆均匀卸料。

①滑模摊铺时,机前的最高料位不得高于摊铺机前松方控制板顶面,其正常高度应在螺旋布料器叶片最高点以下,亦不得缺料。

②机前缺料或料位过高时,宜采用装载机或挖掘机适当布料和送料,布料应与摊铺速度相协调。

(2)采用布料机施工,松铺系数应视坍落度大小由试铺确定。当坍落度在1~5cm时,松铺系数宜在1.08~1.15之间。一般采用坍落度3cm,松铺系数宜控制在1.1左右。热天日照强、风大,取小值;阴天、湿度大、无风,可取大值。

(3)采用布料机以外的布料方式摊铺钢筋混凝土路面、桥面或搭板时,禁止任何机械直接开上钢筋网。宜在钢筋网外侧使用挖掘机或吊斗均衡卸料布料,也可使用便桥板凳加吊车汽车直接卸料,挖掘机布料,但均不得缺料。

九、滑模摊铺水泥混凝土路面施工要点

(1)滑模摊铺前,应对施工现场准备工作进行下述项目的检查。

①检查板厚。

沿路纵向每 20m 垂直于两侧基准线挂横线，用钢尺单车道测 3 点、双车道测 5 点垂直高度，减去基准线设定高度，即为单个板厚。板厚控制必须在摊铺前的基准线上进行，并要求旁站监理认可，否则摊铺后不合格必须推掉重铺。

检查发现板厚偏薄时的处治，采取铣刨基层的方法存在相当的问题：一是基层表面损伤，有微裂缝，且会导致基层厚度不足；二是铣刨后的基层部位与原有基层对面板的摩阻力相差过大，会造成路面运行前两年内断板数量大大增加。因此，必须严格控制基层高程。同时，当面板误差在各等级公路的允许范围内时，可适当调整面板（基准线）高程，但应在 50m 以上长度内调整。若超出面板高程误差允许范围，通过处理基层也无法达到板厚要求或迫不得已时，要在 100m 以上长度内调整高程。

②检查辅助施工设备机具。

拉毛养护机、布料机械、发电机等应全部到场并试运转正常。端模板、手持振捣棒、抄平梁、传力杆定位支架、拉杆、拉毛耙、工作凳、拖行工具、养护剂及其喷洒工具等所有施工器具和工具应全部到位，状态良好。

（2）初设滑模摊铺机工作参数。

摊铺开始前，应对摊铺机进行全面性能检查和正确的施工部件位置参数设定，这是滑模摊铺操作技术中最关键的技术环节之一，也是摊铺机试调当中最主要的内容。实践已反复证明，工作参数设置不正确，无论如何也不可能摊铺出高质量的路面来。

施工参数初步设定后，通过试铺调整固定下来，在正式摊铺时宜根据情况变化再进行微调。

①振捣棒下缘位置应在挤压底板最低点以上，横向间距不宜大于 45cm，并均匀排列；两侧边缘振捣棒与摊铺边缘距离不宜大于 25cm。

②挤压底板前倾角宜设置为 3°左右，提浆夯板位置宜在挤压底板前缘以下 5～10mm 之间。无须设前仰角的滑模摊铺机，可将挤压底板前后调水平。

③设超铺角的摊铺机两边缘超铺高程，根据混合料的稠度应在 3～8mm 间调整。带振动搓平梁的摊铺机应将搓平梁前缘调整到与挤压板后缘高程相同，搓平梁的后缘比挤压底板后缘低 1～2mm，并与路面高程相同。

（3）滑模机首次摊铺位置校准。

首次摊铺前，应在直线路段采用钉桩或基准线法校准滑模摊铺机挤压底板 4 角点高程和侧模前进方向，4 个水平传感器控制挤压底板 4 角点高程；2 个方向传感器进行导向控制。按路面设计高程、横坡度或路拱测量设定 2～3 根基准线或 4～6 个桩，将 6 个传感器全部挂到两侧基准线上，并检查传感器的灵敏度和反应方向，开动滑模机进入设好的桩位或线位，调整水平传感器立柱高度，使滑模摊铺机挤压底板恰好落在经精确测量设置好的木桩或基准线上，同时，调整好滑模摊铺机机架前后左右的水平度。令滑模摊铺机挂线自动行走，再返回校核 1～2 遍，正确无误后，方可开始摊铺。

（4）初始摊铺路面参数校正。

在开始摊铺的 5m 内，必须对所摊铺出的路面高程、边缘厚度、中线、横坡度等技术参数进行复核测量。

①操作机手应根据测量结果及时而缓慢地在滑模摊铺机行进中反向旋转机上水平传感器立柱手柄,校准挤压底板摊铺路面的高程和横坡,误差应在规定范围之内。及时调整拉杆打入深度及压力和抹平板的压力及边缘位置。

②检查摊铺中线时,应在设方向传感器的一侧,通过钢尺测量基准线到摊铺机侧模前后的横向距离,消除误差。

③禁止停机剧烈调整高程、中线及横坡等,以免严重影响平整度等质量指标。

④从滑模机起步、调整到正常摊铺,应在10m内完成,并应将滑模摊铺机工作参数设置固定并保护起来,不允许非操作手更改或撞动。

⑤第二天的连接摊铺,应先检查滑模摊铺机挤压底板4个角点的位置,再将滑模摊铺机后退到前一天做了侧向收口工作缝的路面内,将挤压底板前缘对齐工作缝端部,开始摊铺。

这里着重指出:摊铺中线误差的调整消除,应通过在行进中调整方向传感器横杆距离实现,禁止停机调整,以防止路面出现剧烈调整的棱槽。若出现了严重影响平整度的棱槽,则必将导致部分路面重做。

(5)滑模摊铺机的操作要点。

①摊铺应缓慢、匀速、连续不间断地进行。

摊铺速度应根据拌和物稠度和设备性能,控制在0.5~2.0m/min之间,一般宜为1m/min左右。当料的稠度发生变化时,先调整振捣频率,后改变摊铺速度,不得料多时追赶,然后随意停机等待、间歇摊铺。

②保证进料要求。

摊铺中,机手应随时调整松方高度控制板进料位置,开始应略设高些,以保证进料。正常状态下应保持振捣仓内砂浆料位高于振捣棒10cm左右,料位高低上下波动宜控制在±4cm之内。

③控制振捣频率。

摊铺机以正常速度施工时,振捣频率可在6000~11000r/min之间调整,宜采用9000r/min左右。应注意防止混凝土过振、漏振、欠振。操作机手应根据混凝土稠度的大小,随时调整摊铺速度和振捣频率。当混凝土显得偏稀时,应适当降低振捣频率,加快摊铺速度,但最快不得超过3m/min,最小振捣频率不得小于6000r/min;当偏干时,应提高振捣频率,但最大不得大于11000r/min,并减慢摊铺速度,最小速度宜控制在0.5~1.0m/min;摊铺机起步时,应先开启振捣棒振捣2~3min,再行推进。摊铺机脱离混凝土后,应立即关闭振捣棒。

④操作机手应随时密切观察所摊铺的路面情况,注意调整和控制摊铺速度、振捣频率,夯实杆、振动搓平梁和抹平板的位置、速度和频率。软拉抗滑构造表面砂浆层厚度宜控制在4mm,硬刻槽路面的砂浆表层厚度宜控制在2mm左右。

(6)连接摊铺的要点。

连接摊铺时,摊铺机一侧履带驶上前次路面的时间应控制在路面养护7d以后,最短不得少于5d,同时,钢履带底部应铺橡胶垫或使用有挂胶履带的滑模摊铺机。纵向连接摊铺路面时,连接纵缝部位应人工进行整修,连接纵缝的横向平整度应符合相应的规定要求。用钢丝刷刷干净黏附在前幅路面上的砂浆,并刷出粗细抗滑构造,高速公路、一级公路抗滑沟深平均值不应大于3mm,极值不应大于5mm;二级公路、三级公路路面抗滑沟深平均值不应大于5mm,

极值不应大于7mm。

(7)滑模摊铺结束后的工作要点。

滑模摊铺结束后应及时将摊铺机驶离工作面,先将所有传感器从基准线上脱开,并解除摊铺机上基准线自动跟踪控制,再升起机架,用水冲洗干净黏附的混凝土;已结硬在机上的混凝土,应轻敲打掉。清理干净后,应对与混凝土接触的机件喷涂废机油或吹(揩)干防锈。同时,对摊铺机进行日常保养,加油加水,打润滑油等。

十、人工摊铺法

人工摊铺法的施工程序为:安装模板→筑做接缝→安放钢筋→混凝土的拌和与运输→混凝土摊铺与振实→表面整修与防滑处理→拆模→接缝施工→混凝土养护与填缝。

1. 安装模板

在摊铺混凝土前,应先安装两侧模板。模板可采用木模或钢模,尽量采用钢模板。采用木模板时,板厚宜为4~8cm,在弯道和交叉口路缘处,应采用1.5~3cm厚的薄模板。钢模一般多采用型钢(槽钢)制成,模板高度与混凝土板厚相等。

模板按预先标定的位置安放在基层上,两侧用铁钎打入基层以固定位置。铁钎间距一般为内侧1.0~1.5m,外侧0.5~1.0m,对弯道和交叉路口边缘处,适当加密,模板顶用水准仪检查其高程,不符合时予以调整,模板底与基层局部出现的间隙可用水泥砂浆填塞,以防漏浆。模板的平面位置和高程控制都很重要,稍有歪斜和不平,都会反映到面层,使其边线不齐、厚度不准和表面呈波浪形。因此,施工时必须经常校验,严格控制。模板内侧应涂刷肥皂液、废机油或其他润滑剂,以便拆模。

2. 筑做接缝

(1)胀缝的筑做

当胀缝与结构物相接时,混凝土板无法设置传力杆,可做成厚边式,即接近结构物一端可适当加厚。此时可将木制嵌缝板设在胀缝位置,即可摊铺混凝土。嵌缝条长度等于路面宽度,厚度等于胀缝厚度,高度等于路面厚度。为便于事后取出嵌缝条,亦可在嵌缝条一侧贴上一层油毛毡,待混凝土凝固后,拔出木嵌缝板,油毛毡留在缝内,然后填缝。为减少填缝工作,可用沥青玛蹄脂与软木屑混合起来,压制成板,放在胀缝位置,不再取出,如图8-5-3所示。

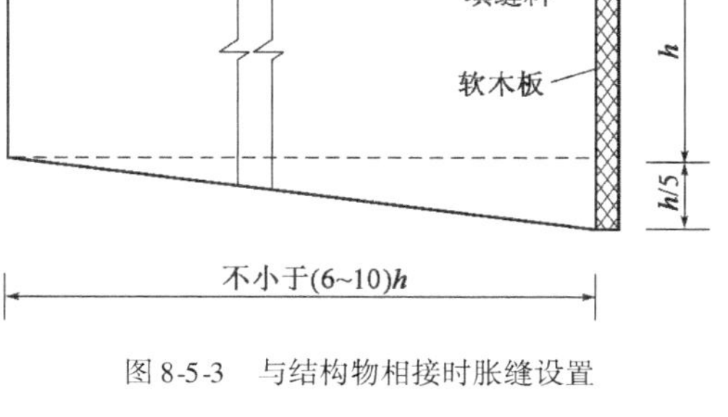

图8-5-3 与结构物相接时胀缝设置

当胀缝需设置传力杆时,一般做法是在胀缝处设置嵌缝板,在嵌缝板上预留圆孔以便传力杆穿过,如图8-5-4所示。嵌缝板上设木制或铁制压缝板条,其旁再放一块胀缝模板。传力杆的位置和间距由胀缝模板挖的U形槽控制,传力杆的位置在混凝土浇筑过程中容易发生移动,为使传力杆正确定位,可用两根直径为14~16mm、长不大于车道宽度的钢筋,将同一胀缝所有传力杆两端固定下来。传力杆与钢筋可用铅丝绑扎或焊接在一起,传力杆一端套有金属或塑料管,钢筋绑扎或焊接在套管的下面,同时在钢筋的下面垫以4~5个用直径为5~8mm的钢筋弯成的π形小支架或预制混凝土垫块,以支承并固定传力杆的正确位置。在混凝土浇筑时,应先检查传力杆的位置,再在胀缝两侧摊铺混凝土拌和物至板面,振捣密实后,抽出胀缝模板(又称端头模板),空隙部分填补混凝土拌和物,并用插入式振捣器振实。钢筋与小支架或垫块浇在混凝土内不取出。传力杆的两端固定在钢筋支架上,支架脚插入基层内,如图8-5-5所示。

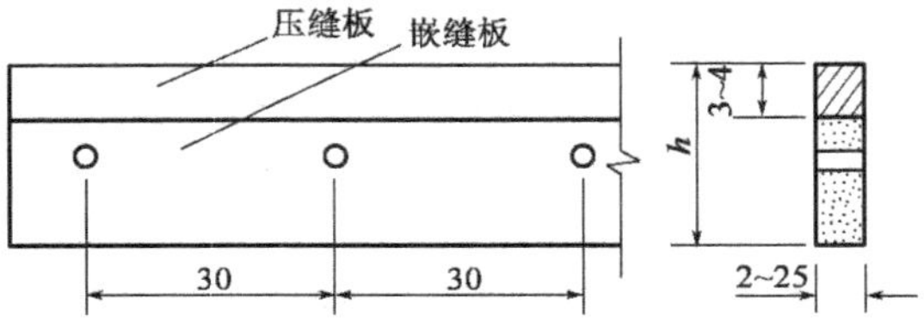

图8-5-4 嵌缝板(尺寸单位:cm)

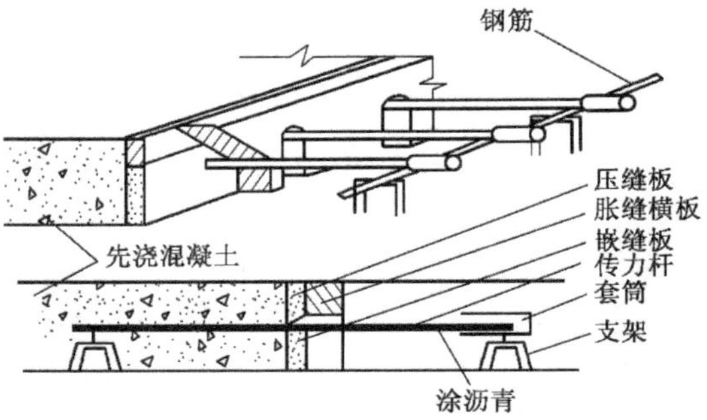

图8-5-5 胀缝传力杆安装的架设

对于混凝土板不连续浇筑结束时设置的胀缝,宜用顶头木模固定,木模固定传力杆的安装方法,传力杆长度的一半应穿过端头挡板,固定于外侧定位模板中,混凝土拌和物浇筑前应检查传力杆的位置;浇筑时,应先摊铺下层混凝土拌和物,用插入式振捣器振实,并应在传力杆位置后,再浇筑上层混凝土拌和物。浇筑邻板时应拆除顶头木模,并应设置胀缝板、木制嵌条和传力杆套管,如图8-5-6所示。

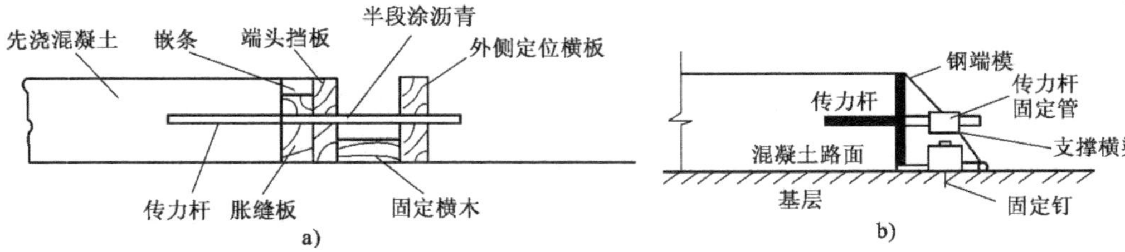

图8-5-6 顶头木模固定传力杆安装

(2)缩缝的筑做

缩缝一般每隔4~5m设置一道,缩缝为假缝。缩缝施工可用切缝法和锯缝法两种方法,一般采用锯缝法。锯缝法即在混凝土振捣、整修后,经养护达到设计强度的50%~70%时,在缩缝位置使用切缝机切割成缝隙,缝宽4~6mm,深度为(1/5~1/4)h(h为板厚),锯缝应掌握好锯缝时间，过迟不仅使锯片磨损过大、费时，而且可能在锯缝前出现收缩裂缝。过早混凝土还未结硬，锯缝时槽口边缘易产生剥落。

(3)纵缝的筑做

纵缝是指平行于道路中线而设置的接缝。纵缝主要有施工缝和缩缝两种。

当一次铺筑宽度小于路面宽时，应设纵向施工缝。纵向施工缝一般做成平缝[图8-5-7a)、b)]。为利用板间传递荷载，也可做成企口缝[图8-5-7c)、d)]，缝壁应涂沥青，上部留有的纵缝内应灌塞填缝料，以免渗水和落入硬屑。为防止板块出现位移，而使接缝张开和板块上下错动，应在接缝处板厚中央设置拉杆，并与缝壁垂直。

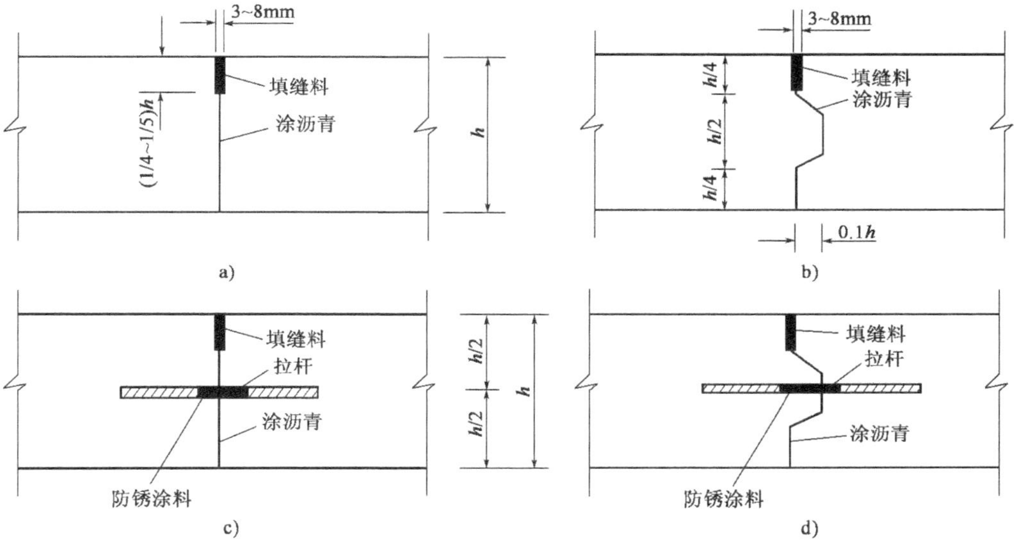

图8-5-7　纵缝的构造形式

当一次铺筑宽度大于容许的板宽(4～4.5m)时，应增设纵向缩缝，纵向缩缝的施工同横向缩缝。

3. 安放钢筋

混凝土路面板的自由边缘和角隅较为薄弱，易受车轮荷载作用而遭破坏，故对交通较繁重的道路，应在其自由边缘和角隅处设置钢筋。

(1)边缘钢筋

混凝土板边缘补强钢筋，可根据经验确定，一般选用两根直径为12～16mm的螺纹钢筋或光圆钢筋，设置在板的下部板厚的1/4处且距边缘和板底均不小于5cm，两根钢筋的间距不应小于10cm。为加强锚固能力，钢筋两端向上弯起，如图8-5-8a)所示。钢筋保护层的最小厚度不应小于5cm。纵向边缘钢筋一般只在一块板内，不得超过缩缝，以免妨碍板的翘曲，有时亦可将其穿过缩缝，但绝不得穿过缩胀缝。在混凝土路面的起、终点处，缩、胀缝两侧板边缘，为提高板的横向边缘强度，通常也设置横向边缘钢筋。

(2)角隅钢筋

胀缝两旁的角隅部分的补强可选用两根直径为12～14mm、长2.4m的螺纹钢筋，弯成如图8-5-8b)所示的形状。角隅钢筋应设在板的上部，距板顶面不小于5cm，距胀缝和板边缘各为10cm。在交叉口处,对无法避免形成的锐角,宜设置双层钢筋补强,如图8-5-8c)所示,以防板角断裂。钢筋网可选用直径为6mm的钢筋,布置在板的上、下部,距板顶和板底以5~7cm为宜。钢筋网最小间距应为集料最大粒径的2倍。

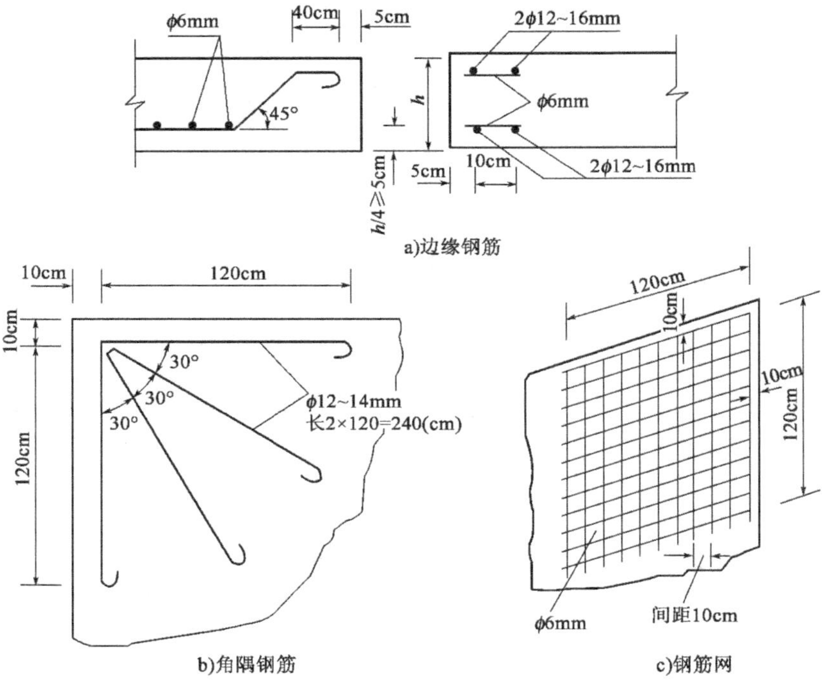

图8-5-8 边缘钢筋、角隅钢筋

安放钢筋时,应事先按设计要求将钢筋弯好并绑扎或焊接好。安放边缘钢筋,可在底部垫放预制的混凝土垫块固定位置,或先沿边缘铺设一条混凝土混合物,拍实至钢筋设置高度,然后放置钢筋,在两端弯起处,用混凝土混合物压住。安放钢筋网片和角隅钢筋时,可先在安放钢筋处摊铺一层混凝土混合物,其厚度略大于(预加一定的沉落度)钢筋设计位置,钢筋安放就位后,用混凝土混合物压住,再继续浇混凝土。对于安放双层钢筋网片,当混凝土板厚度小于25cm时,上下两层钢筋网片可事先用架立筋绑扎或焊接成骨架后一次安放就位;当混凝土板厚大于25cm时,上下两层钢筋网片应分两次安放。

4. 摊铺与振捣

混凝土板厚度不大于22cm时,可一次摊铺,大于22cm时,可分两层摊铺,下部厚度宜为总厚的3/5。虚铺高度可高出设计厚度约10%,密实成形后的高程与设计高程一致。

混合料摊铺后用平板式振捣器、插入式振捣器和振动梁配合作业,对厚度不大于22cm的铺层,靠边角应先用插入式振捣器振捣,然后再用不小于2.2kW的平板式振捣器纵横交错全面振捣,振捣器在每一位置振捣的持续时间以混合料停止下沉、不再冒气泡并泛出水泥浆为准,不宜过振,一般为10~15s。水灰比小于0.45时,用平板振捣器,不宜少于30s;用插入式振捣器振捣时,不宜少于20s。当混合料铺筑层较大时,应先用插入式振捣器振捣,后用平板式振捣器振捣。平板式振捣器作业完成后,可将振动梁放在侧模上,沿摊铺面振捣拖平,最后再用直径 15 ~ 100mm 钢管进行滚压,使表面平整并泛出水泥浆。

5. 表面整修和防滑处理

用滚筒滚压、机械抹光等方法使表面平整,提浆后,即开始进行表面整修。表面整修时,先用大抹子反复粗抹找平,如图 8-5-9 所示。再用铁抹板拖抹,小抹子精平,最后用拖光带横向拖几次,个别部位再用小抹子精抹找平,使之达到平整度要求。

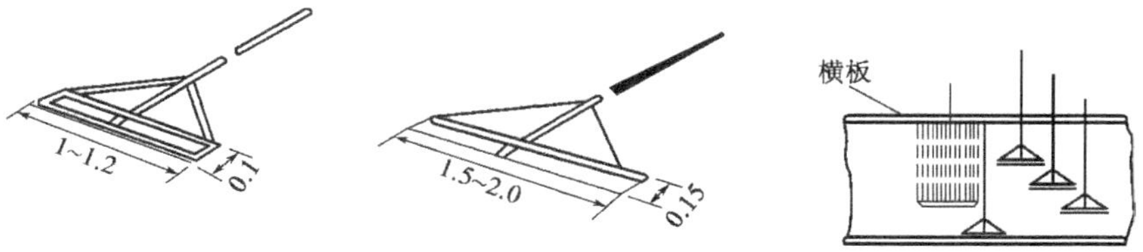

图 8-5-9　大抹子示意图(尺寸单位:m)

为了保证行车安全、高速,混凝土表面应有一定的粗糙度,一般采用拉毛养护机和人工软拉槽、硬刻槽机进行抗滑处理。图 8-5-10 所示是用尼龙丝刷(或拉槽器)沿垂直路中心的横坡方向进行拉毛或压槽,其深为 1 ~ 2mm,拉毛或压槽的间距应均匀,大小以达到表面粗糙色泽一致为宜,高速公路出口滑行道拉毛的平均纹理深度不得小于 0.8mm,飞机滑行道、停机坪不得小于 0.4mm。

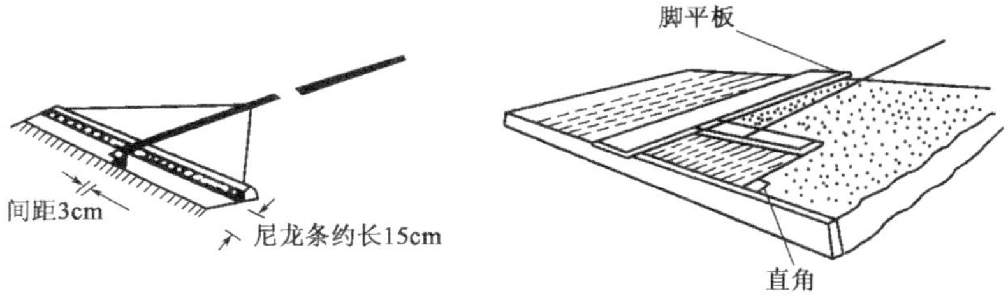

图 8-5-10　混凝土表面拉毛(槽)

6. 拆模

拆模时间应根据气温和混凝土强度增长情况确定,采用普通水泥时,一般允许拆模时间见表 8-5-8。

混凝土允许拆模时间　　表 8-5-8

昼夜平均气温(℃)	允许拆模时间(h)	昼夜平均气温(℃)	允许拆模时间(h)
5	72	20	30
10	48	25	24
15	36	30 以上	18

拆模应仔细,不得损坏混凝土板的边角,尽量保持模板完好。拆模不能立即开放交通,只有混凝土达到设计强度时才允许开放交通。当遇到特殊情况需要开放交通时,混凝土板强度应达到设计强度 80% 以上,其车辆荷载不得大于设计荷载。

7. 养护

(1)养护方式选择

混凝土板抗滑构造软拉制作完毕后应立即养护。滑模摊铺水泥混凝土路面宜采用喷洒养护剂及保湿覆盖的方式养护。在雨季或养护用水充足的情况下,也可采用覆盖砂、旧麻袋、草袋、草帘、稻草等洒水湿养护方式。不宜使用围水养护方式。昼夜温差大的地区,路面摊铺后3d内宜采取覆盖等保温措施防止发生裂缝和断板。

(2)养护剂养护

水泥混凝土路面采用喷洒养护剂方式养护时,养护剂喷洒剂量、成膜厚度、适宜的喷洒时间应通过现场试验确定。喷洒养护剂的厚度应足以形成完全封闭的薄膜为度;喷洒应均匀,成膜厚度应一致;喷洒后的表面不得有颜色差异;喷洒时间宜在表面混凝土泌水完毕后进行;喷洒高度宜控制在0.5~1m。除喷洒上表面外,面板两侧也应喷洒。单独采用一种养护剂养护时,保水率应达到90%以上,一般不应小于300mL/m^{2}原液。也可采用两种养护剂喷洒两层或喷一层养护剂再加覆盖。当水泥混凝土路面泌水较多时,应延迟喷洒养护剂的时间,待泌水基本结束后再喷洒养护剂。

(3)盖塑料薄膜养护

盖塑料薄膜的时间,以不压坏细观抗滑构造为准。薄膜厚度和韧度应合适,宽度应大于覆盖面60cm。两条薄膜对接时,搭接宽度不应小于40cm。覆盖在路面上的薄膜,应用细土或砂盖严实,防止薄膜被钢筋刮破或被风吹破和掀走。养护期间应始终保持薄膜完整,薄膜破裂时应立即洒水补盖或修补。

(4)覆盖洒水湿养护

使用麻袋、草袋等覆盖物养护,应及时洒水。在任何气候条件下,均应保证覆盖物底部在养护期间始终处于潮湿状态,并由此确定每天洒水遍数。

(5)养护时间

养护时间应根据混凝土弯拉强度增长情况而定。当大于或等于设计弯拉强度的80%时,可停止养护。一般养护天数宜为14~21d,不应少于14d。掺粉煤灰的水泥混凝土路面,最短养护时间不宜少于28d。

(6)养护期保护

混凝土板在养护期间和填缝前,严禁人、畜、车辆通行,在达到设计强度40%,撤去养护覆盖物后,行人方可通行。在确需行人、牲畜、畜力车、人力车、汽车横穿平面道口时,在路面养护期间,应在道口搭建临时便桥。

8. 填缝

填缝材料应具有与混凝土板壁黏结牢固。回弹性好,不溶水,抗渗能力强,高温时不挤出,不流淌,抗嵌入能力强,耐老化,低温时不脆裂,耐久性好等性能。

常用填缝材料有加热施工式填缝料和常温施工式填缝料、预制多孔橡胶条制品等。高速公路、一级公路宜使用树脂类、橡胶类的填缝材料及其制品,二级及二级以下公路可采用多种性能符合要求的填缝材料,加热施工式填缝料有橡胶沥青类聚氯乙烯胶泥类和沥青玛蹄类等;常温施工式填缝料有聚(氨)酯、硅树脂类,氯丁橡胶类,乳化沥青橡胶类等。为了保证填缝质量，填缝时应首先清缝，同时填缝应满足规定的技术要求。填缝料的灌注深度为3～4cm。当缝槽大于3～4cm时，可填入多孔柔性衬底材料。填缝料的灌注高度，夏天宜与板面平，冬天宜稍低于板面。

填缝料一般应先加热成液体，然后灌填。灌填缝料时，可用高等教育特制的灌填小车（图8-5-11），小车由一个填料漏斗和四个小轮组成，操作时小车沿接缝缓缓前进，填缝料由漏斗口缓缓灌入缝内，并振实至与路面齐，然后用热烙铁熨平，再撒护上一层干砂或石料，以防行车粘轮，对于半固体的填料可不加热，而将其搓成条状，嵌挤入缝内捣实，然后用热烙铁烫平，撒护上石粉。

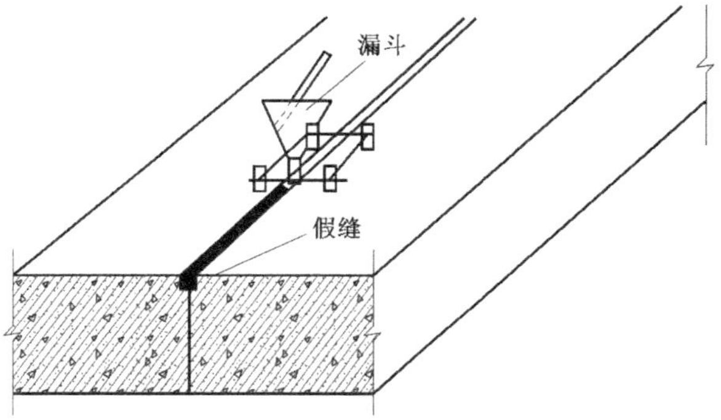

图8-5-11　浇灌填缝

9. 冬季和夏季施工

（1）冬季施工

根据施工工地的气温资料，当室外平均气温连续5d低于5℃时，混凝土板应按冬季施工进行。

①采用强度高（42.5级以上）的硅酸盐水泥或普通水泥、快凝水泥或掺早强剂，或增加水泥用量，水灰比不应小于0.45。

②混凝土混合物浇筑的温度不应低于5℃当气温在0℃以上或混凝土浇筑温度低于5℃时，应将水加热，或将水和集料同时加热，但混合料拌和物不应超过35℃，水不应超过60℃，砂、石不应超过40℃，加热搅拌时，水泥应最后投入。

③混凝土面层上覆盖蓄热保温材料，必要时加盖养护暖棚。

（2）夏季施工

①因温度过高，促使夏季施工混凝土中水分蒸发过快，再加上水泥的水化易出现干缩裂缝。因此，当室外气温在30～35℃时，混凝土板应按夏季施工进行。

②混凝土混合料运输时加以遮盖，尽可能缩短运输和施工时间。浇筑前对基层表面和模板进行洒水湿润，浇筑完毕后及时覆盖，加强洒水养护。

③搅拌机加设遮阴棚和挡风设施，以减少水分蒸发。

④气温高时尽量避开中午施工，可以夜间进行施工，防止因温度影响而引起缩裂。

⑤遇雨应停止施工，并对终凝前的混凝土面层采取防雨保护措施。

附:“模块式”操作训练

一、实习项目

水泥混凝土面层的施工。

二、目的及要求

使学生通过实习参观,了解拌和场地布置要点;掌握拌和操作要点;掌握安放模板、胀缝设置、混凝土的浇筑、切缝等各道工序的施工要点。

三、所需工具

水准仪、钢尺,部分检测可借用工地试验室仪器设备。

四、实习操作内容

(1)混凝土拌和厂场地布置要点,拌和机的型号、性能、各部分组成和作用,拌和厂石料的堆放及排水的合理性;

(2)混凝土坍落度试验;

(3)模板高程的放样或检测;

(4)胀缝钢筋的安放;

(5)混凝土的浇筑、振捣时间的控制;

(6)混凝土的养护技术;

(7)混凝土切缝时间的控制。

(8)实习操作项目及质量标准见附表8-5-1。

水泥混凝土面层检查项目 附表8-5-1

检查项目	质量标准	检查方法	备注
配合比	符合设计要求	查施工记录	
坍落度(mm)	符合设计要求	坍落度筒	
模板高程(mm)	符合设计要求	水准仪	
纵缝间距(cm)	符合设计要求	尺量	
横缝间距(cm)	符合设计要求	尺量	

五、结果整理及实习建议

主要根据实习现场观察及测定结果进行整理,评价正在施工或已完工的结构物质量状况,对不合格项目进行原因分析并提出改正或补救措施。见附表8-5-2。

水泥混凝土面层操作检查表　附表 8-5-2

实测项目	实测值					结果
	1	2	3	4	5	
配合比						
坍落度(mm)						
模板高程(mm)						
纵缝间距(cm)						
横缝间距(cm)						

学习活动六　水泥混凝土路面施工质量控制与验收

学习目标

完成本学习任务后，你应当：

1. 能够描述水泥混凝土路面施工中各个施工环节的质量控制要点；
2. 能够熟悉水泥混凝土路面施工中各项质量控制指标；
3. 能够组织进行模拟质量要求交底。

学习情境描述

成都绕城高速公路(西段)K78+953.64崇义互通式立交桥，有A、B、C、D、E、F六条匝道连接成彭路上下绕城高速公路，A、C、D、F匝道为水泥混凝土路面。现需对该合同段水泥混凝土路面施工进行质量控制与验收。

相关知识

随着近年来我国经济的快速发展，交通量呈现飞跃式增长，载重汽车数量显著增加，导致已建公路出现早期破坏的现象比较普遍，尤其是水泥混凝土路面，反映出我国公路建设中水泥混凝土面层施工质量把控及材料管理的不足。必须认识水泥混凝土路面在施工过程中的控制要点及检测指标，增强管理意识及质量意识，确保混凝土路面施工质量得到保证。

水泥混凝土路面的施工质量控制管理与检查验收是保证路面施工达到高质量的关键环节，必须引起高度重视。

一、水泥混凝土路面施工质量控制

1. 建立完备的质量检验和管理体系

(1)建立完备的质量检验和管理体系

水泥混凝土路面施工应根据全面质量管理的要求，建立健全有效的质量保证体系，实行严格的质量、工期和投资控制、工序管理与岗位责任制度，对施工各阶段的质量进行检查、控制、评定，达到所规定的质量标准，确保证施工质量的稳定性。

(2)建立社会监理和政府监督体制

对水泥混凝土路面施工应实行监理制度,除施工企业按规定项目、批量或频率进行自检外,工程监理应按有关规定进行质量检查与认定,各级质监站及工程建设单位应对工程质量进行监督。

2. 施工前材料检查

(1)准备和调研工作

在施工准备阶段,依据施工经验和规模,应对工程附近的水泥厂、钢材厂、电厂粉煤灰、外加剂厂、砂石料场、施工沿线水源、电力供应状况等进行踏勘和实地调研,对原材料质量、品种和规格是否符合建设混凝土路面,原材料的供应量、供应强度和供给方式、运距等;施工沿线在何处适合建设大型混凝土搅拌站;可否取得商品混凝土等做到心中有数。通过调研优选或符合要求的厂商原材料投标,确定原材料优先供应厂商和替补厂商,并请这些厂商向试验室提供试验和检验的原材料。

(2)检验和优选原材料

配备充足的质量检验设备和人员。路面开工前,试验室应对混凝土路面工程计划使用的原材料进行质量检验和混凝土配制试验,通过对原材料实测和混凝土配制试验,进一步优选原材料并优化配合比。检验报告通过监理正式审批,报请建设单位审查通过后,通知材料供应厂商和施工单位,签订原材料供应合同。待确定和处置好搅拌机场地,开始供应和储备原材料。

(3)原材料进场的储存要求

原材料的进场,将相同料源、规格、品种的原材料作为一批,分批量分别检验并储存。原材料的检验项目和频率见表8-6-1。大型路面一般需要2个以上的水泥厂供应,不同厂家的水泥,即使品种强度等级完全相同,也应分别存放,不得混装在1个水泥罐仓内。若发现原材料变化,随时进行加测。

混凝土原材料的检测项目和频率 表8-6-1

材料	检查项目	检查频率	
		高速公路、一级公路	二级公路、三级公路
水泥	抗折强度、抗压强度及等级	1500t,1批	1500t,1批
	安定性	1500t,1批	1500t,1批
	凝结时间	2000t,1批	3000t,1批
	标准稠度用水量	2000t,1批	3000t,1批
	细度	2000t,1批	3000t,1批
	f-CaO含量	必要时,每合同段不少于3次	必要时,每合同段不少于3次
	MgO含量		
	SO_3含量		
	铝酸三钙		
	铁铝酸四钙		
	干缩率	开工、施工、结束测3次	开工、施工、结束测3次
	耐磨性		

续上表

材料	检 查 项 目	检 查 频 率	
		高速公路、一级公路	二级公路、三级公路
水泥	碱度		
	混合材料种类及数量		
	温度	冬、夏季施工随时检测	冬、夏季施工随时检测
	水化热	冬、夏季施工随时检测	冬、夏季施工随时检测
粗集料	颗粒外观(针片状、超径含量)	$2000m^3$,1 批	$4000m^3$,1 批
	颗粒级配	$2000m^3$,1 批	$4000m^3$,1 批
	含泥量	$1000m^3$,1 批	$2000m^3$,1 批
	压碎值	$1000m^3$,1 批	$2000m^3$,1 批
	含水率	随时	随时
	松方单位重	施工需要时	施工需要时
砂	颗粒外观(河砂、山砂、机制砂)	必要时	必要时
	颗粒粗细(细度模数)和级配	$1000m^3$,1 批	$2000m^3$,1 批
	含泥量	$1000m^3$,1 批	$2000m^3$,1 批
	含水率	随时	随时
	松方单位重	施工需要时	施工需要时
外加剂	减水剂(最优)减水率	10t,1 批	10t,1 批
	液体外加剂的含固量	10t,1 批	10t,1 批
	液体外加剂的密度	200kg,1 次	200kg,1 次
	粉状外加剂的不溶物含量	10t,1 批	10t,1 批
	引气剂引气量	2t,1 批	3t,1 批
	气泡细密程度和稳定性	随时	随时
水	pH 值	开工前和水源有变化时	开工前和水源有变化时
	含盐量		
	硫酸根含量		
养护剂	养护剂保水率	开工前或有变化时	开工前或有变化时
	弯拉强度保持率	开工前或有变化时	开工前或有变化时
	含固量	施工需要时	施工需要时
	成膜时间	随时	随时
	浸水软化性	随时	随时

注:1. 所有项目开工前,均应检验。
2. 数量不足一批时,按一批检验。
3. 当原材料规格、品种、生产厂、来源变化时,必检。

(4)设备采购和检查验收

大型滑模摊铺机和搅拌机等应公开招标采购。新设备到场后,应逐项检查验收,在厂家售后服务技术人员现场指导下安装调试。搅拌机应通过法定计量单位的计量标定,应对搅拌机及水泥混凝土路面滑模摊铺机械和设备的配套情况、性能、计量精度等进行全面检查。搅拌机和滑模摊铺机经摊铺试验路段检验,达到生产能力和全部质量指标,方可验收通过,进行支付。

3. 铺筑试验路段

(1)一般规定。

所有公路滑模摊铺水泥混凝土路面工程,在正式摊铺水泥混凝土路面前,均必须铺筑试验路段。试验路段长度不应小于200m,高速公路、一级公路宜在主线路面以外进行试验路段的摊铺。路面厚度、摊铺宽度、基准线设置、接缝设置、钢筋设置等均应与实际工程相同。

(2)试验路段分为试拌及试铺两个阶段,通过试验路段应达到下述目的:

①试拌检验搅拌机性能及确定合理搅拌制度;试铺检验滑模摊铺系统全部主要机械的性能和生产能力,检验机械种类、数量、实际生产能力配套及组合的合理性;提供主要机械性能和生产能力检验结果和改进措施。

②通过试拌确定搅拌机上料速度、拌和容量、搅拌均匀所需时间、新拌混凝土坍落度、振动黏度系数、含气量、泌水量、离析性和生产使用的混凝土配合比。

③通过试铺确定基准线设置方式、滑模摊铺机的适宜工作参数(包括摊铺速度、振捣频率调整范围、夯实杆深度和频率、挤压底板前仰角度设置、超铺角度设置、侧模板可调整方式和位置、中间和侧向拉杆打入情况、振动搓平梁的设置位置、自动抹平板位置和压力等)。

④使全体工程技术、施工及设备操作人员熟悉并掌握各主要机械正确的操作要领和所有工序、工种正确的施工方法。检验全套施工工艺流程。

⑤检验确定人工辅助施工的修整机具、工具、模具种类和数量,发电机、电焊机、钢筋工、混凝土工、拉毛方式及劳动力数量和定员位置等。按施工工艺要求确定施工组织形式和人员编制。

⑥通过试铺应建立健全混凝土原材料,新拌混凝土坍落度、含气量、泌水量,路面弯拉强度、平整度、构造深度、板厚、接缝顺直度等全套技术性能检验手段,熟悉检验方法。建立滑模施工系统的全面质量管理体系。

⑦确定施工产量和进度,制订施工进度计划。

⑧检验无线通信和快速生产调度指挥系统,确定施工管理体系。

(3)总结试铺效果。

在试铺中,施工单位应认真做好记录,并检查试验段的施工质量。试验段铺筑结束后,应通过建设单位、施工单位和监理三方会议讨论试验结果,提出改进意见和注意事项,由施工单位进一步整改,直到满足质量要求。

4. 施工过程中的质量管理与检查

1)开工

水泥混凝土路面施工得到主管部门的开工令后,方可开工。

2)施工单位的自检要求

施工单位在施工过程中应随时对施工质量进行自检。自检混凝土拌和物及水泥混凝土路面的项目和频率按表8-6-2的规定进行。

混凝土拌和物及水泥混凝土路面的检验项目和频率 表 8-6-2

材料	检查项目	检查频率	
		高速公路、一级公路	其他公路
混凝土拌和物	坍落度及其均匀性	每天施工测 3 次,有变化时随测	每天施工测 3 次,有变化时随测
	坍落度损失率	开工、气温较高和有变化时随测	开工、气温较高和有变化时随测
	振动黏度系数	配合比试拌,原材料和配合比有变化时测	配合比试拌,原材料和配合比有变化时测
	含气量	每天测 1 ~2 次,有抗冻要求时测 2 ~4次	每天测 1 ~2 次,有抗冻要求时测 2 ~4次
	泌水率	必要时测	必要时测
	重度	每天施工测 1 次	每天施工测 1 次
	温度	必要时测,冬季、夏季每天测1 ~2次	必要时测,冬季、夏季每天测 1 次
	凝结时间	必要时测,冬季、夏季每天测1 ~2次	必要时测,冬季、夏季每天测 1 次
	水化热	冬季、夏季施工必要时测	冬季、夏季施工必要时测
	离析	随时观察	随时观察
混凝土路面	弯拉强度	每班留 2 ~4 组试件,日进度小于 500m 取 2 组,大于或等于 500m 取 3 组,大于或等于 1000m 取 4 组	每班留 1 ~3 组试件,日进度小于 500m 取 1 组,大于或等于 500m 取 2 组,大于或等于 1000m 取 3 组
	钻心劈裂强度	每 3km 每车道钻取 1 个岩芯,硬路肩为 1 条车道,测平均 f_{cs}、f_{min}、cv 板厚 h	每 3km 每车道钻取 1 个岩芯,硬路肩为 1 条车道,测平均 f_{cs}、f_{min}、cv 板厚 h
	3m 直尺平整度	每半幅车道 100m^2 处 ×10 尺	每半幅车道 200m^2 处 ×10 尺
	动态平整度	所有车道连续检测	所有车道连续检测
	板厚	每 100m 路面摊铺宽度内左右各 2 处,连接摊铺每 100m 路面边缘 1 处并参考岩心高度	每 100m 路面摊铺宽度内左右各 1 处,连接摊铺每 100m 路面边缘 1 处并参考岩心高度
	抗滑构造深度	铺砂法:每幅 200m 2 处	铺砂法:每幅 200m 1 处
	横坡度	水准仪:每 200m 6 个断面	水准仪:每 200m 4 个断面
	接缝顺直度	20m 拉线测:每 200m 6 条	20m 拉线测:每 200m 4 条
	摊铺中线偏位	全站仪:每 200m 6 点	全站仪:每 200m 4 点
	纵断高程	水准仪:每 200m 6 点	水准仪:每 200m 4 点
	路面宽度	尺测:每 200m 6 处	尺测:每 200m 4 处
	切缝深度	尺测:切缝后每 200m 6 处	尺测:切缝后每 200m 4 处
	灌缝饱满度	尺测:每 200m 接缝测 6 处	尺测:每 200m 接缝测 4 处

续上表

材料	检查项目	检查频率	
		高速公路、一级公路	其他公路
混凝土路面	连接摊铺纵缝高差	尺测:每200m纵向工作缝,每条3处,每处间隔2m测3尺,共测9尺	尺测:每200m纵向工作缝,每条2处,每处间隔2m测3尺,共测6尺
	胀缝缺陷	每条观察填缝及啃边断角	每条观察填缝及啃边断角
	胀缝板连浆	每条胀缝板安装时测量	每条胀缝板安装时测量
	胀缝板倾斜	尺测:摊铺宽度内每块胀缝板的两侧	尺测:摊铺宽度内每块胀缝板的两侧
	胀缝板弯曲和位移	尺测:摊铺宽度内每块胀缝板3处	尺测:摊铺宽度内每块胀缝板3处
	胀缝、缩缝传力杆偏斜	钢筋保护层仪:每车道4根	钢筋保护层仪:每车道3根
	断板率	数断板面板的块数占总块数的比例	数断板面板的块数占总块数的比例

各环节检验要点如下:

(1)原材料。

施工单位在施工过程中必须根据规定的频率对各种施工原材料进行关键项目的批量检验。水泥的必检项目有抗折强度、抗压强度、安定性、施工气温下的凝结时间。砂石料的必检项目有含泥量、细度模数、压碎值。外加剂的必检项目有减水率、液体的比重、含固量、粉剂的不溶物含量。钢材的必检项目有拉伸强度、冷弯塑性。养护剂在路面气温最高时,检验实际施工喷洒条件下的保水率应>90%,弯拉强度降低值应<5%,否则,采取喷两种养护剂再加盖薄膜的方法加强养护。

(2)混凝土拌和及混合料检验。

生产中,除按规定频率对混凝土的和易性、含气量、凝结时间等指标检验外,搅拌机还应对每台拌和机所拌混合料的匀质性通过观察和测量坍落度、稳定性进行检验。每台拌和机之间及各台间歇搅拌机盘与盘之间的混凝土坍落度差别不得大于10mm。高温和负温施工应加测混凝土温度、凝结时间、水泥进搅拌机温度、砂石料温度。

(3)施工过程中,混凝土路面应按下述条款检查平整度、抗弯拉强度和板厚三大指标及其他指标:

①平整度。平整度在施工过程中可用3m直尺检测,而用动态平整仪检测的动态平整度结果是交工和竣工验收时工程质量的评定依据。施工中如果发现局部路段的3m直尺平整度不符合标准,应在10d内使用最粗磨头的水磨石机边测量边磨平,直到符合要求。磨平后应凿出微观抗滑构造,并用硬刻槽机刻出宏观抗滑槽。磨平的路面裸露集料,耐磨性不佳,因此不推荐大面积磨平处理,只能用于小面积少量处理。

②抗弯拉强度。混凝土路面抗弯拉强度的评价,应以搅拌机生产中随机取得的混凝土在振动台上制作的小梁在标准养护条件下的弯拉强度为准,试件的成形方式应为振动台。

③板厚。混凝土路面在施工中应严格控制板厚,对于滑模摊铺机摊铺的板厚,每天在施工拉线设置好后进行(人工摊铺时在立好模板后进行)。在旁站监理监督下,按规定频率测量待摊铺路面的板厚,经监理工程师同意后方可开始摊铺。检查出板厚不足的部位,可采用铣刨机

刨掉上基层偏高部位，再摊铺混凝土路面。大面积基层偏高部分，允许在50m以外调整路面高程，而不铣刨基层。

④其他路面技术指标检验。除上述三大指标外，还应检查接缝顺直度、切缝和灌缝深度、抗滑构造深度、摊铺中线、高程和横坡。

二、水泥混凝土路面施工质量检查验收

施工单位应在路面工程完工后，按基本要求、实测项目和外观鉴定进行自查，对工程质量进行自我评分。质量监督部门根据抽查资料和确认的施工自查资料以及监理工程师的质量管理资料对工程质量进行评定，作为交工、竣工验收评定等级的依据。

1. 基本要求

（1）基层质量必须符合规定要求，并应进行弯沉测定，验算的基层整体模量应满足设计要求。

（2）水泥强度、物理性能和化学成分应符合国家标准及有关规范的规定。

（3）粗细集料、水、外掺剂及接缝填缝料应符合设计和施工规范要求。

（4）施工配合比应根据现场测定的水泥实际强度进行计算，并经试验，选择最佳配合比。

（5）接缝的位置、规格、尺寸及传力杆、拉力杆的设置应符合设计要求。

（6）路面拉毛或机具压槽等抗滑措施，其构造深度应符合施工规范要求。

（7）面层与其他构造物相接应平顺，检查井井盖顶面高程应高于周边路面1～3mm。雨水口高程按设计比路面低5～8mm，路面边缘无积水现象。

（8）混凝土路面铺筑后按施工规范要求养护。

2. 实测项目

水泥混凝土面层实测项目见表8-6-3。

水泥混凝土面层实测项目　　表8-6-3

<table>
<tr><th rowspan="2">项次</th><th rowspan="2" colspan="2">检查项目</th><th colspan="2">规定值或允许偏差</th><th rowspan="2">检查方法和频率</th></tr>
<tr><th>高速公路、一级公路</th><th>其他公路</th></tr>
<tr><td>1△</td><td colspan="2">弯拉强度（MPa）</td><td colspan="2">在合格标准之内</td><td>按《公路路基施工技术规范》（JTG F10—2006）附录C检查</td></tr>
<tr><td rowspan="3">2△</td><td rowspan="3">板厚度（mm）</td><td>代表值</td><td colspan="2">-5</td><td rowspan="3">按《公路路基施工技术规范》（JTG F10—2006）附录H检查；每200m测2处</td></tr>
<tr><td>合格值</td><td colspan="2">-10</td></tr>
<tr><td>极值</td><td colspan="2">-15</td></tr>
<tr><td rowspan="3">3</td><td rowspan="3">平整度</td><td>σ（mm）</td><td>≤1.32</td><td>≤2.0</td><td rowspan="2">平整度仪：全线每车道连续检测，每100m计算σ、IRI</td></tr>
<tr><td>IRI（m/km）</td><td>≤2.2</td><td>≤3.3</td></tr>
<tr><td>最大间隙h（mm）</td><td>3</td><td>5</td><td>3m直尺：半幅车道板带每200m测2处×10尺</td></tr>
<tr><td rowspan="2">4</td><td rowspan="2">抗滑构造深度（mm）</td><td>一般路段</td><td>0.7～1.1</td><td>0.5～1.0</td><td rowspan="2">铺砂法：每200m测1处</td></tr>
<tr><td>特殊路段</td><td>0.8～1.2</td><td>0.6～1.1</td></tr>
</table>

续上表

项次	检查项目		规定值或允许偏差		检查方法和频率
			高速公路、一级公路	其他公路	
5	横向力系数 SFC	一般路段	≥50	—	
		特殊路段	≥55	≥50	
6	相邻板高差（mm）		2	3	抽量：每条胀缝2点；每200m抽纵、横缝各2条，每条2点
7	纵、横缝顺直度（mm）		≤10		纵缝20m拉线，每200m 4处；横缝沿板宽拉线，每200m 4条
8	中线平面偏位（mm）		20		全站仪：每200m测4点
9	路面宽度（mm）		±20		尺量：每200m测4处
10	纵断高程（mm）		±10	±15	水准仪：每200m测4断面
11	横坡（%）		±0.15	±0.25	水准仪：每200m测4断面
12	短板率（%）		≤0.2	≤0.4	目测，全部检查，数断板块数占总块数比例

注：表中 σ 为平整度仪测定的标准差；IRI为国际平整度指数；h 为3m直尺与面层的最大间隙。

3. 外观鉴定

(1)混凝土板的断裂块数，高速公路和一级公路不得超过评定路段混凝土板总块数的0.2%，其他公路不得超过0.4%。不符合要求时每超过0.1%减2分。对于断裂板，应采取适当措施予以处理。

(2)混凝土板表面的脱皮、印痕、裂纹和缺边掉角等病害现象，对于高速公路和一级公路，有上述缺陷的面积不得超过受检面积的0.2%，其他公路不得超过0.3%。不符合要求时每超过0.1%减2分。

对于连续配筋的混凝土路面和钢筋混凝土路面，因干缩、温缩产生的裂缝，可不减分。

(3)路面侧石直顺、曲线圆滑，越位20mm以上者，每处减1～2分。

(4)接缝填筑饱满密实，不污染路面。不符合要求时，累计长度每100m减2分。

(5)胀缝有明显缺陷时，每条减1～2分。

思　考　题

1. 沥青表面处治层大多用于哪些场合？
2. 简述三层式沥青表面处治层的施工工序。
3. 简述热拌沥青混合料的施工工艺。
4. 沥青表面处治面层实测项目有哪些内容？
5. 简述乳化沥青碎石混合料路面的施工程序。
6. 简述滑模摊铺水泥混凝土路面的施工工艺。

学习任务九　路基养护技术

任务总描述

公路养护目的是保持路况完好,延长公路使用寿命,确保行车安全、快速、舒适、经济的运行。如果公路缺乏必要的养护,路况必然会很快下降,道路通行就必然受阻。所以,在公路建设中,必须高度重视养护工作。路基是路面的基础,其强度和稳定性是保证路面结构稳定、路用性能良好的基本条件。因此,为了保证公路的正常使用品质,必须对路基进行合理的养护和维修,使之经常处于良好状态,以避免路基发生严重的病害。

学习活动一　概　　述

学习目标

完成本学习任务后,你应当:

1. 熟知公路养护的目的和基本内容;
2. 熟知公路养护的基本原则;
3. 熟知公路养护的分类及公路养护质量考核标准。

学习情境描述

A城市与B城市间有一条二级公路修筑完工后,将其段公路的养护任务交给相关养护部门,以便能更好地完成此条公路的养护任务。公路养护部门技术人员只有明确公路养护目的,熟知公路路基养护的基本内容以及养护基本原则,才能更好地安排后续工作。

相关知识

一、公路养护的目的

(1)经常保持公路及其设施的完好状态,及时修复损坏部分,保障行车安全、舒适、畅通。

(2)采取正确的技术措施,提高养护工作质量,以延长公路的使用年限。

(3)防治结合,治理公路存在的病害和隐患,逐步提高公路的抗灾能力。

(4)对原有技术标准过低的路段和构造物以及沿线设施进行分期改善和增建,逐步提高公路的使用质量和服务水平。

根据交通运输部《公路科学养护与规范化管理纲要》的要求,从我国建设、管理的实际出发,当前公路养护工作总的指导方针是:建养并重、协调发展、深化改革、强化管理、提高质量、保障畅通。公路养护工作的目标是:以深化改革为动力,以技术进步为手段,以提高职工队伍素质为基础,以强化管理为依托,以依法治路为保障,建立现代化的公路养护管理体系。

二、公路路基养护的基本内容

(1)路基养护应严格执行《公路养护技术规范》(JTG H10—2009)有关规定,重点把握路基沉陷、翻浆、弹簧和缺口,边坡坍塌、滑移、冲沟,挡土墙等防护工程的鼓肚、坍塌、变形和破坏,路肩与路面错台、路肩坑槽、积水、路肩压顶过高、高草堆积物,以及边沟或盲沟或涵洞的於塞、积水、破损等病害问题。

(2)路基病害应根据产生原因及时采取有效措施修复,使得路基保持完好稳定的技术状态,各部尺寸符合技术要求;路肩坚实平整、整洁,横坡顺适;边坡稳定、无亏坡、无冲刷;排水畅通、设施完好;挡土墙等附属设施完好无损坏。

(3)路基沉陷、翻浆、弹簧和缺口等病害应立即修复,沉陷一般要分层填平夯实,缺口应重筑,恢复原有高程和尺寸;翻浆、弹簧一般采用铲挖换土法,要特别注意填筑材料。

(4)边坡坍塌、滑移、冲沟等病害是常见病害,一般雨雪过后比较多,要及时清理塌方土石,确保公路安全畅通。对于影响路基稳定和安全的边坡病害应专门进行设计,采取合适方案进行专项整治,提倡生态综合治理方法。

(5)挡土墙等防护工程要加强巡查,注意观察,高挡墙和高路堤要求每月不少于1次专项检查。发现鼓肚、坍塌、变形和破坏等病害,应立即采取措施,包括专人观测、设置标志、交通管制、观测处治等措施。挡土墙破坏常见的原因有老旧破坏、人为损坏、排水不畅导致积水引起、加载破坏和地质原因等。

(6)路基养护要做到路肩坚实、无破损,路肩边缘整齐、平顺,横坡适度无积水。对于路肩与路面错台、路肩坑槽、积水、路肩压顶过高,要及时填实挖平,一般路肩横坡应略大于路面横坡;路肩高草堆积物,应及时清除,做到路肩及公路用地范围内无垃圾、无杂物堆积,确保无脏、乱、差现象的发生。

(7)对于边沟或盲沟或涵洞的於塞、积水、破损等病害要及时进行清理、排水和修复。各类排水设施的日常养护要做到每月不少于一次清理,确保排水沟底坚实、平整,有一定的坡度,利于排水,每一段排水设施都有排水出口,确保沿线排水设施齐全、配套、完整、畅通,无淤塞、无破损,特别是穿村路段两侧宜设置盖板暗沟,穿城镇路段应积极设置雨水管道进行排水。

三、公路养护的基本原则

(1)预防为主、防治结合。要根据历年积累的技术经济资料和当地具体情况,通过科学分析,消除导致高等级公路损毁的因素,增强高等级公路设施的耐久性和抗灾能力。特别要做好雨季的防护工作,以减少水毁损失。

(2)因地制宜、就地取材。在养护中应尽量选用当地天然材料和工业废渣,充分利用原有工程材料和工程设施,以降低养护成本。

(3)常年养护、科学养护。要推广应用国内外先进的养护技术和科学的管理方法,改善养护生产手段,提高养护技术水平,并做到常年养护不松懈。

(4)重视综合治理,保护生态平衡、路旁景观和文物古迹,防止环境污染,注意少占农田。

(5)全面贯彻执行《公路桥梁养护管理工作》制度,加强桥梁的检查、维修、加固和改善,逐步消灭危桥。

(6)公路养护工程设计应符合现行《公路工程技术标准》(JTG B01)的规定,施工时要注意社会效益,保障畅通。

(7)加强以路面养护为中心的全面养护,大力推广和发展公路养护机械化。

四、公路养护工程分类

一般公路养护按其工程性质、规模大小、技术难易程度划分为小修保养工程、中修工程、大修工程和改善工程4类。

(1)小修保养工程:指对管养范围内的公路及其工程设施进行预防性保养并修补其轻微损坏部分,使之经常保持完好状态。它通常是由养护工区在年度小修保养定额经费内,按月(旬)安排计划,经常进行的工作。

(2)中修工程:是对管养范围内的公路及其工程设施的一般性磨损和局部损坏进行定期的修理加固,以恢复原状的小型工程项目。它通常是由基层公路管理机构按年(季)安排计划并组织实施的工作。

(3)大修工程:是对管养范围内的公路及其工程设施的较大损坏进行周期性的综合修理,以全面恢复到原设计标准,或在原技术等级范围内进行局部改善和个别增建,以逐步提高公路通行能力的工程项目。它通常是由基层公路管理机构或在其上级机构的帮助下,根据批准的年度计划和工程预算来组织实施的工作。

(4)改善工程:是对公路及其工程设施因不适应交通量和载重需要而分期逐段提高技术等级,或通过改善显著提高其通行能力的较大工程项目。它通常是由省级公路管理机构或地(市)级公路管理机构根据批准的计划和设计预算来组织实施或招标完成的工作。

对于高速公路养护工作,根据高速公路特点将其分为以下三类:

(1)维修保养是为保持高速公路及其附属设施的正常使用功能,而安排的经常性保养和修补其轻微损坏部分的作业。

(2)专项工程是对高速公路及其附属设施一般性磨损和局部损坏,进行定期修理、加固、更新和完善的作业。

(3)大修工程是当高速公路及其附属设施已达到其服务周期时,所必须进行的应急性、预防性、周期性的综合修理,使之全面恢复到原设计的状态,或由于水毁、地震、冰雪等造成的高速公路及其附属设施的重大损坏,为保证其正常使用而进行的修复工作。

除上述分类外,对于当年发生的较大水毁等自然灾害的公路抢修和修复工程,可列为专项工程办理。

五、公路养护质量考核标准

公路养护工作是一项经常性的工作,对公路养护质量的要求是:保持路面整洁、横坡适度、行车舒适;路肩整洁、边坡畅通;构造物完好;沿线设施完善;绿化协调美观,逐步实施GBM工程,力争构成畅、洁、绿、美的公路交通环境。

根据上述要求,将公路养护质量分为优、良、次、差4个等级,以优、良等路里程占实际评定的养护里程的百分比即“好路率”作为评定养护质量的主要指标。好路率计划公式为:

好路率 =(优等路里程 + 良等路里程)/实际评定的养护里程 ×100%

公路养护质量的检查与评定,以公里为单位,以里程碑为界,按路面、路基构造物、桥涵道、沿线设施、绿化5项养护质量内容分别评分定等。总分定为100分,其中路面50分;路基构造物20分;桥涵隧道、沿线设施、绿化各10分。

根据实施检查评比结果,在1km范围内,总分在90分以上(含90分,下同),并且路面在45分以上,路基构造物在15分以上,桥涵隧道、沿线设施、绿化均不低于6分的定为优等路;总分在75分以上,并且路面在38分以上的定为良等路;总分在60分以上的定为次等路;总分不足60分定为差等路。上述优等路的4个条件中,如有一条达不到要求,即定为良等路;良等路的两个条件中,如有一条达不到要求,即定为次等路。

养路工作的中心环节是养好路面,也是质量考核的首要对象。对沥青路面除检查平整度和破损率外,还应考虑其强度和抗滑能力。对于高等级公路的沥青路面,上述4项指标应进行综合评价,以便确定养护方法和破损后的修理方法。

学习活动二　路基常见病害及防治

学习目标

完成本学习任务后,你应当:

1. 熟知路基边坡病害产生的原因;
2. 能够进行路基边坡病害的一般性处理;
3. 能够对路基其他类型病害进行原因分析及处治。

学习情境描述

某二级公路,由地方养护部门进行养护,由于当地气候条件复杂,并且路基在修建时病害较多,对后期养护造成成了很大困难,经过多方面现场调研,发现路基常见的病害现象严重,需要采取切实有效的处治措施,才能确保路基的养护质量。针对这种情况,有哪些具体的养护技术要求和方法吗?

相关知识

一、路基边坡病害及防治

1. 崩塌

崩塌的规模有大有小,由于岩体风化、破碎比较严重,边坡上经常发生小块岩石坠落,这种现象称为碎落;一些较大岩块的零星崩落称为落石,规模巨大的崩塌也称山崩。崩塌发生急促,破坏体散开,并发生倾倒、翻滚现象。

防治崩塌的措施主要有:

(1)路基上方的危岩及危石应及时检查清除。

(2)在小型崩塌或落石地段,应尽量采取全部清除的办法;如由于基岩破坏严重,崩塌、落石的来源丰富,则宜修建落石平台、落石槽等拦截结构物。

(3)存在软弱结构面的高边坡,可采用支挡墙或支护墙等措施。

(4)边坡坡脚受河水冲刷时,河岸要做防护工程。

(5)在可能发生崩塌的地段,必须做好地面排水设施。

2. 落石

是岩石碎块的一种剥落现象,其范围较剥落严重。产生原因为:路堑边坡较陡,岩石破碎和风化严重,在振动及水的侵蚀和冲刷下,块状碎屑沿坡面向下滚动。主要处理方法是修建拦石带及防水设施。

3. 滑坡

路基山坡土体或岩体,在水的作用下,其整体地沿着一定滑动面向下滑动,这种地质现象称为滑坡。在容易产生滑坡地带做好排水及加固措施。

4. 剥落

是指边坡表层土或风化岩表面,在湿热的作用下,表面发生胀缩的现象,从而引起零碎薄层从边坡上脱落下来。其处理方法为:

(1)做好排水,不使地面或地下水侵蚀路基边坡。

(2)加固边坡,如种草、铺草皮或植树。

(3)对于风化的软质岩层,可修建干砌或砌石护墙。

(4)整修边坡,及时清除可能剥落的土石方。

(5)对裂缝较多的岩层,可用喷浆法,以防止岩石剥落及风化。

二、路基其他类型病害及防治

1. 泥石流

泥石流对路基的危害主要是通过堵塞、淤埋、冲刷、撞击等方式造成。防治泥石流的工程措施有:

(1)对于容易产生流泥、流石的山坡来说,在春秋两季,可进行植树造林、铺植草皮。

(2)修筑截水沟、排水沟,把水引出去,以减少或消除洪水冲击。

(3)采用平整山坡、填实沟缝、修筑梯阶、支撑挡土墙、加固沟底等方法,控制水土流失,防止滑坡发展。

(4)泥石流可采用排洪道、急流槽、导流堤等措施使泥石流顺利排走,以防止掩埋道路、堵塞桥涵。

(5)滞流及拦截措施,是指在泥石流沟中修筑一系列低矮的拦挡坝。

2. 翻浆

(1)影响翻浆的因素

影响翻浆的主要因素有土质、温度、水、路面、行车荷载、人为因素等。其中土质、温度、水三者的共同作用是形成翻浆的主要因素。

(2)翻浆路段的养护

翻浆现象主要发生在春季,是由于冬季水分在土体内冰冻而导致水分聚集,在春季时消融使路基上部太过潮湿而容易出现翻浆,因此需加强冬季和春季的养护工作。

冬季养护是采取措施减轻路基水分在温差作用下向路基上层聚积的程度,同时要防止水分渗入路基。因此,冬季应及时清除翻浆路基上的积雪,发现路面出裂缝、坑槽等要及时修补。

春季是翻浆的暴露时期,当路面出现潮湿斑点、松散、龟裂,表明翻浆已开始露头。对出现鼓包、车辙或大片裂缝、路基发软等现象,需及时进行养护维修,必要时可顺路面边缘加修纵向盲沟或渗水井。

3. 沉陷

沉陷经常发生于高填土路基中,针对路堤沉陷变形,应采取相应处理方法。

(1)填换土层法

因填筑土质不符合要求,路基出现下沉但面积不大且深度不深时,采用填换土层方法是一种快捷的方法。此法是将原路基出现病害部分的土挖去,更换新的且符合规范要求的土。一般采用级配较好砂砾土,或塑性指数满足规范要求的亚黏土。

(2)固化剂法

在处理高填土路基的下沉中,如果更换路基填料受到限制,且填筑数量不大时,可在原填料中掺入一定量的固化剂处理路基病害。表层或浅层土的固化,只需将固化剂与土混合加压;对于深层土的固结,需采用特殊工艺将浆液注入土中使土体固结。

学习活动三　路基养护与维修

学习目标

完成本学习任务后,你应当:

1. 能够熟知路肩与边坡养护的目的;
2. 能够介绍路肩与边坡养护的主要内容;
3. 能够进行路肩与边坡养护;
4. 能够进行路基排水设施的养护;
5. 能够进行挡土墙的一般性养护;
6. 能够叙述特殊地区路基养护的基本方法。

学习情境描述

A城市与B城市间有一条二级公路修筑完工后,将其段公路的养护任务交给相关养护部门,以便能更好地完成此条公路的养护任务,公路养护部门技术人员必须明确公路养护目标,熟知公路路基养护的基本内容、路基常见病害及处理方法,对于特殊路基病害需要采取相应的措施,以便确保公路的养护质量。

相关知识

一、路肩与边坡养护

路肩与边坡是保证路基路面有整体稳定性和排除路面水的重要结构。公路路肩与边坡养护是公路重要组成部分,是保障路基稳定的关键。边坡包括路堑边坡和路堤边坡,边坡的主要作用是保障路基稳定、行车安全及景观的舒适。确保路基边坡坡度合理的角度是路基设计和保养的重要内容。

1. 路肩与边坡养护的目的

路肩与边坡的养护和维修工作的重点是保持稳定性，减缓温差与温度变化对边坡的影响，防止边坡岩土表层的风化破碎，保护路基稳定。即边坡应该经常保持平顺、坚实、无裂缝。一般来说，影响边坡稳定的因素有工程地质水文地质、地面排水条件、地貌和气候等因素，常见的边坡病害有崩塌、落石、滑坡、坡面冲刷等。

2. 路肩与边坡养护的主要内容

(1)路肩清理，路肩应经常保持平整、坚实。对车辙、坑槽、与路面产生错台以及堆积物形成的高路肩，必须及时整修或清除；积水和淤泥及时排出和清除，并用与原路肩相同的土填平压实，保持原有状态。硬路肩产生病害可参照同类型路面的治理方法处理。

(2)路肩横坡修整，路肩应保持适当的横坡，坡度顺适。硬路肩横坡与同类型路面横坡相同；土路肩或草皮路肩的横坡应比路面横坡大1%～2%，以利于排水，当路肩的横坡过大或过小时，应及时整修。对于土路肩，横坡过大时，应用良好的砂性土填补并压实；横坡过小时，应铲削整修至规定坡度。对于硬路肩，宜结合大中修工程进行调整。

(3)路肩修补，路肩外侧边缘被流水冲缺，或牲畜踩踏、车轮碾压形成缺口时，应及时修补，也可结合实施GBM工程，用石块、水泥混凝土预制块铺砌(或现浇)路肩边缘带(护肩带)，其宽度不小于20cm，既保护路肩，又美化路容。

(4)边坡检查，经常注意路堑边坡上的危岩、浮石、滑塌体等的变动。

(5)边坡修补，对于石质路堑边坡，应经常注意边坡坡面岩石情况，以及边坡上的危岩、浮石的发展情况，发现问题及时采取适当的措施处理，如抹面、喷浆、勾缝、灌浆等；对于土质路堑边坡、碎落石、护坡道等，如经常出现缺口、冲沟、沉陷、塌落或受洪水、边沟冲刷、浸水时，应根据水流、土质等情况，选用种草、铺草皮、栽灌木丛、铺柴束、篱格填石、投放石片笼、干砌或浆砌片石护坡等措施，进行防护和加固。

3. 路肩与边坡养护应注意的内容

(1)边坡出现冲沟、路堑边坡出现裂缝可缺口及塌落时应进行整修。

(2)路堑边坡出现裂缝可用黏性土填实，以防地表水渗入路基。如出现潜流涌水应采取开沟隔断水或其他导流措施。

(3)陡坡路段的路肩，易被暴雨冲成纵横沟槽，应设置截水明槽。自纵坡坡顶起，每隔20m左右两侧交叉设置30～50cm宽的斜向截水明槽，并用碎(砾)石填平，同时在路肩边缘处设置高10cm、顶宽10cm、底宽20cm的拦水土埂，在每条截水明槽处留一淌水缺口，其下边的边坡10cm、底宽20cm的拦水土埂，在每条截水明槽处留一淌水缺口，其下边的边坡。

(4)路肩上严禁种植农作物和堆放任何杂物。对于养路材料，应在公路路肩以外设置堆料台，其间距以200～500m为宜。

(5)加强边坡养护是有效保障我国公路运输发展与公路安全的重要工作，必须积极应用现代技术提高边坡养护质量。

二、路基排水设施的养护

路基排水的主要作用是将路基范围内的土基湿度降低到一定限度以内,保持路基常年处于干燥状态,确保路面具有足够的强度和稳定性。其养护基本要求如下:

(1)对边沟、截水沟、排水沟以及暗沟(管)等排水设施,在春融前,特别是汛前,应全面进行检查疏浚,雨中必须上路巡查,及时排除堵塞、疏导水流,保持水流通畅,并防止水流集中冲坏路基。暴雨后应进行重点检查,如有冲刷、损坏,须及时修理加固,如有堵塞应立即清除。

(2)对有中央分隔带的路面,要确保中央分隔带的排水畅通无阻。对于设有集中排水设施的中央分隔的集水井、横向排水管,应经常清淤及维修,保持排水畅通。

(3)雨季前后应对拦水缘石及泄水槽进行检查维修,保持其完好,联结处应平顺无缝。对未设置拦水缘石及泄水槽的路段,宜通过养护手段逐步完善。

(4)如高速公路的路面局部积水,及时采取清扫、整平路面及增设排水设施等相应措施。雨后应采取措施,排除高速公路互通立交区内的积水。

(5)如发现渗沟、盲沟出水口处长草、堵塞,应进行清除和冲洗。对于渗沟应经常检查疏浚,以保证管内水流通畅。如发现反滤层淤塞失效,则应翻修,并剔除其中较小颗粒的砂石,以保证其孔隙,便利排水。

三、挡土墙的养护

挡土墙的日常养护除经常检查其有否损坏外,每年应在春秋两季进行定期检查。

(1)北方冰冻严重地区应特别注意检查挡土墙在冰冻融化后墙身及基础的变化情况,以及在冰冻前采取的防护措施的效果。

(2)在发生反常气候、地震或特殊情况后,应及时进行检查。发现裂缝、倾斜、鼓肚、滑动、下沉或泄水孔堵塞、墙后积水、周围地基错台等情况,应查明原因,采取相应的措施进行修理加固。

(3)对已停止发展的挡土墙裂缝、断裂,可将缝隙凿毛,清除碎渣和杂物,然后用水泥砂浆填塞。水泥混凝兰或钢筋混凝土挡土墙的裂缝可用环氧树脂黏合。挡土墙发生倾斜、鼓肚、滑动或下沉时,可选用锚固法、套墙加固法等加固措施。

四、特殊地区路基养护

1. 冻胀和翻浆地段的养护

(1)因路基冻胀使路面局部或大面积隆起影响行车时,应将冻胀的沥青路面刨平,待春融后按翻浆处理方法予以处治。

(2)因冬季基层中的水结冰引起冻胀,春季融化而引起的翻浆可根据情况采用以下方法之一予以处治:

①在有翻浆迹象的地方用人工或机械将2~5cm直径的钢钎打入路面以下,穿透冻层至1.3m以上,然后灌入砂粒,使化冻的水迅速渗入冻层以下。

②局部发生翻浆的路段,可采用打石灰梅花桩或水泥砂砾桩的方法予以改善。

③加深边沟,并在翻浆路段两侧路肩上交错开挖宽30~40cm的横沟,其间距为3~5m,沟

底纵坡不小于3%，沟底应根据解冻情况逐渐加深，直至路面基层以下。如路面翻浆严重，除挖横沟外，还应顺路面边缘设置纵向小盲沟，交通量较大的路段也可挖成明沟。但翻浆停止后，应将明沟填平恢复原状。

④因基层水稳性不良或含水率过大造成的翻浆，应挖去面层及基层全部松软的部分，将基层材料晾晒干，并适当增加新的砂粒或工业废渣等粒料，分层填补并压实，最后恢复面层。

⑤低温季节施工的石灰稳定类基层，在板体强度未形成时雨水渗入，其上层发生翻浆的，应将翻浆部分挖除，换用新材料予以填补，然后重做面层。

2. 盐渍土路基养护

地表1m范围内含有容易溶解的盐类超过0.3%时，称为盐渍土。盐渍土一旦受到雨水、冰雪融化的淋溶，含水率急增，会出现湿化坍塌、溶陷、路基发软，致使强度降低，甚至失去承载力。需采取以下措施：

(1)秋末冬初季节或春融时期，由于雨水及融雪水较多，路基容易出现坍塌、溶陷等，可采取相应防护及治理措施。

(2)用盐晶块修筑的路基表面，应用砂土混合料进行覆盖；出现车辙、坑凹、泥泞，应清除浮土，再填补碎盐晶块整平夯实后，用砂土混合料覆盖压实。

(3)为防止边坡水土流失，在坡脚处两侧增设宽2m的护坡道。护坡道及边坡上可种植耐盐性的树木或草本植物如红柳、红杨等。

(4)对硫酸盐渍土路基，根据需要采取用卵石、砾石、黏土或盐块平铺在路堤边坡上。

3. 黄土地区路基养护

黄土具有疏松、湿陷、遇水崩解、膨胀等特性。常见的养护与防护措施如下：

(1)土质路堤边坡的防护加固宜用种草方式护坡。播种的坡面应平整、密实、湿润。播种后，应适时进行洒水施肥、清除杂草等养护管理，直到植物覆盖坡面。

(2)铺草皮适用于各种土质边坡，特别是当坡面冲刷比较比较严重，边坡较陡，径流速度大于0.6%时，采用铺草皮防护比较适宜。铺草皮有多种方法，主要分为平铺、竖铺、网格式铺筑，如图9-3-1所示。铺草皮需预先备料，草皮可就近培育，切成整齐块状，然后移铺在坡面上。铺时应自下而上，并用竹林小桩将草皮钉在坡面上，使之稳定。草皮根部土应随草切割，坡面要预先整平，必要时还应加铺种植土，草皮应随挖随铺，注意相互紧密。

(3)植树防护适用于各种土质边坡和风化极其严重的岩石边坡，边坡坡度不陡于1:1.5。对于加固路基、防风固沙、防止水流冲刷及降低水流速度都能收到良好效果。此外，还可以美化路容，调节气温，改善公路的美学效果。

4. 沙漠地区路基养护

我国沙漠地区主要分布在北方干旱、半干旱地区。由于气候比较干燥，雨量稀少，风沙大，地表植被均较稀疏、低矮，边坡或路肩容易被风蚀，或整个路基被风积沙掩埋等。因此，应备足防护材料，做好路基的防护工作。

(1)沙漠地区公路养护的基本方针是“固、阻、输、导，综合治理”。因此，对公路两侧所设置的沙障、石笼、风力加速堤或用黏土砂砾覆盖的设施、防沙栅栏及为防沙设置的一切设施，如有被淹埋、倾倒、损坏和失效，应及时拔高、扶正或修复补充。

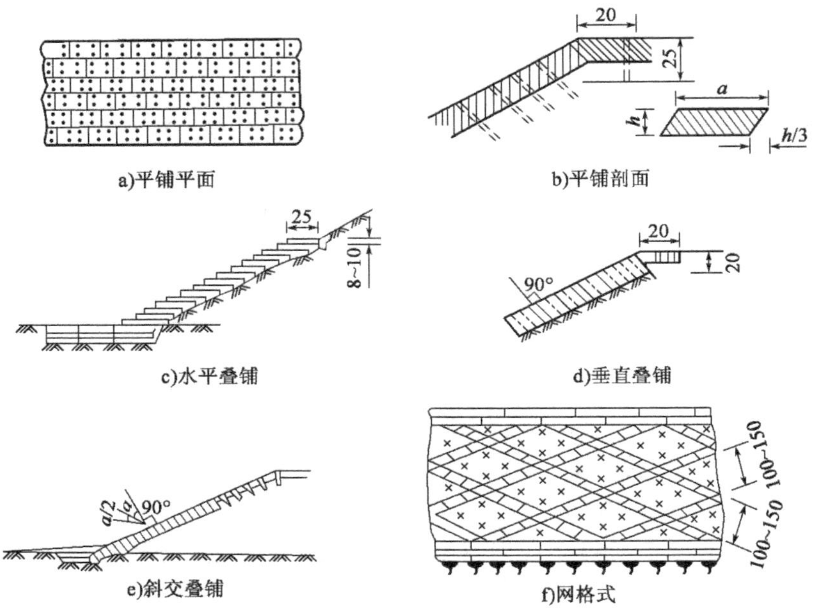

图9-3-1　草皮防护示意图(尺寸单位:cm)

(2)及时修理、填补卵石护坡或草格防沙设施的塌落、破坏以及边坡上出现的风蚀、空洞、坍缺。

(3)对无防护措施的边坡,根据使用情况,增设护坡或植树造林。有计划地种植防沙植物,形成防护林带,并保证植被的完整与繁衍。

(4)路肩上严禁堆置任何材料或杂物,以免造成沙丘。对公路上的积沙,应及时清除。

5. 泥沼及软土地区路基养护

泥沼、软土地带的路基,多因地面低洼,降雨充足,地下水位高,含水饱和、透水性小、压缩性大、抗剪强度低,在填土荷载和行车荷载作用下,容易出现路基基底土被压缩而产生较大的沉降。基底土被挤压塑流,向两侧或下坡一侧隆起,使路堤下陷、滑动以及冰冻膨胀而产生弹簧、翻浆等病害。常采取比较经济的处治方法有:

(1)降低水位。当在路基两侧开挖沟渠的工程量不大时,可加深路堤两侧边沟,以降低水位,促进路基土渗透固结,达到稳固路基的效果。

(2)置换法。对软土路基沉降等病害可采用换填土层法,即将路基一定深度范围的湿软土层挖去,换以强度较大的砂、碎石、灰土或素土,并予以压实,填至路基设计高程。

(3)抛石挤淤。具体做法是:先将病害路段路堤挖到软土层,抛石自路堤中部开始,逐步向两侧展开,使淤泥挤出,在片(块)石抛至一定高度后,用压路机碾压,然后在其上铺设反滤层,再填土至路基原有高度。

思　考　题

1. 公路养护的目的是什么?
2. 公路养护的基本原则是什么?

3. 简述路肩与边坡养护的基本内容。
4. 路肩与边坡养护应注意哪些问题?
5. 简述路基边坡病害及防治。
6. 简述泥石流的防治措施。
7. 影响翻浆的主要因素有哪些?
8. 简述沙漠地区路基养护方法。
9. 简述铺草皮的技术要点。
10. 简述冻胀和翻浆地段的路基养护方法。
11. 简述挡土墙的养护方法。
12. 简述路基排水设施养护的内容。

学习任务十　路面养护技术

任务总描述

公路在使用过程中,路面由于行驶车辆的碾压、冲击、磨耗以及天气变化等影响,往往产生缺陷和损坏,这些缺陷和损坏统称为路面破损。路面破损对车辆的行驶速度、载重能力、燃料消耗、机械磨损、行车舒适,以及对交通安全、环境保护等都会造成有害影响。为防治路面破损,使路面保持良好的技术状况而采取的技术措施,通常称为公路路面养护。公路路面养护包括粒料路面养护、沥青路面养护和水泥混凝土路面养护。目前公路上使用最多的是沥青路面和水泥混凝土路面。养护单位根据巡路填写路况调查表,根据调查结果进行综合评价,制订相应养护措施。在对道路进行养护前,应上报相关交通部门,按规范要求布置公路养护作业控制区,按规范对相应路面进行养护作业。

学习活动一　路面状况调查

学习目标

完成本学习任务后,你应当:

1. 能够识别沥青路面损坏的类型并填写记录;
2. 能够识别水泥混凝土路面损坏的类型并填写记录。

学习情境描述

日常巡查要求每天巡回检查路况至少一次,特殊时期应按上级要求加大巡查频率,危桥、事故多发段和发现病害段应列为检查重点。某公路养护中心工人携带照相机、直尺、纸笔等工具进行路面损坏的取证和记录。在某次的日常巡查中,在沥青路面路段发现了如图10-1-1所

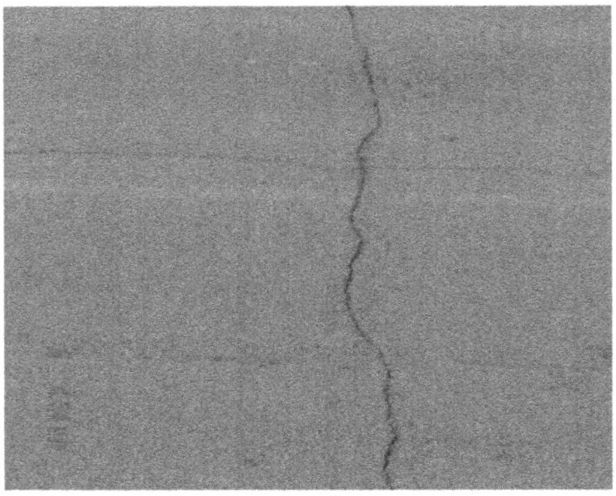

a)

b)

图10-1-1　沥青路面损坏

示的公路损坏,在水泥混凝土路面路段发现了如图 10-1-2 所示的公路损坏,需要判断其损坏类型,填写路况调查表。

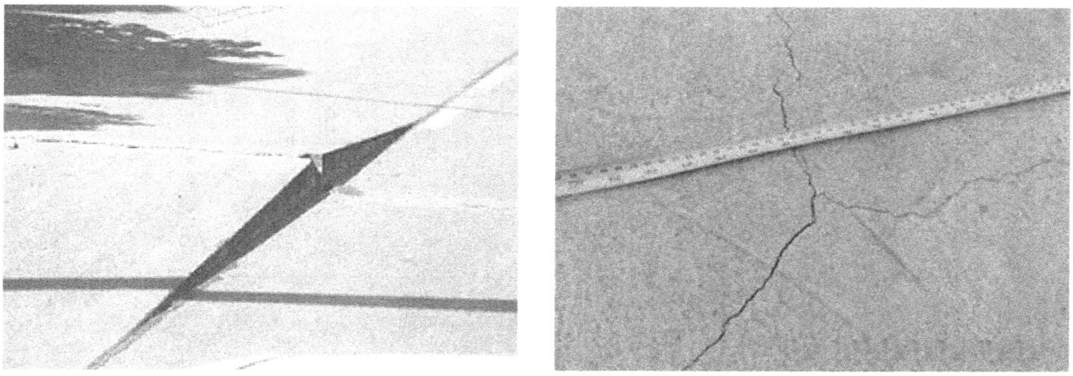

a)　　　　b)

图 10-1-2　水泥混凝土路面损坏

相关知识

路面随着使用时间的延续,其使用性能和承载力不断降低,当通过的车辆累计次数过多,路表破损严重时,便不能满足正常行车要求,而需要进行补强或改建。通过路面状况调查与评定,就可以为公路管理部门计划资金需求和资源分配的决策提供依据,为制订公路大、中修项目的对策方案提供依据。

一、沥青路面状况调查

1.路面调查内容与方法

(1)路面调查的目的

运用各种仪器设备,按照规定调查频率对路面状况各项指标进行检测,以了解路面现状,建立路面管理系统并积累数据进行评价,为制订养护方案,编制计划,加强养护,提高科学管理水平提供依据。

(2)路面调查的内容与频率

见表 10-1-1。

沥青路面检测内容及最低检测与调查频率　　表 10-1-1

检测内容 \ 检测频率			路面损坏(PCI)	路面平整度(RQI)	路面车辙(RDI)	抗滑性能(SRI)	结构强度(PSSI)
路面PQI	沥青	高速公路、一级公路	1 年 1 次	1 年 1 次	1 年 1 次	2 年 1 次	抽样检测
		二、三、四级公路	1 年 1 次	1 年 1 次	—	—	

(3)破损调查

路面破损调查指标为综合破损率。高速公路、一级公路路面破损数据调查,宜采用先进快速的调查方法。其他公路可采用人工调查方法。沥青路面损坏共分 11 类,见表 10-1-2。

沥青路面损坏的类型 表10-1-2

损坏类型	分级	特征及分级指标	单位
龟裂:龟裂在路面上表现为相互交错的小网格状裂缝,因其形状类似乌龟背而被称为龟裂 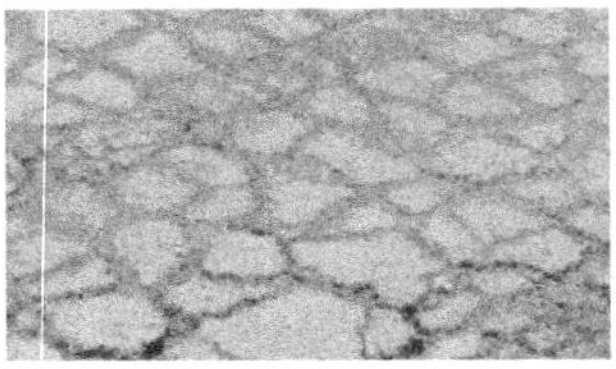	轻	裂缝区无变形、散落,缝窄,主要缝宽<2mm,主要裂缝块度为0.2~0.5m	m^2
	中	裂缝区有轻度散落或轻度变形,主要缝宽2~5mm,部分裂缝块度<0.2m	
	重	裂块较小,裂缝区变形明显、散落严重,主要缝宽>5mm,大部分裂缝块度<0.2m	
块状裂缝:纵向和横向裂缝的交错而使路面分裂成近似直角的多边形大块 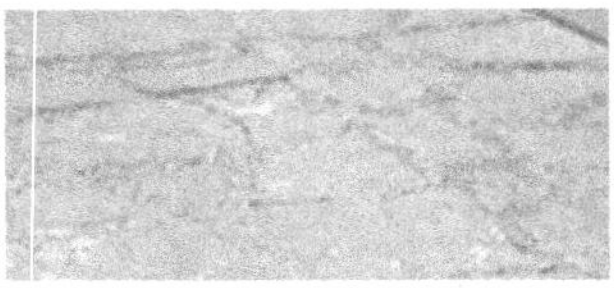	轻	缝窄,裂缝区无散落,缝宽为3mm,大部分裂缝块度>1.0m	m^2
	重	缝宽,裂缝区有散落,缝宽>3mm,主要裂缝块度在0.5~1.0m	
纵向裂缝:是与行车方向基本平行的裂缝,有时伴有少量支缝 	轻	缝窄,裂缝壁无散落或有轻微散落,无支缝或有少量支缝,缝宽≤3mm	m
	重	缝宽,裂缝壁有散落,有支缝,主要缝宽>3mm	
横向裂缝:是与行车方向基本垂直的裂缝,有时伴有少量支缝 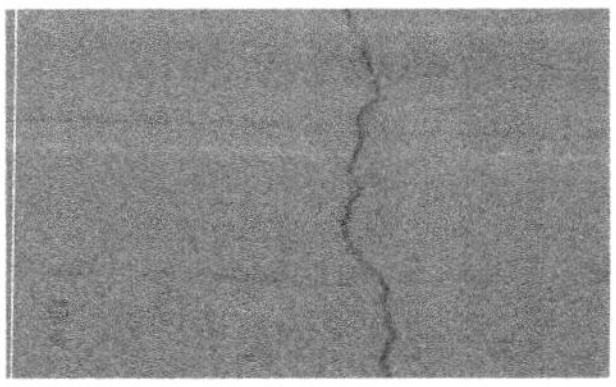	轻	缝窄,裂缝壁无散落或有轻微散落,缝宽≤3mm	m
	重	缝宽,裂缝贯通整个路面,裂缝壁有散落并伴有少量支缝,主要缝宽>3mm	
坑槽:是指局部集料丧失而在路面表面形成的坑洞,可深及不同的路面结构 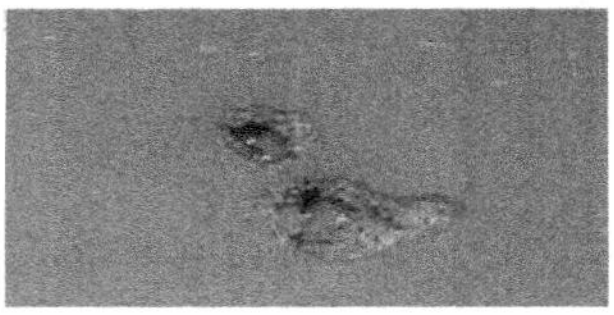	轻	坑浅,有效坑槽面积≤$0.1m^2$(0.3m×0.3m)	m^2
	重	坑深,有效坑槽面积>$0.1m^2$(0.3m×0.3m)	

续上表

损坏类型	分级	特征及分级指标	单位
松散：是一种从路面表面向下不断发展的集料颗粒流失或沥青结合料流失而造成的路面损坏 	轻	路面细集料散失、脱皮、麻面等表面损坏	m^2
	重	路面细集料散失、脱皮、麻面、露骨，表面剥落，有小坑洞	
沉陷：是路面表面产生的大于10mm的路面局部下沉 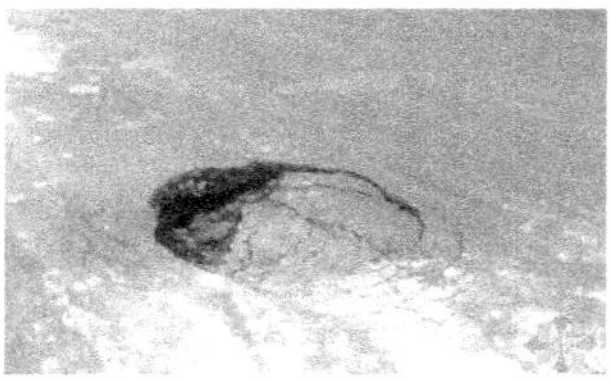	轻	深度为10～25mm，正常行车无明显感觉	m^2
	重		
车辙：是在沥青路面表面形成的沿轮迹处深度大于10mm的纵向带状凹槽 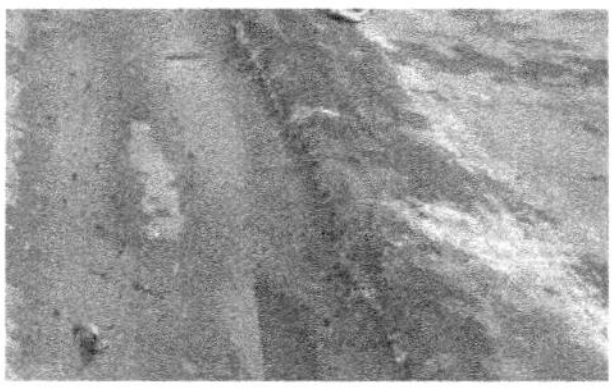	轻	辙槽浅，深度为10～15mm	m
	重	辙槽深，深度>15mm	
波浪拥包：是指由于局部沥青面层材料移动在路表面形成的有规律的纵向起伏，波峰和波谷间隔很近 	轻	波峰波谷高差小，高差为10～25mm	m^2
	重	波峰波谷高差大，高差>25mm	
泛油：是指路面沥青被挤出或表面被沥青膜覆盖形成发亮的薄油层 	—	观察表面可见	m^2
修补：针对路面状况进行维修			

注：1. 纵向裂缝、横向裂缝损坏按长度计量，并按0.2m的影响宽度换算成损坏面积。
2. 车辙损坏按长度计量，并按0.4m的影响宽度换算成损坏面积。
3. 裂缝修补按长度计量，并按0.2m的影响宽度换算成损坏面积。
4. 修补后又出现损坏，按原损坏类型分类统计。

(4)强度调查

路面的强度指标为路面弯沉值。高速公路、一级公路路面弯沉值宜采用自动弯沉仪或落锤式弯沉仪进行调查;其他公路可采用贝克曼梁测定结果进行调查。

(5)平整度调查

路面平整度的调查指标为国际平整度指数。路网的全面调查,宜采用车载式累积仪快速检测;小范围的抽样调查,可采用连续式平整度仪或3m直尺检测。

(6)抗滑能力调查

路面抗滑能力调查指标为摆值和横向分布系数。调查设备可采用摆式仪和摩擦系数测定车。高速公路和一级公路,宜采用横向力系数测定仪。

(7)交通量观测

当调查与评价路段有交通量观测数据时,应直接采用;如交通观测数据不能满足要求,可按要求进行补测。

2. 数据采集与管理

(1)现有路面数据采集

一般由公路管理机构负责组织,参与数据采集人员必须严肃认真,有较为丰富的路面养护实践经验,并熟悉路面病害类型区分,确保数据真实、可靠。

(2)路面破损数据的采集与管理

仔细查看路面上存在的损坏状况,正确区分病害类型和严重程度,丈量其损坏面积,按病害类型及其严重程度记入损坏情况调查表。调查结果按路段汇总,并填入总表,路段长度宜采用1000m,以整公里桩为起讫点,以公路交叉及行政区划为分界点。

二、水泥混凝土路面状况调查

为了了解路面现状,选择相应的养护措施,制订养护方案,规划养护工程项目,编制养护计划,进行路面改建设计都应进行路面状况调查和评定。

1. 路面调查内容与频率

见表10-1-3。

水泥混凝土路面检测内容及最低检测与调查频率 表10-1-3

检测内容 \ 检测频率			路面损坏(PCI)	路面平整度(RQI)	路面车辙(RDI)	抗滑性能(SRI)	结构强度(PSSI)
路面PQI	水泥混凝土	高速公路、一级公路	1年1次	1年1次	—	2年1次	抽样检查
		二、三、四级公路	1年1次	1年1次	—	—	

按调查需求和路面状况的不同,分别选择不同的调查内容和调查深度或细度,采用不同的评定指标和标准。

2. 路面破损调查

水泥混凝土路面损坏分11类20项,见表10-1-4。

水泥混凝土路面损坏类型

表 10-1-4

损坏类型	分级	特征及分级指标	单位
破碎板：混凝土板被多条裂缝分为 3 个以上板块的损坏 	轻	破碎板：被裂缝分为 3 块及以上，破碎板未发生松动和沉陷现象	m^2
	重	被裂缝分为 3 块及以上，破碎板出现松动、沉陷和唧泥现象	
破碎板：被裂缝分为 3 块及以上，破碎板也松动、沉陷和唧泥现象 	轻	裂缝窄，裂缝处未剥落，缝宽 $<3mm$，一般为未贯通裂缝	m
	中	边缘有碎裂，缝宽为 $3\sim10mm$	
	重	缝宽，边缘有碎裂并伴有错台现象，缝宽 $>10mm$	
板角断裂：混凝土板的板角出现裂缝，裂缝与纵横接缝相交，且交点距板角小于或等于板边长度一半的损坏 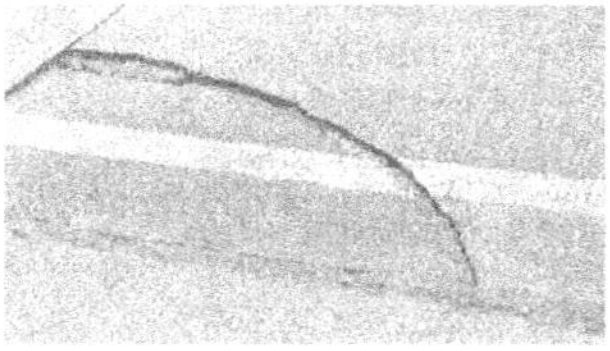	轻	缝宽 $<3mm$	m^2
	中	缝宽为 $3\sim10mm$	
	重	缝宽 $>10mm$，断角有松动	
错台：混凝土板的接缝两边出现的高差大于 5mm 的损坏 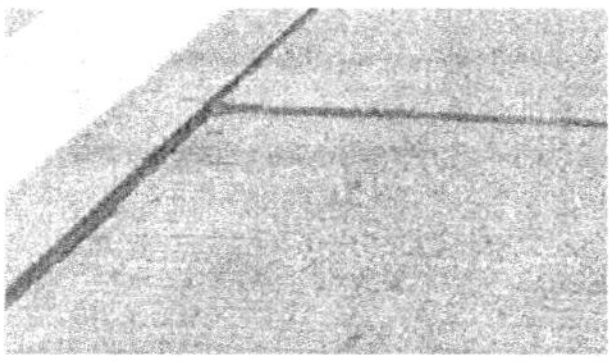	轻	高差 $<10mm$	m
	重	高差 $\geqslant10mm$	
唧泥：混凝土板在车辆驶过后，接缝处有基层泥浆涌出 	—	—	m

续上表

损坏类型	分级	特征及分级指标	单位
边角剥落:沿接缝方向的板边碎裂或脱落,裂缝面与板面成一定角度 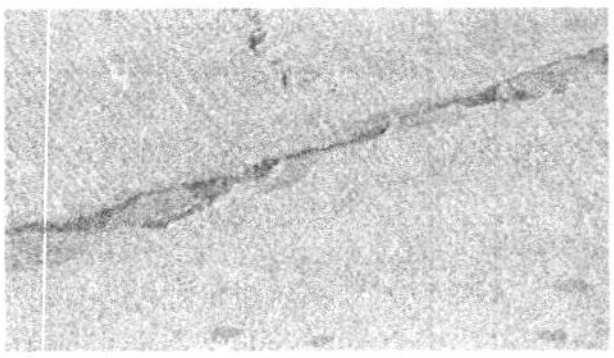	轻	浅层剥落	m
	中	中深层剥落,接缝附近水泥混凝土有开裂	
	重	深层剥落,接缝附近水泥混凝土多处开裂,深度超过接缝槽底部	
接缝料损坏:由于接缝的填缝料老化、剥落等原因,接缝内已无填料,被砂、土等填塞 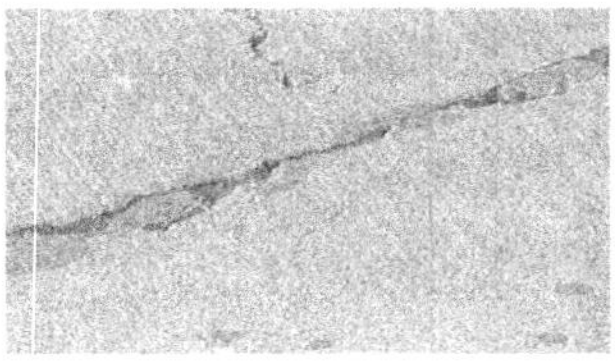	轻	填缝料老化,不泌水,但尚未剥落脱空,未被砂、石、泥土等填塞	m^2
	重	1/3以上接缝出现空缝或被砂、石、土填塞	
坑洞:板面出现有效直径大于30mm、深度大于10mm的局部坑洞 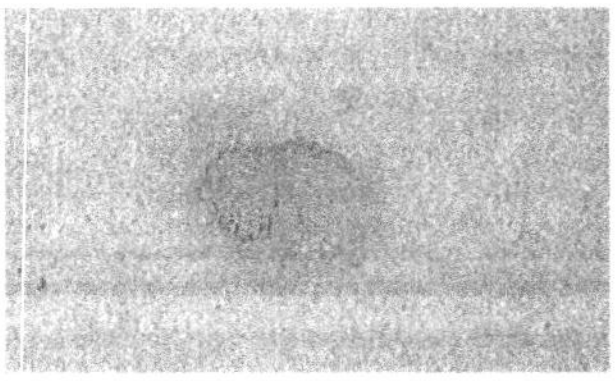	—	—	m^2
拱起:横缝两侧的板体发生明显抬高,高度大于10mm 	—	—	m^2
露骨:板块表面细集料散失、粗集料暴露或表层疏松剥落 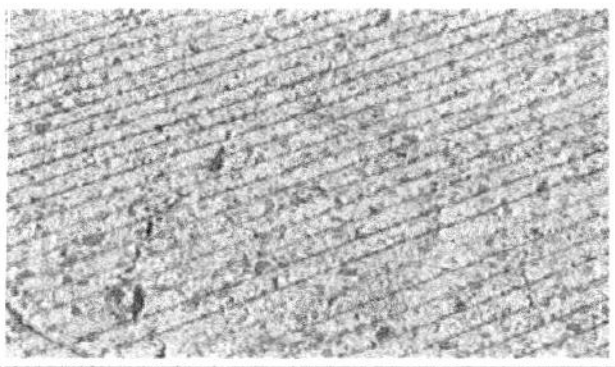	—	—	m^2
修补:裂缝、板角断裂、边角剥落、坑洞和层状剥落的修补面积或修补影响面积	—	—	m^2

注:1. 裂缝、错台、唧泥、边角剥落、接缝料损坏等损坏按长度计量,并按1.0m的影响宽度换算成损坏面积。

2. 裂缝修补按长度计量,并按0.2m的影响宽度换算成损坏面积。

3. 修补后又出现损坏,按原损坏类型分类统计。

3. 结构承载能力调查

考虑路面破损严重或路面承受超负荷车辆荷载作用而进行设计时,应进行现有路面的结构承载能力调查和测定。调查测定采用无破损试验和破损试验两者结合的方式进行。无破损试验主要采用承载板、弯沉仪等仪器,测定试验荷载作用下的路表挠度曲线,评定接缝传荷能力,判断板底脱空情况。破损试验为钻取各结构层的试样,量取其厚度,并在室内进行强度的测定。

4. 平整度调查

行驶质量调查,可采用连续式平整度仪或 3m 直尺测定平整度。不同类型仪器的测定结果,统一换算成国际平整度指数。

平整度测定沿调查路段的各个车道逐公里进行。在路面使用初期,进行一次全线平整度测定,以后视交通量大小每隔 2 ~4 年进行一次测定,或者按情况需要对平整度差的路段进行测定。

5. 抗滑能力调查

抗滑性能主要的试验方法有手工铺砂法测定路面构造深度,电动铺砂法测定路面构造深度,车载式激光构造深度仪测定路面构造深度,单轮式横向力系数测试系统、双轮式横向力系数测试系统、动态旋转式摩擦系数测试仪测定路面摩擦系数等。

在路面使用初期,对各路段进行一次全面测定。按路段内各个车道的路表面构造情况,分为若干个均匀段落,分别选择代表性测定地点。以后每隔 2 ~4 年进行一次测定,或者根据需要对抗滑性能差或行车安全有问题的路段进行测定。

三、路面状况评定

公路技术状况评价包含路面、路基、桥隧构造物和沿线设施 4 部分内容。公路技术状况用公路技术状况指数 MQI(Maintenance Quality Indicator)和相应分项指标表示,评价指标如图 10-1-3 所示,MQI 和相应分项指标的值域为 0 ~100。

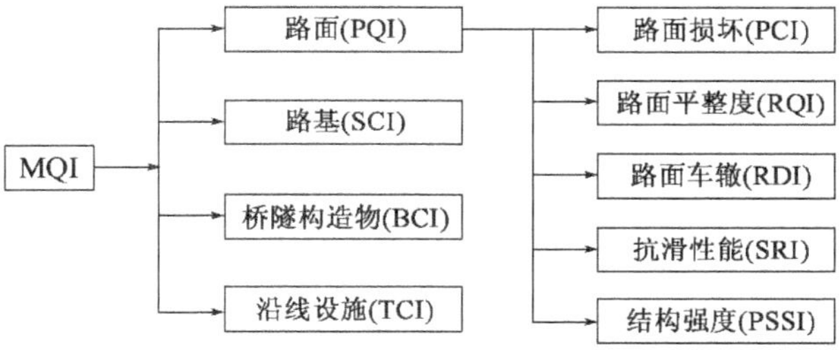

图 10-1-3 公路技术状况评价指标

图中:

MQI——公路技术状况指数;

PQI——路面使用性能指数;

SCI——路基技术状况指数;

BCI——桥隧构造物技术状况指数;

TCI——沿线设施技术状况指数;

PCI——路面损坏状况指数;

RQI——路面行驶质量指数;

RDI——路面车辙深度指数。

附:操作训练

一、实训项目

路面状况调查与评定。

二、实训目的及要求

选择一段已经出现一定变形破坏的沥青路面,查阅相关路面修建资料或技术标准,进行交通量、路面结构层组合、铺筑厚度等方面的调查,并进行弯沉测定和评定,目的在于认知、分析路面变形破坏的原因,探讨路面进行改建或维修的措施与方法。要求在路面调查时分小组认真、全面地进行数据采集,并进行综合分析比较,为以后的路面建设施工提供有益的帮助。

三、实训准备工作

(1)场地选择:征求有关上级主管部门同意,选择一段路面已出现变形破坏公路,进行相关路况调查准备。

(2)实训所用器材:交通量自动记录仪、弯沉仪、回弹仪、摆式仪、水准仪、全站仪、钻孔取芯机、测定标准车、钢笔、皮尺、记录本、检测尺等。

(3)需用材料:复印纸、白灰等。

四、实训操作程序、内容及操作方法

由于路面状况调查和评定是一项较复杂、考虑因素较多的工作,因此在实训操作中,要根据水泥混凝土或沥青混凝土的面层结构情况,选择具有代表性的路段按相关检测方法(其具体方法参照有关规范进行)进行重点项目(如厚度、平整度、宽度、弯沉、抗滑性、纵断高程)的路况调查,并进行结果整理分析。

五、质量验收及评定

1.沥青混凝土及沥青碎石面层调查及评定

见附表10-1-1。

沥青混凝土及沥青碎石面层调查及评定主要检查项目 附表10-1-1

检查项目	质量标准		检查方法	备注
	高级公路、一级公路	其他公路		
面层总厚度(mm)	-8	-5	钻孔	
上面层厚度(mm)	-4		钻孔	
平整度(mm)	-1.8	2.5	平整度仪	
宽度(cm)	±2	±3	用尺量	
纵断高程(mm)	±15	±20	水准仪	

续上表

检查项目	质量标准		检查方法	备注
	高级公路、一级公路	其他公路		
压实度(%)	98	93	钻孔取样	
弯沉值	符合设计要求	符合设计要求	弯沉仪	
抗滑系数	符合设计要求	符合设计要求	摆式仪	

2.水泥混凝土面层调查及评定项目

见附表10-1-2。

水泥混凝土面层调查及评定主要检查项目 附表10-1-2

检查项目	质量标准		检查方法	备注
	高级公路、一级公路	其他公路		
抗折强度(MPa)	符合标准		相关试验	
板厚度(mm)	-5		钻孔	
平整度(mm)	1.8	2.5	平整度仪	
路面宽度(mm)	±20		用尺量	
相邻板高差(mm)	2	3	水准仪	
纵断高程(mm)	±10	±15	水准仪	
横坡度(%)	0.15	0.25	水准仪	

六、实习报告

水泥混凝土路面使用性能随着使用年限的增加而逐渐衰退,通过对路面进行调查、数据采集,对路面使用状况进行评定,以判断路面现时服务能力,在此基础上,提出相应路段的养护、修补、加铺和改建的措施。见附表10-1-3、附表10-1-4。

沥青混凝土及沥青碎石面层调查及评定检查表 附表10-1-3

实测项目	实测值					结果
	1	2	3	4	5	
面层总厚度(mm)						
上面层厚度(mm)						
平整度(mm)						
宽度(cm)						
纵断高程(mm)						
压实度(%)						
弯沉值(0.01mm)						
抗滑系数						

水泥混凝土面层调查及评定主要项目检查表 附表10-1-4

实测项目	实测值					结果
	1	2	3	4	5	
抗折强度(MPa)						
板厚度(mm)						
平整度(mm)						
路面宽度(mm)						
相邻板高差(mm)						
纵断高程(mm)						
横坡度(%)						

学习活动二　公路养护作业控制区布置

学习目标

完成本学习任务后,你应当:

1. 熟悉养护维修作业控制区的组成;
2. 熟悉养护维修作业控制区的布置形式及区内各种交通设施设置要求;
3. 能够根据养护维修作业现场情况,布置养护维修作业控制区。

学习情境描述

某四车道高速公路设计速度为100km/h,车道宽3.75m,交通量$Q\leq1400$pcu/(h·ln),工作区处于下坡段,纵坡≤3%。现需封闭外侧车道进行养护维修,工作区长50m。请按照《公路养护安全作业规程》(JTG H30—2015)布置该养护维修作业控制区。

相关知识

一、基础知识

1. 公路养护作业按作业时间进行分类

(1)长期养护作业:定点作业时间大于24h的各类养护作业。

(2)短期养护作业:定点作业时间大于4h且小于或等于24h的各类养护作业。

(3)临时养护作业:定点作业时间大于30min且小于或等于4h的各类养护作业。

(4)移动养护作业:连续移动或停留时间不超过30min的动态养护作业。移动养护作业分为机械移动养护作业和人工移动养护作业。

2. 养护作业控制区

公路养护作业控制区是为公路养护安全作业设置的交通管控区域,分为警告、上游过渡、缓冲、工作、下游过渡、终止等区域。公路养护作业控制区图例如图10-2-1所示。

公路养护作业控制区应按警告区、上游过渡区、纵向缓冲区、工作区、下游过渡区和终止区的顺序依次布置。长期和短期养护作业应布置警告、上游过渡、缓冲、工作、下游过渡、终止等区域;临时养护作业控制区布置可在长、短期养护作业基础上减小区段长度,有移动式标志车时也可不布置上游过渡区;移动养护作业控制区可仅布置警告区和工作区,警告区长度可减小。四级公路养护作业控制区布置可在二级公路、三级公路养护作业基础上简化。

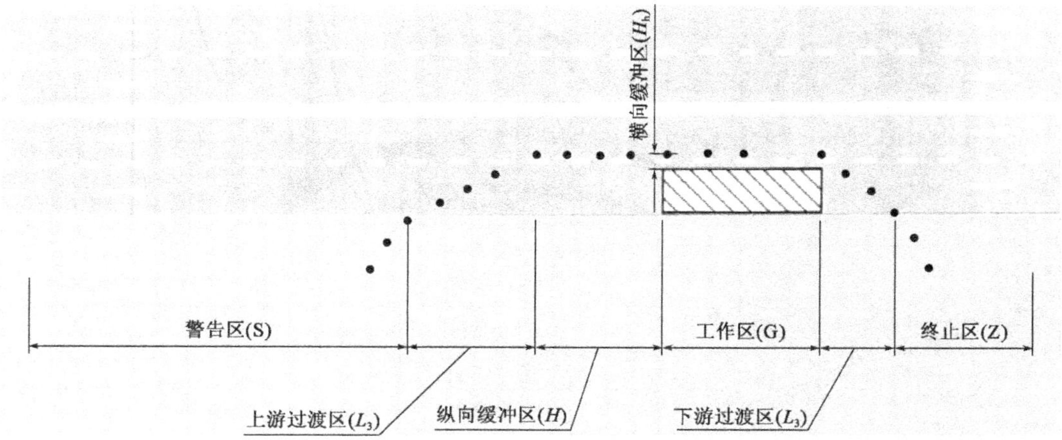

图 10-2-1　公路养护作业控制区图例

(1)警告区:从公路养护作业控制区起点布设施工标志到上游过渡区起点之间的区域,用以警告驾驶人员已进入养护作业区域,按交通标志调整行车状态。

警告区最小长度应符合表 10-2-1、表 10-2-2 的规定。当交通量 Q 超出表中范围时,宜采取分流措施。

高速公路、一级公路警告区最小长度　　表 10-2-1

公路等级	设计速度(km/h)	交通量[pcu/(h·ln)]	警告区最小长度(m)
高速公路	120	$Q \leq 1400$	1600
		$1400 < Q \leq 1800$	2000
	100	$Q \leq 1400$	1500
		$1400 < Q \leq 1800$	1800
	80	$Q \leq 1400$	1200
		$1400 < Q \leq 1800$	1600
一级公路	100、80、60	$Q \leq 1400$	1000
		$1400 < Q \leq 1800$	1500

二、三、四级公路警告区最小长度　　表 10-2-2

设计速度(km/h)	平曲线半径(m)	下坡坡度(%)	交通量[pcu/(h·ln)]	警告区最小长度(m)	
				封闭路肩双向通行	封闭车道交替通行
80、60	≤200	0~3	$Q \leq 300$	600	800
			$300 < Q \leq 700$		1000
		>3	$Q \leq 300$	800	1000
			$300 < Q \leq 700$		1200

续上表

设计速度(km/h)	平曲线半径(m)	下坡坡度(%)	交通量[pcu/(h·ln)]	警告区最小长度(m)	
				封闭路肩双向通行	封闭车道交替通行
80、60	>200	0~3	$Q\leq300$	400	600
			$300<Q\leq700$		800
		>3	$Q\leq300$	600	800
			$300<Q\leq700$		1000
40、30	≤100	0~4	$Q\leq300$	400	500
			$300<Q\leq700$		700
		>4	$Q\leq300$	500	600
			$300<Q\leq700$		800
	>100	0~4	$Q\leq300$	300	400
			$300<Q\leq700$		600
		>4	$Q\leq300$	400	500
			$300<Q\leq700$		700
20	—			200	

(2)上游过渡区:保证车辆从警告区终点封闭车道平稳地横向过渡到缓冲区起点侧面非封闭车道之间的区域。

封闭车道养护作业的上游过渡区最小长度值应符合表10-2-3的规定,封闭路肩养护作业的上游过渡区长度不应小于表10-2-3中数值的1/3。

封闭车道上游过渡区最小长度 表10-2-3

最终限速值(km/h)	封闭车道宽度(m)			
	3.0	3.25	3.5	3.75
80	150	160	170	190
70	120	130	140	160
60	80	90	100	120
50	70	80	90	100
40	30	35	40	50
30	20	25	30	
20	20			

(3)纵向缓冲区:上游过渡区终点到工作区起点之间的安全缓冲区域 Q。

纵向缓冲区的最小长度应符合表10-2-4的规定。当工作区位于下坡路段时,纵向缓冲区的最小长度应适当延长。

(4)横向缓冲区:布置于纵向缓冲区和工作区与非封闭车道之间,保障养护作业人员和设备横向安全的区域。

在保障行车道宽度的前提下,工作区和纵向缓冲区与非封闭车道之间宜布置横向缓冲区,其宽度不宜大于0.5m。

纵向缓冲区最小长度　　表 10-2-4

最终限速值(km/h)	不同下坡坡度的纵向缓冲区最小长度(m)	
	≤3%	>3%
80	120	150
70	100	120
60	80	100
50	60	80
40	50	
30、20	30	

(5)工作区:从纵向缓冲区终点到下游过渡区起点之间的施工作业区域。

工作区长度应符合下列规定:

①除借用对向车道通行的高速公路及一级公路养护作业外,工作区的最大长度不宜超过4km。

②借用对向车道通行的高速公路及一级公路养护作业,工作区的长度应根据中央分隔带开口间距和实际养护作业而定,工作区的最大长度不宜超过6km。当中央分隔带开口间距大于3km时,工作区的最大长度应为一个中央分隔带开口间距。

(6)下游过渡区:保证车辆从工作区终点非封闭车道平稳地横向过渡到终止区起点之间的区域。长度不宜小于30m。

(7)终止区:设置于下游过渡区后调整车辆恢复到正常行车状态的区域。长度不宜小于30m。

(8)大型载重汽车停靠区:设置于桥梁搭板前或隧道入口前,控制大型载重汽车间歇放行或引导通行的停车区域。

二、一般规定

1. 公路养护作业的类型

公路养护作业可分为长期养护作业、短期养护作业、临时养护作业、移动养护作业,并应根据养护作业类型制订安全保通方案。

长期养护作业应加强交通组织,必要时修建便道,宜采用稳固式安全设施并及时检查维护,加强现场养护安全作业管理;短期养护作业应按要求布置作业控制区,可采用易于安拆的安全设施;临时和移动养护作业可在长期和短期作业控制区基础上,根据实际情况,在保障安全的前提下进行简化。

公路养护作业应在保障养护作业人员、设备和车辆运行安全的前提下,充分考虑养护作业对交通安全保通状况的影响,保障交通通行。

2. 养护作业信息发布要求

公路养护作业应利用可变信息标志、电子显示屏、交通广播、网络媒体、临时性交通标志等沿线设施与信息服务平台,及时发布养护作业信息。

3. 应急管理

(1)长期养护作业应制订专门的“专项应急预案和现场处置方案”。

(2)养护单位应制订综合应急预案和必要的专项应急预案、现场处置方案。

4. 养护作业前的调查

养护作业前应了解埋设或架设在公路沿线、桥梁上和隧道内的各种设施,并与有关设施管理部门取得联系,采取必要的保护措施。当通航桥梁养护作业影响到航运安全时,应在养护作业前向有关部门通报。

5. 养护作业中的有关规定

公路养护作业开始前应覆盖与公路养护安全设施相冲突的既有公路设施,结束后应及时恢复被覆盖的既有公路设施。

作业未完成前,不得擅自改变作业控制区的范围和安全设施的布设位置。

公路养护作业人员必须在作业控制区内进行养护作业。人员上下作业车辆或装卸物资必须在工作区内进行。

过渡区内不得堆放材料、设备,停放车辆。作业机械、车辆和堆放的施工材料只能在作业控制区内,不得危及桥梁、隧道等结构物的安全。

养护安全设施在使用期间应定期检查维护,保持完好并能正常使用。

6. 养护作业人员安全装备的要求

(1)基本装备:反光作业服、安全帽。

(2)相关装备:护目镜、防尘口罩、防护耳塞、手套、工作鞋、雨衣、毛巾、水壶、对讲设备等。

(3)环境条件:遮雨、遮阳条件,临时休息场所(车辆)等。

(4)应急装备:应急药品(创可贴、十滴水、人丹、蛇药、止血消炎药、止血带、绷带等)、颈椎固定器、担架等。

7. 对交通引导人员的要求

(1)应接受岗前培训。

(2)应面向来车方向,处于可视性良好的非行车区域内。

(3)高速公路、一级公路养护作业时,交通引导员站在警告区非行车区域内。

8. 夜间养护作业的要求

(1)安全设施必须具有反光性或发光性。

(2)应布设照明设施和警示频闪灯、语音提示设施。

(3)应加强现场管理。

9. 安全设施的布设与移除

应按移动养护作业要求进行。安全设施布设顺序应从警告区开始,向终止区推进;移除顺序应与布设顺序相反,但警告区标志的移除顺序应与布设顺序相同。

三、公路养护安全设施

公路养护安全设施包括临时标志、临时标线和其他安全设施,各类安全设施应组合使用,典型安全设施示例见表10-2-5。各类安全设施及交通引导人员示例符号见表10-2-6～表10-2-8(临时标志标线见表10-2-6,其他安全设施见表10-2-7,公路养护安全设施及交通引导人员符号见表10-2-8)。

公路养护安全设施图表 表10-2-5

标志名称	编码	标志图案	备注
施工标志	A-1-1		按国标的样式及尺寸
施工距离标志	A-1-2		尺寸参照A-1-1,距离宜取警告区长度
施工长度标志	A-1-3		尺寸参照A-1-1,长度宜取缓冲区长度与工作区长度之和
慢行标志	A-1-4		橙底黑图案,样式及尺寸按国标执行
车道减少标志	A-1-5	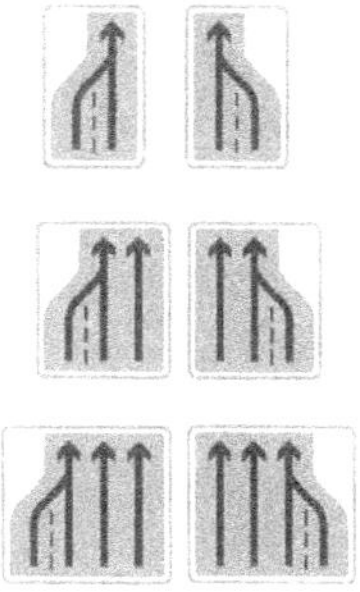	橙底黑图案,样式及尺寸按国标执行
改道标志	A-1-6		尺寸参照A-1-1
导向标志	A-1-7		橙底黑图案,样式及尺寸按国标执行
出口指示标志	A-1-8		按国标的样式及尺寸

续上表

标志名称	编码	标志图案	备注
重车靠右行驶标志	A-1-9		长×宽=1200mm×400mm
重车靠右停靠去标志	A-1-10		长×宽=1200mm×400mm
限速标志	A-1-11		按国标的样式及尺寸
解除限速标志	A-1-12		按国标的样式及尺寸
禁止超车标志	A-1-13		按国标的样式及尺寸
解除禁止超车标志	A-1-14		按国标的样式及尺寸
减速让行标志	A-1-15		按国标的样式及尺寸

注:国标指现行《道路交通标志和标线》(GB 5768)。

临时标志标线 表10-2-6

标线名称	编码	标线图案	备注
渠化交通标线	A-2-1		按国标的样式及尺寸
导向交通标线	A-2-2		按国标的样式及尺寸

注:国标指现行《道路交通标志和标线》(GB 5768)。

其他安全设施　　　　表 10-2-7

设施名称	编码	设施图案	备　注
交通锥	A-3-1	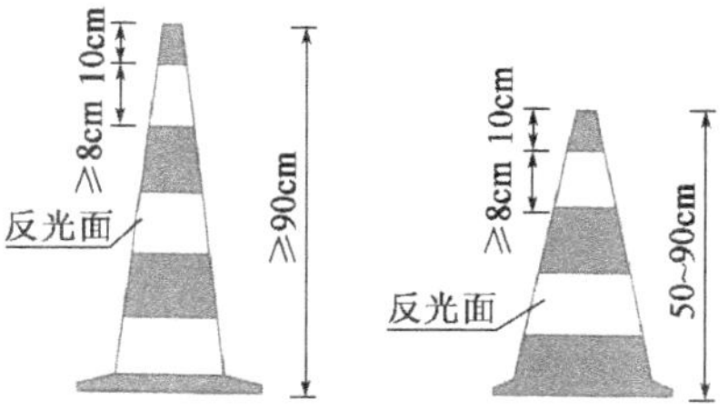	按国标的样式及尺寸
带警示灯的交通锥	A-3-2		按国标的样式及尺寸
防撞桶	A-3-3	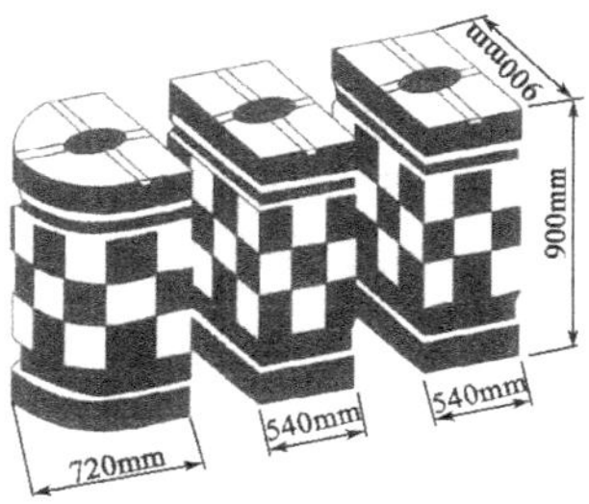	长×宽×高=900mm×540mm×900mm
防撞墙	A-3-4	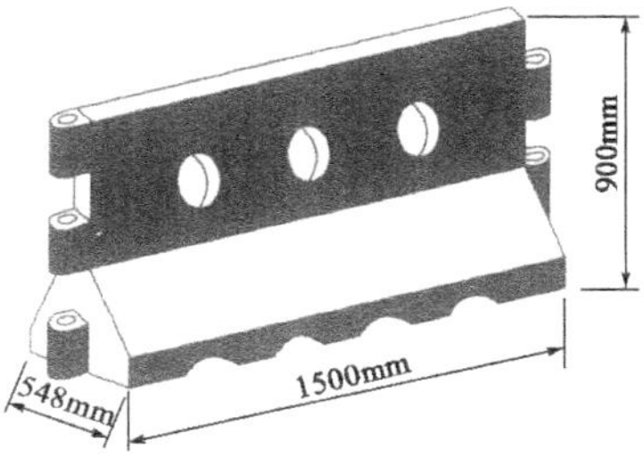	长×宽×高=1500mm×548mm×900mm
隔离墩	A-3-5	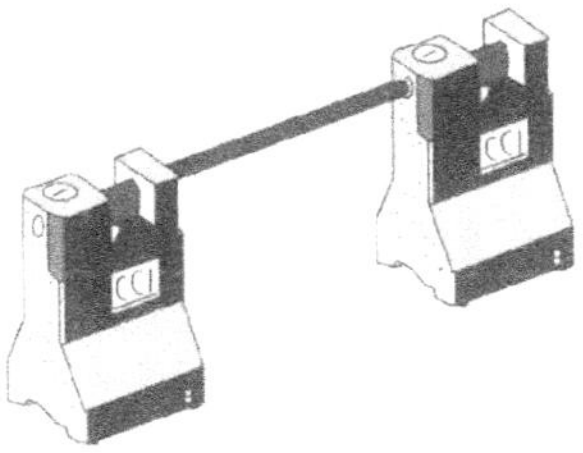	长×宽×高=500mm×400mm×500mm,连接使用
附设警示灯的路栏	A-3-6		按国标的样式及尺寸

续上表

设施名称	编码	设施图案	备　　注
水马	A-3-7		红色或橙色等鲜明颜色，高度不低于40cm
夜间照明设施	A-3-8		灯光照射半径≥30m
夜间语音提示设施	A-3-9		录音喇叭
闪光箭头	A-3-10	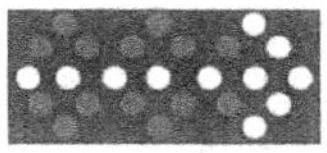	长×宽=1200mm×400mm，蓝黑底，黄色箭头
警示频闪灯	A-3-11		黄色、蓝色相间闪光，可视距离≥150m
车辆闪光灯	A-3-12		360°旋转黄闪灯
临时交通控制信号设施	A-3-13		间隔放行使用
移动式标志车	A-3-14	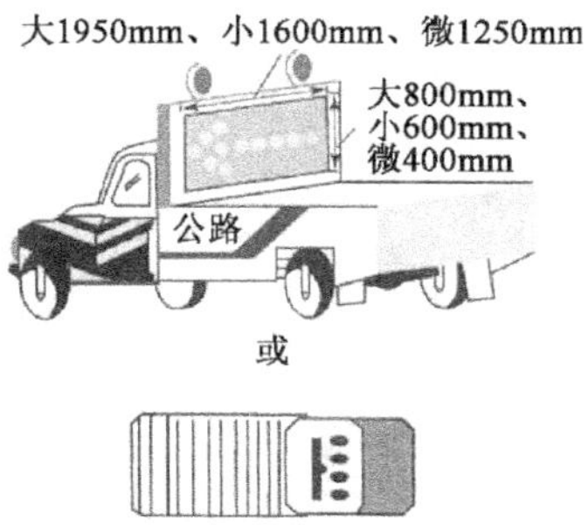	闪光箭头为黄色或橘黄色

续上表

设施名称	编码	设施图案	备　注
移动式护栏	A-3-15		空心钢结构2m/组或4m/组
车载式防撞垫	A-3-16		依车型而定

注：国标指现行《道路交通标志和标线》(GB 5768)。

公路养护安全设施及交通引导人员符号　表10-2-8

符　号	符号名称
	安全养护设施通用符号
	附设警告灯的路栏专用符号
	交通锥或其他道路渠化设施专用符号
	收费站栏杆
	工作区专用符号
	交通引导人员专用符号

1. 临时标志

临时标志应包括施工标志、限速标志等。

2. 临时标线

临时标线应包括渠化交通标线和导向交通标线。

3. 其他安全设施

其他安全设施包括车道渠化设施、照明设施、语音提示设施、闪光设施、临时交通控制信号设施、移动式标志车、移动式护栏和车载式防撞垫。

(1)车道渠化设施。包括交通锥、防撞墙、隔离墩、附设警示灯的路栏等,其使用应符合下列规定:

交通锥形状、颜色和尺寸应符合现行《道路交通标志和标线》(GB 5768)的有关规定,布设在上游过渡区、缓冲区、工作区和下游过渡区。布设间距不宜大于10m,其中上游过渡区和工作区布设间距不宜大于4m。

防撞桶颜色应为黄、黑相间,顶部可附设警示灯,可用于三级及三级以上公路下坡路段养护作业,宜布设在工作区或上游过渡区与缓冲区之间。使用前应灌水,灌水量不应小于其内部容积的90%。在冰冻季节,可采用灌砂的方法,灌砂量不应小于其内部容积的90%。

水马颜色应为橙色或红色,高度不得小于40cm,可用于三级及三级以上公路下坡路段养护作业,宜布设在工作区或上游过渡区与缓冲区之间。使用前应灌水,灌水量不应小于其内部容积的90%。在冰冻季节,可采用灌砂的方法,灌砂量不应小于其内部容积的90%。

防撞墙和施工隔离墩颜色应为黄、黑相间,可用于三级及三级以上公路下坡路段养护作业,宜布设在工作区或上游过渡区与缓冲区之间,并宜组合使用。

附设警示灯的路栏颜色应为黄、黑相间,宜布设在工作区或上游过渡区与缓冲区之间。

(2)照明设施和语音提示设施。可用于夜间养护作业,其使用应符合下列规定:

①照明设施应布设在工作区侧面,照明方向应背对非封闭车道。

②语音提示设施宜根据需要布设在远离居民生活区的养护作业控制区。

(3)闪光设施。包括闪光箭头、警示频闪灯和车辆闪光灯。闪光箭头布设在上游过渡区;警示频闪灯布设在警告区;车辆闪光灯应为360°旋转黄闪灯,用于作业车辆或移动式标志车。

(4)移动式标志车。颜色应为黄色,顶部应安装黄色警示灯,后部应安装标志灯牌,用于临时养护作业或移动养护作业。

四、养护作业控制区布置

养护作业控制区的布置如图10-2-2所示。

五、交通工程及沿线设施养护作业控制区布置

1. 护栏、防眩板和视线诱导标养护作业

可按封闭内侧车道或封闭路肩的临时养护作业控制区布置,交通锥宜布设在车道分隔标线内侧,可布设移动式标志车。

2. 交通标志养护作业

根据其所在的位置,可按封闭路肩或封闭车道的临时养护作业控制区布置,可布设移动式标志车。拆除交通标志时,必须保证原有标志的指示、警示等功能,可布设临时性标志。

3. 交通标线养护作业

应充分考虑施划标线的位置,按移动养护作业控制区布置,可布设移动式标志车,画线车辆应配备闪光箭头。施划标线后,应沿标线摆放交通锥。并应符合下列规定:

(1)同向车道分隔标线、车辆导向箭头、路面文字或图形标记的养护作业,应将移动式标志车布设在施工车辆后方20~30m处,移动式标志车尚应配备限速标志,限速值宜取20km/h。

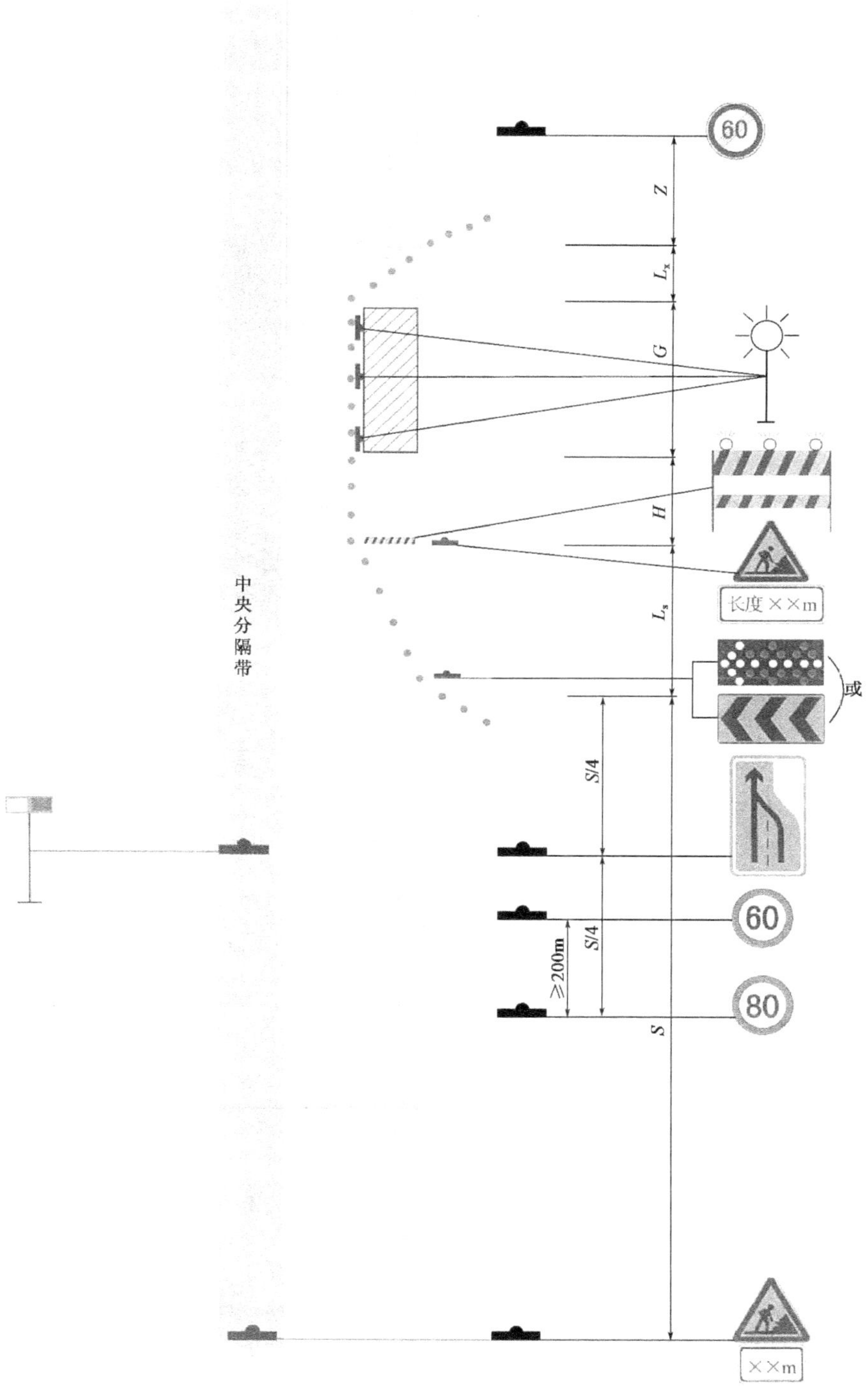

图 10-2-2　四车道高速公路、一级公路封闭外侧车道养护作业

G-工作区长度；H-纵向缓冲区长度；L_s-封闭车道上游过渡区长度；L_x-下游过渡区长度；S-警告区长度；Z-终止区长度 Q

(2)双向通行车道分隔标线的养护作业,应将移动式标志车布设在施工车辆之前并应在施划标线的路段起终点布设施工标志。

六、特殊路段养护安全作业

(1)穿城区、村镇路段养护安全作业,除应按相应的养护作业控制区布置外,尚应布设车道渠化设施,并采取强制限速与行人控制措施。

(2)易发生地质灾害的傍山路段养护安全作业,除应按相应的养护作业控制区布置外,尚应设专人观察边坡险情。

(3)路侧险要路段养护安全作业,除应按相应的养护作业控制区布置外,尚应加强路侧安全防护。

七、特殊气象条件养护安全作业

1. 冬季除冰雪安全作业

冬季除冰雪安全作业,除应按有关规定执行外,作业人员及车辆尚应做好防滑措施,切实保障自身安全。对于人工除冰雪作业,尚应增设施工标志,且第一块施工标志与工作区净距应为50~100m。

2. 高温季节养护安全作业

高温季节养护安全作业,除应按有关规定执行外,尚应采取防暑降温措施,并适当调整作息时间,尽量避开高温时段养护作业。

3. 雨季养护安全作业

雨季养护安全作业符合下列规定:

(1)应加强作业现场管理,及时排除作业现场积水。

(2)应在人行道上下坡挖步梯或铺沙,脚手板、斜道板、跳板上应采取防滑措施,加强对临时设施和土方工程的检查,防止倾斜和坍塌。

(3)应对处于洪水可能淹没地带的机械设备、施工材料等做好防范措施,作业人员应提前做好全面撤离的准备工作。

(4)长时间在雨季中养护作业的工程,应根据条件搭设防雨棚,遇暴风雨时应立即停止养护作业。

(5)暴雨台风前后,应检查工地临时设施、脚手架、机电设备、临时线路,发现倾斜、变形、下沉、漏电、漏雨等现象,应及时维修加固。暴雨台风天气除应急抢险、抢修作业外,严禁进行公路养护作业。

4. 雾天及沙尘天气养护安全作业

雾天及沙尘天气养护安全作业符合下列规定:

(1)除应急抢险、抢修作业外,严禁进行公路养护作业。

(2)应急抢险、抢修作业时,应会同有关部门封闭交通,安全设施上应间隔布设黄色警示灯,相邻警示灯间距不应超过相邻交通锥间距的3倍。

5. 大风天气养护安全作业

大风天气养护安全作业应符合下列规定：

(1)除应急抢险、抢修作业外，严禁进行公路养护作业。

(2)应急抢险、抢修作业时，应防范沿线架设各类设施的高空坠落。

学习活动三　沥青路面日常养护技术

学习目标

完成本学习任务后，你应当：

1. 熟悉沥青路面养护要求；
2. 能够选择沥青路面的养护对策；
3. 能够选择沥青路面损坏维修措施。

学习情境描述

某高速公路为沥青路面面层，使用几年后，其中许多路面逐渐会出现不同情况的各类病害，需要根据公路等级、交通量、路面技术状况的调查及评定结果来确定路面养护与维修的方法，以此改善路面的技术状况。那么应如何确定该路段的养护对策呢？

相关理论

一、一般公路沥青路面日常养护

1. 初期养护应按下列规定执行

(1)热拌沥青混合料路面的初期养护

①摊铺、压实后的热拌沥青混合料路面，待摊铺层自然冷却，混合料表面温度低于50℃后方可开放交通。

②纵横向施工接缝是沥青路面的薄弱环节，应加强初期养护，随时用3m直尺查找暴露出来的轻微不平，铲高补低，经拉毛后，用混合料填平、压实。

(2)沥青贯入式路面的初期养护

①路面竣工后，开放交通时，行驶车辆限速在15km/h以下，根据表面成形情况，逐步提高到20km/h以上。

②设专人指挥交通或设置临时路标，按先两边后中间控制车辆行驶路线，以达到全面压实。

③应随时将行车驱散的嵌缝料回扫均匀、压实，以形成平整密实的上封层。当路面泛油后，要及时补撒与施工最后一层矿料相同的嵌缝料，同时有效控制行车碾压。

(3)沥青表面处治路面的初期养护

①层铺法施工的沥青表面处治路面的初期养护与贯入式路面的要求基本相同。

②拌和法施工的沥青表面处治路面的初期养护与热拌沥青混合料的要求相同。

(4)乳化沥青路面的初期养护

乳化沥青路面的初期稳定性差,压实后的路面应做好初期养护,并设专人管理,按实际破乳情况,封闭交通2~6h;在未破乳的路段上,严禁一切车辆、人、畜等经过;开放交通初期,应控制车速不超过20km/h,并不得制动和掉头。当有损坏时应及时修补。

2. 沥青路面日常养护应按下列规定执行

(1)加强路况巡查,及时发现病害,研究病害分析产生原因,并有针对性地、及时地对病害进行维修处理。

①巡查过程中,如发现路面上有杂物,要及时清扫,保持路面清洁。

②沥青路面的日常清扫,应根据公路等级,采用机械或人工的方法进行清扫。

③沥青路面的清扫作业频率,应根据路面污染程度、交通量的大小及组成、气候及环境条件等因素而定。长大隧道内,桥梁上沥青路面的清扫频率应适当增大。

④为了防止清扫路面时产生扬尘而污染环境,危及行车安全,机械清扫时,应适当配备洒水装置,并根据路面的扬尘程度,确定适当的洒水量。

(2)严禁履带车及铁轮车在沥青路面上直接行驶,如必须行驶,应采取相应措施后才能行驶。

(3)雨后对路面有积水的地方要及时清扫,以免下渗,破坏路面。

(4)排水设施的养护:

①排水设施分为地面排水设施和地下排水设施。地面排水设施通常有边沟、截水沟、排水沟、跌水及急流槽、拦水坝等;地下排水设施有盲沟、渗水沟、渗井、管涵等。

②无论是地面排水还是地下排水设施,在春融前,特别是汛前,应全面检查、疏通。雨天必须上路巡查,及时排除堵塞并疏通。防止水流直接冲刷路基、路面及路肩。暴雨过后应重点检查,如有冲刷、损坏,应及时修补。

(5)除雪防滑:

①每次降雪之后,都要由人工、机械及时清除路面积雪。

②在冬季降雪或下雨后,路面上有结冰现象时,应在桥面、陡坡、急弯、桥头引道撒一层砂等防滑料,以增大路面防滑系数。在环保允许的情况下,下雪时也可以采用撒布药剂(氯化钙、氯化钠等),以降低冻结温度,达到行车安全的目的。

(6)路肩养护:

①路肩上应保持适当的横坡,坡度应平整顺适,硬路肩横坡可与路面横坡相同或略大,土路肩应比路面横坡度大1%~2%,以利于排水。当路肩的横坡过大或过小时,应及时整修。

②应在路肩以外设置堆料台,堆料应距离适当,排列规整。

③路肩应经常保持平整坚实,对出现的坑槽、车辙、缺口,应及时修补。

④对雨天积水、淤泥,应及时排除和清理,并填平夯实,铲除的淤泥土石及杂物,不得堆放在边沟内或边坡上。

⑤宜结合GBM工程,用块石、水泥混凝土预制块铺砌边缘带,以保护路肩和美化路容。对边缘带应加强养护,由于路表水冲刷及车辆碾压造成的松动、破损,应及时修复或更换。

⑥可在土路肩上种植草皮,并经常修整,草高宜不超过15cm,以不影响路面排水为原则,保护路肩不被冲刷,保持路容路貌整洁美观。

(7)边坡养护：

①路基边坡的坡面应保持平顺、坚实、无冲沟，其坡度应符合设计规定。应经常观察路堑，特别是深路堑边坡的稳定情况，如发现有危岩、浮石等，及时清除，避免危及行车、行人安全和堵塞边沟。当土路堑边坡出现冲沟时，应及时用黏土堵塞捣实；如出现潜流涌水，可开挖排水沟，将水引向路基以外。

②填土路基边坡因雨水冲刷，易出现冲沟和缺口，应及时用黏结良好的土修补拍实。对较大的冲沟和缺口，修理后应将原边坡开挖成台阶形，然后分层填筑夯实，并注意与原地面衔接平顺，增加植保防护。

③边坡、碎落台、护坡道、沿河路堤等，易出现缺口、冲沟、沉陷、塌落、滑坡或受洪水、河流、边沟流水冲刷及侵蚀时，应根据水流、地质、边坡坡度等情况，选用种草、铺草皮、栽灌木丛、投放石笼、干砌或浆砌片石护坡等措施。

二、高速公路沥青路面日常养护

1. 一般规定

(1)对高速公路沥青路面，应进行经常性、及时性和预防性的日常养护，保证高速公路沥青路面经常处于良好的技术状态，确保在大交通量和各种条件下，为行驶车辆提供快速、畅通、安全、舒适、经济的行车环境。

(2)高速公路路面的日常养护，一般在大交通量和高速运行的开放条件下进行，工作程序应符合以下要求：

①建立完善的巡视检查和技术检测系统，建立完整的信息网络，及时、准确地掌握路面状况及相关信息，科学、客观地评定路面使用品质，有依据、有计划、有针对性地安排养护项目。

②树立高度的交通服务意识和安全意识，在路面养护作业中，应满足正常行车的需要，避免完全封闭交通进行作业和夜间作业。

③严格按照有关技术规范和标准进行养护作业，宜采取机械化养护作业方式，迅速、优质、高效地处理各类路面损害和障碍，确保运营质量。

④不断探索和应用新材料、新设备、新技术、新工艺，提高养护作业的时效性、机动性、安全性和可靠性。

(3)对于高速公路沥青路面上出现的各类病害，必须反应及时、快速，随挖随补。当发现直接危及正常交通和行车安全的病害时，应立即修复或采取临时措施，再按有关要求进行修复。

(4)高速公路沥青路面一般以50km左右为一个养护单元，日常养护的机械设备配置，除必要的手工工具及检测用具以外，应以中轻型常用设备为主。大型养护设备、大型排障机具和技术检测仪器设备，根据实际需要，可以按若干养护单元统一配置、协调使用。

(5)高速公路沥青路面的日常养护，应根据实际需要建立适当的材料储备，并组织可靠的养护材料供应网络，以确保路面养护作业正常进行。

(6)在高速公路上进行路面养护作业的人员，必须事前接受专门的安全教育和养护作业规程的培训。

2. 巡查和检测

(1)高速公路沥青路面的日常养护中,应坚持巡视检查制度,及时发现路面及其附属设施的损坏情况和可能影响交通的路障,以便养护部门及时、合理地安排维修和清理,尽快恢复路面正常使用状态。

①高速公路沥青路面的巡视检查,分为日常巡查、专项巡查、特殊巡查和定期巡查,各类巡查的内容、频率、方法、装备按有关规定执行。

②巡查作业中,巡查人员应强化自身保护意识,按规定穿戴安标志服,巡查车速一般车速不宜过快,并开启黄色警示灯。如遇到需要停车检查的情况,应停在紧急停车带上。

③巡查作业中应由专人记录巡查情况,巡查结束后应尽快整理、汇总巡查记录,并通知有关部门采取相应的养护措施。

(2)高速公路路面的日常养护中,应注意采集、利用气象信息和交通信息等相关信息。

①应由专人每天记录当地的天气预报和实际天气情况。在多风、多雨、多雪、多冰冻季节,应随时注意天气的变化情况,必要时应与当地的气象站保持联系,随时获取最新气象信息,以便及时采取相应措施。

②应按规定进行交通量调查。

(3)各项巡视检查、专项检查和技术检测的结果,均应及时进行整理和初步分析,并输入公路路面管理系统,由该系统每年对管养路段沥青路面的技术状况和使用品质进行一次综合评价,作为制订下一年度养护工作计划的依据。当在各类巡查或专项检测中,发现沥青路面某一方面的技术状况和使用品质明显下降时,应及时通过该系统做出阶段性评价,以及时采取相应的养护对策。当桥头沉陷高差超过4cm时,应及时修复,以免影响行车安全。

3. 清扫和排水

(1)高速公路沥青路面,应根据尘土、落叶、杂物等造成的污染程度,进行日常清扫,保持高速公路良好的运行环境。

①高速公路沥青路面的日常清扫,应以机械作业为主,机械清扫沿路面应靠右侧或左侧进行,并尽量避免在中间行车道进行清扫作业及变换车道进行清扫作业。在机械清扫作业时留下的死角,可用人工进行辅助清扫。

②高速公路沥青路面日常清扫的作业频率,应根据路面污染程度、交通量的大小及组成、气候及条件等因素而定,一般为每日一次全程清扫,节假日可适当减少清扫次数。清扫作业一般在日间进行,清扫时间尽量避开交通高峰时段。

③为了防止清扫路面时产生扬尘而污染环境、危及行车安全,清扫机械必须配备洒水装置,机械清扫作业时应根据路面的扬尘程度确定适当的洒水量。

④在进行机械清扫作业之前,作业人员应检查道路清扫车的机械状态和清扫工作装置的完好程度,并按清扫作业量的需要加水,以确保机械清扫作业正常进行。

⑤路面清扫后的垃圾不得随意倾倒,应运至指定地点或垃圾场妥善处理。

⑥桥面、隧道内沥青路面及收费广场的日常清扫作业按有关规定进行,但应适当加大隧道内沥青路面及收费广场的清扫频率。

(2)高速公路沥青路面除了定期的日常清扫作业外,还应根据路面污染的特殊情况,及时进行不定期的特殊清扫保洁工作。

①当发现路面上有妨碍正常交通的杂物时，应立即清除，以确保行车安全。

②当意外事件、事故等因素造成路面污染时，应及时清扫，以保持路面整洁。

③当沥青路面被油类物质或化学物品污染时，应选择撒砂、撒木屑或用化学中和剂处理，然后进行清扫，必要时再用水冲洗干净。

（3）高速公路沥青路面应保持排水畅通，路面无积水。

①应经常对中央分隔带集水井、横向排水管、路侧拦水缘石及泄水槽、桥面泄水孔等路面排水系统进行清理和疏通，发现损坏部分应及时修复。

②应经常检查沥青路面排水情况，检查时间一般以雨后 1～2h 为宜。发现路面明显积水的部位，应分析原因，分别采取不同措施：

a. 对虽未破损，但造成雨后明显积水的行车道路面局部沉陷，应及时清扫并予以整平；对设置路侧拦水缘石及泄水槽的路段，如发现拦水缘石开口及泄水通道的位置不妥而造成路面积水，应及时调整。

b. 对因横坡不适而造成积水的路段，应采取临时措施，尽量减少行车道部位的积水，并在罩面工程中彻底解决。

③高速公路沥青路面应加强雨季排水，尽量减轻水害。在雨季到来之前，应对全部路面排水系统及路堤边沟、涵管、集水井、沉淀池等所有排水设施进行全面检查和疏通，修复损坏部位，处理水毁隐患，清除路肩和边坡高草，确保雨季排水畅通。

三、沥青路面常见病害维修技术

1. 一般要求

（1）对沥青路面必须进行预防性、经常性和周期性养护。经常清扫路面，及时清除杂物、积雪积冰等，做好路面排水工作，保持路面处于整洁状态。加强路况巡查，发现病害，及时修补、处治，保持路面处于良好的技术状况。

（2）对各种路面病害的维修，应找准其产生的原因，并根据路面的结构类型、龄期、维修季节、气温等实际情况，采取相应措施。

（3）为防止病害发展和破损面的扩大，对路面病害的处理应及时，宜早不宜迟。

（4）高速公路和一级公路路面病害的维修宜采用机械作业，所使用的沥青混合料应集中厂拌，并采取保温措施以保证适宜的摊铺温度。其他公路也应尽量提高维修作业的机械化水平。

（5）对病害的维修事先应有周密的计划，做好材料准备，保证工序之间的衔接，凡需将原路面面层挖除后机械修补作业的坑槽、沉陷、车辙等，宜当日开挖当日修补。

（6）修补面积应大于病害的实际面积，修补范围的轮廓线应与路面中心线平行或垂直并达到病害以外 10～15cm。应采取措施使修补部分与原路面连接紧密。

（7）沥青路面的技术状况应符合现行《公路技术状况评定标准》（JTG H20）。定期对路面的技术状况进行调查和评定，科学制订公路养护维修计划。沥青路面养护维修材料的技术要求应符合现行《公路沥青路面设计规范》（JTG D50）和《公路沥青路面施工技术规范》（JTG F40）的有关规定。大交通量路段应制订科学合理的交通组织方案，减少施工对通行车辆的影响。

2. 裂缝的维修

(1)在高温季节全部或大部分愈合的轻微裂缝,可不加处理。

(2)在高温季节不能愈合的轻微裂缝,可采用以下方法之一进行处治:

①将有裂缝的路段清扫干净,并均匀喷洒少量沥青,再均匀撒一层2~5mm的干燥洁净石屑或粗砂,最后用轻型压路机将矿料压入路面。

②沿裂缝涂刷少量稠度较低的沥青。

(3)由于路面基层温缩和干缩而造成的纵向或横向的裂缝,应按裂缝的宽度分别予以处治。

①缝宽在5mm以内:

a. 清除缝内杂物及尘土。

b. 将稠度较低的热沥青灌入缝内,灌入深度应为缝深的2/3。

c. 填入干净石屑或粗砂,并捣实。

d. 将溢出缝外的沥青及石屑、粗砂清除。

②缝宽在5mm以上:

a. 除去已松动的裂缝边缘。

b. 用热拌沥青混合料填入缝中、捣实。缝内潮湿时应用乳化沥青混合料。

(4)因沥青性能不好、路面龄期较长或油层老化等原因出现的大面积裂缝,如基层强度尚好,通过技术经济比较,可选用下列维修方法:

①乳化沥青稀浆封层,封层厚度宜为3~6mm。

②加铺沥青混合料上封层,或先铺设土工合成材料后,再在其上加铺沥青混合料上封层。

③改性沥青薄层罩面。

(5)由于土基、基层强度不足或路基翻浆等引起的严重龟裂,应先处置好基层后再重做面层。

3. 拥包的维修

(1)属于施工时操作不慎将沥青漏洒在路面上形成的拥包,将拥包铲去即可。

(2)已基本稳定的轻微拥包,将拥包采用机械刨削或人工挖除。如果除去油包后,路表不够平整,可刷少量沥青,再撒上适当粒径的矿料后,扫匀、整平。

(3)因面层沥青用量过多或细料集中产生较严重拥包,应用机械或人工将拥包全部除去,并低于路面约10mm。扫尽碎屑、杂物及粉尘后用热沥青混合料填平并压实。

(4)如果路面连续多处出现拥包,且面积较大,但路面基层仍属稳定,则应将有拥包的路面面层全部挖除,然后重做面层。

(5)因基层局部含水率过大,使基层与面层层间接合不良而被推移变形造成的拥包,应把拥包连同面层挖除,将水分晾晒干,或用水稳定性较好的材料更换已变形的基层,再重做面层。

(6)属于基层局部强度不足或水稳性不好,使基层松软而造成的拥包,应将面层和基层全部挖除。如土基中含有淤泥,还应将淤泥彻底挖除,换填新料并夯实。在地下水位较高的潮湿路段，应采取措施引出地下水并在基层下面加铺一层稳性好的材料，最后重做面层。

4. 沉陷的维修

(1)因路基不均匀沉降而引起的局部路面沉陷，若土基和基层已经密实稳定，可只修补面层。此时应根据路面的破损状况分别采取不同的处治措施。

(2)路面略有下沉，无破损或仅有少量轻微裂缝，可在沉陷处喷洒或涂刷黏层沥青，再用沥青混合料将沉陷部分填补到与原路面齐平并压实。

(3)因路基沉陷导致路面破损严重，矿料已松动、脱落形成坑槽的，应按照坑槽的维修方法予以处治。

(4)因土基或基层结构遭到破坏而引起路面沉陷，应处治好基层后再重做面层。

5. 桥涵台背因填土不实出现不均匀沉降的处理方法。

(1)对于台背填土密实度不够的，应重新做压实处理，台背死角处的压实采用夯实机械。

(2)对含水率和孔隙比较大的软基或含有机物质的黏性土层，宜采取换土处理。换土深度应视软层厚度而定。换填材料首先应选择强度高、透水性好的材料，如碎石土、卵砾石、中粗砂等，填料要求级配合理。

(3)在对台背填土重作压实处理的基础上，加设桥头搭板。

6. 车辙的维修

(1)路面车道在高温季节因沥青面层软化后受车辆的作用而形成的车辙，若面层仅有轻微变形，可以通过控制行车碾压使路面恢复平整。

(2)车道表面因磨损过度而产生的车辙，应将出现车辙的路面开凿成槽。槽深应根据破损情况而定，但不得小于原路面沥青混合料中主集料粒径的1～2倍。在槽底及槽壁均匀喷洒或涂刷一层黏结沥青，再将沥青混合料填入槽内，摊平碾压。在高速公路及一级公路上可采用沥青玛蹄脂碎石混合料(SMA)、SBS改性沥青混合料或聚乙烯改性沥青混合料来修补车辙。

(3)路面受横向推挤形成的横向车辙，如果已经稳定，可将凸出的部分削除，在波谷部分喷洒或涂刷黏结沥青，填补沥青混合料并找平、压实。

(4)因面层与基层间有不稳定的夹层而形成的车辙，应将面层及夹层挖除，重做面层。

(5)由于基层强度不足、水稳性差，使基层局部下沉而造成的车辙，应先处治基层，再处理车辙。

7. 波浪与搓板的维修

属于面层原因形成的波浪或搓板时可按下述方法进行维修。

(1)路面仅有轻微波浪或搓板，可采用以下方法之一予以处治：

①在高温季节路面发软时，利用重型压路机沿与路中线成45°角的方向反复进行碾压以适当改善路面的平整度。

②在波谷部分喷洒沥青，并均匀撒适当粒径的矿料，找平后压实。

③将凸起部分铣刨削平。

(2)波浪或搓板的波峰与波谷高差起伏较大时，应顺行车方向将凸起部分铣刨削平，并低于路面10mm。削除部分喷洒热沥青，再均匀撒一层粒径不大于10mm的矿料，扫匀，找平，并压实。

(3)严重的、大面积波浪或搓板,应将面层全部挖除,然后重铺面层。

(4)如果基层平整度太差,应将基层处治后再重铺面层。

(5)若面层与基层之间存在不稳定的夹层,面层在行车荷载的作用下推移变形而形成波浪或搓板,应挖除面层,清除不稳定的夹层后,喷洒黏结沥青,重铺面层。

(6)属于基层局部强度不足,或稳定性差等原因造成的波浪或搓板,应先对基层进行处治,再重做面层。

8. 冻胀和翻浆的维修

(1)因路基冻胀使路面局部或大面积隆起影响行车时,应将冻胀的沥青路面刨平,待春融后按翻浆处理方法予以处治。

(2)因冬季基层中的水结冰引起冻胀,春季融化而引起的翻浆可根据情况采用以下方法之一予以处治:

①在有翻浆迹象的地方用人工或机械将2~5cm直径的钢钎打入路面以下,穿透冻层至1.3m以上,然后灌入砂粒,使化冻的水迅速渗入冻层以下。

②局部发生翻浆的路段,可采用打石灰梅花桩或水泥砂砾桩的方法予以改善。

③加深边沟,并在翻浆路段两侧路肩上交错开挖宽30~40cm的横沟,其间距为3~5m,沟底纵坡不小于3%,沟底应根据解冻情况逐渐加深,直至路面基层以下。如路面翻浆严重,除挖横沟外,还应顺路面边缘设置纵向小盲沟,交通量较大的路段也可挖成明沟。但翻浆停止后,应将明沟填平恢复原状。

④因基层水稳性不良或含水率过大造成的翻浆,应挖去面层及基层全部松软的部分,将基层材料晾晒干,并适当增加新的砂粒或工业废渣等粒料,分层填补并压实,最后恢复面层。

⑤低温季节施工的石灰稳定类基层,在板体强度未形成时雨水渗入,其上层发生翻浆的,应将翻浆部分挖除,换用新材料予以填补,然后重做面层。

9. 坑槽的维修

(1)路面基层完好,仅面层有坑槽时可按下述方法进行维修:

①按照“圆洞方补、斜洞正补”的原则,画出所需修补坑槽的轮廓线。

②沿所画轮廓线开凿至坑底稳定部分,其深度不得小于原坑槽的最大深度。

③清除槽底、槽壁的松动部分及粉尘、杂物,并涂刷黏结沥青。

④填入沥青混合料并整平。

⑤用小型压实机具或铁制手夯将填补好的部分压实。新填补的部分应略高于原路面。如果坑槽深在7cm以上,应将沥青混合料分两次或三次摊铺和压实。

⑥用电烙铁板将坑槽四周烙平。

(2)若因基层结构组成不良,如含泥多、含水率过大或基层局部强度不足等使基层破坏而形成坑槽,应先处治基层,再修复面层。

10. 松散的维修

(1)基层稳定,仅面层出现松散时按下列要求进行处治:

①路面因嵌缝料散失出现轻微麻面,可在高温季节撒适当的嵌缝料,并用扫帚匀扫,使嵌

缝料填充到石料的空隙中,对于轻微麻面也可用稀浆封层处治。

②小面积麻面可用棕刷在麻面部位涂刷稠度较高的沥青,再撒铺矿料。

③大面积麻面应喷洒稠度较高的沥青,撒适当粒径的嵌缝料,并使麻面部分的嵌缝料稍厚,周围与原路面接口要稍薄,定型要整齐,再控制车辆碾压成形。

(2)因沥青量偏少或低气温施工造成的沥青面层松散,应采用以下方法处治:

①先将路面上已松动矿料收集起来。

②待气温升至15℃以上时,按0.8~1.0kg/m^3 的用量喷洒沥青,再均匀撒上3~5mm的石屑或粗砂(5~8m^3/1000m^2)。

③用轻型压路机压实。

④如在低温潮湿季节,宜采用乳化沥青作封层处理。

(3)对于因油温过高,沥青老化失去黏结性而造成的松散,应将松散部分全部挖除后,重做面层。应在沥青中掺入抗剥离剂、黏结剂或使用水泥等表面活性物质作为填料的一部分,或采用石灰浆处理粗集料等措施,以提高沥青与矿料的黏附力,并增加混合料的水稳性。

(4)由于基层或土基软化变形而造成的路面松散,应参照有关规定,先处理好基层后,再重做面层。

11.其他病害的维修

1)泛油维修

高等级公路修复泛油病害通常采取表面加铺或表层铣刨加铺的措施来处理,可根据损坏程度及技术经济比较选用微表处、超薄磨耗层(NovaChip)或热拌沥青混凝土薄层罩面等措施。

(1)只有轻微泛油的路段,可撒上3~5mm粒径的干净石屑或粗砂,并用压路机碾压或控制行车碾压。

(2)泛油较重的路段,可视情况采用下述方法之一进行处治:

①先撒5~10mm粒径的碎石,用压路机碾压,待稳定后,再撒3~5mm粒径的干净石屑或粗砂,并用压路机碾压或控制行车碾压。

②采用微表处或者超薄磨耗层(NovaChip)进行处理。

(3)面层含油量高,且已形成软层的严重泛油路段,可视情况采用下述方法之一进行处治:

①先撒一层10~15mm粒径(或更大)的碎石,用压路机碾压,待基本稳定后,再分次撒上5~10mm粒径的碎石,并碾压成形。

②将含油量过高的软层铣刨清除后,重做面层。

采用撒料方式处治泛油时应注意以下事项:

a.处治时间应选择在泛油路段已出现全面泛油的高温季节。

b.撒料应顺行车方向撒,先粗后细,做到少撒、薄撒、匀撒、无堆积、无空白。

c.禁止使用含有粉粒的细料。

d.采用压路机或引导行车碾压,使所撒石料均匀压入路面。

e.如采用行车碾压,应及时将飞散的粒料扫回,待泛油稳定后,将多余浮动的石料清扫并回收。

2)脱皮维修

(1)由于沥青面层与封层之间黏结不好,或初期养护不良引起的脱皮,应清除已脱落和已松动的部分,再重新做封层。所做封层的沥青用量及矿料沥青规格应视封层的厚度而定。

(2)面层与基层之间因黏结不良而产生的脱皮,应先清除掉脱落、松动的面层,分析黏结不良的原因。若面层与基层间所含水分较多,应晾晒或烘干;若面层与基层之间夹有泥层,则应将泥砂清除干净,喷洒透层沥青后,重做面层。

3)啃边维修

(1)因路面边缘沥青面层破损而形成的的啃边,应将破损的沥青面层挖除,在接茬处涂刷适量的沥青,用沥青混合料进行填补,再整平压实。

(2)路面边缘的基层因松软、沉陷而形成的啃边,应先对路面边缘基层局部加强后再恢复面层。

(3)加强路肩的养护工作,及时铲除高路肩;随时注意填补路肩上的车辙、坑洼或沟槽;经常保持路肩与路面衔接平顺,并保持路肩应有的横坡,以利排水。

(4)为防止路面出现啃边,宜采用以下措施:

①用沙石、碎砖、工业废渣等改善、加固路肩或设硬路肩,使路肩平整、坚实。

②将路面基层加宽到其面层宽度外20~25cm,在车行量较少的路段可在路面边缘设置略低于路面的路缘石。

③在平交道口或曲线半径较小路面内侧,可适当加宽路面。

4)磨光维修

(1)对已磨光的沥青面层,可用路面铣刨机直接恢复其表面的粗糙度。

(2)对高速公路、一级公路的沥青路面,石料棱角被磨掉,路面光滑,摩阻系数低于要求值时,应加铺抗滑层。

(3)对表面过于光滑,摩擦系数特别小的路段,应作封层或罩面处理。

①封层可以采用拌和法或层铺法施工的单层表面处治,也可以采用乳化沥青稀浆封层。

②罩面宜采用拌和法。

③封层与罩面前,应先处治好原路面上的各种病害,若原路表面有沥青含量过多的薄层,应将其刮粗除掉后洒布黏层油。封层与罩面的技术要求应符合现行规范的相关规定。

5)桥面沥青铺装层养护与维修

(1)经常保持桥面的清洁,及时清除各种污物、积水、积雪和冰块,疏通桥面泄水孔,冬季必要时应撒铺防冻、防滑材料。

(2)桥面沥青铺装出现的各种病害,经检查不是由桥梁结构破坏而引起的沥青面层损坏,应按上述有关病害的处治方法进行。

(3)当沥青铺装中的防水层被破坏时,宜采用与原防水层相同的材料与结构予以修复。

四、沥青路面的养护对策

青路面养护对策应根据公路等级、交通量、路面技术状况的调查及评定结果,结合养护资金情况确定。可采取的养护维修对策见表10-3-1。当路面不能满足现有交通量或荷载的需要时，应通过提高现有路面等级或通过加宽路面等改建措施提高道路的通行能力和服务质量。

沥青路面养护对策　　表 10-3-1

评价指标	高速公路、一级公路	二级及二级以下公路	采取措施
路面损坏状况指数（PCI）（在满足强度要求的情况下）	优、良	优、良、中	以日常养护为主，并对局部破损进行小修
	中及中以下	次及次以下	中修罩面
强度	不满足要求	不满足要求	大修补强
路面行驶质量指数（RQI）	优、良	优、良、中	以日常养护为主
	中及中以下	次及次以下	加铺罩面等改善路面的平整度
抗滑能力（SFC）	SFC < 40	SFC < 33.5	加铺罩面等提高路表面的抗滑能力

五、沥青路面常见损坏维修措施的选择

沥青路面的损坏应分析其产生的原因，并根据损坏的类型、损坏的程度、气候条件及技术经济比较采用相应的维修措施。沥青路面常见损坏的维修措施可参照表 10-3-2 选用。凡因土基、基层强度不足或水稳性能不好而造成的路面损坏，应先处治好基层，再重做面层。

沥青路面常见损坏的维修措施　　表 10-3-2

维修技术＼损坏类型		基层强度不足	龟裂			块状裂缝		纵向裂缝		横向裂缝		坑槽	松散		沉陷	车辙		拥包	泛油
			轻	中	重	轻	重	轻	重	轻	重		轻	重		轻	重		
裂缝	清缝并灌封					√	√	√	√	√									
	扩缝并灌封					√	√	√	√	√									
	压缝带封缝									√	√								
坑槽	冷凿热补			√	√		√		√		√	√		√	√			√	
	微波热补			√	√		√		√		√	√		√	√			√	
	红外线热补			√	√		√		√		√	√		√	√			√	
	冷凿冷补											√		√	√			√	
	喷射冷补											√		√	√			√	
面层	雾封层		√			√		√		√			√						
	沥青复原剂（CAP）		√			√		√		√			√						
	沥青再生		√			√		√		√			√						
	微表处				√		√		√		√			√		√			√
	超薄磨耗层				√		√		√		√			√		√			√
	热拌沥青混凝土薄层罩面						√							√			√		√
其他	浅层注浆	√																	
	深层注浆														√				

六、沥青路面日常保养

1. 沥青路面日常保养的内容

(1)日常巡视与检查:

①路面上是否有明显的病害,记录其危害程度及趋势。

②路面上是否有可能损坏路面或妨碍交通的堆积物等。

(2)清扫路面。

(3)排除路面积水、积雪、积冰、积砂,铺设防滑料、灭尘剂,或压实积雪,维持交通。

(4)处理沥青路面的泛油、拥包、裂缝、松散等病害。

(5)路缘石的修理和刷白。

2. 清扫路面

巡查过程中发现路面有杂物应及时清扫。路面日常清扫频率可参照表10-3-3。

沥青路面日常清扫频率　　表10-3-3

项　目	清扫频率	项　目	清扫频率
二级及二级以上公路	宜不少于1次/d	路面分离带内	宜不少于1次/月
二级以下公路	宜不少于1次/周		

注:长隧道内和大型桥梁的清扫频率应适当增加。

路面清扫方法有机械清扫和人工清扫。高速公路和一级公路应以机械清扫为主,其他公路可以用机械和人工相结合的方式进行清扫。

1)机械清扫

(1)机具设备配备要求

机械清扫作业需配备有安全导向灯的清扫车,如图10-3-1所示。

图10-3-1　清扫车

(2)施工工艺

机械清扫作业施工工艺见表10-3-4。

机械清扫作业施工工艺　　表 10-3-4

序号	施工工序	工艺流程
1	作业准备	检查清扫车各装置,确保清扫车、吸尘、洒水、垃圾箱、警示灯等装置工作正常
2	路面清扫	按安全操作规程的要求操作清扫车。 清扫车进入清扫路段时,应开启所有的警示灯,进入隧道路段时,还应打开车辆灯光。清扫作业时须注意后车的动态,并鸣笛示意。 清扫时,开启清扫装置,清扫车沿清扫路线以 5～10km/h 的速度行驶
3	垃圾处理	清扫结束,将垃圾倒卸于指定地点,并用水将清扫车垃圾箱冲洗干净

2)人工清扫

(1)机具设备配备要求

人工清扫作业需要的机具设备配备:人货两用工具车、斗车、扫把、夹具、编织袋。

(2)施工工艺

人工清扫作业施工工艺流程见表 10-3-5。

人工清扫作业施工工艺　　表 10-3-5

序号	施工工序	工艺要求
1	人工运送	一般每 2～3km 配 1 名作业人员,用工具车(须开启警示灯)将作业人员依次运送到指定地点,当工具车需临时停靠时,应摆放锥形交通标志等安全设施
2	清扫路面、捡拾垃圾	作业人员应面向来车方向作业,并注意观察前面车辆动态。 作业人员用扫把将负责的路段清扫干净。扫把无法清扫的区域,则用夹具将垃圾捡拾干净。 作业人员穿越道路时,必须注意前方来车,严禁在弯道、危险地段穿越
3	垃圾处理	将垃圾堆放在路肩边缘不影响行车的地方,由工具车集中装车运往指定地点统一处理

3. 除雪防滑

当降雪影响正常通行时,应组织人员与机械清除路面积雪。在冬季降雪或下雨后,路面出现结冰时,应在桥面、陡坡、急弯、桥头引道撒铺一层防滑料。在环保允许的情况下,也可撒布融雪材料。

1)材料要求

除冰隔雪的材料应颗粒均匀、干燥、无受潮结团现象。

(1)盐类材料

盐类一般使用工业盐(颗粒状)或盐砂混合料。砂采用中砂,盐砂质量经验比为 1∶500～1∶800。

撒布盐类除冰材料费用相对较低,操作方便,应用较广。但盐类材料对环境污染(如水、鱼塘等)及路面破坏相对较大,且当气温低于 −8℃时,除冰效果也不理想。

(2)化学融雪剂

常用的化学融雪剂有 $CaCl_2 \cdot H_2O$、$MgCl_4 \cdot H_2O$,其效果好,但费用较高,且易被风吹走。

(3)道路防滑剂

道路防滑剂与盐类相比有防滑融冰能力强、费用省、使用时间长、路面摩擦大、饱和溶液极限冰点低、生产工艺无“三废”等特点。

建议使用环保型融雪剂或污染小的道路防滑剂。

2)预防和清除路面薄冰作业施工工艺

预防和清除路面薄冰作业施工工艺见表10-3-6。

预防和清除路面薄冰作业施工工艺 表10-3-6

序号	施工工序	工艺要求
1	作业准备	进入冬季,应成立除冰融雪应急小组,设专人负责气象信息收集。 检查喷撒装备,确保设备正常工作,准备除冰融雪材料。 做好上路车辆轮胎的防滑措施,保证制动效果
2	路面监测	用红外线等测温仪随时监测路面温度,判断最佳作业时间,即在路面温度接近冰点前1~2h安排作业
3	喷撒作业	根据不同材料和路面结冰情况确定喷撒量,工业盐的喷撒量一般为$80g/m^2$。 在起始阶段可适当增加撒布量,对于易结冰或易发生交通事故的路段和须减速的收费广场等路段,应适当增大撒布量或撒布次数。 应均匀喷撒除冰融雪材料

4. 沥青路面基层维修

沥青路面基层强度不足可采用浅层注浆进行维修。浅层注浆是采用水泥浆等浆液对沥青路面基层强度不足的路段进行压力注浆,从而提高路面的强度。浅层注浆适用于沥青路面基层有较严重冒浆现象的纵横向裂缝处治和基层松散、强度不足病害的处治。

(1)材料要求

浅层注浆用的水泥浆是以水泥作为胶结材料,掺加适当比例的外加剂拌和而成,适用外加剂的浆液配合比一般为水泥:水:外加剂为1:(0.4~0.45):0.006,水泥用P.O32.5R,初凝时间不早于2h,终凝时间不超过3.5h,灌浆24h后基层抗压强度应达到3.0MPa。

(2)施工工艺

浅层注浆施工工艺见表10-3-7。

浅层注浆施工工艺 表10-3-7

序号	施工工序	工艺要求
1	作业准备	准备好施工机具、材料,检查施工机械设备是否正常运行
2	布置养护维修作业控制区	顺着交通流的方向布置
3	孔位布置	在病害范围内等孔距呈梅花状布孔,孔位应在病害处,裂缝两端的孔位距路缘石不小于0.8m
4	钻孔	垂直钻孔,孔深为基层厚度的2/3,且不得穿透基层,钻杆直径为48mm
5	设置套管	用镀锌水管制成套管,作为注浆管。将导浆管插入灌浆孔内,导浆管底部封闭,在距管底50mm左右的管壁上钻一排孔,用于漏浆
6	配置浆液	按配合比将水、外加剂混合搅拌,然后加水泥搅拌均匀制成注浆浆液,并用滤网过滤。配制好的浆液必须在初凝前使用

续上表

序号	施工工序	工艺要求
7	连接注浆管	将注浆管与套管连接，连接头与套管头的搭接长度不小于50mm，确保密封不漏浆。注浆完毕，待压力表值为零时方可拆卸
8	注浆	按先灌注路面外围孔、后灌注路面中间孔的顺序分两次注浆。 第一次注浆：启动注浆泵，逐渐加压灌注浆液。当出现以下任何一种情况时停止注浆： ①相邻孔内或裂缝中冒浆； ②裂缝周围沥青面层出现轻微抬升。 灌注压力达到0.5MPa，间隔15min后进行第二次注浆；注浆压力不得高于第一次，当出现①②两种情况之一时停止注浆
9	封孔	每注浆完一孔用木塞堵孔，待注浆完毕后，拔出注浆套管并用水泥砂浆堵孔
10	清理现场	注浆完毕，应清扫路面，必要时采用高压水冲洗
11	开放交通	施工完毕必须进行养护，待基层强度达到3MPa时可开放交通

5. 沥青路面裂缝维修

1）裂缝维修方法

裂缝维修方法见表10-3-8。

裂缝维修方法　　表10-3-8

维修方法	释义	使用条件
清缝灌缝	使用热空气喷枪或压缩空气将裂缝中的碎屑吹出，然后灌入热沥青或者乳化沥青进行封填	适用于处治沥青路面各种类型的裂缝
扩缝灌缝	使用路面锯或开槽机在原有裂缝上开挖填缝槽，然后放置填缝料或灌缝进行封填	适用于处治沥青路面横向及纵向裂缝
压缝带封缝	用液化气喷枪烧烤封面，并用余温烧烤压缝带使其软化，然后粘贴于缝隙进行封填	适用于处治沥青路面较浅的裂缝

2）裂缝维修作业

（1）清缝灌缝

①材料要求。

采用热沥青或乳化沥青等灌缝材料应符合国家标准，SBS改性沥青宜采用《公路沥青路面施工技术规范》（JTG F40—2004）中的Ⅰ-D型改性沥青。

②施工工艺。

清缝灌缝施工工艺见表10-3-9。

清缝灌缝作业施工工艺　　表10-3-9

序号	施工工序	工艺要求
1	作业准备	准备好施工机具、材料，检查施工机械设备是否正常运行
2	布置养护维修作业控制区	顺着交通流的方向布置
3	填缝料加热	先将填缝料加热，宜加热至170～180℃
4	清缝	用铁钩等勾出缝内的松动颗粒，并用扫把扫除路表面泥砂杂质并用鼓风机将缝吹扫干净，吹至缝内干燥

续上表

序号	施工工序	工艺要求
5	灌缝	第一次灌缝:把灌缝枪头放入缝槽内,匀速移动灌缝至距路表面10mm左右,撒入石屑(粗砂),用竹片把石屑(粗砂)嵌入灌缝内。 3~5min后第二次灌缝:灌至路表面齐平
6	清扫路面	将路面废料清扫干净,集中装车运离现场,不得将废料随意丢弃
7	开放交通	待灌缝料冷却至常温后开放交通

(2)扩缝灌缝

①材料要求。

采用热沥青或乳化沥青等灌缝材料应符合国家标准,SBS改性沥青宜采用《公路沥青路面施工技术规范》(JTG F40—2004)中的Ⅰ-D型改性沥青。

②施工工艺。

扩缝灌缝作业施工工艺见表10-3-10。

扩缝灌缝作业施工工艺 表10-3-10

序号	施工工序	工艺要求
1	作业准备	准备好施工机具、材料,检查施工机械设备是否正常运行
2	布置养护维修作业控制区	顺着交通流的方向布置
3	填缝料加热	先将填缝料加热,宜加热至170~180℃
4	开槽	用开槽机对裂缝开槽,槽宽15~20mm,深约30mm
5	清缝	用扫把扫除路表面泥砂杂质并用鼓风机清缝干净、干燥
6	灌缝	第一次灌缝:把灌缝枪头放入缝槽内,匀速移动灌缝至距路表面10mm左右,撒入粒径为5~10mm的碎石,用竹片把碎石嵌入缝内。 3~5min后第二次灌缝:灌至路表面齐平
7	清扫路面	将路面废料清扫干净,集中装车运离现场,不得将废料随意丢弃
8	开放交通	待灌缝料冷却至常温后开放交通

(3)压缝带封缝

①材料要求。

压缝带处治面层裂缝作业材料应具备良好的黏结性、弹性、耐水性、高温稳定性、低温柔韧性、耐冲击和耐久性,使用方便快捷。对于较宽的裂缝,所填材料为乳化沥青砂,应现场拌制。

②施工工艺。

压缝带封缝施工工艺见表10-3-11。

压缝带封缝施工工艺 表10-3-11

序号	施工工序	工艺要求
1	作业准备	准备好施工机具、材料,检查施工机械设备是否正常运行
2	布置养护维修作业控制区	顺着交通流的方向布置
3	清缝	用扫把扫除路表面泥砂杂质并用鼓风机清缝干净、干燥
4	沥青砂填缝	对缝宽>10mm的裂缝,用乳化沥青砂填实至与路表面齐平。沥青砂含油量约为8%,应现场拌制

续上表

序号	施工工序	工艺要求
5	裁割封缝条	按裂缝两侧各外延10mm的宽度裁割好封缝条,封缝条的头尾部以斜口方式相接,做到无缝隙
6	烘烤粘贴封缝条	用液化气喷枪边烘烤缝并用余温烘烤封缝条粘贴面至表面熔化,对准缝粘贴
7	压实封缝条	封缝条粘贴完后,用铁锤拍实,使其紧贴路面
8	开放交通	待封缝条冷却至常温后即可开放交通

6. 沥青路面坑槽维修

1)坑槽维修方法

坑槽维修方法见表10-3-12。

坑槽维修方法 表10-3-12

维修方法	释义	适用条件
冷凿热补	切割并凿除需要处理的路面部分,然后用热拌沥青混合料填补并压实	适用于沥青路面常见的坑槽、龟裂、块状裂缝、翻浆、修补不良小面积沉陷、松散、泛油、拥包等病害的处治
微波热补	利用微波加热技术对坑槽等病害部位进行加热,再用铁铲和铁耙耙松表面混合料,铲除不能利用的旧混合料,添加新沥青混合料,最后压实路面	
红外热补	利用红外线加热技术对坑槽等病害部位进行加热,再用铁铲和铁耙耙松表面混合料,铲除不能利用的旧混合料,添加新沥青混合料,最后压实路面	
冷凿冷补	凿除需要处理的路面部分,然后用冷拌沥青混合料填补并压实	适用于气温较低、雨雪季节或工期紧迫情况下沥青路面坑槽的修补作业,包括坑槽的临时性修补作业
喷射冷补	利用自动坑槽修补车自带的鼓风机清洁坑槽内部,并用喷管喷射的沥青混合料直接修补坑槽	

2)坑槽维修技术要求

(1)冷凿热补

①材料要求。

冷凿热补作业采用同质修补法。黏层油一般采用AH-70重交热沥青,质量符合现行《公路沥青路面施工技术规范》(JTG F40)的要求。

②施工工艺。

冷凿热补施工工艺流程见表10-3-13。

冷凿热补施工工艺流程 表10-3-13

序号	施工工序	工艺要求
1	作业准备	准备好施工机具、材料,检查施工机械设备是否正常运行
2	布置养护维修作业控制区	顺着交通流的方向布置
3	确定处治范围	一般将沿病害四周向外扩大10~15cm平行、垂直于路中线的区域确定为处治范围。根据“圆洞方补,斜洞正补”原则用粉笔将处治范围画成矩形

续上表

序号	施工工序	工艺要求
4	路面切割	用切缝机沿着所画的处治范围标线切缝,注意走线顺直,切缝深度不超过处治层厚度。如果坑槽较深(>70mm),应分层修补,层间应形成阶梯搭接,搭接宽度一般为100mm左右
5	凿除路面	用风镐或电镐等凿除工具在距离切缝50mm左右向处治部位中间凿除处治层。凿除沥青混凝土时,沥青黏结层或封层等一并凿除,不留夹层,且保证坑槽底部平整。 凿除的废料应运离现场集中堆放,不得随意丢弃。 若发现基层的表层松散,则应一并将松散部分凿除。当基层凿除厚度<60mm时,在刷涂透层乳化沥青后用沥青碎石或粗粒式沥青混合料铺筑并压实;当基层凿除厚度>60mm时,则用C15或C20混凝土铺筑并振实
6	清理坑槽	用铁铲、扫把清理掉松散混合料并用鼓风机将槽内细小松散颗粒吹扫干净、干燥
7	涂洒热沥青	在坑槽的四壁及底部涂刷一层热沥青,热沥青用量为0.8kg/m^{2}左右。注意坑槽四壁不得漏涂,保证涂洒均匀
8	添加新混合料	新混合料使用前应加热并保温至规定的温度,一般普通沥青混合料的加热温度为140~150℃,改性沥青混合料的加热温度为160~170℃。 宜按1.30左右的松铺系数添加新混合料,卸料时防止离析
9	混合料修整	将加热好的新料铺至工作面100mm范围外的旧路面上,用铁耙把混合料由外向里耙平,使细料能填充在坑槽边缘,沥青混合料表面粗细料不离析。如果表面粗料过多或相对集中,应铲除部分粗料,保证坑槽边缘新旧路面接缝在碾压后结合紧密,不渗水
10	混合料碾压	用小型振动压路机按"先四边后中心,先静压后振压,前后左右交替碾压"的原则及时碾压。碾压的重叠宽度为压路机轮宽的1/3~2/3。 对新旧路面接缝处,应骑缝碾压,必要时采用45°斜压。 碾压遍数一般为静压1遍,振压3遍。静压1遍后,应马上检查新补路面表面及新旧路面接缝处,对于缺料部位,应即刻补充新料或细料进行碾压。禁止在碾压多遍后再补充新料。 当分层碾压时,若坑槽下路面压路机难以作业,可用振动夯充分夯实
11	清扫路面	修补完毕后将路面废料清扫干净,集中装车运离现场集中堆放
12	开放交通	待沥青混合料冷却至常温后开放交通
13	质量标准	新补路面应比原路面略高,但新旧路面高差不超过5mm。 新补路面与原路面结合紧密,表面粗糙度合适,且无泛油和离析现象。 新补路面应碾压密实,表面无轮迹。 新补坑槽处的渗水系数<50mL/min

(2)微波热补

①材料要求。

微波热补作业采用同质修补法。黏层油一般采用AH-70重交热沥青,当旧料部分可再利用时,喷洒适量的PA-1系列快裂式改性乳化沥青。沥青材料应符合现行《公路沥青路面施工技术规范》(JTG F40)的要求。

②施工工艺。

微波热补施工工艺见表 10-3-14。

微波热补施工工艺　　表 10-3-14

序号	施工工序	工艺要求
1	作业准备	准备好施工机具、材料，检查施工机械设备是否正常运行
2	布置养护维修作业控制区	顺着交通流的方向布置
3	确定处治范围	病害的处治范围一般沿病害四周扩大 10cm 以上，同时还应考虑微波修补设备加热板热点区域。根据“圆洞方补，斜洞正补”的原则用粉笔将处治范围画成矩形
4	加热病害路面	将微波车准确定位，放下加热板，根据画定的处治范围来确定加热板需开启的区域。路面加热时间根据混合料的不同而不同，以路面混合料能耙松为原则，普通沥青路面加热时间比改性沥青路面加热时间稍短
5	铲除旧混合料	路面加热完后，微波修补设备退出处治部位。 即刻用铁铲和铁耙耙松处治范围的表面混合料。 若旧混合料松散黏结性差，则将处治范围的旧混合料全部铲除；当旧混合料较好，还能部分利用时，只铲除不能利用的混合料。 铲除的废料应运离现场集中堆放，不得随意弃于路边。 如果坑槽深度达到 70mm 以上，或铲除路面表层后，发现下一层路面已损坏，则需将该部位下层路面加热，并按照上述方法铲除旧混合料。 如果坑槽较深（70mm 以上），应分层修补，层间应形成阶梯搭接，搭接宽度一般为 100mm 左右。 若发现基层表层松散，则一并将松散部分凿除。当基层凿除厚度 < 60mm 时，在刷涂透层乳化沥青后用沥青碎石或粗粒式沥青混合料铺筑并压实；当基层凿除厚度 > 60mm 时，则用 C15 或 C20 混凝土铺筑并振实
6	修整坑槽	用羊镐配合铁铲凿边，保证坑槽四壁垂直，轮廓整齐成矩形，坑槽底部也应凿平
7	清理坑槽	用铁铲、扫把清理掉松散混合料。 用鼓风机将槽内细小松散颗粒吹扫干净，并保持坑槽内干燥
8	涂洒黏层沥青	在坑槽的四壁及底部涂刷一层热沥青，热沥青用量为 0.8kg/m^2 左右。注意坑槽四壁不得漏涂，保证涂洒均匀
9	添加新混合料	新混合料使用前应在微波修补设备辅料加热箱中加热到规定的温度，一般普通沥青混合料的加热温度为 140 ~ 150℃，改性沥青混合料为 160 ~ 170℃。 旧料部分再利用时（热再生），在添加新料前，先在旧料表面喷洒适量的乳化沥青。 宜按 1.30 左右的松铺系数添加新混合料（确保混合料压实后比原路面略高）
10	混合料修整	将加热好的新料铺至工作面 100mm 范围外的旧路面上。 用铁耙把混合料由外向里耙，使细料能填充在坑槽边缘，保证坑槽边缘新旧路面接缝在碾压后结合紧密，不渗水。 用不带齿的铁耙把坑槽表面沥青混合料耙平，使沥青混合料表面粗细料均匀不出现离析。如果表面粗料过多或相对集中，应铲除部分粗料

续上表

序号	施工工序	工艺要求
11	混合料碾压	用小型振动压路机按"先四边后中心,先静压后振压,前后左右交替碾压"的原则及时碾压。碾压的重叠宽度为压路机轮宽的1/3~2/3。 对新旧路而接缝处,应骑缝碾压,必要时采用45°斜压。 碾压遍数一般为静压1遍,振压3遍。静压1遍后,应马上检查新补路面表面及新旧路面接缝处,对于缺料部位,应即刻补充新料或细料进行碾压。禁止在碾压多遍后再补充新料。 当分层碾压时,若坑槽下层压路机难以作业,可用振动夯充分夯实
12	清理现场	修补完毕,将作业处的垃圾和废料全部清扫干净,运离现场集中堆放
13	开放交通	待沥青混合料冷却至常温后,即可开放交通
14	质量标准	新补路面应比原路面略高,但新旧路面高差不超过5mm。 新补路面与原路面结合紧密,表面粗糙度合适,且无泛油和离析现象。 新补路面应碾压密实,表面无轮迹。 新补坑槽处的渗水系数<50mL/min

(3)红外线热补

红外线热补作业的材料要求及施工质量标准与微波热补作业相同。红外线热补作业施工工艺除沥青混合料需在施工前一天晚上加热保温与微波热补作业不同外,其余均与微波热补作业相同。

(4)冷凿冷补

①材料要求。

冷凿冷补作业材料采用冷补沥青混合料。黏层油一般采用AH-70重交热沥青,临时性修补时采用阳离子快裂型乳化沥青。沥青材料质量应符合现行《公路沥青路面施工技术规范》(JTG F40)的要求。

②施工工艺。

冷凿冷补作业施工工艺见表10-3-15。

冷凿冷补作业施工工艺 表10-3-15

序号	施工工序	工艺要求
1	作业准备	准备好施工机具、材料,检查施工机械设备是否正常运行
2	布置养护维修作业控制区	顺着交通流的方向布置
3	确定处治范围	一般将沿病害四周向外扩大100mm的区域确定为处治范围。根据"圆洞方补,斜洞正补"的原则用粉笔将处治范围画成矩形
4	凿除路面	用风镐在距离处治范围标线50mm左右处向处治部位中间凿除处治层。 凿除沥青混凝土时,沥青黏结层或封层等一并凿除,不留夹层,且保证坑槽底部平整。 雨季临时性修补作业时可人工将坑槽周围松散部分凿除。 凿除的废料应运离现场集中堆放,不得随意弃于路边
5	清理坑槽	用铁铲、扫把清理掉松散混合料。 用鼓风机将槽内细小松散颗粒吹扫干净,并保持坑槽内干燥,雨天临时性修补时无须吹干坑槽

续上表

序号	施工工序	工艺要求
6	涂洒沥青	在坑槽的四壁及底部涂刷一层热沥青，热沥青用量为0.8kg/m² 左右。注意坑槽四壁不得漏涂，保证涂洒均匀。 临时性修补时则涂洒乳化沥青，用量为0.4～0.6kg/m²。 雨天修补则不用涂洒黏层油
7	添加冷补料	宜按1.30左右的松铺系数添加冷补料（确保冷补料压实后比原路面略高）
8	混合料碾压	用小型振动压路机按“先四边后中心，先静压后振压，前后左右交替碾压”的原则及时碾压。碾压的重叠宽度为压路机轮宽的1/3～2/3。 对新旧路面接缝处，应骑缝碾压，必要时采用45°斜压。 碾压遍数一般为静压1遍，振压3遍。静压1遍后，应马上检查新补路面表面及新旧路面接缝处，对于缺料部位，应即刻补充新料或细集料进行碾压。禁止在碾压多遍后再补充新料。 当分层碾压时，若坑槽下层压路机难以作业，可用振动夯充分夯实
9	清理现场	修补完毕，将作业处的垃圾和废料全部清扫干净，运离现场集中堆放
10	开放交通	清洁作业区域，撤除路面安全设施后，即可开放交通
11	质量标准	新补路面应比原路面略高，但新旧路面高度差不能超过5mm。 新补路面与原路面应结合紧密，表面粗糙度合适，且无泛油和离析现象。 新补路面应碾压密实，表面无轮迹。 新修补坑槽处的渗水系数小于50mL/min

（5）喷射冷补

①材料要求。

喷射冷补作业材料采用冷补沥青混合料。黏层油一般采用热的乳化沥青。沥青混合料采用的黏结料为乳化沥青，临时性修补时采用阳离子快裂型乳化沥青，集料通常采用的是4.75～9.5mm的单一粒径的洁净碎石。沥青材料质量应符合现行《公路沥青路面施工技术规范》（JTG F40）的要求。

②施工工艺。

喷射冷补作业施工工艺见表10-3-16。

喷射冷补作业施工工艺　　表10-3-16

序号	施工工序	工艺要求
1	作业准备	准备好施工所用材料。 检查施工机械设备是否正常运行
2	布置养护维修作业控制区	顺着交通流的方向设置安全设施
3	清洁坑槽	用鼓风机将坑槽内残留的松散粒料、杂物及积水吹出坑槽
4	喷洒黏层油	在坑槽内的四壁和底面喷洒热沥青，要求喷洒均匀，不留空白，也不流淌
5	喷洒沥青混合料	通过喷管喷洒沥青混合料，从坑槽底层逐渐喷到表面
6	喷撒石屑	在修补表面处均匀喷撒一薄层石屑
7	开放交通	清洁作业区域，撤除路面安全设施后，即可开放交通
8	质量标准	新补路面应比原路面略高，但新旧路面高度差不能超过5mm。 新补路面与原路面应结合紧密，表面粗糙度合适，且无泛油和离析现象。 新补路面应碾压密实，表面无轮迹。 新修补坑槽处的渗水系数小于50mL/min

7. 沥青路面面层处理

1)沥青路面面层处理方法

沥青路面面层处理方法见表10-3-17。

沥青路面面层处理方法　　表10-3-17

维修方法	释义	适用条件
雾封层	利用专用雾封层洒布车在沥青面层喷洒一层薄薄的、高渗透性的改性乳化沥青,以形成一层严密的防水层将路面空隙封闭,起到隔水防渗、保护路面的作用	适用于处治沥青表层轻度松散、填补轻度裂缝等损坏,包括更新和保护旧氧化沥青路面。该措施采用后会显著降低路面抗滑性能,抗滑系数SFC>45的路面才能采用
沥青复原剂(CAP)	沥青复原剂是一种含活化物的冷混合沥青还原剂。将配制拌和好的沥青复原剂和中砂混合物喷洒于路面表层,CAP渗透进旧沥青中,激活老化沥青胶质,恢复其原有的活性、黏结性和弹性,形成新的保护层	
微表处	采用适当级配的石屑或砂、填料与聚合物改性乳化沥青、外加剂和水,按一定比例拌制成流动型混合料,将其均匀地摊铺在路面上形成沥青罩面	适用于处治沥青大面积出现致密、光滑发亮情况(泛油)、抗滑性不足、轻微车辙、非活动性裂缝、松散及沥青老化等损坏
超薄磨耗层(NovaChip)	使用专用设备,在旧沥青路面上喷洒一层较厚的特种改性乳化沥青(约1.1L/m²),同步摊铺热拌沥青混合料,此时乳化沥青上升裹覆在热拌沥青混合料的石料四周,乳化沥青黏结层破乳,使超薄热沥青混凝土层与原路面实现充分黏结,最后经压路机碾压一次形成10~30mm厚的超薄罩面	
热拌沥青混凝土薄层罩面	在原有路面上加铺一层厚度不超过30mm的热拌沥青混合料。主要采用热拌密实型沥青混合料AC、沥青玛蹄脂碎石结合料SMA、多碎石沥青混凝土SAC等	适用于处治沥青泛油、抗滑性不足、车辙、块状裂缝、松散等损坏,可改善路面平整度,对路面的补强也有一定的作用
沥再生	沥再生是一种新型的高效渗透性的沥青再生密封剂。将其喷洒于路面表层,一个月后沥再生的渗透深度可达15mm以上,与原沥青结构层融为一体,从而缓解了路面的硬化脆裂程度,恢复了路面的弹性、柔韧性和黏结性	适用于处治沥青表层轻度松散、填补轻度裂缝等损坏,包括更新和保护旧氧化沥青路面。沥再生应用后基本不会影响路面抗滑性能,在路面抗滑性能满足要求的路面才能使用沥再生

2)面层处理施工技术要求

(1)雾封层

①材料要求。

雾封层所使用的材料一般为乳化沥青和水,也可添加一定比例的添加剂。乳化沥青和水的比例一般为1:1(含水率一般为43%),可根据实际情况确定比例,最大一般为1:50。乳化沥青可以是阳离子或阴离子,技术要求应符合相关规范的规定。水为洁净饮用水。

②施工工艺。

雾封层施工工艺见表10-3-18。

雾封层施工工艺　　表 10-3-18

序号	施工工序	工艺要求
1	作业准备	对原路面进行抗滑性能和渗水系数检测,确保满足施工要求。 了解施工阶段的气候情况,确保施工时路面温度>15℃,无雨。 准备好施工所用材料,在施工前24h内按比例稀释好乳化沥青。 检查施工机械设备是否正常运行
2	布置养护维修作业控制区	顺着交通流的方向设置安全设施
3	修补、清扫路面	彻底挖补原路面的局部坑槽、拥包,预封补活动性裂缝等损坏。 清扫原路面,清除表面杂物并吹干,原路面不得有积水
4	装料	将已稀释好的乳化沥青装进沥青洒布车的储存灌内
5	试洒	试洒 $1m^2$,确定合适的洒布量(一般喷洒量为 0.23~0.45L/m^2),据此确定洒布车行走的速度和油泵机挡
6	洒布雾封层	匀速开动沥青洒布车,打开开关喷洒乳化沥青。乳化沥青要洒布均匀,不应有空白或积聚现象
7	开放交通	待雾封层干涸,不再黏脚后(一般需4h),即可撤除路面安全设施,开放交通

③施工质量标准。

工程完工后,施工单位应将全线以1~3km作为一个评定路段进行质量检查与验收,检查项目及要求见表10-3-19。

雾封层验收检验要求　　表 10-3-19

项目		质量要求	检测频率	方法
表观质量	外观	表面喷洒均匀	全线连续	目测
抗滑性能	边线	连续平直	全线连续	目测
	摆值 F_b(BPN)	≥42	5个点/km	T 0964—1995
	横向力系数 SFC_{50}	≥40	全线连续	T 0965—1995
	构造深度 TD(mm)	≥0.55	5个点/km	T 0961—1995
渗水系数		≤10mL/min	5个点/km	T 0971—1995

(2)沥青复原剂(CAP)

①材料要求。

沥青复原剂是以乳化沥青为基质,添加活性剂的制成品。乳化沥青的技术要求应符合相关规范的规定。

②施工工艺。

沥青复原剂的施工除装进沥青洒布车的材料为沥青复原剂及中砂拌和物外,其余均与雾封层施工工艺相同。

③施工质量标准。

同雾封层。

(3)微表处

①材料要求。

各种原材料应符合现行《公路沥青路面施工技术规范》(JTG F40)的要求。矿料级配应根据铺筑厚度、处治目的、公路等级等选用,并应符合现行《公路沥青路面施工技术规范》(JTG F40)的要求。

a. 改性乳化沥青:必须选用阳离子型聚合物改性的乳化沥青,改性剂剂量不宜小于3%。

b. 集料:坚硬、粗糙、耐磨、洁净。当用于抗滑表层时,应符合规范中有关磨光值的要求。细集料宜采用碱性石料生产的机制砂或洁净的石屑。微表处所用集料的最大粒径和砂当量对微表处摊铺的成功与否影响很大。对集料中的超粒径颗粒必须筛除。

c. 填料:掺加的填料可以是矿粉、水泥、消石灰等。填料应干燥、疏松,无结团。填料的掺加量必须通过混合料设计试验确定。

d. 添加剂:常用的添加剂包括无机盐类添加剂、有机类添加剂等。对于阳离子乳化沥青混合料,无机盐类添加剂一般会延长可拌和时间,延缓成形。

e. 添加剂的掺加不应对混合料路用性能产生不利影响。未经试验验证的添加剂不得在施工中采用。

f. 水:洁净饮用水。

②施工工艺。

微表处施工工艺见表10-3-20。

微表处施工工艺 表10-3-20

序号	施工工序	工艺要求
1	作业准备	对原路面进行抗滑性能和渗水系数检测,确保满足施工要求。 及时了解气候情况,确保施工时气温≥10℃,无雨。 准备好施工所用材料,如改性乳化沥青、集料等。 检查施工机械设备是否正常运行
2	布置养护维修作业控制区	顺着交通流的方向设置安全设施
3	修补、清扫路面	彻底挖补原路面的局部坑槽、拥包,预封补较宽的裂缝等损坏,保证原路面表面平整、密实。 清扫原路面,清除表面杂物并吹干,原路面不得有积水
4	放样画线	从路缘开始放样,画出走向控制线。画线要求顺直、准确
5	装料拌和	将各种材料同时按比例送进摊铺机相应料箱内,应保证集料的湿度均匀一致。 将装好料的摊铺机开至施工起点,对准走向控制线,调试好摊铺机。 确认各料门的高度或开度后开动机器,接合拌和缸离合器,使搅拌轴正常运转,并开启摊铺箱螺旋分料器。 打开各料门控制开关,使矿料、填料、水几乎同时进入拌和缸,当拌和筒内混合料达到半筒时,打开出口使混合料流入摊铺槽内,此时应注意观察混合料的稠度。 如果稀浆固化后出现剥落,可以适当增加乳液(改性乳化沥青)的用量,适当减少水用量,改善混合料配合比

续上表

序号	施工工序	工艺要求
6	摊铺	流入摊铺槽的混合料体积达到槽内体积的2/3时,开动摊铺机前进,并立即测定混合料的稠度,当稠度符合规定要求后,摊铺机可按1.5～3km/h匀速摊铺,同时使摊铺机下部喷水管喷水,使路面保持湿润。 在摊铺的过程中,发现有沟迹、松散时,应立即修补或挖除重铺。 混合料摊铺后,应立即进行人工找平,找平的重点是:起点、终点、纵向接缝,过厚、过薄或不平处,尤其对超大粒径矿料产生的刮痕,应尽快清除并填平。 摊铺机上任何一种材料用完时,应立即停止送料,待拌和筒、摊铺槽内混合料全部摊铺完后,停止前进,将摊铺机移到路外,立即用高压水冲净拌和筒和摊铺槽,而后再补充所缺的材料。 加完料重新摊铺时,从前一车摊铺终点后退3～4m处开始,使前后两次有一段重叠。将凸起和过稀混合料刮除,避免刚开机油水比不准而引起的脱落,使接茬平顺整齐
7	开放交通	当混合料由褐色转变成黑色,硬化成形后,即可撤除路面安全设施,开放交通

③施工质量标准。

工程完工后,施工单位应将全线每1～3km作为一个评定路段进行质量检查与验收,检查项目及要求见表10-3-21。

微表处验收检验要求　　表10-3-21

检测项目		要求或允许偏差	检测频率	检测方法
外观		表面平整、密实、均匀,无松散、刮痕,无花白料,无凹坑、轮迹	全线连续	目测
横向接缝		对接平顺、无泛油	每条	目测
纵向接缝		宽度<80mm; 平整度<6mm	全线连续	目测或用尺量,3m直尺
边线		任意30m长度范围内的水平波动不得超过±50mm	全线连续	目测或用尺量
稠度		落地成形	随时	T 0751
厚度		-10%厚	5个点/km	钻孔
冠状隆起		5mm	1个断面/100m	3m直尺测量
构造深度	车辙填充	开放交通前≥1.5mm; 开放交通两天后≥0.8mm	5个点/km	T 0961
	罩面	开放交通前≥1.5mm; 开放交通两天后≥1.0mm		
渗水系数	车辙填充	开放交通前≤600mL/min; 开放交通两天后≤150mL/min	3个点/km	T 0971
	罩面	开放交通前≤600mL/min; 开放交通两天后≤150mL/min		
横向力系数	罩面	开放交通后≥50	全线连续	T 0965

(4)超薄磨耗层(NovaChip)

①材料要求。

改性热沥青混合料:由粗集料、细集料和沥青混合形成胶泥,填料可以是石灰、水泥等。

a.集料:粗集料必须接近立方体,要严格控制针片状的含量,集料的耐久性要好。用于高速公路和一级公路时,粗集料的各项指标要符合表10-3-22的要求,细集料的各项指标要符合表10-3-23的要求。

超薄磨耗层混合料粗集料要求 表10-3-22

指标		技术要求	检测方法
石料压碎值		≤26%	T 0316
洛杉矶磨耗损失		≤28%	T 0317
坚固性		≤12%	T 0314
针片状颗粒含量(混合料)		≤15%	T 0312
粗集料粒径大于9.5mm		≤12%	
粗集料粒径小于9.5mm		≤18%	
破碎面	1个破碎面	≤100%	T 0346
	2个及以上破碎面	≤90%	
磨光值PSV		≤42BPN	T 0321
表观相对密度		≤2.6t/m³	
吸水率		≤2%	T 0304
粒径<0.075mm颗粒含量(水洗法)		≤1%	T 0310
软石含量		≤3%	T 0320

超薄磨耗层混合料细集料要求 表10-3-23

指标	技术要求	检测方法
表观相对密度	≥2.5t/m³	T 0328
坚固性(粒径>0.3mm部分)	≥12%	T 0340
含泥量(粒径<0.075mm颗粒含量)	≤3%	T 0333
砂当量	≥60%	T 0334
亚甲蓝值	≤25g/kg	T 0349
棱角性(流动时间)	≥30s	T 0345

超薄磨耗层混合料的级配主要有三种,见表10-3-24。级配A比较密实,多应用在机场道路上;级配B应用比较广泛,它比级配A的构造深度要大、摩擦性能要好;级配C主要应用在大交通量的路面上,它提供的构造深度更大、摩擦性能更好。

超薄磨耗层混合料常用级配 表 10-3-24

筛孔尺寸(mm)	级配 A		级配 B		级配 C	
	通过质量百分率(%)	允许波动范围(%)	通过质量百分率(%)	允许波动范围(%)	通过质量百分率(%)	允许波动范围(%)
16					100	
13.2			100		85 ~ 100	
9.5	100		8 ~ 100	5	60 ~ 80	5
4.75	40 ~ 50	4	28 ~ 38	4	28 ~ 38	4
2.36	22 ~ 32	3	25 ~ 32	4	25 ~ 32	4
1.18	15 ~ 25	3	15 ~ 23	3	15 ~ 23	3
0.6	10 ~ 18	3	10 ~ 18	3	10 ~ 18	3
0.3	8 ~ 13	3	8 ~ 13	3	8 ~ 13	3
0.15	6 ~ 10	2	6 ~ 10	2	6 ~ 10	2
0.075	4 ~ 7	2	4 ~ 7	2	4 ~ 7	2

b. 沥青：超薄磨耗层混合料所用的沥青一般采用改性沥青，指标要求见表 10-3-25。

SBS 改性沥青指标要求 表 10-3-25

项目		规范要求	实验方法
测力延度比(4℃)(5cm/min)		≥0.3	ASTM D266
针入度(25℃,100g,5s)(0.1mm)		≥50	T 0604—2000
软化点(℃)		≥65	T 0603—1993
密度(15℃)(g/cm³)		实测	T 0604—2000
延度(5cm/min,5℃)(cm)		≥20	T 0605—1993
布鲁克费尔德黏度(135℃)(Pa·s)		≤3	T 0625—2000
闪点(℃)		≥230	T 0611—1993
48h 离析(℃)		≤2.5	T 0661—2000
弹性恢复(25℃)(%)		≥70	T 0662—2000
旋转薄膜烘箱后残留物	质量损失(%)	≤1.0	T 0610—1993
	延度(5cm/min,5℃)(cm)	≥15	T 0605—1993
	针入度比(25℃)(%)	≥60	1X 3604—2000

特种改性乳化沥青黏结层指标要求见表 10-3-26。

乳化沥青指标要求 表 10-3-26

项目	规范要求	实验方法
赛波特黏度(50℃)	20 ~ 100	T 0623—1993
蒸发残留物含量(%)	≥63.0	T 0608—1993
筛上剩余物试验(850μm)(%)	≤0.05	T 0652—1993
储存稳定性(1d)(%)	≤1.0	T 0655—1993

续上表

项　　目		规范要求	实验方法
蒸发残留物性质	针入度(25℃,100g,5s)(0.1mm)	60～150	T 0604—2000
	延度(10℃,5cm/min)(cm)	≥40.0	T 0605—1993
	软化点(℃)	≥50.0	T 0606—2000
	弹性恢复(1℃)(%)	≥60.0	T 0662—2000
	溶解度(三氯乙烯)(%)	≥97.5	T 0607—1993

②超薄磨耗层施工工艺见表10-3-27。

超薄磨耗层施工工艺 表10-3-27

序号	施工工序	工艺要求
1	作业准备	对原路面进行强度检测,确保原路面强度状况良好。 了解施工阶段的气候情况,确保施工时气温,无雨。 准备好施工所用材料,如沥青、集料等。 检查施工机械设备是否正常运行,提前0.5～1h预热,熨平板不低于100℃
2	布置养护维修作业控制区	顺着交通流的方向设置安全设施
3	修补、清扫路面	彻底挖补原路面的局部坑槽、拥包、龟裂、车辙深度超15mm的车辙,预封补活动性裂缝及缝宽大于6mm的裂缝等损坏,保证原路面表面平整、密实。 清扫原路面,清除表面杂物并吹干,原路面不得有积水
4	沥青混合料的拌和(后场)	按配合比控制混合料的拌和。 沥青加热温度不高于175℃,矿料加热温度控制在180～190℃,混合料的出场温度控制在170～185℃。 沥青混合料的拌和时间应根据具体情况经试拌确定,以沥青均匀裹覆集料为度,无花白、离析、糊料等。参考拌和时间为45～47s
5	沥青混合料的运输(后场)	应采用载质量较大的自卸车运送沥青混合料。 自卸汽车的数量应根据拌和能力和摊铺速度确定,并保证在摊铺机前有2～4辆待卸车。 自卸汽车每次使用前后必须打扫干净,在车厢板和底部涂一薄层隔离剂或防黏剂,可用1∶3的柴油水混合液。 自卸汽车运料时,宜用篷布或棉毯覆盖沥青混合料。 如混合料的温度不符合施工温度要求或结块、遭雨淋,应该废弃不用,NovaChip混合料的储存时间不得超过4h
6	卸料	必须由专人指挥自卸汽车将料卸到摊铺机料斗。 自卸汽车应在摊铺机前100～300mm处停住,空挡等候,由摊铺机推动前进开始缓慢卸料,避免撞击摊铺机。 自卸汽车每次卸料必须倒净,如有剩余,应及时清除,防止硬结
7	摊铺	NovaBond黏层沥青在60～80℃的温度下喷洒,喷洒量需精确计量。 NovaChip混合料的摊铺温度控制在162～174℃之间。 摊铺作业应连续、匀速、不间断地进行,不得随意变换速度或中途停顿。 摊铺过程中由专人跟踪检测松铺厚度,每10m抽取一个断面,每个断面检测3处,不符合要求时及时通知摊铺机手及时进行调整。 摊铺过程中局部掉粒要及时进行人工处理,摊铺机摊铺不到的死角由人工摊铺整形

续上表

序号	施工工序	工艺要求
8	碾压	混合料摊铺后立即用10～12t的双轮钢筒压路机静压2～3遍，在直线段应从两侧向中央碾压，在超高路段则由低向高碾压。 碾压时路面温度不得低于90℃。 压路机无法压实的死角，应采用振动夯板夯实。 压路机不得在新铺的沥青混合料上掉头、转向、左右移动或紧急制动
9	接缝处理	纵缝采用冷接缝，搭接宽度约50mm。在后续碾压作业时应跨缝碾压，保证纵向接缝顺直。 横向接缝，在摊铺段结束时，摊铺机在接近端部前约1m处将熨平板稍稍抬起驶离现场，人工将端部混合料铲平齐后再碾压，新铺路面与原路面应连接平顺
10	开放交通	应待热拌沥青混合料路面完全自然冷却，混合料表面温度低于50℃后，即可撤除路面安全设施，开放交通
11	质量标准	工程完工后，应对NovaChip层进行抽样检测，检测项目有外观、横向接缝、纵向接缝、边线、厚度、冠状隆起、构造深度及横向力系数，要求与微表处相同

(5)热拌沥青混凝土薄层罩面

①材料要求。

各种原材料应符合《公路沥青路面施工技术规范》(JTG F40—2004)的要求。

a. 沥青。采用沥青或改性沥青，沥青标号宜按照公路等级、气候条件、交通条件、施工方法等，结合当地的使用经验，经技术论证后确定。

b. 粗集料。应洁净、干燥、无风化、不含杂质。粗集料最大粒径应与处治层的厚度相适应。

c. 细集料。应洁净、干燥、无风化、不含杂质，并有适当的级配范围。

②施工工艺。

热拌沥青混凝土薄层罩面施工工艺见表10-3-28。

热拌沥青混凝土薄层罩面施工工艺　　表10-3-28

序号	施工工序	工艺要求
1	作业准备	了解施工阶段的气候情况，确保施工时气温为10℃，无雨。 准备好施工所用材料，如沥青、集料等。 检查施工机械设备是否正常运行，提前0.5～1h预热熨平板不低于100℃
2	布置养护维修作业控制区	顺着交通流的方向设置安全设施
3	清扫路面	清扫原路面，清除表面杂物、油污并吹干，原路面不得有积水
4	喷洒黏层沥青	匀速开动沥青洒布车，打开开关喷洒SBS改性沥青，喷洒量为0.6～1.2kg/m^2。沥青要洒布均匀，不应有空白或积聚现象
5	撒布集料	撒布50%～60%的4.75～9.5mm单一粒径集料，集料粒径应与沥青混凝土层集料粒径相匹配
6	碾压	用双轮钢筒压路机或轮胎压路机碾压成形
7	沥青混合料的拌和(后场)	按配合比控制混合料的拌和。 改性沥青加热温度控制在180℃左右，重交通沥青加热温度控制在165℃左右，矿料加热温度控制在180～190℃，混合料的出场温度控制在165～180℃。 沥青混合料的拌和时间应根据具体情况经试拌确定，以沥青均匀裹覆集料为度，无花白、离析、糊料等

续上表

序号	施工工序	工艺要求
8	沥青混合料的运输(后场)	应采用载质量较大的自卸汽车运送沥青混合料。 自卸汽车的数量应根据拌和能力和摊铺速度确定,并保证在摊铺机前有2~4辆待卸车。 自卸汽车每次使用前后必须打扫干净,在车厢板和底部涂一薄层隔离剂或防黏剂,可用1:3的柴油水混合液。 自卸汽车运料时,宜用篷布或棉毯覆盖沥青混合料。 如混合料的温度不符合施工温度要求或结块、遭雨淋,应该废弃不用
9	卸料	必须由专人指挥自卸汽车将料卸到摊铺机料斗。 自卸汽车应在摊铺机前100~300mm处停住,空挡等候,由摊铺机推动前进开始缓慢卸料,避免撞击摊铺机。 自卸汽车每次卸料必须倒净,如有剩余,应及时清除,防止硬结
10	沥青混合料摊铺	摊铺作业应连续、匀速、不间断地进行,不得随意变换速度或中途停顿。 在摊铺过程中应随时检查摊铺厚度和路拱横坡,不符合要求时应及时进行调整。 摊铺机摊铺不到的死角由人工摊铺整形
11	沥青混合料碾压	碾压按"先低后高,先慢后快,先轻后重"的原则进行。 压实按初压、复压、终压(包括成形)三个阶段进行,碾压时的温度应符合相关规范的要求。 初压用10~12t的双轮钢筒压路机以2~3km/h的速度碾压2遍。 复压宜用总重不小于25t的轮胎压路机以6km/h的速度碾压至稳定无显著轮迹为止,一般不少于6遍。 如复压后已无明显轮迹或其他表面缺陷时可免去终压。终压宜用光轮压路机静压至路面平整、无轮迹为止,一般不少于2遍。 压路机无法压实的死角,应采用振动夯板夯实。 压路机不得在新铺的沥青混合料上掉头、转向、左右移动或紧急制动
12	接缝处理	纵缝采用冷接缝,搭接宽度约50mm。在后续碾压作业时应跨缝碾压,保证纵向接缝顺直。 横向接缝,在摊铺段结束时,摊铺机在接近端部前约1m处将熨平板稍稍抬起驶离现场,人工将端部混合料铲平齐后再碾压,新铺路面与原路面应连接平顺
13	开放交通	应待热拌沥青混合料路面完全自然冷却,混合料表面温度低于50℃后,即可撤除路面安全设施,开放交通
14	质量标准	热拌沥青混凝土薄层罩面施工质量要求应符合《公路沥青路面施工技术规范》(JTG F40—2004)的规定

(6)沥青路面再生技术

路面破损严重,采用罩面等措施不能使路面恢复良好的工作状态时,为保证必要的服务功能,应进行翻修并对旧沥青面层尽可能予以再生利用。沥青路面再生是指将旧沥青路面经过翻挖、回收、破碎、筛分后,与再生剂、新沥青材料、新集料等按照一定比例重新拌和成沥青混合料,满足一定的路用性能并重新铺筑于路面的施工方法。对旧沥青路面进行再生利用,可以大大节省路用材料、人力和物力,并且解决了废料堆放的问题,利于环保。

①沥青路面再生分类。

沥青路面再生分类见表 10-3-29。

沥青路面再生分类　　表 10-3-29

分类	定　义	适用范围	技术特点
厂拌热再生	厂拌热再生是指将旧路面翻松后,就地打碎(或运至厂内打碎)后运到再生处理厂,添加新集料、稳定处理材料或再生剂等,拌和得到新的沥青混合料,经摊铺、碾压而成沥青路面的施工方法	适用于各个等级公路的沥青面层及柔性基层	厂拌热再生 RAP(“旧料”)掺配比例相对较低。 技术难度小,适用范围广,质量控制容易,应用最广
就地热再生	就地热再生是指采用特殊的加热装置在短时间内将沥青路面加热至施工温度,然后以机械方式铣刨(25mm 左右)旧路面,再根据混合料性能要求掺加新集料、再生剂等,经搅拌、摊铺、碾压而成沥青路面的施工方法	适用于仅存在浅层轻微病害的高速公路及一级公路、二级公路沥青路面表面层的就地再生利用,再生层可用作上面层或中面层	RAP 全部就地再生利用。 再生深度有限,适用范围较窄,一般只用于路面预防性养护
厂拌冷再生	厂拌冷再生是指采用乳化沥青与旧料和新集料在常温下拌和成混合料,经摊铺、碾压而成沥青路面的施工方法	适用于高速公路和一级公路、二级公路沥青路面的下面层及基层、底基层,三级公路、四级公路沥青路面的面层。当用于三级公路、四级公路的上面层时,应加铺上封层	性能较好,RAP 要求较低,适用范围较广
就地冷再生	就地冷再生是指利用旧沥青材料及部分基层材料进行现场破碎加工,加入部分新集料及一定量的添加剂、水,在满足级配的前提下,在自然的环境温度下连续完成材料的铣刨、破碎、添加、拌和、摊铺及压实成形,形成新的结构层的施工方法	适用于一级公路、二级公路、三级公路沥青路面的就地再生利用,用于高速公路时应进行论证。对于一级公路、二级公路,再生层可作为下面层、基层;对于三级公路,再生层可作为面层、基层,用作上面层时应加铺上封层	RAP 全部再生,RAP 要求低,价格便宜。 冷再生层一般不能直接作为表层

②施工工艺。

就地冷再生施工工艺见表 10-3-30。

就地冷再生施工工艺　　表 10-3-30

序　号	施工工序
1	作业准备
2	布置养护维修作业控制区
3	铣刨机铣刨旧路面 

续上表

序　号	施工工序
4	运输车将新集料直接卸入再生机前端的接料斗 
5	水泥稀浆搅拌输送车(或乳化沥青罐车)通过管道把水泥稀浆(或乳化沥青)输送到再生机 
6	再生机完成新旧材料的拌和、摊铺及预压实
7	压路机完成再生层的最终压实成形
8	接缝处理
9	开放交通

(7)深层注浆加固处治沉陷

①材料要求。

深层注浆用的水泥浆是以水泥作为胶结材料,掺加适当比例外加剂拌制而成。配制的浆液在干燥土中或水中照样迅速固结,浆液固结率为100%,固结过程中不析水,浆液固结体本身强度高,终凝抗压强度大于或等于20MPa。

a. 水泥:32.5R普通硅酸盐水泥,符合现行国家标准的要求。

b. 水:洁净饮用水。

②施工工艺。

深层注浆施工工艺见表10-3-31。

深层注浆施工工艺　　表10-3-31

序号	施工工序	工艺要求
1	作业准备	准备好施工所用材料。 检查施工机械设备是否正常运行
2	布置养护维修作业控制区	顺着交通流的方向设置安全设施
3	布孔	在病害范围内等孔距呈梅花状布孔,孔位应在病害处。裂缝两端的孔位距路缘石不小于0.8m
4	钻孔	垂直钻孔,孔深为超过路面基层底部进入路基,钻杆直径为63mm

续上表

序号	施工工序	工艺要求
5	设置套管	用镀锌水管制成套管，作为导浆管。将导浆管插入灌浆孔内，导浆管底部封闭，在距管底 50mm 左右的管壁上钻一排孔，用于漏浆
6	配制浆液	按配合比将水、外加剂混合搅拌，然后加入水泥搅拌均匀制成注浆浆液，并用滤网过滤。配制好的浆液必须在初凝前使用完毕
7	连接注浆管	将注浆管与套管连接，连接头与套管头的搭接不小于 50mm，确保密封不漏浆。注浆完毕，待压力表显示为零时方可拆卸
8	注浆	按先灌注路面外围孔、后路面中间孔的顺序分两次注浆。 第一次注浆：启动注浆泵，逐渐加压灌注浆液。当出现以下任一情况时即停止灌注： ①相邻孔内或裂缝中冒浆； ②裂缝周围沥青面层出现轻微抬升。 灌注压力达到 0.5MPa，间隔 15min 后进行第二次注浆；注浆压力不得高于第一次，当出现①②两种情况之一时即停止注浆
9	封孔	每注浆完一孔先用木塞堵孔，待注浆完毕后，拔出注浆套管并用水泥砂浆堵孔
10	清理现场	注浆完毕，应将路面清扫干净，必要时采用高压水冲洗
11	开放交通	施工完毕须进行养护 12h，方可撤除路面安全设施，开放交通
12	质量标准	注浆后的路面没有损坏、隆起现象。 浆液的强度和膨胀指标达到要求，对施工浆液的抗压、泌水和膨胀三个指标进行检测。 路表弯沉能够满足设计要求的允许值

学习活动四　水泥混凝土路面养护

任务总描述

水泥混凝土路面在行车荷载与自然因素作用下，因混凝土板、接缝、基层、路基的缺陷产生各种类型的损坏，其中既有设计的原因，也有施工质量的问题，以及人为和外界的因素。水泥混凝土路面在养护良好的条件下，其使用年限要比其他路面长，一旦开始损坏，会引起破损的迅速发展。因此，应做好预防性、经常性的养护，通过日常的观察，及早发现缺陷，查明原因，及时采取相应的处治措施，使路面保持完好的状态。

学习目标

完成本学习任务后，你应当：

1. 熟悉水泥混凝土路面养护的目的和要求；
2. 能够选择水泥混凝土路面的养护对策；
3. 能够正确选择水泥混凝土路面修复措施。

学习情境描述

某段水泥混凝土路面，经过长期使用后，发现水泥混凝土路面出现了各种不同病害，需要根据实际情况进行路面调查、归类，并制订相适应的养护和维修措施，以确保水泥混凝土路面的使用寿命和行车质量。

相关知识

一、水泥混凝土路面养护基本内容

(1)行车道与硬路肩上的泥土和杂物,应经常予以清扫。当设有中间带、变速车道、爬坡车道、临时停车带时,其上的泥土和杂物亦应清扫干净。

(2)水泥混凝土路面各种接缝的填缝料出现缺损或溢出,应及时填补或清除,并应防止泥土、砂石及其他杂物挤压进入接缝内,影响混凝土面板的正常伸缩。

(3)路基路面排水设施,应经常检查和疏通,防止积水,以保护路面不受地面水和地下水的损害。

(4)路面各种标线、导向箭头及文字标记,应及时清洗和恢复,经常保持各种标线、标记完整无缺,清晰醒目。辅助和加强标线作用的突起路标,应无损坏、松动或缺失,并保持其反射性能。

(5)路肩外和中央分隔带内种植的乔木、绿篱和花草,应及时浇灌、剪修,以保持路容整齐、美观,如有空缺或老化,应适时补植或更新,对虫害,应及时防治。对影响视距和路面稳定的绿化栽植,应予以处理。

(6)对路面、路肩和路缘石等的局部损坏,应查清原因,采取合适的材料和相应的措施进行修复,以保持路面具备各级公路所要求的使用状态和服务水平。

(7)对路面的较大损坏,应按养护规范对路面检查评定,依照结果确定养护的对策,安排大、中修或专项整修工程,进行维修和整治。局部路段路面损坏严重的,应予以翻修,以达到设计标准;整个路段路面平整度、抗滑能力不足的,可采取罩面,以恢复其表面功能;整个路段路面接缝填缝料失效的,应予以全面更换。

二、水泥混凝土路面病害类型

1. 水泥混凝土面板断裂类病害

贯穿水泥混凝土面板的断裂裂缝,按裂缝出现的方位和板断裂的块数,分为下列4种病害:

(1)平行或近于平行路面中心线的纵向裂缝。

(2)垂直或斜向路面中心线的横向或斜向裂缝。

(3)从板角隅到斜向裂缝两端的距离小于1.8m的角隅断裂。

(4)两条以上裂缝交叉,使板断裂成3块以上的交叉裂缝和断裂板。

2. 水泥混凝土路面接缝类病害

水泥混凝土路面板接缝处的损坏,按损坏形态分为以下6种:

(1)接缝填缝料损坏。

(2)纵向接缝拉开。

(3)唧泥和板底脱空。

(4)错台。

(5)接缝碎裂。

(6)拱起。

3. 水泥混凝土路面表层类病害

水泥混凝土路面表层损坏,可分为下列3种病害:

(1)磨损和露骨。

(2)纹裂、网裂和起皮。

(3)坑洞。

4. 水泥混凝土面板竖向位移类病害

此类病害按产生原因不同分为下列两种:

(1)沉陷。

(2)胀起。

三、水泥混凝土路面日常养护

1. 清扫保洁

(1)水泥混凝土路面必须定期清扫泥土和污物,与其他路面连接处及平交道口应勤加清扫,路面上出现的小石子等应予以清除,中央分隔带内的杂物应定期清除,保持路容整洁。

(2)路面清扫时,宜采用机械作业,机械清扫留下的死角,应用人工清除干净。

(3)路面清扫时,应尽量减少清扫作业产生灰尘,以免环境污染。路面清扫后的垃圾运至指定地点进行处理,不得随意倾倒。

(4)当路面被油类物质或化学品污染时,自学成才清洗干净,必要时用中和剂或其他材料处理,再用水冲洗。

(5)交通安全设施应定期擦拭,交通标志及标线受到污染后应及时清扫或清洗,保持整洁、醒目。

(6)交通安全设施应保持完整,发生局部脱落、破损时应用原材料进行修复或更换。

2. 接缝保养及填料更换

(1)应对接缝进行适时的保养,保持接缝完好,表面平顺。当填缝料突出板面时,应及时铲平;当填缝料外溢到两侧面板,影响路面平整度时,应及时清除;当杂物嵌入接缝时,应及时剔除。

(2)应对填缝料进行周期性或日常性的更换。更换周期一般为2~3年,当局部脱落时进行灌缝填补;接缝渗水严重时进行整条接缝料更换。

(3)填缝料的更换应做到饱满、密实、黏结牢固,清缝、灌缝宜使用专用机具。填缝料的灌注高度,夏季宜与面板平,冬季宜稍低于面板2mm,尽量选择再春秋两季更换。

3. 排水设施养护

(1)必须对路面路肩中央分隔带边沟边坡挡土墙以及所有排水设施进行妥善的日常维护,保持系统的排水功能。当排水系统整体功能不能满足要求时,应通过改善或改建工程完善提高。

(2)路面排水设施,应采取经常性的查巡并与重点检查相结合,发现损坏及时修复,发现堵塞及时疏通,路段积水应及时排出。

(3)雨天应重点检查超高路段的中央分隔带纵向排水管、雨水井、集水井等排水状况,出现堵塞、积水应及时排出。

(4)排水构造物修复宜采用与原构造物相同的材料。

(5)路面接缝、路户接缝及路缘石与路面接缝变宽出现接缝渗水时,应进行填缝处理。

(6)及时清除路肩堆积物、杂草等,定期清除雨水井、集水井等污物。

4. 冬季养护

(1)冰雪地区路段水泥混凝土路面冬季养成护的重点是除雪、除冰、防滑作业,重点是桥面、坡道、弯道、垭口及其他严惩危害行车安全检查的路段。

(2)除雪、除冰、防滑要合理确定服务业计划,并加强人员培训,做好机械设备、作业工具、防冻工具、防冻防滑材料的准备。

(3)除雪以清除新雪为主,化雪时应及时清除雪水和薄冰,除冰困难的路段应以防滑措施为主,除冰时应防止破坏路面。

(4)防止路面结冰时,通常撒布防冰料盐即可,一般路段撒布量为15g/m^2,严重积雪路段撒布量为30g/m^2。

(5)在冻融前,应将积雪及时清除,以免雪水渗入路户,冰雪消融后,应清除路面上的残留物。

(6)禁止将含盐的积雪堆积于绿化带。

四、水泥混凝土路面破损处理

1. 裂缝维修

(1)对于宽度小于3mm的轻微裂缝可采取扩缝灌浆。

①顺着裂缝扩宽成1.5~2.0cm的沟槽,槽深可根据裂缝深度确定,最大深度不得超过2/3板厚。

②清除混凝土碎屑,吹净灰尘后,填入粒径为0.3~0.6cm的清洁面屑。

③根据选用的灌缝材料,按规定进行配比,混合均匀后,灌入扩缝内。

④灌缝材料固化后,达到通车强度,即可开放交通。

(2)对贯穿全厚的大于3mm、小于15mm的中等裂缝,可采取条带罩面进行补缝。

①在裂缝两侧切缝时,切割线应平行于裂缝,且离裂缝不小于15cm,如图10-4-1a)所示。

②凿除横缝内的混凝土,深度以7cm为宜。

③每间隔50cm打一对钯钉孔,钯钉孔的大小应略大于钯钉直径2~4mm,并在两钯钉孔之间打一对与钯钉孔直径相一致的钯钉槽。

④钯钉宜采用ϕ16mm螺纹钢筋,使用前应予以除锈。钯钉长度不小于20cm,弯钩长度为7cm。

⑤钯钉孔必须填满砂浆,方可将钯钉插入孔内安装。

⑥切割缝的内壁应凿毛,并清除松动的混凝土碎块及表面尘土、裸石。

⑦浇筑的混凝土应及时的振捣密实、抹平,并喷洒养护剂。

⑧修补面板两侧,应加深缩缝,并灌注填缝料,如图10-4-1b)所示。

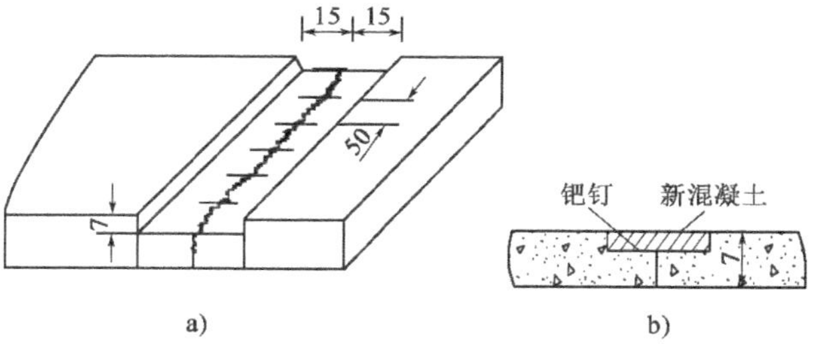

图10-4-1　条带补缝(尺寸单位:cm)

(3)缝宽大于15cm的严重裂缝右采用全深度补块。全深度补块常用的方法有刨挖法与设置传力杆法。

①刨挖法也称为倒T形法。是指将产生裂缝的板体全部刨除,在相邻板体处按照一定的技术要求,在下方暗挖15cm×15cm的一块面积,并做好垫层用于荷载传递的方法,其施工方法如图10-4-2所示。

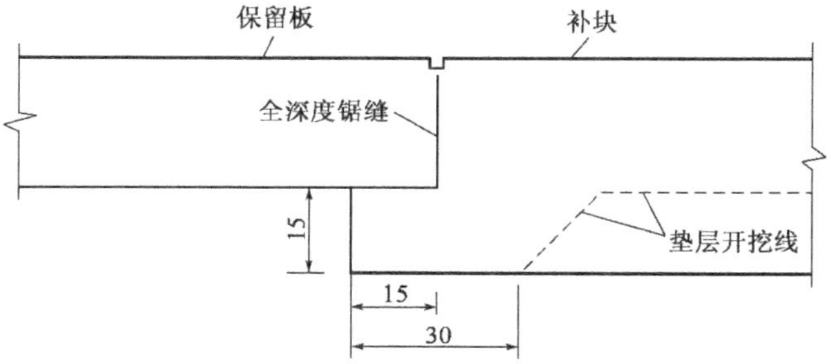

图10-4-2　刨挖法(尺寸单位:cm)

②设置传力杆的方法应按施工规范的要求执行。当处理基层后,应修复、安设传力杆和拉杆。如原钢筋折断时,应用与原规格相同的钢筋焊接或重新安设。重新安设传力杆或拉杆必须按要求的钢筋间距、长度、尺寸进行,如图10-4-3所示。

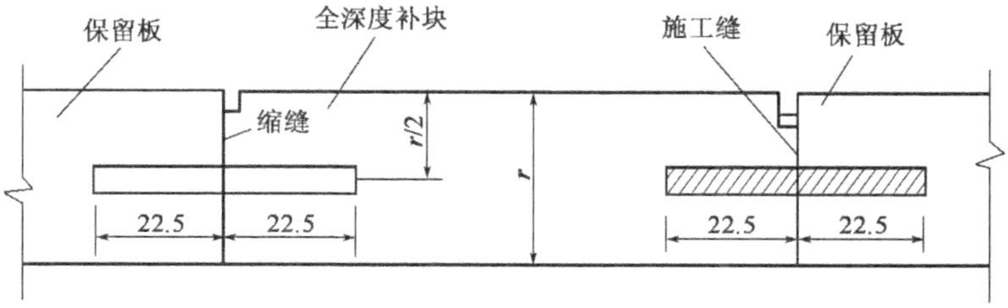

图10-4-3　设置传力杆法(尺寸单位:cm)

2. 板边、板角修补

(1)当水泥混凝土面板轻度剥落时,板边修补应将剥落的表面清理干净,用沥青混凝土或接缝料修补平整。板角修补应按破裂面的大小确定切割范围,如图10-4-4所示。

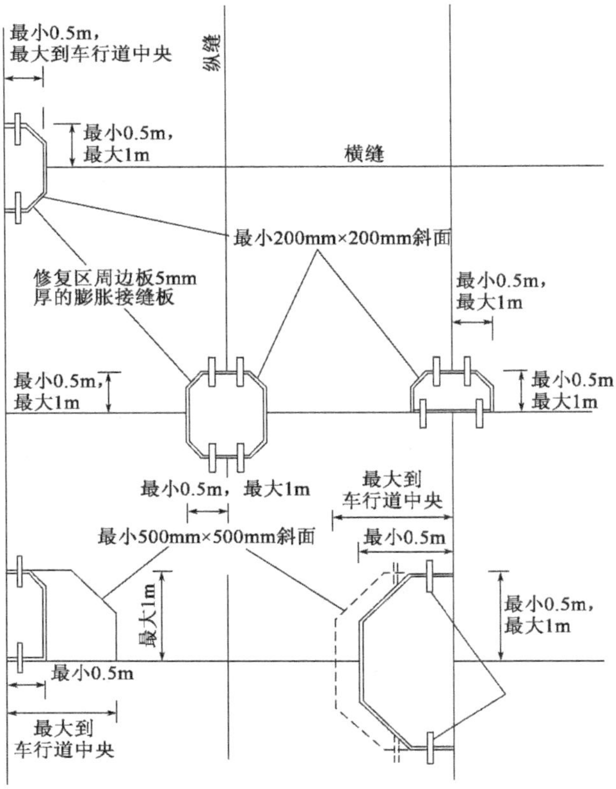

图10-4-4 板角修补法

(2)切缝后,凿除破损部分时,应凿成规则的垂直面。对原有钢筋不应切断,如果钢筋难以全部保留,至少也要保留20~30cm长的钢筋头,且应长短交错。

(3)原有滑动传力杆,如有缺陷应予以更换,并在新老混凝土之间加设传力杆,传力杆间距控制在30cm。

(4)基层不良时,可采用C15混凝土浇筑基层。

(5)与原有路面板的接缝面,应涂刷沥青。如为胀缝,应设置接缝板。

(6)现浇混凝土与老混凝土面板之间的接缝应切出宽3mm、深4mm的接缝槽,并灌入填缝材料。

(7)待混凝土达到强度后,方可开放交通。

3. 板块脱空处治

(1)水泥混凝土面板脱空位置的确定可采用弯沉测定法。

①须用5.4m长杆弯沉仪及相当于BZZ-100重型标准汽车。

②弯沉仪的测点与支座不应放在相邻两块板上,待弯沉车驶离测试板块,方可读取百分值。

③凡弯沉超过0.2mm的,应确定为面板脱空。

(2)灌浆孔布设基本要求如图 10-4-5 所示。

①灌浆孔布设应根据路面板的尺寸、下沉量大小、裂缝状况以及灌浆机械确定。

②用凿岩机在路面上打孔,孔的大小应和灌注嘴的大小一致,一般为 50mm 左右。

③灌浆孔与面板边的距离不应小于 0.5m。在一块板上,灌浆孔的数量一般为 5 个,也可根据情况确定。

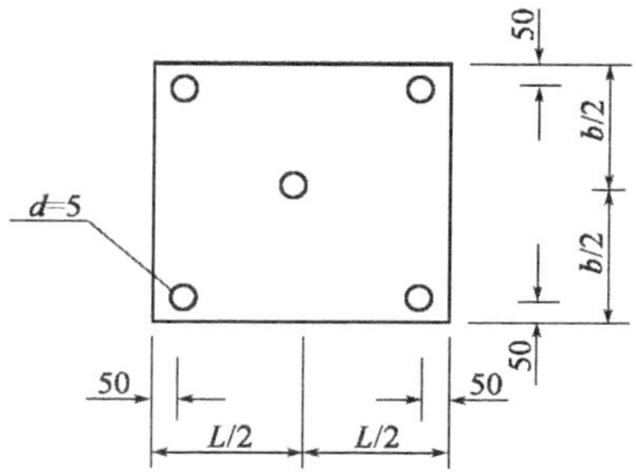

图 10-4-5　灌浆孔布置(尺寸单位:cm)

d-灌浆孔直径;L-板长;b-板宽

(3)水泥混凝土路面板和基层之间由于出现空隙而导致路面沉陷的,可采用沥青灌注,水泥浆、水泥粉煤灰浆和水泥砂浆灌浆等方法进行板下封堵。

①沥青灌注方法。

a. 灌浆孔的布置。

b. 灌浆孔钻好后,应采用压缩空气将孔中的混凝土碎屑、杂物清除干净,并保持干燥。

c. 宜采用建筑沥青,沥青加热熔化温度一般为 180℃。

d. 沥青洒布车或专用设备的压力为 200 ~ 400kPa。灌注沥青压满后约 0.5min,应拔出喷嘴,用木楔堵塞。

e. 沥青温度下降后,应拔出木楔,填进水泥砂浆,即可开放交通。

②水泥灌浆法。

a. 灌浆孔的布设与沥青灌注法相同。

b. 灌注机械可用压力灌浆机或压力泵,灌注压力为 1.5 ~ 2.0MPa。

c. 灌浆作业应先从沉陷量较大地方的灌浆孔开始,逐步由大到小。当邻孔或接缝中冒浆,可停止泵送水泥浆,每灌完一孔应用木楔堵孔。

d. 待砂浆抗压强度达到 3MPa 时,用水泥砂浆堵孔,即可开放交通。

4. 唧泥处理

(1)水泥混凝土路面唧泥病害,应采取压浆处理。

(2)水泥混凝土面板进行压浆处理后,应对接缝及时灌缝。

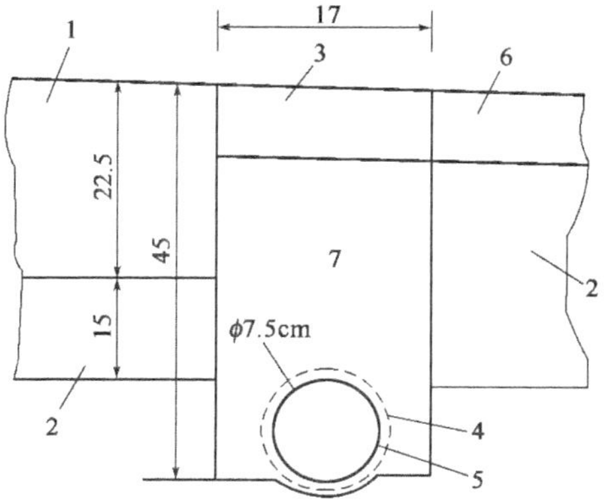

图 10-4-6　边部排水管布置图(尺寸单位:cm)

1-水泥混凝土;2-集料基层;3-沥青混凝土;4-渗滤织物;5-多孔管;6-沥青混凝土路肩;7-细渗滤集料

(3)设置排水设施基本要求:

①路面和路肩应保持设计横坡,宜铺设硬路肩。

②路面裂缝、接缝以及路面与硬路肩接缝应进行密封。

③设置纵向积水管和横向出水管,其方法如下:

a. 在水泥路面的外侧边缘挖一条纵向沟,宽 15 ~ 25cm,沟深挖至集料基层之下 15cm,横沟与纵沟的交角应在 45° ~ 90°之间,横沟间的距离约 30m,如图 10-4-6 所示。

b. 积水管一般采用 φ7.5cm 多孔塑料管,出水管为无孔塑料管。

c. 设置纵向和横向水管,并按设计的距离将积水管和出水管连接起来。

d. 纵向多孔管应包一层渗透性较强的土工织物。

e. 积水管和出水管放入沟槽时,其底部应平顺,横向出水管的坡度应大于或等于纵向排水坡度,出水管的管端应延伸到排水沟内,并设端墙。

f. 管的外围应填放粗砂等渗滤集料,并振动压实。

g. 回填沟槽时,应采用与原路肩相同的材料恢复原状。

5. 错台处治

(1)错台的处理方法有磨平法和填补法两种,可按错台的轻生程度选定。

(2)高差小于或等于10mm的错台,可采用磨平机磨平,如图10-4-7所示。

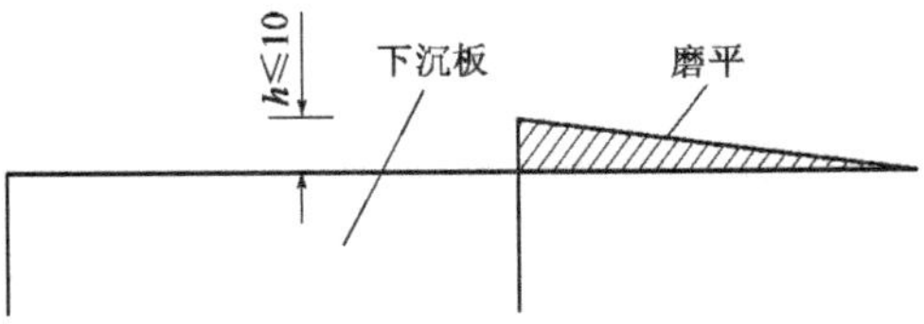

图10-4-7 错台磨平法示意图(尺寸单位:cm)

(3)高差大于10mm错台,可采用沥青砂或水泥混凝土进行处治。

①沥青砂填补要求:在沥青砂填补前应清除路面杂物和灰尘,并喷洒一层热沥青或乳化沥青,沥青用量为0.4~0.6kg/m^2。沥青补砂后,宜用轮胎式压路机碾压。

②水泥混凝土修补要求:应将错台下沉板凿除2~3cm深,修补长度按错台高度除以坡度计算。再浇筑聚合物细粒混凝土,材料配合比参照技术规范。

6. 沉陷处理

(1)沉陷处理应设置排水设施,按实际排水情况实施。

(2)面板顶升灌注基本要求如下:

①面板在顶升前,应用水准仪测量下沉板的下沉量,测站距下沉处应大于50m,并绘出纵断面,求出升起值。

②在混凝土面板上钻孔,孔深应略大于板厚2cm。

③板块顶升宜采用起重设备或千斤顶。

④灌注材料可采用水泥砂浆。

⑤灌注材料压入后,每灌一孔应用木楔堵塞,压浆全部完毕,应拔出木楔,宜用高强水泥砂浆堵孔。

⑥压浆材料的抗压强度达到6MPa时,方可开放交通。

(3)当水泥混凝土整板沉陷并产生破碎时,应整板翻修。

7. 拱起处理

拱起处理应根据具体情况,采取不同的方法进行处治。

(1)板端拱起但路面完好时,应根据板块拱起高低程度,计算要切除部分板块的长度。先将拱起板块两侧附近1~2条横缝切宽,待应力充分释放后切除拱起端,逐渐将板块恢复原位,在缝隙和其他接缝内应清缝,并灌接缝材料,如图10-4-8所示。

(2)拱起板端发生断裂或破损时,按相关要求处理。

(3)拱起板两端间因硬物夹入发生拱起,应将硬物清除干净,使板块恢复原位,应清理接缝内杂物和灰尘,灌填缝料。

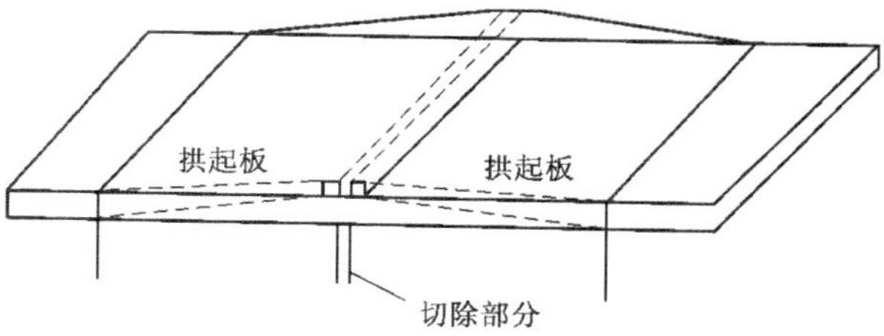

图 10-4-8　板体拱起修复

(4)胀缝间因传力杆部分或全部在施工时设置不当,使板受热时不能自由伸长而发生拱起,应重新设置胀缝。按水泥混凝土路面有关施工规范执行,使面板恢复原状。

思　考　题

1. 路面调查的内容与频率包括哪些?
2. 简述沥青路面损坏的类型。
3. 简述水泥混凝土路面损坏类型。
4. 公路养护作业控制区包括哪些区域?
5. 简述高速公路沥青路面日常养护。
6. 简述沥青路面坑槽的维修方法。
7. 简述水泥混凝土路面裂缝维修方法。

学习任务十一　绿 化 工 程

任务总描述

公路绿化指在公路两侧用地范围内种植树木、花草和营造小型园林的工作。公路绿化应根据公路沿线的自然条件进行总体规划,使之同公路建筑造型及周围环境相协调。公路绿化能起稳固路基、保护路面、美化路容、诱导交通、舒适行旅的作用。此外,公路绿化还能起保护环境,防治污染,维持生态平衡的作用。公路绿化主要分为防护林带、风景林带、防护草皮以及小型园林和花圃草坪等。对以上各项内容指标的实测验收在道路竣工验收中也相当重要。

学习目标

完成本学习任务后,你应当:

1. 熟悉公路绿化基本要求;
2. 能够根据规范要求对绿化工程实测过程进行检查;
3. 能够对公路苗圃进行育苗技术指导;
4. 能够对不同类型区的绿化成活率进行验收。

学习情境描述

某一级公路绿化工程已全线完工,现需对该一级公路的绿地整理、树木栽植、草坪、草本植被及花卉种植、喷播绿化进行检查验收。

相关知识

一、公路绿化的特点

1. 净化空气功能

绿色植物在光合作用过程中能够吸收二氧化碳,放出氧气,使空气保持新鲜;行车后排出大量废气,而绿色植物如同空气过滤器,能吸收大量的有毒气体,对空气起到净化作用;空气中飘浮着大量尘埃,绿色植物对尘埃有很好的黏附作用。

2. 降低噪声功能

汽车噪声有很大的危害,高速公路的绿化很大程度上降低了汽车噪声对环境和人体造成的危害。树木有散射声波的作用,造成声能消耗使其减弱。绿化降噪是指栽植树木和草皮以降低噪声的方法。树木的叶、枝、干是决定树木降噪效用的主要因素。

3. 美化路容功能

绿色环境是人类生存和发展的物质基础。长时间高速行驶在高速公路上,驾驶员会在精神上、视觉上产生疲倦。通过色彩多样的植物及形态各异的乔灌木景观,可以改善枯燥的行车环境,缓解视觉疲倦,提高安全保障。

4. 水土保持功能

为了保护路堑、路堤等边坡的稳定，可利用植物材料进行防护，植物的根条纵横交织而发达，可有效地增加土壤机械固着能力，提高抗冲、防蚀能力，起到保持水土，稳固路基的作用。

二、公路绿化原则

(1)公路绿化由公路管理部门统一规划，并负责总体设计和实施安排。公路绿化要贯彻执行“乔、灌、花、草一齐上”“栽植、移栽、播种一齐上”的公路绿化政策；要克服“重栽植、轻管护”的倾向，认真做到“栽、管、护”的有机结合。

(2)公路绿化工程要与公路新建、改建、养护工程同规划、同设计、同施工、同验收。

(3)公路绿化要从实际出发，本着“因地制宜、因路制宜，宜乔则乔，宜灌则灌，宜草则草”的原则进行设计。

(4)公路绿化是一个整体，要统一规划，分段施工。绿化施工要建立有效的责任制，并严格按设计进行栽植和检查验收。

(5)人工造景要适应地形、气候、土质、公路横断面的变化。绿化也可以充分利用公路两侧森林、果园等自然景观；两侧有整齐的水田路段，可适当栽植灌木，乔木作为陪衬；土质路堤、路堑坡面，应种花、草、藤木和小灌木；弯道外侧可利用乔木进行视线诱导性栽植，内侧只宜种不影响视距的低灌木或花、草；路肩上除草坪外，其他绿色植物一律不得种植；经常有台风危害的地方和路段，应尽量采取非高大乔木的绿化措施。

三、对公路绿化基本要求

进行公路绿化时，应根据公路等级和当地自然、经济条件选择绿化植物品种，并借助公路沿线的自然景观，设计各种绿化类型以及凉亭、雕塑、池塘、花坛、草坪等，以便更好地增加绿化、美化效果，达到防护与观赏相结合的目的。

(1)不同类型地区的公路绿化应符合下列要求：

①山区。应发展具有符合地形效能的绿化功能，如防护林带、灌木丛、草皮护坡等，以含蓄水分，滞缓地表径流，防冲刷，防坍固坡。

②平原区。应配合农田水利建设和园林化总体规划要求栽植单行或多行防护林带，以减轻或消除风、沙、雪、水等对公路的危害。

③草原区。应在线路两侧栽植以防风、防雪为主的防护林带，以阻挡风雪侵蚀危害公路。

④风沙危害地区。应栽植耐干旱、根系发达、固沙能力强的植物品种，以营造公路防风、固沙林带为主。

⑤盐碱区。应选择抗盐碱、耐水湿的乔木、灌木品种，配栽成多行数的绿化带，以降低地下水位，改善土壤结构。

⑥养护基层单位的庭院绿化。可栽植具有观赏和经济价值的乔木、灌木、花、草及果木，营造四季常青的优美舒适环境。

(2)按公路等级不同，公路绿化应符合下列要求：

①高速公路的绿化，因其车速高、流量大，进行绿化时，公路两侧土路肩、边坡以种植人

工草皮和花卉为主,护栏内外种植绿篱或花草、灌木。路肩上和中间隔离带内,不可栽植乔木。

②汽车专用二级公路的绿化,应按线形走向采用“点、线、面”相结合。绿化的“点”要优美,“线”要整齐,“面”要壮观开阔。人工种植的绿色植物要强调透视性,保证行车安全。

③一级公路的绿化,应以乔木为主,可配植一些灌木和花草。平原路段应以人工造景为主,采用不同的绿化植物品种,以不同高度、不同株距分段组合方式进行;山区路段应以自然景观与人工造景相结合的方式绿化;位于城市郊区的路段,有中央分隔带或分道行驶隔离带的,可栽植绿篱和花草,绿篱的高度以60~120cm为宜,可起防眩作用,其两侧按平原段标准绿化。

④二级公路的绿化,一般按乔、灌木结合进行种植。有护坡道的二级公路可种植乔木或花、灌木。

⑤三级公路、四级公路的绿化,仍维持行列式的栽植,但要适当加大株间距离。

(3)不同类型区的绿化成活率标准:

①平原区公路绿化成活率90%为合格,95%以上为优良。

②山区公路绿化成活率达85%为合格,90%以上为优良。

③寒冷草原区及沙、碱、干旱区公路绿化,成活率达75%为合格,80%以上为优良。

④路绿化的保存率按《公路养护技术规范》(JTG D50—2017)的要求,栽植后两年进行检查,保存率达到80%为合格,90%以上为优良。

四、一般规定

植物种子应由有国家法定种子质量检验机构出具的种子质量检验报告,外省市调入的苗木和种子应有植物检疫证书。《中华人民共和国种子法》第四十条、第五十二条及《林木种子质量管理办法》(国家林业局令第21号)第十六条等规定,林木种子[指乔木、灌木、木质藤本等木本植物和用于林业生产,国土绿化的草本植物的种植材料(苗木)或者繁殖材料,包括籽粒、果实和根、茎、苗、芽、叶等]生产经营者应当进行质量检验,将林木种子的净度,含水率和发芽率等质量指标记载于林木种子质量检验证书中。《中华人民共和国植物检疫条例》第七条、第八条等规定,凡种子、苗木和其他繁殖材料在调运之前都必须经过检疫,经检疫未发现植物检疫对象的,发给植物检疫证书。

公路绿化术语生物工程的一类,其种植的植物材料需要至少经历一个年生长周期后方能检验判定其成活率、发芽率、覆盖率。

五、绿地整理

1. 基本要求

土壤是植物生长的基础,绿化栽植的土壤若含有废弃构筑物、工程渣土与废料及其他有害污染物,将影响植物根系生长或造成死亡;宿根性杂草、树根会影响互通式立体交叉区与环岛、管理养护设施区及服务设施区等绿地的景观效果。所以,绿地内不得有废弃构筑物、工程渣土与废料及其他有害污染物,互通式立体交叉区与环岛、管理养护设施区及服务设施区等有景观要求的绿地内不得有宿根性杂草、树根。

为营造景观效果,设计上会对一定范围内的地形进行回填土或造型设计;施工时则需按照设计进行施工,在回填的种植土达到自然沉降的状态后进行检验,避免回填土表层有明显低洼和积水处。回填土及地形造型的范围、厚度、高程、造型及坡度应满足设计要求。

2. 实测项目

绿地整理实测项目应符合表 11-0-1 的规定。

绿地整理实测项目　　表 11-0-1

项次	检 查 项 目		规定值或允许偏差	检查方法和频率
1	有效土层厚度(mm)		满足设计要求	环刀或挖样洞,尺量:带状绿地每 1km 测 5 点;点状绿地每个连续种植单元每 $1000m^2$ 测 2 点,且不少于 3 点
2	地形相对高程(mm)	$H \leqslant 1000$	±50	水准仪测量或尺量:分隔带绿地每 1km 测 5 点;互通式立体交叉区与环岛、管理养护设施区及服务设施区绿地每个连续种植单元每 $1000m^2$ 测 2 点,且不少于 3 点
		$1000 < H \leqslant 2000$	±100	
		$2000 < H \leqslant 3000$	±150	
		$3000 < H \leqslant 5000$	±200	

土壤有效土层厚度对植物的根系生长和成活有较大的影响,不同种类的植物其生长成活所要求的最低土层厚度也不同。

地形相对高程是反映栽植土回填、造型、表层土整理质量的指标之一,在回填的种植土达到自然沉降状态后进行实测;景观要求较高的分隔带绿地、互通式立体交叉区与环岛、管理养护设施区及服务设施区等绿地多设计有地形造型,是质量控制的重点部位。

六、树木栽植

1. 基本要求

(1)带有严重病虫害的苗木会传播病虫害,进而影响植物成活率和绿化效果。严禁使用带有严重病虫害的苗木,非检疫对象的病虫害痕迹不得超过树体的 5% ~10%。

(2)栽植穴(槽)定点放线质量直接影响苗木种植后的整体景观效果,施工时不同的苗木栽植位置地点需符合设计要求,位置准确,并设置明显的标记。

(3)不易降解的包装物影响植物的根系伸展,进而影响苗木的生长发育。带土球苗木栽植前应去除不易降解的包装物。

(4)树木栽植不得影响行车视距,互通式立体交叉区匝道成分流、会合的三角端等部位栽植高大树木会影响行车安全视距;规则式种植、绿篱、球类的植物需要进行修剪整齐,不得有空缺,有空缺绿篱起不到设计的防护效果同时又影响美观。

(5)孤植是指单株栽植的配置方式,多处于绿地景观的最突出、醒目的位置;珍贵树种和大树(胸径在 200mm 以上的落叶乔木或常绿阔叶乔木,株高在 6m 以上或地径在 180mm 以上的常绿针叶乔木)一般栽植数量较少,生长缓慢,景观效果突出。因此,绿化施工需保证孤植树、珍贵树种以及大树全部成活。

2. 实测指标

树木栽植实测项目应符合表 11-0-2 的规定。

树木栽植实测项目 表11-0-2

项次	检查项目				规定值或允许偏差	检查方法和频率
1	种植穴(槽)直径(mm)				$d+400 \sim d+600$	尺量:检查全部种植穴(槽)5%,且不少于10个,少于10个时应全部检查
	种植穴(槽)深度(mm)				(3/4~4/5)穴径	
2	苗木数量				满足设计要求	目测或无人机航拍测量:带状绿地每1km检查100m的苗木;点状绿地每个连续种植单元按苗木数量抽查10%,且不少于10株,少于10株的苗木应全部检查
3	苗木成活率(%)				≥95	
4	苗木规格	乔木	胸径(mm)	≤50	-2	尺量:带状绿地每1km检查100m内的苗木;点状绿地每个连续种植单元按苗木数量抽查10%,且不少于10株,少于10株的苗木应全部检查
				50~90	-5	
				90~150	-8	
				150~200	-10	
				>200	-20	
			高度(mm)		-200	
			管径(mm)		-200	
		灌木	高度(mm)	≥1000	-100	
				<1000	-50	
			冠径(mm)	≥1000	-100	
				<1000	-50	
		球类	冠径(mm)	<500	0	
				500~1000	-50	
				1000~2000	-100	
				>2000	-200	
			高度(mm)	<500	0	
				500~1000	-50	
				1000~2000	-100	
				>2000	-200	
		藤本	主蔓长(mm)	≥1500	-100	
			主蔓径(mm)	≥10	0	
		棕榈类植物	株高(mm)	≤1000	0	
				1000~2500	-100	
				2500~4000	-200	
				>4000	-300	
			地径(mm)	≤100	-10	
				100~400	-20	
				>400	-30	

(1)有效土层厚度:种植穴(槽)的直径和深度等规格决定了苗木种植后的有效土层厚度,一般根据苗木的土球或根幅的大小来确定,既保证苗木生长需要,又便于施工操作。

(2)成活率:成活率是指成活的苗木数量与原种植数量的百分比,是树木栽植质量控制的最关键指标,无法保证成活率的绿化工程,质量无从谈起。

(3)苗木的规格与数量:苗木的规格与数量也是决定绿化工程质量的重要指标,需要进行检验。

(4)苗木的外观质量:苗木的外观质量主要表现为姿态和生长势、冠形、土球、裸根苗的根幅及病虫害等方面,有烧膛、偏冠等现象的乔木、灌木以及球类等苗木对公路景观及行车安全有一定影响。存在损伤的断枝、枯枝、严重病虫害枝等外观缺陷的树木影响公路景观。

七、草坪、草本植被及花卉种植

1. 基本要求

(1)铺栽用的草卷、草块质量影响草坪的建坪时间及效果,需要控制杂草率。铺栽草坪用的草卷、草块应厚度均匀,杂草率不应超过5%。

(2)草坪、草本植被及花卉种植的施工工艺多样,包括播种、分栽、喷播等,需要根据绿地的立地条件因地制宜选用。草坪、草本地被及花卉种植的施工工艺、品种及配合比或栽植株行距应满足设计要求;采用喷播绿化施工工艺时,其质量检验应满足有关规定执行。

(3)设计多采用花卉群植或片植来提升绿化景观效果,施工用的花苗栽植放样、密度及图案等需满足设计要求。花苗的栽植放样、密度及图案均应满足设计要求。

2. 实测指标

草坪、草本植被及花卉种植实测项目应符合表11-0-3的规定。

草坪、草本植被及花卉种植实测项目 表11-0-3

项次	检查项目		规定值或允许偏差	检查方法和频率
1	草坪、草本植被面积		满足设计要求	尺量或无人机航拍测量:带状绿地每1km检查100m;点状绿地按每个连续种植单元全部检查
2△	草坪、草本植被覆盖率(%)	取弃土场绿地	≥90	目测或无人机航拍测量:带状绿地每1km检查100m;点状绿地按每个连续种植单元全部检查
		弃土绿地	≥95	
3	花卉数量(株)		—	目测或无人机航拍测量:带状绿地每1km检查100m内的花卉数量;点状绿地按每个连续种植单元按花卉数量抽查5%,且不少于10株,少于10株的花卉应全部检查
4	花卉成活率(%)		≥95	

(1)草坪、草本地被面积及花卉数量是决定绿化工程质量的主要因子,应符合设计规定。

(2)草坪、草本地被的覆盖率是指植被的地上部分法向投影面积与取样面积的百分比,是草坪、草本地被种植质量控制的关键指标;在检测时可采取3人以上分别目测后进行算术平均作为检测值或采用无人机航拍摄影测量。

(3)成活率是花卉种植质量控制的关键指标。草坪、草本地被及花卉连续空秃既影响美感,又易形成水土流失。

八、喷播绿化

1. 基本要求

(1)种子的质量直接决定喷播绿化效果,需要符合现行《禾本科草种子质量分级》(GB

6142)、现行《林木种子质量分级》(GB 7908)中规定的二级标准;上述两个标准中均未提及的植物种子在使用前需进行发芽率试验和种子配合比试验,确定合适的种子用量后才能进行大规模的施工。

(2)设计拟营造的植物群落是喷播绿化施工的主要目标,在施工时需要对植物的品种及种子配比进行控制。

(3)营造设计提出的目标植物群落是检验喷播绿化成效的重要指标,要求施工建成后的植物种类数量与设计要求一致,且优势种与设计要求相同。

2. 实测指标

喷播绿化实测项目见表11-0-4。

喷播绿化实测项目 表11-0-4

项次	检查项目	规定值或允许偏差	检查方法和频率
1△	基材混合物喷射厚度(mm)	设计厚度±10mm	环刀取样或挖样洞,尺量:带状绿地每1km测10点;点状绿地每个连续种植单元每1000m² 测2点,且不少于5点
2	植物群落物种组成	满足设计要求	植物样方法调查:带状绿地每1km设置3个样方,且不少于3个;点状绿地每个连续种植单元设置3个样方,且不少于3个
3	绿化面积	满足设计要求	尺量或无人机航拍测量:带状绿地每1km检查100m;点状绿地按每个连续种植单元全部检查
4△	植被盖度(%)	≥95	目测或无人机航拍测量:带状绿地每1km检查100m;点状绿地按每个连续种植单元全部检查

(1)喷播绿化:是将植物繁殖体与水、客土(自然耕植土或人工配制的土壤)及其他绿化辅助材料通过喷播机械混合搅拌后,利用高压空气流的作用将混合基质喷播在地面或坡面形成一定厚度(≤7cm)、类似自然表土的结构的喷播绿化方法。基材混合物喷射厚度是该绿化工艺质量控制的重点。

(2)绿化面积:是决定绿化工程质量的主要因子。

(3)植被盖度:指绿地内所有植物的垂直投影面积占绿地面积的比例,为喷播绿化的关键性指标。存在连续空秃、冲沟侵蚀的绿地既影响美感,又易形成水土流失。

九、公路苗圃育苗技术

1. 浇灌与排水

(1)分隔带、路侧、互通等绿地植物,在夏秋季节特别干旱的情况下,可根据植物萎蔫程度和作业条件浇水1~2次。边坡绿化植物应适当增加1~2次浇水。

(2)高速公路服务区、收费站等区域绿地,可尽量参照《园林绿化养护技术等级标准》(DG/TJ 08-19702—2011)要求实施浇水次数。

(3)浇灌要采用符合树木生长要求的无污染水源,并保证水源的pH值在5.5~7.5之间。在高速公路服务区等处,应充分利用中水(再生水)进行绿地浇灌。

(4)夏季浇灌宜早晚进行,冬季浇灌应中午进行。浇灌时要一次性浇透。

(5)补植树木应根据天气、立地条件和树种的抗旱能力,进行适期、适量浇灌,并注意保护树木根部土壤不被冲刷。

(6)在区所绿地或其他有条件的地方,宜尽量采用喷灌或滴灌设施。

(7)路域绿地中的排水设施应在每年雨季来临前全面清疏一次,并在暴雨后及时检查和处理绿地积水状况。对互通立交等处的低洼地,应通过增设排水沟、排水管、雨水口或改良土壤通透性等措施排除积水。

2. 施肥

(1)区所绿化植物应每年施追肥(化肥)2 次以上,且乔木树种每隔 1 ~2 年施一次基肥(有机肥)。互通绿化植物宜每年施追肥 1 ~2 次;中央分隔带、路侧、边坡等绿化植物尽量每年施追肥 1 ~2 次。

(2)春夏季为植物追肥的主要时期,一般可选尿素或复合肥为施肥种类。冬季宜施有机肥。雨季少施肥,盛夏高温时不施肥。

(3)可采用环状沟施、穴施、撒施等方法进行土壤施肥(根施)。树木环状沟施或穴施追肥时,沟或穴深度为 20 ~30cm,施后用土将肥料覆盖。撒施颗粒状化肥时,应在雨前或浇灌前直接将化肥均匀施于地表,或结合松土进行。施基肥应采用沟施为主,沟深和沟宽均可为 30 ~40cm。

(4)乔木或大灌木的土壤施肥部位应集中于树冠滴水线附近。地被植物或草坪草,可将易溶性化肥在雨前或浇灌前直接撒施于植物体表面,然后通过雨水溶解至土壤,或结合浇水进行叶面追肥。

(5)在树木补植初期、干旱季节或不便土壤施肥等情况下,宜采取叶面追肥(根外追肥)方法。

(6)土壤追肥的施用量一般为 $15g/m^2$。叶面追肥浓度一般为 0.1% ~0.3%。根外追肥宜在阴天或晴天的傍晚进行。

(7)草坪追肥的时间和数量应根据草种和草坪草生长情况而定。区所绿地草坪,追肥次数每年不少于 2 次;互通立交、中央分隔带、边坡等绿化草坪,每年宜施追肥 1 ~2 次。每次追施,一般为尿素 $5 \sim 10g/m^2$,或复合肥 $10 \sim 15g/m^2$。

(8)冷季型草种宜在春季和秋季追肥;暖季型草种宜在晚春后立秋前进行追肥。

3. 松土与除草

(1)区所、互通等绿地,每年应人工拔除地被植物中的杂草 1 次以上,清除草坪杂草 2 次以上。

(2)区所绿地的乔木、大灌木,一般可结合施肥或除草对树盘进行松土 1 ~2 次。

(3)松土深度以 5 ~10cm 为宜,以不影响根系生长为限,并选择在土壤湿润时进行。

(4)最后一次除草要在杂草开花结实之前完成。

(5)区所绿地中生长期超过 3 年的草坪,宜每年疏耙 1 次,彻底清除枯草以保证其正常生长。

(6)竹林每年要松土除草 1 ~2 次,深度一般为 10 ~15cm,应不损伤竹鞭或竹笋。

4. 整形修剪

整形是指根据植物生长发育特性和人们观赏与生产的需要,对植物施行一定的技术措施以培养出所需要的结构和形态的一种技术。修剪是指对植物的某些器官(茎、枝、芽、叶、花、果、根)进行部分疏删和剪截的操作。

(1)区所绿地中的乔木,应根据树种习性、景观要求、季节等进行修剪,尽量使树冠完整美观,主侧枝分布匀称,内膛通风透光,并及时剪除徒长枝、下垂枝、萌生枝、病虫枝及枯死枝。

(2)互通立交、路侧区域的乔木或大灌木以及边坡绿化的低矮植物,在不影响交通安全的前提下,除特殊目的外一般不修剪或少修剪,以自然树形为主。

(3)中央分隔带防眩常绿树木(如蜀桧等)要根据其设计高度要求进行定期修剪,植物侧面不得超出护栏。

(4)区所、互通立交的地被灌木或绿篱应根据其生长状况每年整形修剪1~3次,以确保其生长正常、枝叶丰满;藤本植物要向边坡、护面墙或棚架进行人为牵引,避免缠绕其他植株。多年生的藤本植物要定期翻蔓,清除枯枝,疏删老弱的藤蔓。

(5)区所、互通等处的草坪每年应修剪2次以上;中央分隔带、隧道进出口的草坪一般每年宜修剪不少于1次,以保持草坪低矮、整齐。

(6)路肩、碎落台、地表排水设施、交叉口视野范围和弯道内侧等处的植物必须通过修剪保持其一定的低矮状态或设计高度,以符合安全等需要。

(7)区所绿地中的造型植物或色块灌木,应按设计形状和高度要求修剪,做到形状轮廓清晰、表面平整圆滑。

(8)落叶树木应在落叶后至翌春萌芽前集中修剪。常绿阔叶树木主要安排在秋末或春芽萌动前修剪。

(9)区所等处的观花灌木,应在掌握花芽发育特点的基础上确定修剪时间。上年形成花芽、当年早春开花的花灌木,应在开花后适度修剪;当年新梢上开花的花灌木应于早春萌发前修剪,短截上年的已花枝条,促使新枝萌发。

(10)剪(锯)口应靠近节位,剪(锯)口应平整,做到不劈不裂,不留残桩。剪口直径大于5cm或珍稀树种的剪口大于3cm时,剪口应及时涂刷伤口愈合剂等。

5.病虫害防治

为了减轻或防止病原微生物和害虫危害植物,而人为地采取某些手段,称为病虫害防治。其防治措施主要有:

(1)植物补植或改植时,要严格执行有关植物检疫的法规和制度,防止检疫性有害病原菌及害虫带入高速公路绿地。

(2)根据不同的树种、病虫害种类和具体环境条件尽量选择符合环保要求并对有益生物影响小的高效、低毒生物药剂。

(3)对突发性重大病虫害,要及时采用化学防治,并选用适当的农药剂型、浓度和施用方法。对于同一种病虫害,应避免长时间重复使用同一种农药。

(4)喷药应在无风的晴天进行,阴雨或高温炎热的中午不宜喷药。喷药应成雾状,做到由内向外、由上向下、叶面叶背喷药均匀,不留空白。喷药后要立即清洗药械,不准乱倒残液。

(5)对药械难以喷到顶端的高大树木或蛀干害虫,可采用树干注射法防治,及时清理带病虫的枝叶、杂草等,消灭病源、虫源,防止病虫扩散、蔓延。

(6)区所绿地中部分易受寒害或冻害的植物,立冬前可根据树种的不同,分别采取剪除未充分木质化的新梢、树干涂白、根际培土或覆草、主干包扎、设立防风障等防寒措施。

(7)根系分布浅、树冠庞大、枝叶过密的树木,在强风来临前可分别采取疏枝、立柱、绑扎、培土等防御措施。

(8)连续暴雨或久雨受涝,应及时开沟排水,并根据损毁程度采取培土、修枝、补植等措施。损伤严重的,应立即清除并适时补植。

(9)秋季草坪草枯黄前,要重点对区所绿地的暖季型草坪完成修剪,防止出现较厚的枯草层,并及时清理绿地内的枯枝、树叶、干草,做好防火工作。

思考题

1. 简述公路绿化的概念、作用及特点。
2. 对公路绿化基本要求有哪些?
3. 试述苗圃育苗技术方法。
4. 病虫害防治的主要措施有哪些?
5. 绿地整理实测项目包括哪些内容?
6. 树木栽植实测项目包括哪些内容?
7. 草坪、草本地被及花卉种植实测项目包括哪些内容?
8. 喷播绿化实测项目包括哪些内容?

学习任务十二　声屏障工程

任务总描述

声屏障又称为隔音墙、隔音屏障,是指为减轻行车噪声对附近居民的影响而设置在铁路和公路侧旁的墙式构造物,分为纯隔声的反射型声屏障和吸声与隔声相结合的复合型声屏障,后者是更为有效的隔声方法。在声源和接收者之间插入一个设施,使声波传播有一个显著的附加衰减,从而减弱接收者所在的一定区域内的噪声影响,这样的设施也可以起到声屏障的作用。根据使用的场所不同,可将其分为交通隔音屏障、设备噪声衰减隔音屏障、工业厂界隔音屏障等。

学习目标

完成本学习任务后,你应当:

1. 熟悉声屏障工程的一般要求;
2. 能够根据规范要求对声屏障工程实测指标进行检查。

学习情境描述

某一级公路声屏障工程已全线完工,现需对该一级公路的砌块体声屏障、金属结构声屏障、复合结构声屏障进行检查验收。

相关知识

一、一般规定

声屏障的插入损失是衡量声屏障实际降噪效果的主要指标,用符号 al 表示。它是指在保持地形、地貌、地面和气象条件不变的情况下,同一噪声源在屏障设置前后,在同一受声点上先后测定的噪声声压级之差。声屏障的插入损失,应注明频带宽度、频率计权和时间计权特性。

声屏障的插入损失与噪声的频率、声屏障的高度以及声源与受声点之间的距离等因素有关。声屏障的降噪效果与噪声的频率成分关系很大,对于高频噪声比中低频噪声的降噪效果要好,但对于100Hz 以下的低频,由于波长较长,很容易从屏障上方绕射,因此降噪效果较差,只有满足设计要求才能视为声屏障功能合格。

二、砌块体声屏障

1. 基本要求

(1)强调砂浆所用材料(水泥、砂、水、外加剂)的规格与质量符合设计要求。

(2)强调地基承载力指标须符合设计要求。

(3)砌筑基础前,基坑尺寸应满足设计要求;强调砌筑过程中,砌筑应分层错缝,坐浆挤紧,嵌填饱满密实,不得空洞而漏声。

(4)强调砌筑体内的钢筋在潮湿及腐蚀性环境下要采取防腐措施,满足设计要求。

(5)重视控制施工过程中墙体表面破损程度,确保外观质量。

2. 实测指标

砌体声屏障实测项目见表 12-0-1。

砌体声屏障实测项目　　表 12-0-1

项次	检查项目	允许值或允许偏差	检查方法和频率
1△	砂浆强度(MPa)	在合格标准内	按《公路工程质量检验评定标准　第一册　土建工程》(JTG F80/1—2017)附录 F 检查
2△	顶面高程(mm)	±20	水准仪:抽查标准段数的 30%,每段测 1 点
3△	墙体厚度(mm)	满足设计要求	直尺:抽查标准段数的 30%,每段测 1 点
4	基础外露宽度(mm)	±20	尺量:抽查标准段数的 30%,每段测 1 点
5	墙体竖直度(mm)	≤3	直尺,经纬仪:抽查标准段数的 30%,每段测 1 点
6	顺直度(mm/10m)	≤10	10m 拉线:每 100m 测 2 处,且不少于 5 处
7	表面平整度(mm)	≤8	2m 直尺:每 100m 测 10 尺

(1)砂浆强度数值是声屏障结构安全的关键指标。

(2)声屏障的顶面高程与屏体厚度是决定声屏障降噪效果的关键指标。

(3)基础外露宽度是对基础尺寸进行质量检验的唯一量化指标。

(4)通过检验墙体的竖直度、顺直度保证墙体线形流畅。

(5)通过检验墙体的表面平整度,保证整体平滑美观。

三、金属结构声屏障

1. 基本要求

(1)着重强调基础埋置深度符合设计要求,保证基础稳定。

(2)着重强调屏体的声学性能技术指标。

(3)采取可靠措施防止声屏障立柱、连接件及屏体运输时变形及防腐层破坏,强调禁止安装变形构件或防腐处理层损坏。

(4)固定螺栓要求紧固,封头无缺陷,同时位置准确,数量要符合设计要求。

(5)强调屏体与基础的连接缝要密实,符合设计要求。

(6)重视对立柱表面镀涂层的保护,保证立柱美观。

(7)重视对屏体表面的保护。

2. 实测指标

金属结构声屏障实测项目应符合表 12-0-2 的规定。

金属结构声屏障实测项目 表12-0-2

项次	检查项目	规定值或允许偏差	检查方法和频率
1△	混凝土强度(MPa)	在合格标准内	按《公路工程质量检验评定标准 第一册 土建工程》(JTG F80/1—2017)附录F检查
2△	顶面高程(mm)	±20	水准仪:抽查标准段数的30%,每段测1点
3	基础外露宽度(mm)	±20	尺量:抽查标准段数的30%,每段测1点
4	与路肩边线位置偏移(mm)	±20	尺量:抽查标准段数的30%,每段测1点
5	立柱中距(mm)	≤10	尺量:抽查标准段数的30%,每段测1点
6	立柱竖直度(mm/m)	≤3	垂线法:抽查标准段数的30%,每段测1点
7	立柱镀(涂)层厚度(μm)	不小于规定值	测厚仪:抽查标准段数的30%,每段测1点
8	屏体表面镀(涂)层厚度(μm)	不小于规定值	测厚仪:抽查标准段数的30%,每段测1点
9△	屏体背板厚度(mm)	±0.1	游标卡尺:检查屏体总块数的5%
10	表面平整度(mm)	≤8	2m直尺:每100m测10尺

(1)混凝土强度指标为结构安全的关键指标。

(2)顶面高程确保声屏障设计高度,是影响声屏障降噪效果,尤其是声影区大小的关键指标。

(3)基础外露宽度是对基础尺寸进行质量检验的唯一量化指标。

(4)减小干扰道路景观,声屏障线形应与道路线形保持一致,采用与路肩边线位置偏移指标进行检验。

(5)检验立柱中距及竖直度是为了保证立柱放线及调试质量,同时保证屏障体整齐、美观。

(6)镀(涂)层厚度的检验,保证金属立柱、屏体及连接件的防腐处理达到设计要求,满足设计年限的要求。

(7)屏体背板是最不容易检查的部位,容易出现问题。因为背板对隔绝噪声透射起到关键作用,故设置实测关键指标,切实保障屏体的声学性能符合要求。

(8)表面平整度指标,是对每段屏体间拼接及屏体与立柱间拼接安装质量的必要控制。

四、复合结构声屏障

1. 基本要求

(1)着重强调基础埋置深度符合设计要求,保证基础稳定。

(2)着重强调非金属屏体的声学性能技术指标应满足设计要求并应有声学性能检测报告。

(3)着重强调安装紧固件符合设计要求和符合现行标准的规定。

(4)采取可靠措施防止声屏障立柱、连接件及屏体运输时变形及损坏,强调禁止安装变形、破损的构件。

(5)固定螺栓要求紧固,封头无缺陷,同时位置、数量要符合设计要求。

(6)强调屏体与基础的连接缝要密实,符合设计要求。

(7)重视对立柱表面镀涂层的保护,保证立柱美观。

(8)重视对屏体表面的保护及美观。

2. 实测指标

复合结构声屏障实测项目符合表 12-0-3 的规定。

复合结构声屏障实测项目　　表 12-0-3

项次	检 查 项 目	规定值或允许偏差	检查方法和频率
1△	混凝土强度(MPa)	在合格标准内	按《公路工程质量检验评定标准　第一册　土建工程》(JTG F80/1—2017)附录 F 检查
2△	顶面高程(mm)	±20	水准仪:抽查标准段数的 30%,每段测 1 点
3△	屏体厚度(mm)	±3	钢卷尺:抽查标准段数的 30%,每段测 1 点
4△	透明屏体厚度(mm)	±0.2	游标卡尺:抽查标准段数的 30%,每段测 1 点
5	基础外露宽度(mm)	±20	尺量:抽查标准段数的 30%,每段测 1 点
6	与路肩边线位置偏移(mm)	±20	抽查标准段数的 30%,每段测 1 点
7	立柱中距(mm)	≤10	钢卷尺:抽查标准段数的 30%,每段测 1 点
8	立柱竖直度(mm/m)	≤3	垂线法:抽查标准段数的 30%,每段测 1 点
9	金属立柱镀(涂)层厚度(μm)	不小于规定值	测厚仪:抽查标准段数的 30%,每段测 1 点
10	表面平整度(mm)	≤8	2m 直尺:每 100m 测 10 尺

(1)混凝土强度指标为结构安全的关键指标。

(2)顶面高程确保声屏障设计高度,是影响声屏障降噪效果,尤其是声影区大小的关键指标。

(3)屏体厚度对隔绝噪声透射起到关键作用,故设置实测关键指标,切实保障屏体的声学性能符合要求。

(4)透明屏体是指 PC 板、亚克力板等高档材料,厚度的略微差异都可能对产品的声学性能及造价有显著影响。

(5)基础外露宽度是对基础尺寸进行质量检验的唯一量化指标。

(6)减小干扰道路景观,声屏障线形应与道路线形保持一致,采用与路肩边线位置偏移指标进行检验。

(7)检验立柱中距及竖直度是为了保证立柱放线及调试质量,同时保证屏障体整齐、美观。

(8)镀(涂)层厚度的检验,保证金属型立柱的防腐处理达到设计要求,满足设计年限的要求。

(9)表面平整度指标,是对每段屏体间拼接及屏体与立柱间拼接安装质量的必要控制。

思 考 题

1. 简述砌体声屏障实测项目的内容。
2. 简述金属结构声屏障实测项目的内容。
3. 简述复合结构声屏障实测项目的内容。

参考文献

[1] 许永明. 公路养护与管理[M]. 北京:人民交通出版社,2003.

[2] 王明怀. 高等级公路施工技术与管理[M]. 北京:人民交通出版社,2000.

[3] 文德云. 公路施工技术[M]. 北京:人民交通出版社,2003.

[4] 傅智. 水泥混凝土路面滑模施工技术[M]. 北京:人民交通出版社,2001.

[5] 乳化沥青学组. 乳化沥青与稀浆封层技术[M]. 北京:人民交通出版社,2001.

[6] 任振生. 公路养护技术[M]. 北京:人民交通出版社,2008.

[7] 浙江省公路管理局. 公路养护工程技术百问[M]. 北京:人民交通出版社,2007.

[8]《高速公路管理养护手册》编委会. 高速公路管理养护手册[M]. 北京:人民交通出版社,2002.

[9] 中华人民共和国行业标准. 公路沥青路面养护技术规范:JTJ 073.2—2001[S]. 北京:人民交通出版社,2001.

[10] 徐培华. 高等级公路路基路面养护技术[M]. 北京:人民交通出版社,2003.

[11] 中华人民共和国行业标准. 公路工程质量检验评定标准　第一册　土建工程:JTG F80/1—2017[S]. 北京:人民交通出版社,2018.

[12] 中华人民共和国行业标准. 公路水泥混凝土路面施工技术细则:JTG/T F30—2014[S]. 北京:人民交通出版社,2014.

[13] 中华人民共和国行业标准. 公路路基施工技术规范:JTG F10—2006[S]. 北京:人民交通出版社,2006.

[14] 中华人民共和国行业标准. 公路水泥混凝土路面养护技术规范:JTJ 073.1—2001[S]. 北京:人民交通出版社,2003.

[15] 中华人民共和国行业标准. 公路路面基层施工技术细则:JTG/T F20—2015[S]. 北京:人民交通出版社股份有限公司,2015.

[16] 中华人民共和国行业标准. 公路养护技术规范:JTG H10—2009[S]. 北京:人民交通出版社,2009.

[17] 中华人民共和国行业标准. 公路工程技术标准:JTG B01—2014[S]. 北京:人民交通出版社,2014.